在评价实践中学做评价

冯翠典　朱卫平◎编著

ZAI PINGJIA SHIJIANZHONG XUEZUO PINGJIA

吉林大学出版社

图书在版编目（CIP）数据

在评价实践中学做评价 / 冯翠典，朱卫平编著．--
长春：吉林大学出版社，2021.10

ISBN 978-7-5692-9176-6

Ⅰ．①在… Ⅱ．①冯… ②朱… Ⅲ．①教学评估
Ⅳ．① G420

中国版本图书馆 CIP 数据核字 (2021) 第 217802 号

书　　名　在评价实践中学做评价
　　　　　ZAI PINGJIA SHIJIAN ZHONG XUE ZUO PINGJIA

作　　者　冯翠典　朱卫平　编著
策划编辑　李承章
责任编辑　蔡玉奎
责任校对　陶　冉
装帧设计　杭州紫金港
出版发行　吉林大学出版社
社　　址　长春市人民大街 4059 号
邮政编码　130021
发行电话　0431-89580028/29/21
网　　址　http://www.jlup.com.cn
电子邮箱　jdcbs@jlu.edu.cn
印　　刷　广东虎彩云印刷有限公司
开　　本　787mm × 1092mm　1/16
印　　张　31.75
字　　数　480 千字
版　　次　2021 年 10 月　第 1 版
印　　次　2021 年 10 月　第 1 次
书　　号　ISBN 978-7-5692-9176-6
定　　价　148.00 元

本书简介

本书以两条线索呈现了“在评价实践中学做实践”的整体架构，一条线索是评价活动的理论逻辑，对什么是评价素养、教育评价的基本问题有哪些、需要熟悉哪些评价的理论模式、如何确定评价问题和提出评价目的、如何细化评价内容和制定评价标准、如何选择评价方法和得出评价结果、如何提出评价结论和给出评价建议、如何进行评价实践的反思进行了阐述。另一条线索是如何让师范生在“做中学”，边参与各项评价实践边习得评价实践相关的各项知识，掌握相关的各项技能，并最终涵养出一定的评价素养。

在实践中学做教师

（总代序）

一

对高等教育职能的认识，有一个历史发展过程。早期大学的主要职能定位于人才培养，至十九世纪初，洪堡治下的柏林大学确立了“教学与科研相统一”的原则，科学研究开始被认可为高等教育的重要职能；及至十九世纪中叶，以康奈尔大学、威斯康星大学等为代表的美国大学明确了将社会服务作为大学的重要职能。在此之后，高等教育“三大职能”成为广泛的共识。但随着高等教育在社会发展进程中承担的角色日渐重要，高等教育的职能也在不断扩展。2011年，时任中共中央总书记的胡锦涛在清华大学建校100周年庆典上发表重要讲话，将“文化传承与创新”作为高等教育的一项新职能，与人才培养、科学研究和社会服务“三大职能”并列。2017年，中共中央、国务院印发了《关于加强和改进新形势下高校思想政治工作的意见》，强调高校肩负着人才培养、科学研究、社会服务、文化传承创新、国际交流合作的重要使命，这意味着，以习近平同志为核心的党中央进一步把“国际交流与合作”作为大学的“第五项职能”。

毋庸置疑，对于高等教育而言，这些职能应该并重，协调发挥作用。然而，这是否意味着每一所高等教育机构都应当同时关注这些职能，“只有多项职能并重的大学才是真正的大学”？其实，高等教育职能观的发展历史已经告诉我们，中世纪欧洲的大学只重培养人才，但不妨碍他们的大学之名；洪堡只讲“教学与科研并重”，但不妨碍其治下的柏林大学成为那个时代大学的典范。当我们在讨论高等教育的职能之时，其实我们是将高等教育视为一个整体，讨论的是整个高等教育系统的职能，而并非某一特定高等教育机构的职能。即使对于作为一个整体的高等教育，这些职能的地位也是存在着一定的差异的，正如有些学者对“三大职能”作出的区分：人才培养是基本职能；科学研究是重要职能；社会服务是职能的延伸。对于特定的高等教育机构，多项职能之间的关系恐怕不是简单的“并重”“协调发展”就可概括的。借用美国心理学家霍尔关于儿童发展的著名观点，即个体心理的发展或多或少复演了种系进化的历史，一个高等教育机构的自然发展可能也或多或少复演了高等教育的发展历史，在不同的发展阶段，承担职能的侧重点会有所不同。在当今高等教育大众化的背景下，高等教育机构日渐多样化，产生了众多的类型，比如，国家将高校分成了“研究型、应用型和职业技能型”，重庆市在此基础上将高校分为综合研究型、应用研究型、应用技术型和技能技艺型四种类型；浙江省则将普通本科高校分成研究为主型、教学研究型、教学为主型。显然，这样的分类背后的一个逻辑就是不同高校承担的核心职能的不同。然而，很奇怪的是，我们经常会看到一些将自己定位于“教学为主型”甚至“应用技术型”的高校，在涉及学科与专业的关系时言之凿凿地将学科建设放在首位——理由是，不做科学研究的大学还是大学吗？

二

学科与专业是高等教育理论体系中两个非常重要的概念，也是大学办学中两个非常重要的工作领域。作为两个不同的概念，学科和专业存在着不同的规定性：学科是按照知识体系来划分的，规定的是知识体系的领域；专业则是按培养目标来划分的，规定的是人才培养的规格；作为两个不同的工作领域，学科强调知识发展，专业侧重于人才培养。

在很多情况下，学科与专业经常被相提并论。的确，在大学教育中，学科与专业总是存在着千丝万缕的联系：学科支撑着专业，专业通过人才培养支持学科队伍建设。但不可否认的是，学科和专业有时并不完全对应：有时，一个专业背后就是一个学科，但更多的时候，一个专业需要多个学科的支撑，而且一个学科可以支撑多个专业。在不同层次或不同目标定位的大学中，学科与专业的重合度会有明显的差异。在高层次研究型大学中，专业与学科的重合度通常会比较高，因为其专业通常定位于培养某一特定学科领域的学者，也即某一学科领域学术队伍的新人，专业教育的支撑性学科也相对单一；但在相对较低层次的教学为主型或应用型大学中，培养目标通常定位于某一实践领域的从业者的培养，而正如没有哪一项工作可以仅凭一个学科的知识技能来解决，也没有哪一个旨在培养专业实践从业者的专业教育仅需一个学科来支撑。

国外有学者区分了“学者”（The Academic）和“专业工作者”（The Professional），下表就呈现了两者之间的差别。

学者与专业工作者的区别[①]

学者（The Academic）	专业工作者（The Professional）
主要关注抽象的思考； 为提升思考而行动； 兴趣在于发现真理； 不必直接反映现实实践的变化； 通过出版物（短期）和对真实世界的思考和行动的影响（长期）来评价	主要关注实时的行动； 为改善行动而思考； 兴趣在于找到有用的东西； 要直接反映真实世界的变化； 按行动带来的变化的价值来评价

从具体的条目来看，也许是为了更好地展示两者之间的区别，有些条目甚至采用了截然不同的表述，如“抽象的思考”与“实时的行动”，“为提升思考而行动”和“为改善行动而思考”等。如此来看，定位于“学者”培养的教育和定位于“专业工作者”培养的教育应有巨大的差异，甚至可能难以兼容。正如佩尼所指出，“学者需要的训练主要是知识的获得和对真理的探索，而专业工作者所需要的培养主要是发展植根于深思的、有基础的、原理之中的实践知能。”[②] 学者的培养需要的是学术教育，专业工作者的培养需要的是专业教育。

三

师范教育到底该是一种学术教育还是专业教育？答案应该是不言自明的。制度化的教师职前教育旨在为教师职业输送合格的候选人。从根本上讲，教师职前教育应当培养能够满足教师专业实践需求或能够基本胜任教师专业实践的人，而不是教育“学科”的研究者或学者。但在师范教育实践中，

① Penny Ur（1992），Teacher learning[J]，ELT Journal.46（1）：56-61.

② Penny Ur（1992），Teacher learning[J]，ELT Journal.46（1）：56-61.

这一认识并没有得到完全认同，或者可能被认同但未能在实践中得以体现。一些高层次的研究型大学中的师范专业教育有可能定位于教师的培养，但从实际来看，过度强调学科逻辑体系的课程设置以及明显侧重于学术研究能力的培养过程却明显表明其师范教育倾向于成为研究生的预备教育——事实上，甚至有些层次并不那么高的大学的师范专业在课程设置上也更多考虑为师范生的考研服务。几年前，在教育部教师教育课程标准研制专家组组织的一次关于《教师教育课程标准》实施的研讨会上，我介绍了我校按照《教师教育课程标准》倡导的“实践取向”理念和建构的教师职前教育课程框架而开发的课程方案，一位来自某以省命名且师范生数量在该省占首位的师范大学的教育学院重要领导对此提出质疑：强调依据“实践取向”来设置课程，考研的学生怎么办？他的意思是，这样的课程怎能满足准备考研的学生的需求。对此，我回应说，我所在的这个层次学校，课程设置上无法为准备考研的那些学生考虑。当面我只能那样回应了，可话说回来，无论是在哪个层次的大学，师范教育或教师职前教育难道应该专门为考研学生的需求来设置课程吗？

强调师范教育是一种专业教育，并不否定师范教育也需要学术性，也不否定师范教育的从业者需要学术研究。作为一种专业教育，师范教育需要学术教育，但指向于培养专业人员的学术教育与指向于培养“学问家”的学术教育应有明显差异，专业教育所需要的是“指向于实时行动和为改善行动的思考”。师范教育的从业者当然也需要学术研究，只不过旨在为争取“学科地位”而进行的学术研究不应是重点，重点应在于为支撑专业人才培养的学术研究。然而，遗憾的是，教师教育中的学术研究似乎未能有效起到支撑专业人才培养的作用，至少在大量的“教育学科”学术研究中看不到与教育专业实践人才培养有较为直接关联的内容。

关于学科与专业的关系，在最热衷此话题的“新建地方性本科院校”圈子中，主流的话语是“协调发展”。能“协调发展”，当然在理想不过了，既能“顶天”又能“立地”，那该多好！但“现实很骨感”，两者之间难免会出现某种张力。当张力出现的时候，“新建地方性本科院校”总是会把“学科”发展放在首位——当然，会有一个说辞，即“学科建设包含了人才培养”——实际上却可能将学科发展凌驾于专业发展之上。“新建地方性本科院校”恰好是教师培养的主力军，置身于其中的师范教育从业者不可避免地会被裹挟到“学科建设”的潮流之中，于是，学科建设中更为外显更为刚性的指标如论文、项目等成为师范教育从业者的追求对象，至于这些成果能否支撑人才培养，即使不是完全没有考虑，至少不是一个关键的问题。更多的时候，学术研究与人才培养成了“两张皮”。

如果认识到教师职前教育的专业教育属性，那么教师教育中的学术研究同样应当转向于支持教育实践专业人才培养的研究——从传统的“教育学”研究转向《教师教育振兴行动计划》所倡导的“教师教育学”研究。但更重要的是，教师教育必须定位于培养教师这一职业的实践者。医学教育、法律教育培养的是专业化程度更高的从业者，也不讳言自己的职业教育的本质，教师教育更应直面自己的职业教育本质，不能像传统的人文教育和科学教育那样定位于学术教育。教师教育必须指向于未来教师的实践能力的培养，应当为教师从事教师职业提供知能，为其成为合格的职业实践者提供保障。

四

尽管从实际情况看，当前的教师职业尚不能完全符合公认的专业标准，但毫无疑问，教师都是被视为专业工作者的。1966 年，联合国教科文组织《关于教师地位的建议》明确了教师是一种专门职业，需要经过严格训练和持续不断的研究才能维持专业知识和专门技能。1994 年，《中华人民共和国教师法》规定“教师是履行教育教学职责的专业人员”；1999 年，《中华人民共和国国家标准职业分类与代码》教师被列入“专业技术人员”大类；2000 年《中华人民共和国职业分类大典》规定了八大类职业，教师同样被归入“专业技术人员”之列。

一个专业的核心追求不是学问，而是实践或行动的改善。世界著名的教师教育专家李·舒尔曼（Lee Shulman）认为，在专业工作中，行动与理解同等重要，甚至更为重要。“一个专业人员只停留在理解层面是远远不够的……一个专业人员不管他是否已经拥有足够的信息，都要准备好去行动，去执行，去实践”。[①] 旨在培养教育专业实践者的教师教育自然得致力于培

① 李·舒尔曼，黄小瑞译．标志性的专业教学法：给教师教育的建议 [J]. 全球教育展望，2014(1)．

养师范生的教育实践能力——如果其中涉及关于教育的“学问”，这些学问也应当是支持实践和对实践的反思，指向于实践改善的。

没有对实践的参与，实践能力的养成是不可想象的。好在师范教育一直没有忽视“实践”在教师培养中的作用，实践环节在制度化的师范教育中出现已有较为悠久的历史，而且一直得到有效的延续。在当前教师职前教育的诸多改革中，实践环节从未被取消，相反一直被强调。比如近年来在美国教师教育中影响日渐扩大的“反常规取向”(deregulation)的教师教育，甚至将实践当作教师教育的全部——该取向的教师教育强调，教学只是一项技艺(craft)。就像新闻记者一样，教师可以在工作中逐渐学会如何教学。因此，教师在入职前并不需要在教育学院经过系统的训练和获得专业的资格，针对学科内容进行的短期培训就足以让新教师应付最初的教学工作。[①] 不可否认，实践在教师职前教育中的重要地位是因为实践的确在职前教师的养成中发挥着巨大的作用，有些学者甚至将构成教师职前教育实践教学环节重要成分的实习看成是“教师职前教育中最重要的介入”。[②] 然而，从现实来看，实践环节远未发挥其在职前教师养成中的应有作用和价值。

这应归咎于教师职前教育中实践环节的安排。首先，实践环节被看成与学科课程教学分离的孤立的环节。“实践环节”之名就意味着“实践”是一个“环节”，一个相对独立于“理论教学”的环节——尽管通常被认为是以“理论教学”为基础的。“实践环节”通常是在相关的“理论教学”完成之后专门作独立安排的，说起来是基于“理论教学”的，但实际上，由于高校的评价体系等诸多因素的影响，高校教师对实践教学的投入不足，指导能力也严重滞后，以至于所谓的“实践环节”基本上交给作为实践基地的中小学。而高校教师教育的内容经常备受中小学教师诟病，作为指导教师的中小学教师基本上沿袭他们惯常的做法来指导实习生。在这种情形下，被期望承担“沟通理论与实践”的“实践教学”甚至可能完全与“理论”无关。更甚者，因为教师资格考试、教师招聘考试中都包含了“笔试”和“面试”，尤其在教师招聘考试中“面试”的权重远超过“笔试”，主导面试的中小学教师也会在教师

---

① 王文岚，黄甫全．美国大学本位教师教育改革的争议与新动向[J]. 江苏高教，2008(2).

② C. 特尼．师范教育实习辅导［A］. 胡森．国际教育百科全书，第八卷，贵阳：贵州教育出版社，1990.

职前教育的实践环节中占据主导的角色，在这种情况下，教师职前教育中的"理论学习"变得无足轻重，至多扮演着"敲门砖"的角色，"实践环节"甚至可能连"理论的应用"的成分都难以保证，遑论"理论与实践的沟通"！

其次，实践的时间难以保证。在很长一段时间中，尽管教师职前教育基本上都有实践环节的安排，但相当一部分教师职前教育项目中的实践时间是明显不足的，以至于需要教育行政部门对实践时间做一个明确规定。比如，浙江省在2009年启动教师教育基地建设时就规定四年制本科的师范教育实践时间不得少于一个学期，教师教育课程标准也规定实践时间不能少于一个学期。从现实来看，即使能够在人才培养方案上保证较长的实践时间，也只是名义上的实践时间，因为真正让学生实践的时间并没有得到充分的保证。这可能与作为实践基地的中小学有关，他们迫于"教学质量"方面的压力，未能给予实习生足够的实践机会，而承担教师职前教育项目的高校也因为不能为中小学提供有效的服务而难以开口向中小学提出更高的要求。以至于一些高校规定本科四年中"实习教学不少于8课时"！

第三，也是最重要的一个问题是，承担教师职前教育项目的高校以及承担实践教学任务的中小学对"实践"的理解明显过于狭隘。在相当一部分项目承担者眼中，见习就是听课，实习就是上课；实习的考核就是上过几堂课，最多还加上备过几个教案。许多师范生头脑中有一种狭隘的专业观——教师的工作就是教学或教师的专业就是教学的专业——就与此不无关系。在某些教师职前教育项目中，尽管课程能力被当作培养目标之一，也开设了"课程与教学论""课程开发""课程设计"等关于课程的职前教育课程，但这些课程甚至不像学科教学论、班级管理等课程那样有实践的机会，他们也甚至难以在实践基地观察到从课程开发到课程评价的完整的课程实践。课程实践机会的缺失导致师范生以更"有用"的课程或更为单一的学习方式来对待与课程问题相关的课程学习。比如仅为通过课程考核而学习相关课程，或将相关课程仅作为需要记忆的知识来对待。在这种情况下，师范生是不可能形成今后专业实践所需要的课程能力。

五

台州学院是一所地方性综合性本科院校，在其漫长的办学历史中有很长的一段——自1907年的三台中学堂简易师范科一直到2002年升本——师范教育办学史。尽管近年来台州学院一直在朝综合化方向发展，且已具备明显的综合性特征，但师范教育依然是其办学的最重要的支柱之一。

作为台州学院的教师教育学院，我们的教师培养实践一直秉持“实践取向”的理念，我们相信教师培养一定要着眼于教师专业实践所需要的核心能力的养成，我们相信实践本身在教师专业实践核心能力发展中起着无可替代的作用。为此，我们对教师培养过程中的“实践”进行了整体设计，其核心有三：(1) 依据教师的专业实践确定师范生的实践领域，将师范生的实践领域从以往较为单一的“教学”实践扩展到课程实践、科研实践、活动组织实践等；(2) 根据教师专业实践的需求，改造通常意义上的“理论课”，突破了以往“理论课”与“实践环节”的界限，在理论课中引入大量的实践元素，让学生在做中学；(3) 极大拓展了实践的空间和时间，将学生的实践延伸到课外，延伸到小学的拓展性课程和课外活动。培养过程中的“实践取向”取得了良好的成效，从2011年至今，我们的各届毕业生在各地教师招聘考试中位居前三的均占毕业生总数的四分之一以上。

本套丛书呈现的是我们对这些年来在教师培养“实践”上的“实践探索”的梳理和总结。我们期望，我们的经验能够引发教师教育者对教师培养方向的思考，引发对教师培养中的“实践”的关注，为教师教育的改进提供哪怕是极为微小的启发。当然，我们还期望，将存在诸多不足之处的实践探索呈现出来，能够得到方家的批评指正，帮助改善我们关于“实践”的“实践探索”！鉴于本套丛书的主题及所涉内容，我们相信，本套丛书不仅会对教师教育者有所裨益，同样会对师范生乃至在职教师的专业成长有所裨益。

本套丛书中的各本书基本上都以个人来署名，但并不表明各书呈现的成果仅属署名的作者一人。实际上，除个别书之外，其他单本呈现的都是我们整个教师培养团队的集体贡献。由于所涉人员太多，就不再一一罗列，谨此一并对相关实践的所有参与者——包括教师、教学管理人员、学生致以诚挚的感谢！

前　言

一、为什么是我编写这本书

我要编写一本关于评价的书。这种想法，其实是我很长一段时间内从未想过的事情，评价领域恢宏博大，状若丛林，灿若星河，以驾驭的姿态写一本书，这对我是不能想也不曾想的事情。但我和评价结缘，走在评价领域的周边走马观花，也有些时日了。这些时日中，在文献中，在会场上，在课堂上，在各种有缘的时机里，我有机会走近了国内外很多评价专家的思想。这于我，都像是打开了一扇新的门，对我自己的认知重塑产生了很大的作用。特别是在学习和工作的过程中，我得以走近三位恩师的评价思想和评价实践，使得我对评价的信念更为清晰，并进而影响到行为层面。

这三位恩师一位是我在曲阜师范大学读硕士学位时的导师张雨强教授。那时，国内的基础教育改革正如火如荼地展开，如何在新的背景下转变旧有的教育评价观念与实践，是非常重要的议题。张老师的博士论文是关于开放题开发与利用的国内外研究，而开放题就是作为期望评价学生高层次思维的抓手和工具，探索的是如何通过评价工具的改变导引出更深层次和更多元化的学习证据，进而希望能触发更理想的教学，更深度的学习。在张老师的影响下，我的硕士论文以初中化学学科为例，探讨了开放题的编制和使用的问题。那时，我模糊地理解到评价和教学以及评价和学习的关系。我曾经认为评价是教学和学习之后的环节，评价仅是对教学和学习效果的检核的观念慢慢转变。评价作为一个前置性的指挥棒，其能量绝不逊于任何魔法棒，怎么考，就怎么教；怎么教，就怎么学。在这种意义上，大可不必摒弃“为考而教”的观念，需要思考的是，为什么样的考试而教；好好地研究评价的问题至关重要。在那个阶段，张老师也带领我们开始关心 NAEP，PISA，TIMSS 等大型的外部测试，通过学习，我慢慢超越了仅仅着眼于评价工具这一个环节来关心评价问题，知道了真正的评价运作是非常复杂的系统工程，从顶层设计到任务开发到被试选择到实施评价到结果分析与解释等一系列的科学步骤，我也渐渐生出了对评价既爱慕又敬畏的复杂情感。

第二位恩师是我在华南师范大学读博士学位时的导师高凌飚教授。高老师是教育部基础教育课程改革的重要专家，牵头了多项评价相关的基础教育课程改革研究，深度影响了中国、特别是广东省的基础教育改革。这种背景下，老师的身份自然是很多的。但我最最敬佩老师的是，老师是国家物理学科高考试题的资深命题专家，二十多年参与高考试题的命制工作。从老师那里，我了解到编制一道好的题目，一套好的试卷，是多么地不容易，特别是多么地需要专业能力。需要考察学生的什么能力，怎么设置题目才可以有效地考察出学生的这些能力，而整体试卷又如何保障好的效度、需要通过试卷向一线教师传递什么信息，这都是我不能想象的创造性工作。而最为辩证的是，高老师作为大规模外部测试的命题专家，在新课程改革来临之际，一方面极力宣讲中考高考的重要作用，一方面又大力提倡和推广过程性评价的理念与实践，研究如何在基础教育阶段建立体现过程性评价和总结性评价皆重的综合素质评价体系。老师的这种身体力行对纠正我那种非此即彼、非黑即白的简单性思维有莫大的作用；使得我不由自主的思考评价的层次、评价的价值、评价的质量以及评价的系统等问题。另外，高老师还是国内基础教育阶段的教材研究和教材评价的专家，以及教师观念研究及教师评价研究的专家，对教材的研究和对观念的研究，可以说是给我打开了新的评价视角，既新奇又魔力。在老师的指导下，我在小学科学课堂的场景中完成了课堂中评价与教学一体化的模型研究，比较深入地学习了评价领域的历史脉络，对评价为什么会影响学习，特别是评价如何才能真正地促进学习进行了思考。这中间，我对评价领域既爱慕又敬畏的复杂情感更真切了，更深重了。

博士毕业后，依然有机会像个学生一样继续做评价领域的学习和探索，而不仅仅是沉于自己原有的知识体系，得益于又遇到一位恩师；即我在工作岗位上的青年教师导师王少非教授。师人如其名，少有是非，安心科研，属于沉迷研究的类型，早年专注教师发展方面的研究，而在博士论文研究期间，也特别专注评价领域，特别是校内考试系统的重建。后来，在校内考试系统的研究中，老师又特别中意课堂评价的研究，几乎可以说是在课堂评价研究的道路上一发不可收拾。老师似乎是发现了开启高质量学习之门和高水平教学之门的神奇按钮，才这样倾力钻研。开设课堂评价的本科课程，编写课堂评价的本科教材，出版课堂评价的专著，承担课堂评价的高层次科研项目，发表课堂评价的高层次论文，设计并开展课堂评价专题的教师培训；甚至，老师指导的本科生毕业论文的选题，也多是和课堂评价有关的：老师就这样在课堂评价领域刻上了自己的印记。老师号角性地提出“好的课堂评价就是学习的 GPS”的观点，提倡教师应关注课堂评价的质量，特别要关注和标准的匹配性，以及关注如何围绕课堂评价的开展提供高质量的学习反馈，从而既提升群体的学业表现，又提升个体的学习质量。课堂评价之外，老师也一直关注教师专业发展的问题，学习评价和教师发展这两个研究主题对老师而言曾经是两个研究领域，但随着老师在课堂评价领域的研究推进，教师专业发展的研究和课堂评价的研究日益合流，教师评价素养，特别是课堂评价素养的发展是老师常会提及的话题。在给老师做助教的工作中，我有机会在老师的课堂评价研究的进程中打打下手，常错觉自己其实并未毕业，还是那个闷头读书的学生，在这个过程中，愈发对评价领域爱慕且敬畏了。

如果不是王少非教授 2018 年的倡议，要集结一系列实践取向的师范生培养的书籍来展现多年来在职前教师的实践性能力培养上的成果，我大致依然是没有勇气要写一本关于评价的书的。记得当时倡议一出，在课程实践中学做课程、在教学实践中学做教学、在评价实践中学做评价，这是多么吸引人的题目！特别是评价相关的这个题目深深地撞击了我。当然，老师倡议中的实践导向也是吸引我报名的原因。我觉得，评价领域理论博大精深，纷繁复杂，我肯定是驾驭不了的，但我上过《课堂评价》的课程，后面又主讲《幼儿园教育评价》，也一直担任一门和教育评价极其相关的课程《教育研究方法》。在课程的实施过程中，我一直在摸索如果让学生真正的理解评价内涵、切实的体会评价活动、并进而学会如何开展评价活动。我就是在带领学生“在评价实践中学做评价”呀，我特别想写写自己和学生们在一起的课程故事透。过这些故事，或许会传达一些评价相关的讯息。

但申领题目之后，我不小心还是做了要写大部头理论巨篇的梦想，一直在收集整理文献材料，但又一直不能形成自己的框架。没有多长时间，王少非教授的《在课程实践中学做课程》完稿，呈现了小学教育专业的学生给一个小学提供拓展性课程的生动实践，理论与实践兼具，既有理论的深度，又有实践的生动。我总不能说找不到框架了。再写不出，只能解释自己能力有限了，但又很难把文献资料和自己的实践故事很好的切合起来。就这么拖着，用不同的理由拖着。一晃，2020年了。2020年初，一场疫情席卷而来，人人自觉隔离在家，总不能说没空了。总还是要开始从头到尾的叙述。但经过这么久的拖延以及拖延过程中的思考，这次开笔，只能按照自己能力所及的情况，讲讲自己的课程故事吧。

特别感谢以上三位恩师带我走过的评价路径，看过的评价风景，这是我能完成本书的根本保障。也特别感谢在工作岗位上遇到的两位优秀女性，粟高燕女士和朱卫平女士，她们在我完成本书的过程中提供了非常大的支持和帮助，没有她们一直以来的打气和鼓励，以及直接参与的讨论和梳理，这本书也是很难完成的。也感谢和我一起走过《幼儿园教育评价》和《学前教育研究方法》的台州学院15级、16级学前教育专业的同学们，你们的积极性参与和创造性思考是本书完成的重要依托！和你们在一起的学习经历和课程故事是我持续学习评价领域的强大动力。你们肯定已经在自己的工作岗位上成为了爱思考、会评价的优秀老师。也非常感谢云班课在线教育平台的专家团队，如果不是借助云班课，很多珍贵的过程性课程资料难以收集，更难以提供学生自我反思、同伴互评的重要平台。

需要说明的是，本书虽然是以学前教育专业的课程实践为叙述的主线，但所传达的评价观念本人认为是超越学科的，是具有一般性意义的。

二、我要如何来编写这本书

在师范生培养的课程体系中，开设评价相关的课程，现在已经成为共识。具备相当的评价素养是未来教师的应有之义。能够在好的评价观念指导下，行之有效地开展指向学习诊断的评价活动，并基于这样的评价活动开展指向学习提升的针对性教学是教师专业性的重要标准。通过相关的课程，希望师范生学到的，不仅是可以纸笔测试的评价知识，更是可以真正操刀实践的评价能力。如何开展相应的课程才能更好地达成课程目标，是需要思考的问题。

本人先是有机会承担小学教育专业本科生的选修课程《课堂评价》教学，后面又主讲学前教育专业的必修课程《幼儿园教育评价》。这些课程开设时学生对评价领域都是一张白纸，课程中间还都有较长时间的实习中断课程。怎么在有限的时间内让学生尽量学好评价相关课程，或者说，怎么能激发学生能在不忌惮评价的前提下愿意在读期间和毕业以后能尝试开展评价活动，在评价实践的过程中真正地学会开展评价活动，是我一直思考的问题。我后来体会到两个路径非常重要：第一，让学生真正地撸起袖子做一些评价活动，亲身感受到评价活动的本质属性是非常重要的，不管有多么稚嫩的评价实践都好过静静地坐在书桌旁背诵评价知识；因为评价活动本身就是一种社会性实践，不从实践中感受和体会，难以学到其真谛。所以，本课程的期末作业就是一项评价报告。而我也很清楚一个事实：没有足够的引导和示范，学生很难完成这项作业。为了让学生能比较顺利地完成评价报告，我在课程开展过程中分解掉了评价活动的各个要素，每个过程都开展小的评价实践，慢慢让学生能形成总体性的评价观念。第二，教师应该在课程开展过程中亲身示范评价活动的开展，任何一门课程中都不可避免地遇到学生学习评价的问题，如果教师不能在这些时候示范出良好的评价实践是怎么样的，学生也是很难理解和内化的。所以，《幼儿园教育评价》的开展其实是两种视角，一种是身在庐山内的课程学习，一种是身在庐山外的评价示范。

在这种情况下，课程时间成了保障课程效果的重要因素。不让学生真正的做评价，仅仅讲一讲、听一听，课程进度是好把握的，也是不会太慢的：覆水而过，转眼就到头了。而让学生真正地开展评价活动，那进度就要受到学生接受程度、实践情况的影响。快，是不可能的。怎么保证课程效果？一方面，利用云班课在线教育平台，打通线上的课程学习和线下的课程学习的过程，充分相信学生，一些学生可以自己学得会，学生可以小组讨论的内容放在平台上让学生在课余时间完成，课堂上只讨论关键的问题。教师对课程内容的把握成为重要问题。另一方面，利用学生的实习机会，把评价活动的数据收集和整理的任务放在了实习阶段，有问题线上讨论，实质性地延长了课程时间。最后，由于人才培养方案的安排，本人开设《幼儿园教育评价》的学期，也是同一批学生的《学前教育研究方法》的开设学期，也是本人主讲的。这种情况出现的第一个学期，本人压力是比较大的。一个学期，给同一班的学生开设两门专业课程，一个星期，见了同一个老师一次又一次，这对大学生来说，并不常见。后来在开设过程中，本人却觉得这也算是难得的体验，也给了我更多统整课程时间和课程内容的机会。简单说，《学前教育研究方法》的课程也是围绕让学生实际开展一项实践研究进行的，而作为初学者的本科生所能开展的研究，多是调查导向的，而指向实际问题调查的研究报告本质上就是一项评价活动。所以，在这两门课的开展中，《幼儿园教育评价》这门课主要解决评价的理论和技术问题，并不注重带领学生讨论幼儿园特定领域的评价问题的选择、理解和解决。《学前教育研究方法》这门课就主要是问题导向，让学生在幼儿园的专业领域经历研究问题的确定，研究工具的开发，研究数据的收集，研究结果的分析，研究结论的提出等一系列的问题探究。

而本书的编写，就是根据课程开展过程中需要进行的理论学习和实践体验而架构的。

目　录

第一章

评价素养：教师专业发展的必备领域

本章讨论评价素养的框架和如何获得和提升评价素养的问题。

第一节　评价素养的框架

评价是教师和学校管理者的教育实践的重要组成部分，是教育本身不可或缺的一部分，也是影响学生学业成就的一个重要因素。遗憾的是，尽管教师有相当大的一部分课堂时间用于与评价相关的活动上，但教师的评价素养却处在一个相当低的水平上。产生教师评价素养的现状的一个重要原因在于我们一直未能对教师的评价素养提出明确要求，更未能明确教师的评价素养框架。

一、评价素养的概念界定

“评价素养”（Assessment Literacy）的概念最初是由美国学者斯蒂金斯于1991年在一篇名为《评价素养》的文章中提出的。学界对于“评价素养”的定义包含了几个核心概念：评价活动多谈及在教育教学活动对于学生的检测和评定；评价者具备用什么评价知识和怎样运用评价知识去实现评价活动的技能；评价者会正确看待评价结果并能够有效利用评价结果达到预期评价目的。以上几点是有关“评价素养”概念界定的通用特征，也是探讨教师评价素养的理论支撑。基于此，有研究提出：“教师评价素养”是指教师在教学过程中从事各种评价活动所需的素质和能力，包括教师对于评价的正确认识和价值取向、源自教学需要的评价冲动和意识、与评价相关的知识摄取和在教学实践中评价技术的应用①。其构成要素包括：评价态度，指教师对于评价活动和自己行使评价权利时所秉承的信念和价值观，这种情感源于教师对于教育教学活动的理解和认识，还融入了教师个体的情感体验；评价意识，指教师会主动/能动地用评价辅佐教学实施，并且在评价活动进行当中，会有意识地创设正确的评价理念，有效地支配和改进自己的评价行为；评价知识，指教师掌握并且不断学习与评价相关的理论知识和技术知识，为评价活动的

---

① 赵雪晶.基于教学过程的教师评价素养提升策略研究[J].上海课程教学研究，2016(4)：53-59.

实践操作做好基础性准备；评价技能，指教师在实施教学的过程中，运用评价技术，诊断学生学习进展，并通过评价的反馈功能，调整教学策略，从而实现教与学的共同发展。

王少非教授研究指出①：教师的评价素养就是指教师所拥有的关于评价活动诸领域的知识、技能、能力和相关的理念。首先，教师的评价素养指教师应当拥有的评价素养。应当拥有评价素养的主体是多样的，教育评价活动的从事者都应当是评价素养的拥有者。仅从教育领域看，教育行政官员、教研机构成员、商业性评价从业者、校长、教师，甚至学生及其家长，都应当拥有相应的评价素养。但不同的主体因为从事的评价实践的不同，在评价活动中承担的角色不同，所应当拥有的评价素养也就不同。教师应当拥有的评价素养主要是关于课堂层面评价的专业素养，而课堂层面评价具有不同于常见的大规模校外评价如高考、中考的性质和独立价值，因此教师的评价素养不同于校外大规模评价实施者所需要的评价素养。其次，教师的评价素养是教师应拥有的关于教育评价的专业素养。当代教育评价无论在理论上还是技术上都与心理测量学有密切的关系，然而，教育评价不同于心理测量，因此，教师的评价素养也不能是心理测量学的理论和技术素养。第三，教师的评价素养是教师应当拥有的关于教育评价的知识、技能、能力和相关的信念，是内化于教师日常评价行为之中、无须教师有意识地加以监控的品质。它包括相关的评价知识，比如关于评价的目标和内容、评价方法的种类、不同类型的方法的适合领域和局限性、评价的质量标准等方面的知识；包括了相关的评价技能，比如设计评价方案、编制评价任务和工具、评分和评定等方面的技能；包括了相关的评价能力，比如依据标准编制和实施评价的能力，将目标要求转化为评价任务的能力，根据评价结果有效的调整教学和实施反馈的能力等；也包括了支持教师的评价行为的内在信念，比如关于评价的价值、功能、目的等方面的信念。

一直以来评价素养的概念明显缺位于我们的教育话语之中。关于教师专业素养的诸多论述中或涉及教师的评价能力，但通常限于抽象的层面；用于教师培养和培训的教育评价学教材或可被理解为是假想中的教师评价素

① 王少非．教育评价范式转换中的教师评价素养框架 [J]. 教师教育研究，2009，2（2）：65-69.

养的具体化内容，但实际上教材中所涉的只是教育评价的部分内容，而且通常是基于心理测量学的、远离教师的日常评价实践的那部分内容。当考试成为评价的唯一方式时，当校外高利害考试成为校内考试效仿的对象时，教材中的这些内容也许可以被看成是对教师评价素养的要求。可是，当教育评价发生范式转换之时，传统的教育评价学中的知识对于教师来说是远远不够的，甚至完全不适合了。

二、评价素养的理论框架

1991 年，教育评价专家斯蒂金斯发表了也许是第一篇以“评价素养”为题的文章，通过对“评价文盲”和有评价素养的人的描述界定了评价素养：对高质量和低质量的评价的意义有基本的理解，并能将这种知识运用于学生成就的多种测量。斯蒂金斯认为，可靠的评价：(1) 产生于并服务于清晰的目的；(2) 产生于并反映清晰且适当的成就目标；(3) 依赖于正确的评价方法，考虑目的和目标；(4) 适当地抽样学生的成就；(5) 控制所有的偏见和歪曲因素来源。与之相应，教师的评价素养也包括了五个方面：(1) 始于清晰的目的。有评价素养的人能理解评价目的上的差异并能选择适合于特定目的的评价。评价有许多不同的目的，不同层次的教育者为许多不同的目的进行评价。不同的目的要求不同的类型的信息和不同的评价，没有哪种方法能服务于所有这些目的。(2) 关注成就目标。有评价素养的人知道不同类型的成就目标——掌握内容知识、发展推理能力、获得表现技能、开发高质量的产品——并坚信它们之间的相互联系，也知道这种认识对高质量的评价的意义。(3) 选择适当的评价方法。有评价素养的教育者知道如何、何时运用特定类别中的某种特定的评价方法。评价方法有四个类别，选择、论文、表现评价和个人交流，它们对不同的成就目标有不同的适应性。(4) 抽样学生的成就。有评价素养的教育者能够抽取适当的问题或任务样本，以使评价代表我们期望反映的成就目标，并保证能从评价结果中作出对目标领域成就的正确推断。(5) 避免偏见和歪曲。有评价素养的教育者对那些可能导致对学生成就的误测的特定的技术和实践问题保持敏感，并知道如何运用有效的策略来避免或纠正这些问题。[①]

诺曼·韦伯（Norman L. Webb）提出，有评价素养即意味着具备下列知识：1. 知道哪些方式可以评价学生知道什么和能做什么；2. 知道如何解释从这些评价中得到的结果；3. 应用这些评价结果来改进学生的学习和项目的效果[②]。斯蒂金（R.J. Stiggins）提出：有评价素养的人会对所有的学生成就评价提出如下两个问题：第一，这种评价是否告诉了学生我们珍视的成绩成果？第二，这种评价反映在学生身上的效能是什么？[③]

1990 年，美国教师联盟、国家教育测量协会、国家教育协会发布了《教师在学生方面的教育评价能力标准》(Standards for teacher competence in educational assessment of students, AFT, NCME & NEA, 1990)[④]。现在，这个评价标准也为教师和其他人在考虑如何评价学生时应该具备的信息提供了参考，这也是教师在评价学生时应该具备的概念框架：1. 选择适合于教学决策的评价方法的能力；2. 开发适合于教学决策的评价方法的能力；3. 能够对外部评价和教师评价的方法进行组织、评分和依据结果进行解释的能力；4. 在作出关于个体学生、规划教学、开发课程和学校改进的决策中使用评价结果的能力；5. 开发可靠的学生评分程序的能力；6. 和学生、家长、其他的教育相关者和其他的教育者交流评价结果的能力；7. 辨别不合伦理的、不合法的以及不适当的评价方法和评价信息的使用的能力。

卡尔等人对职前教师的评价素养标准定义如下。[⑤] 评价素养用来完成以下任务所需的知识和技能：第一，为不同的目的识别、选择、或创造适合的

---

① 王少非．教育评价范式转换中的教师评价素养框架 [J]. 教师教育研究，2009，2(2)：65-69.c

② Norman L. Webb. Assessment Literacy in a Standards-Based Urban Education Setting[R]. A paper presented at the American Educational Research Association Annual Meeting in New Orleans, Louisiana April 1-5, 2002.1.

③ Stiggins, R.J. Assessment literacy[J]. Phi Delta Kappan, 1991(3): 534-539.

④ American Federation of Teachers, National Council on Measurement in Education, and National Education Association. Standards for teacher competence in educational assessment of students[J]. Educational Measurement: Issues and Practice, 9(4), 30-32.

⑤ Stuart R. Kahl, Peter Hofman, Sara Bryant. Assessment Literacy Standards and Performance Measures for Teacher Candidates and Practicing Teachers[Z]. Prepared for the Council for the Accreditation of Educator Preparation (CAEP), 2012(8).

评价途经，包括问责的目的、教学项目评价的目的、学生发展的监控和促进的目的、诊断具体的学生需求的目的。第二，分析、评价和使用从外部的总结性评价和中期评价、课堂的总结性评价、教学中嵌入性的形成性评价实践所产生的质性和量化的证据，从而作出合适的决策来改进项目和具体的教学途经，进而推进学生的学习。一般来说，教师和学校管理者都需要专业水平的评价素养。课堂评价素养是职前教师培养中很重要的一部分，因为，课堂评价素养可以监控学生的进展并记录学生的努力过程。[①] 当下的教育系统需要教师掌握课堂评价的不同形式。教师要能为测量学生的学习和体现教师教学的有效性而创造和实施可靠的评价。另外，教师也需要能和学生及其家长讨论评价的结果，以及能够使用他们的评价来调整他们的教学。在课堂中实施适宜的评价能帮助学生达到教学目标。虽然强调课堂评价有三十多年的时间了，但证据显示，职前教师和职后教师依然欠缺课堂评价知识。

1996 年，美国高等教育协会（American Association for High Education，AAHE）提出了评价学生学习的高质量实践的九条原则（9 Principles for Good Practice for Assessing Student Learning）[②]：

1. 对学生学习的评价始于对教育价值的理解。

评价本身并不是目的，而是某种教育改进的工具。从而，有效的评价实践，应该始于教育者对高质量的学习的理解以及这样的学习如何实现，这就是所谓的教育价值。教育价值不仅决定了我们将选择什么内容进行评价，也决定了我们将如何进行评价。如果关于教育使命和教育价值的问题被忽略了，评价活动就有风险沦为一种仅仅测量容易测量的方面的练习，而不是改进我们所期望的学习的实践。

2. 当评价所反映的对学习的理解是多维度的、融合性的、并能历时性地在学生表现中得以体现的时候，评价最为有效。

学习是一个复杂的过程。学习不仅仅指的是学生知道了什么，也指学

---

① Bezia，T. L.R.& Coleman，B.K. Classroom Assessment Literacy：Evaluating Pre-Service Teachers[J]. The Researcher，2015，27(1)：25-30.

② American Association for Higher Education，AAHE.9 principles of good practice for assessing student learning[R/OL]. AAHE Assessment Forum，July 25，1996. http：//www.aahe.org/principl.htm

生使用他们知道的东西能够做什么；学习也不仅仅包含知识和能力，也包括既能影响学业成功也能影响未来职业表现的价值观、态度和心智习惯。评价应该采用多样性的方法来体现这种对学习的理解，包括那些提倡真实表现的方法。教师历时性地使用这些方法，可以展现学习的变化和进度，并提高学习的水平。这样的途径致力于体现更为完整和更为准确的学习图景，从而能作为提高学习质量，提升学生学习经验的基础。

3. 当评价所服务的项目有清晰的、明确陈述的目标时，评价起的作用最有效。

评价是一个目标导向的过程。评价总是避免不了要把教育性的表现和教育性的目标和期望做比较——而这些目标和期望必定是从学校的使命中、从教师对项目和课程设计的意图中、从关于学生自定目标的了解中推演出来的。当项目的目标不够具体或不够受到认同时，评价活动就是驱动教师思考目标是什么，使用的标准是什么的过程；评价也可以促使相关人员更多地思考项目目标如何被教授和学习。清晰的、共享的、可实现的目标对评价活动来说至关重要。

4. 评价不仅需要关注最后的成果，也需要同样关注达成最后成果所需要的经验是什么样的。

关于最后成果的信息非常重要；学生在什么程度停止，是很关键的问题。但为了改进成果，我们也需要知道学生达成最后成果过程中的经验——即关于导向特定成果的课程、教学，以及学生的努力的信息。评价可以帮助我们理解在什么条件下学生学得最好；而占有这样的知识就可以改进学生的学习本身。

5. 当评价是持续的而不是零碎的时候，效果最好。

评价是一个不断累积的过程。虽然，独立的、一次性的评价好过没有评价，但如果要有真正的改进，评价应该包括历时性地开展的一系列连续的活动。这意味着追踪个体学生，或学生群体的过程；这意味着收集学生表现的同一类型的资料，以及在不同的学期内使用同样的评价工具。这种为了学生达成期望的目标而监控进展的想法是受持续性改进的动力激发的。另外，在这个过程中，评价过程本身也应该在新的信息浮现过程中被评价和被修正。

6. 当评价活动的主体人员来自教育社区中多样化的人员时，评价能够获得改进。

学生的学习是大学层面所有主体的共同责任，而评价本身是确立这种责任的一种方式。一开始参与评价的主体人员范围可能比较小，但长远的目标应该是要让整个教育社区的人参与进来。教师扮演着很重要的角色，但评价的问题如果没有学生工作人员、图书馆人员、管理者和学生的参与，就不能得到很好的解答。评价也可以让一些大学校园网的人参与，比如，校友、委托人、雇主等，这些主体的经验可以丰富对学习目标和学习标准的适宜性的理解。因此，评价不再是一小组专业人士的任务，而是一个合作性的活动；通过让所有主体都参与到评价活动和评价改进的过程中，评价就能为学生的学习提供更为广泛和更好资讯的支持。

7. 当评价开始使用和阐明人们真正关心的问题时，评价才会真正产生效果。

评价应认识到改进过程中产生的信息的价值。但为了真正有用，这些信息必须和人们真正关心的事情或问题联系起来。这意味着评价方式提供的信息会让相关的主体觉得信息是可靠的、有建设性的、并能应用在他们做出决策的过程中。这需要提前思考评价获得的信息如何被使用以及谁会使用。这种时候，评价的重点并不是仅仅收集数据和返还结果，而是这样一个过程中：从决策制定者的问题开始，然后让他们参与到收集和解释数据的过程中，从而才能对指导持续的改进有帮助。

8. 当评价是促进改变的系统的一部分时，才更有可能导致真正的改进。

评价本身所起到的作用并不大。评价在这样的校园中才能发挥最大的作用：教学的质量和学习的质量受到重视和追求。在这样的校园里，提高教育绩效是领导层面一个可见的首要的目标；改进本科教育的质量是大学规划、预算、和人事决策的核心。在这样的校园里，关于学习成果的信息被看作是决策制定的内在一部分，而且也被用心地追求。

9. 通过评价，教育者对学生还有公众承担责任。

公众迫切地希望参与到教育之中。作为教育者，我们对支持我们并依靠我们获得关于学生是否和如何达成目标的信息的公众富有责任。但这些责任不仅仅是对这些信息的汇报；我们对我们自己、对我们的学生还有我们的社会更深层次的义务是改进。教育者有相应的责任来支持这些改进的愿望。

三、评价素养的必要性

理解学生知道什么和能做什么对有效的教学非常必要。评价实践，不管是形成性还是总结性，都依赖一套技能和具体的知识，这些知识和技能的运用，是教师效能的一个重要因素。

大量的研究都提出教师的评价素养影响学生的动机和成就。教师需要学习并实施好的评价实践，这是得到认同的。

有一些标志性的关于评价素养的观点说明了为什么评价素养所包含的知识、技能和实践对有效的教学是非常重要的。

比如，Paul Black 和 Dylan Wiliam 核查了 250 份研究，发现，当教师实施高质量的形成性评价的时候，学生的成就将发生 0.4 ~ 0.7 个标准差的变化。Black 等人报告："这样的有效值说明评价是持续教学干预改进的最为重要的要素之一。"特别需要指出的是，Black 和 Wiliam 发现，挣扎型的学生(即那些被认为学习困难的学生，还有缺乏学习动机的学生) 从有效的形成性评价中受益最多。从而，实施这样的评价实践既对所有学生的成就改进是有帮助的，对缩减学习差距也是有帮助的。

同时，也有研究指出，使用表现性评价的方法可以促进学生高层次的思维，以及其他被称作 21 世纪技能的方面，同时也能激发学生的动机。

教育评价专家也强烈建议鉴于评价素养的重要性，应该在教师教育的项目中和专业发展情境中涵盖评价素养的内容。比如，斯蒂金特别强调了应让教师理解好的评价如何开发、使用和交流的。[①] 波普汉姆在四十年间，写了大量的关于评价的文章和书籍，讨论的主要就是有效的评价实践的问题，强调评价所具有的教学意义。[②]

从一个单纯的逻辑看，重视评价是非常有意义的：好的评价数据可以直接导向帮助学生、教师、学校、地区，甚至国家层面的改进努力。没有评价，教育者就像在黑夜里射箭一样。但另一方面，也要意识到，并不是所有

---

① Stiggins, R. Assessment through students eyes[J].Education Leadership, 2007, 64 (8): 22-26.

② Popham, W.J. Test Better, Teach Better: The instructional Role of Assessment[M]. Alexandria: ASCD, 2003.

的数据都可以提供做出好的决策所需要的信息，而且，很多时候，即使是针对好的数据来说，教师也常常误解或误用。究其原因，就是教师的评价素养不够。

四、亟须培育教师的评价素养

崔允漷教授呼吁：亟须培育教师的评价素养。[①]早在100年前，著名的教育哲学家杜威曾为教学概念做过精辟的比喻：教之于学，犹如卖之于买。这意味着，没有买家便无须卖家。就教学而言，没有学，无须教；学生没有学会，教师不可以说自己教过了。从专业的角度来看，此比喻有两层意思：一是说明了学与教的时序与地位关系，先学后教，有学才有教；学主教从，教是服务于学的。二是说清了教师教的效率、效益或业绩均体现在学生“学会或获得”上，即学得好才算教得好。第一层意思，杜威以儿童为中心的教育思想对此作出了全面的诠释；第二层意思，他的同事或学生为此奋斗了30多年，其中贡献最大的是博比特和泰勒。博比特倡导摒弃模糊的目的，列出清晰的目标，用科学的方法（活动分析法）设计学习过程，他的努力让课程成为一个独立的研究领域。泰勒在此基础上，经过8年的课改实验，提出了著名的课程编制四问题，增加了一项课程编制的“重要步骤”——评价环节，形成了第一个现代课程理论。泰勒课程编制理论告诉我们，如果没有评价，课程就会有失完整，教学就会迷失方向，教师就会缺失对象。

泰勒目标本位课程编制理论的诞生是时代的产物。纵观教育史，人们对学校教育目标的关注大概经历过“想得到的”教育时代、“看得到的”课程时代和“做得到的”评价时代。作为专门机构的学校，肇启于贵族阶层与宗教社会的需求，学校教育只是少数人的特权或专利。尽管学校被认为是教育制度化的标志，但开始时充满着理想主义或浪漫主义的色彩，人们热衷于关注对理想人格即教育目的（“想得到的”）的阐释，形成了多样化的教育思潮，并以“好人、贤人”的要求规范教师的社会形象。当社会进入工业化时期，平民进入学校接受教育成为常态，学校教育趋向现实，开始关注期望获得的实用知识与技能目标（“看得到的”），催生了专门化的课程，人们对教

---

① 崔允漷．亟须培养教师的评价素养[N]．中国教师报，2018-9-12(002)．

师的要求开始从“好人、贤人”转变为专业人员，即能够制订目标、处理教材、设计教学过程、实施课堂教学等，技能训练或能力本位成了教师教育的热点。到了20世纪80年代，美国自上而下的国家课程改革不仅没有带来预期的效果，还导致《国家在危急之中：教育改革势在必行》报告的出台。该报告是课程时代走向评价时代的转折点，从“教什么”转向“学会什么”，摒弃单纯对“想得到的”目的诉求，重视“看得到的”“做得到的”目标，倡导编制统一的学科质量标准，采用统考的方式管理课程教学。于是，世界各国纷纷效仿，编制课程标准，分解、落实课程标准，实施以纸笔考试为主的质量监测，开展基于标准的评价运动。这样，评价原本只是作为课程编制的一个步骤，也随课程之后从教育的“娘胎”中独立出来，整合测量、统计技术，自成专业，并且倒逼学校教育、课程与教学的整体变革，推动学校教育走向现代化。毫无疑问，学校教育已经进入了评价时代。没有评价，就没有课程，也没有教育。评价已成为学校教育的核心，是撬动国家教育变革的杠杆。

评价时代促使人们重新认识教师专业素养的构成。综观当今世界各国的教师专业标准，无不把教师的评估与评价的能力作为重要组成部分。尽管在具体条目的表述上有所不同，但良好的教师评价素养大都包含下列这些要素：一是评价的核心理念或价值观应该是促进学生的学习与发展，并以此反思教师自身的教学及其专业发展。评价，不只是对学习作出估量，更重要的是促使学习变得更有意义和价值；评价，不只是纸笔考试或告知分数，更重要的是采用与目标匹配的多样方法，对学习过程和结果进行基于学情的处理、解释与反馈。二是以专业的态度对待各种评价，并能正确处理与评价利益相关者的关系。教师需要秉持公正、公平的态度，创设安全、尊重的评价环境，提供基于目标与证据的描述性反馈，并能向利益相关者（特别是学生及其家长）解释或传播评价的教育意义。三是拥有必需的评价知识、技能与能力。就评价的知识与技能而言，分解课程标准、精准定位目标、创设情境、设计抽样、选择方法、收集与处理数据、反馈或汇报结果等应该是必备的。就关键的评价能力而言，课堂评价、作业设计、命题编卷、数据分析等是必不可少的。再进一步，以课堂评价能力为例，教师应清晰地界定学习目标，据此采用多样的评价技术收集、处理与目标相关的学习信息，提供有针对性的反馈，引导或帮助学生达成目标。

然而长期以来，我国中小学教师从培养到培训，关注最多的是“如何上课”，而忽视“如何评价”，以及如何将课程标准、备课、上课、作业与评价建立起内在的必要联系。多项研究表明，我国中小学教师的评价素养低水平甚至缺失。这种低水平与缺失所带来的后果是：有些教师无视国家课程标准的严肃性与重要性，意识不到清晰的目标对于教材处理、课堂教学以及作业布置、命题考试的指导作用，造成学校课程如无序跑道，课堂教学如无轨电车，课堂评价过于随意，作业布置无视目标，考试测验缺乏方向……直接影响到课程改革的成败，影响到国家基础教育的质量，影响到国家意志或育人目标的落实。

为此，我们强烈呼吁，在教师的培养和培训中，从制度设计到实践变革都要重视培育教师的评价素养，要让教师明白评价本是教学专业人员的分内事。教师不仅要学会教学，更应学会评价。从某种程度上说，不会评价的教师一定是上不好课的。

评价是有效教学核心的一部分的观念并不是新观念，但是，在职前教师教育领域，这一问题似乎并没有得到充分地讨论。在教师教育项目中涵盖评价素养的现实需求和未来趋势对未来教师的有效性非常关键，当然，对未来学生的成功也非常关键。

第二节　如何获得和提升评价素养

评价素养是一种指向结果的学习变化，评价素养本身是一种实践性的能力，只有在真正的评价活动中才能获得。除了参与真正的评价活动，还应该在评价活动的开展中进行讨论和反思。对如何获取评价素养，应从如下两方面理解。[①]

---

① 刘良华，王小明．指向改进的教学与评价 [M]. 上海：华东师范大学出版社，2015：44-47.

一、教师评价素养的本质是学习结果

无论职前教师还是职后教师，教师都是学习者，教师评价素养也是学习结果。加涅在1970年提出了学习结果分类理论，从学习者的身份角度，将学习结果划分为言语信息、智慧技能、认知策略、态度和动作技能五个方面。教师评价素养不是与生俱来的品质，得益于后来的评价实践持续不断地濡养与精制。教师评价素养主要依靠职前职后两个阶段的评价实践，形成相应的学习结果。从言语信息来看，教师要明晰“为何评”的事实，明确“评价目的何在”；从智慧技能来看，教师要学习“评什么”；从认知策略来看，要学习“怎么评价”，从态度来看，学习“谁来评价”“应然评价和实然评价之间的关系”等评价伦理问题；从动作技能来看，学习“采取何种评价标准”和“评价结果如何公开和使用”等。

二、教师评价素养的源头和形成过程是评价实践

评价实践是教师评价素养的源头活水，也是其形成过程。

（一）教师评价素养的源头来自评价实践

教师评价素养的源头来自自己在受教育过程中老师所展示的评价实践，自己教师的评价实践是教师评价素养形成过程中的“前实践”，评价实践的学习是一个持续的过程，割裂了与评价“前实践”的联系，教师评价素养的形成就会成为无源之水。

但“前实践”虽然是教师评价素养的先导，但毕竟是笼统和模糊的，需要通过专业性的知识学习和技能训练才能真正掌握评价原理和评价技巧。

（二）教师评价素养在评价实践中形成和发展

这种涵养评价素养的目标只有通过真正的评价实践才能实现，无论是职前教师培养还是职后教师培养，评价素养的养成都应该遵循围绕评价活动的开展进行的技能提升和观念转变。职前教师和职后教师，特别是职前教师有机会设计并实施一项评价活动，并有机会在评价活动的开展过程中针对评价的各个要素及影响因素展开讨论和反思，是评价素养养成的不二路径。

三、教师评价素养的提升路径：基于外部支持的供给

王少非教授在《教师评价素养的现状、框架和发展建议》中提出了基于外部支持供给的教师评价素养的提升策略。[①]

（一）加强评价指导

这包括两个方面的内容。第一，制定教师的评价素养的专业标准。专业标准就是专业素养结构的操作性定义。能够为教师入职设定门槛，也为教师发展提供方向。第二，提供良好的评价示范。教师的教学和评价都不可能不受外部评价的影响。外部评价会对教师的评价活动产生示范作用。这需要外部评价具备良好的品质，能够有效促进学生达到所期望的目标。

（二）提供专业支持

这里最重要的支持就是发展新的评价知识基础。教育评价新药新的知识基础。这些知识不仅包括理念或原则，也包括具体的方法、技术或策略。另一项支持是为教师提供评价方面的培训。教师培训和培养应特别强调评价的实践策略，而不仅仅是理念。

（三）提供发展机会

教师的专业发展需要教师的意愿，需要外部和内部的专业支持，更需要专业发展机会。教师专业发展的机会多种多样，但更为重要的、更为有效的机会来自教师的实践。

四、教师评价素养的提升路径：基于教师行为的转变

早在十几年前，国外学者就已充分论证了评价素养对于教师专业发展的重要性，甚至断言“如果教师缺乏评价素养，就意味着专业自杀”[②]。对照教师所需的课堂评价素养，教师的实际表现不尽如人意。一方面整体水平偏

① 王少非．教师评价素养的现状、框架及发展建议 [J]. 人民教育，2008(8)：31-34.

② Popham，W.J. Why assessment illiteracy is professional suicide？ [J].Educational Leadership，2004，62(1)：82-83.

低，个别教师素养严重缺失，主要表现在运用评价结果进行教学决策方面表现较差，而在评价伦理与合法问题上表现最差，设计评价方法和规范评价伦理两方面的知识水平很低。另一方面，教师的许多评价活动不符合评价素养要求，普遍存在四方面问题：凭经验描述学习目标，误用评价方法，评价结果反馈不当，评价伦理失范。有研究指出，教育评价素养的提升应该有赖于如下教师自我改进评价活动的开展[①]：

（一）设计学—教—评一致性方案

由于教师在设计教案时，不会合乎规范地叙写目标和设计相应的评价方法，改变此种状况比较好的办法是基于学习目标设计学—教—评一致性的方案。一方面，运用课程标准分解技能，正确、具体而清晰地陈述属于教师和所教学生的课堂目标。另一方面，分析每项学习目标的关键词：动词与名词，考虑哪些教与学的活动能够帮助学生达到动词和名词的要求，尽可能做到以动词所体现的不同认知层次来设计相应的评价活动，通过评价方法来判断学生是否达到了预设的目标，如检测学生的“复述”水平，比较匹配的评价方法有“问答”“同伴评价”等。整合这两方面的内容，就可以形成方案。方案就是对以下四个问题作出一致性回答，一是学生现在在哪里？二是我要带学生到哪里去？三是我怎么知道学生已经到达哪里了？四是运用什么方法或设计什么活动能够帮助学生更好、更快地到达哪里？换句话说，教师在开展评价之前，对课堂教学、学习和评价作一个整体的审视和规划，改变过去只重视怎么教、轻视学习目标和评价方法的做法。

（二）改进课堂问答

教师在课堂上误用某些评价方法是常有的事，这里重点分析使用频率最高的问答方法之误用及其改善之策。尽管每堂课都有问答，但教师往往把问答看作一个教学事件，只是通过问答让教学开展得更有序，并未重视、发掘问答的评价功用。事实上，课堂问答是一种很好的形成性评价方式，运用得当可以促使学生深度参与教学、发生有意义的学习。所以，教师要改变原

① 郑东辉．教师评价素养提升建议 [J]. 人民教育，2017(15-16)：33-35.

有只服务于教的课堂问答模式，发展以评促学的新策略。一方面，教师要基于学生的发展和需要设计问题与提问方式。所设计的问题应该考虑与学习目标的匹配，问题之间能形成某种关联，且具有层次性，以适应不同认知水平和情感特质的学生，让每个或每类学生都有机会回答问题。尽可能多地运用高质量的开放题。开放性问题不同于封闭性问题，它留给学生更广的思考空间，允许更多的学生参与讨论，会激发学生开放性的回应，发展学生的高级认知。所提出的问题应该是简洁、清晰而具体，且是在学生的最近发展区内，学生能对此作出自己的解释。另一方面，积极回应每个学生的回答。问答不是单边行动，而是多方互动，不管学生的回答是错误的、不完善的，还是正确的，教师都要对每个学生的应答作出描述性反馈。当学生不肯回答、回答不正确或不完整，甚至思维混乱，要巧用澄清与分解问题、转换角度、线索提示等探问策略，引出学生合理的回应，而不是简单否定或直接转问。当学生回答正确但思维窄化或固化，要善于运用原问题加深或提出更难的新问题等追问策略，拓宽学生的思路，而不是简单肯定了事。与此同时，鼓励学生倾听和评论同伴给出的答案，并提供一种在公共场合发表言论的安全感。

（三）合理使用反馈

反馈的目的在于影响人的后续行为，指向行为的改进与新的发展，但使用不当也会产生负效应。可以说，反馈是把双刃剑。对于许多教师来说，在日常教学中疏于反馈或习惯于判断性反馈，大多是给学生提供分数或等级，最多也就是给学生一些口头奖励，没有很好地发挥反馈的正能量。要使反馈趋利避害，一方面为学生提供好的反馈，另一方面要自我反馈。什么是好的反馈？根据研究，有两种反馈能有效地促进学习。一种是针对任务过程的反馈，关注学生在完成任务时所使用的方法以及个人与知识、个人与教育环境的关系。另一种是关注学生自我调节的反馈，激发学生主动参与的意愿，帮助他们进行学习策略的改善或自我评价。具体来说，教师需要把各类评价信息及时反馈给学生，不仅描述学生的具体学习表现，还要基于目标陈述如何改进的意见。评价信息既有结果性的，如期末考试、单元测验的成绩，也有过程性的，如课堂问答与练习表现、完成家庭作业情况等。不管何种类型的信息，要依据学习目标或学生预定的目标，以清晰、易懂的语言告诉学生其实际表现与理想目标之间的差距，提示学生怎样改进以及如何实现目标的最大化。如果只告诉学生考试的成绩或过程表现的结果，没有任何关于考试情况的说明（如试题分析）或与目标相比较的具体信息，会使学生产生一种与他人进行比较的心理，关注结果的好坏和自己的名次，而不能激励他们对学习本身及其如何改进的思考与行动。

教师的自我反馈是指在给学生反馈的过程中，善于发现与反思学生错误中的教学问题，及时调整教学策略，以适应学生的学习改进活动。如家庭作业大面积出错，可能不是学生没做好，而是课堂教学出了问题，或者是所布置的作业有问题，这就需要教师认真审视自己的教学实践，进行自我检讨与改进。

（四）形成性运用外部评价结果

虽然大部分教师很少全程参与外部评价（如区域或学校统一考试），但外部评价结果的处理却是每个教师必须要做的。问题是教师只看重外部评价呈现的结果，甚至还对这些结果进行排名，而不重视结果的有效运用，没有把结果与课堂评价结合起来使用。要发挥外部评价促进教与学的作用，教师就要获取外部评价组织者提供的关于考试结果的所有信息以及关于试卷质量方面的信息，读懂并分析这些信息，合理解释和使用这些结果。在使用这些结果时，需要注意以下几点：一是分析结果背后的教学和学习问题，寻找学校、年级、班级中的共性问题，梳理班里每个学生所取得的结果的个性化问题。二是针对学生存在的个别问题，结合学生的平时学习表现，提出具体的补救措施，跟踪学生的改进和进步情况。三是反思评价结果与课堂教学的关系，诊断课堂教学可能存在的问题，采取适当的方法改善自己的教学。

另外，要使外部评价结果得到有效的处理，改善教师的命题实践也是十分重要的，因为通过命题实践可以把外部评价的运作看得更清楚，也更利于把握评价结果与教学的关系。命题是教师实施学业评价的薄弱环节，由于技术性强，很多教师对此望而生畏，往往持拿来主义态度，用别人编制好的试题考学生，不能很好地处理考试与教学的关系。对于命题活动来说，教师要从单干走向合作，运用双向细目表技术，根据课程标准和单元目标确定测验内容框架，分工合作编制试题，并与同伴分享命题技术与经验。

（五）引导学生参与评价和自我评价

学生参与的日常评价活动随处可见，无论是考试还是完成作业，或是参与课堂问答和讨论。如果教师不能很好地引导学生参与评价，无视学生的评价权利与需求，就有可能使评价活动变得低效或无效，甚至会出现严重的评价伦理问题。为此，改善教师引导学生参与评价的实践是十分重要的，在一定程度上能够提升教师的评价伦理水平。问题是，教师让学生参与评价大多是表面的，如参加测验、上台板演、回答教师问题等，有时为了减轻自己的工作量，教师也会让学生自己批改作业或试卷，但很少让学生参与评价标准的制定或应用评价标准评估自己的表现，在很大程度上并没有激发学生的学习动力和潜力。

所以，教师要引导学生深度参与评价，激励学生主动参与评价和开展自我评价，使教师的评价活动获得事半功倍的效果。首先，教师要将学—教—评一致性方案预先告知学生，或邀请学生参与方案的设计，并让学生知道整个评价流程，激发学生的学习动机与参与热情。当然，评价过程不是教师的单向传递，而是师生间的双向互动。这就需要教师保持一种开放、宽容的心态，确保评价面向全体，赋予不同学习水平学生（如学困生、学优生）的评价权，允许学生犯错，提供适切的点评，鼓励学生评价教师，欣赏学生对教师评价的质疑。其次，为学生的自我评价提供适当的训练与适时的指导。学生自我评价的主要问题是，只有对自己想要达成的学习目标有足够清晰的图景时，学生才能评价自身。教师训练学生自我评价的技能要从认识学习目标开始。认识学习目标的方法有多种，教师可以让学生在课堂上进行专门的学习目标陈述练习，也可以预先告知学生，由学生作出选择，还可以对学生进行个别辅导，其目的是让学生自主设定符合课程标准和自己学习需求的学习目标。当然，认识并形成学习目标不可能一蹴而就，它是一个过程，教师应持续地帮助学生澄清学习目标。即使明确了学习目标，学生还需要对此进行管理、分解，依据目标记录自己的表现，监控自己在达成目标的旅程中所取得的进步。

也有的研究从教学过程的视角提出教师评价素养提升的建议[①]。

第一，加强教学前（课前）的学情评价意识。系统地对学生学情进行评价应重点关注三方面内容：首先，培养教师的学情评价意识。在教学前对学生进行评价检测是了解其起点状态的最有效途径"。其次，引导教师有设计、有步骤地开展学情评价。教师要在有限的时间里了解学生在各自的空间和时间里面所获得的知识储备很困难，教师必须有计划、有目的地设计评价内容，包括通过评价了解学生学习新任务的先决条件，即起点能力如何，这主要是指学生基本的学识储备和学习能力的准备；通过评价去了解学生对目标状态是否有所涉猎，这主要是指学生学习新知识时，是否存在无法逾越的"路障"；通过评价来了解学生对新任务的情感态度，这主要涉及学生的学习愿望、毅力、动机、兴趣等；通过评价了解学生对学习新任务的学习习惯、方法、策略及风格等等，这涉及学生习惯和喜欢接受怎样的教学方式，喜欢采取怎样的学习方式来获取新知。最后，利用学情评价结果实现教与学共同发展。教师对学生的学情评价是为了更好地了解学生，为自己的教学做充分的准备。教师的责任不在于把知识点打包装进学生脑子里去，而需要认真对待学生的学情评价结果，对不明之处进行纠正、补充，引导其掌握。

第二，巩固教学中（课中）对于评价的充分应用。在这个阶段，在提升教师评价素养方面，应该集中关注几个方面内容：首先，设计与教学方案相辅的评价方案。教师在强化自我评价意识的基础上，应该将这种评价的意识转化为与评价有关的技能，通过系统科学的设计，让评价活动成为一种独立的、可以记载的、可以用于交流和反思的评价方案。其次，建立和谐的课堂评价文化氛围。课堂教学评价顺利实施，除了要有评价方案的基础性支持外，评价实施环境也非常重要。这个外在的环境也就是课堂的氛围，课堂氛围是指在课堂教学过程中，师生之间信息传递，情感交流的状态，它反映出课堂教学情境以及师生、学生之间的关系状态。教学评价氛围的"宽松"与"不宽松"，"民主"与"不民主"，仅仅一字之差。但是，这个差别却对学生参与教学互动的积极性，参与方式，参与频率和效果，对学习的体验、对教师的体验和对学校的体验都有很大影响。最后，课堂是实现学生参与式评价

① 赵雪晶．基于教学过程的教师评价素养提升策略研究 [J]. 上海课程教学研究，2016(4): 53-59.

的最好机会。在传统的教学理念与模式中，教师在教学和评价中都拥有绝对的发言权和裁决权，但在新的课程理念和新的评价理念的指导下，强调学生作为学习的主体，也是评价的主体。因此，引导学生参与课堂评价，才能促使学生对自己的表现行为有更深刻的认识，使其自觉纠正错误、强化行为，实现教学的意义。

第三，完善教学后（课后）对评价结果的解释与补充。一方面，教师要重视对总结性评价结果的解释。就当前来说，教师对于总结性评价的应用是十分普遍和熟练的，教师应注重对考试/测验的结果进行科学的解释与反馈，为学生的后续学习提供尽可能多的信息，在这个过程中，也可以反映出总结性评价实施的意义和价值。另一方面，教师要端正对总结性评价结果解释的态度。教师在充分肯定了所使用的总结性评价的科学性和公正性的前提下，还要对学生的个人背景资料、平日的学习情况、迎评时的情绪状态进行一个综合性的评价。将这个评价与总结性评价的结果相结合才能形成对学生阶段性学习结果的客观判断。

总而言之，围绕着教师评价素养的构成要素来说，在评价态度方面，教师应当建立起以“学生”为中心的评价观，并将这种评价观践行至课程实践的全过程，以实现思维改造行动、思维领导行动的目的，在教学实践的反复研磨与历练中形成个人特色的评价模式；在评价意识方面，亟须加强教师评价价值观的重建意识、多元评价主体参与意识，以及评价理论本土化意识。只有评价观念发生了合理的转变，才可能生成合理的评价意识，在合理评价理念指导下的评价行为才可能是自觉、有意识的教育行为；在评价知识和技能方面，教师涉猎评价知识是对评价活动表象的了解和感知，深入的掌握和应用则需要教师走进教学与评价实践，通过教与学的“评价—对话”来实现。

第二章

理解教育评价的基本问题

本章主要呈现教育评价的历史、含义和类型。

第一节　教育评价的历史

在这个话题下，笔者分享了相关的文章给读者，希望读者能对教育评价的发展有一个清晰的认识。

一、教育评价的历史发展

关于评价的历史发展，笔者2011年在《考试研究》上发表了一篇文章①，以评价术语的更迭为线索，整理了大量相关文献，考察了教育评价的历史变革。可以看出，教育评价在发展和变革过程中评价对象不断扩展，重心不断下移，最终与学习和教学融合在一起。

（一）“从哪里来”：项目评价走近教育领域

现代教育评价是从20世纪初随着“科学管理运动”而兴起的，而评价最初并不是出现在教育领域。评价产生于从社会问责的角度对一些社会项目进行的监督和管理，这些项目包括对医疗、孤儿院、公众健康系统的财政投资和干预等，当然教育也在其中。这种意义上的评价是“系统地应用社会研究程序来评价社会干预项目的概念、设计、实施和效用。”

19世纪伴随着经济和技术的巨大变化，产生了对教育性和社会性的项目及机构的改革需求。这个时期对教育系统的评价经常是通过政府任命的一些委员会或视察员进行调查。比如，当时英国的“爱尔兰初等教育研究皇家协会”，美国的“总统协会”“白宫专家组”等组织主持的一些对学校表现的评价。因为评价方法往往是收集的数据或证词，这些评价本质上是非正式的和不精确的，只是标志性的或象征性的。在英美，这种通过外部视察员来评价学校工作的机制直到现在依然存在。

20世纪以前的教育领域中的评价，其评价的主体是脱离于教育系统之

① 冯翠典，高凌飚．从哪里来，到何处去——从术语变化的角度探寻教育评价的变革之路[J]．考试研究，2011(3)：65-71.

外的社会或政府人员，评价的对象是学校的表现或是一定的项目成效和投资收益。数据的收集是基于非常不精确的主观感知和判断或者随意性较大的测验。这种评价，从本质上讲，和学生的学习是没有关系的，不能算是正式的教育评价，所以，可称之为“前教育评价时期”。这个时期，社会项目（social project）或项目评价（project evaluation）是关键术语。

（二）“走过的路”：不断地扩充和重心转移

整个的二十世纪，是教育评价不断地发展的历程。考察这个历程，可以清晰地看出其评价对象不断地扩充和重心不断地转移。

1. 科学测量和测验时期（二十世纪初—二十世纪三十年代）

二十世纪泰勒模式之前的三十年间的教育评价，斯塔弗比姆（D.L.Stufflebeam）等人称为“效率和测验时期”，古巴和林肯称作“测量时期”。这说明该时期的特征得到认可。本部分称作“科学测量和测验时期”。

二十世纪早期，泰罗（Taylor, F.）发起了“科学管理运动”，开创了以标准化测试为特征的科学测量时期。另外，智力测验的兴起也促成了该时期使用测验作为收集数据的工具的特点。当时的法国教育部长为应对教师关于甄别出智力正常儿童和非正常儿童的呼吁，委托心理学家比奈（Binet, A.）为此目的开发测验。比奈创造了智商（IQ）的概念，使用智商测验来区分智力非正常的儿童很快普及。二三十年代，成就测验大量出现，课程的内容被认为是确定和不容批判的，这样，覆盖课程内容的标准化测验就被认为是评价教师和学校效率的工具。即测验是指向质量控制的。针对的不是学生，而是学校或教师。

这个时期，关键的教育评价术语是测量和测验。评价本质上是以测验或测量的方式测定学生对知识的记忆状况或某项特质，从而满足为一定的教育项目甄选学生和对学生进行分类的需要。泰勒也指出：“在我 1930 年使用评价（evaluation）一词前，对学生学习的鉴定通常使用‘测验（examing）’和‘考试（testing）’。”这个时期评价的对象开始触及到人，但评价注重的是通过效率或智力的标准为一定项目或资源进行对学生的筛选和甄别。评价的工具主要是测验。评价者的身份是测量专家，他们依然没有看到教育领域自身主体的声音和观念，而且，这种评价对课程、教学和学习都是无益的。

2. 客观描述的目标时期（二十世纪三十年代至五十年代）

无论是就整个教育领域还是评价领域而言，泰勒（Tyler, R.）都是最杰出的人物之一。他创造或引领了一个时代：二十世纪三十到五十年代可称作“目标时期”或“泰勒时期”。

第一次世界大战以后，美国的中学接收了大量没有完成小学教育的年轻人，这些学生的需要和当时为大学做准备的课程不相适应，从而引发了课程开发的压力和需要。就此，美国研究者 1933 年发起了“八年研究”。研究者的首要目的是开发一种工具来评价开发出的课程是否满足需要。泰勒及同事开发了一种测量学生是否学到了教师期望他们学到的成果的测验。这种期望的学习成果称为“目标”。即在课程设计时，泰勒就学生在这些课程目标上获得的成就收集信息。这些信息以及随后的分析，是用来修正和改进课程材料的。这种思想，相对于斯克瑞文（M. Scriven）形成性评价和总结性评价的区分早了 30 年，并且形成了新的评价模型，即对一定的陈述好的目标的优势和缺点进行描述的模型。评价不再认为是和测量相等同的，相反，测量被定义成“可用于评价目的的几种工具中的一种”。

三十到四十年代以后，受泰勒等人的影响，评价一直被看作是对目标和表现的吻合程度的确认。提出合理的教育目标，并加以科学的分类，并以此为标准来衡量教学达到的水平，成为这一时期的焦点。一直到五十年代末，六十年代初期，这种思想都一直没变。布鲁姆（B.Bloom）的教育目标分类学就是这一时期的标志性产物。

这个时期主要特征是认为评价过程是将教育结果与预定教育目标相对照的过程，或根据预定教育目标对教育结果进行客观描述的过程，“描述”“客观”“目标”是关键的术语。评价的主体是课程专家，评价方法泰勒坚持应不限于纸笔测验，而应使用多样化的形式，比如：对孩子的直接观察、对学生作品的鉴定、访谈、问卷、个案研究。泰勒的这种前卫的思想现在叫作“考评（assessment）”，但这些广泛的方法在二战后就消失了，成为了标准化成就测验的牺牲品。直到在九十年代的“真实性考评”或“另类式考评”中才重新被强调。

虽然这个阶段的评价，泰勒一直强调其评价结果是用于改进的，但更多的是指向课程开发和课程材料，而不是指向教师的教学和学生的学习。而且认为既定的目标是不可被质疑的。

3. 价值判断的评价时期（二十世纪六十年代至八十年代）

二十世纪六十年代始，不同于前一阶段目标预设的不可质疑，目标本身的合理性以及是否需要预定目标等价值问题受到关注，目标处在理性判断的时期。这一时期，“评价（evaluation）”概念的使用远远超过“测验”和“目标”，本部分称为“评价时期”。

1957年，苏联成功发射卫星。美国政府为之震惊，投资了大量的资金改进教育。而教学材料一般是由学科专家开发的，其形成过程也没有经过试测。六十年代中期，就发现很多的教学材料并非特别有效。斯克瑞文1967年提出了“形成性评价”的概念来改进教学材料的开发过程。他指出，教学材料的模型和草案应在最后成型前让学生试测。从而可以在教学材料的形成性的阶段进行有效性评价，从而有可能在最后的生产之前进行必要的调整。他把这种测试和调整的过程称为“形成性评价”。他的这种观点很快被布卢姆（Bloom, B.）所采用，应用到其“掌握学习”的学习模型中，使用到对学生学习的形成性阶段的评价上。

除了对非生命的教育性对象的评价之外，斯克瑞文也强调要拓展评价对象。他指出，应该使用“评价元（evaluand）”而不是“项目（project）”来指称评价对象，这样就可包括所有的评价对象（比如，产品、政策）。而评价也可以以人为对象，所以保留“被评价者（evaluee）”一词专指对人的评价，针对人的评价一般称为“考评（assessment）”。

斯克瑞文的最主要贡献是把评价者的角色坚持定义为“做出价值判断”。斯克瑞文指出：有一门关于价值的科学，那就是评价。是好是坏应该由评价者做出判断。评价者最大的失败就是只给决策者提供信息，而把最后的判断撂给非专业者。所以，这一时期，价值判断成为核心词汇。古巴和林肯也把这一时期称作判断时期。

这一时期也出现了艾斯纳（E.W. Eisner）的鉴赏和批评型评价、斯泰克（R. Stake）的回应式评价。评价的多种价值性思维和多元化实践慢慢凸显，新的考评范式呼之欲出。

可以看出，这个时期在对评价的目标进行反思和价值判断的同时，多元化的评价开始出现。而且在强调对课程材料进行评价的同时，开始注重评价对教学和学习的反馈作用，注重把学生或学生的学习作为评价的对象，进而把评价的主体拓展到教学情境下的教师。但是，对于学生学习的评价因为倚重量化的评价方法而局限在认知性的学习结果上。

4. 多元建构的考评时期（二十世纪九十年代以来）

这个时期是范式转换的年代。古巴和林肯在反思前三代评价的基础上把即将到来的评价时代称为基于建构主义范式的第四代评价。建构时期的到来是与质性评价方法的应用联系在一起的。这个时期认为评价在本质上是一种通过“协商”而形成的“心理建构”，评价应坚持“价值多元性”的信念，反对“管理主义倾向”。古巴和林肯指出，建构主义范式依赖的信念系统是和科学模式不一样的，是“另类的方式（an alternative approach）”。

值得注意的是，这个时期评价的概念使用也发生了变化。很多研究者区分了“评价（evaluation）”和“考评（assessment）”，即评价主要是针对非生命体的，考评主要是针对人的；评价是着眼于判断的，而考评是重在改进的。术语的转变也昭示着一种范式的转变。

这种范式的转变不仅体现在古巴和林肯在理论上的展望，也体现在新的考评实践和理念上。自从 1989 年威金斯提出应“走向更为真实和平等的考评”后，出现了很多旨在标榜与传统目标测验和量化测量不一样的评价理念和方式，如真实性考评（Authentic Assessment）、融合性考评（Integrative assessment）、整体性考评（Holistic assessment）、表现式考评（Performance assessment）、档案袋考评（Portfolio assessment）、嵌入式考评（Embedded assessment）、情境式考评（situated /contextualized assessment）、动态考评（Dynamic assessment）等。这些新的考评理念和实践可以用“另类式考评（Alternative assessment）”统称。虽然没有“另类式考评”的统一定义，但这个概念被认为是包括了与传统的科学测量、目标描述和价值判断相区别的所有尝试。

这个时期所追求的范式转变是从在学习之后或者学习之外进行评价的结果范式转变到考评是学习过程内在一部分的过程范式。关注学习的发生和过程，承认学习的建构本质和社会性本质使得学生及同伴也成为了考评的主体之一。在对学生学习的考评中，各种质性的方法得到研究和使用。这个时期，出现大量的课堂考评研究就是关注学生学习过程的例证。

从以上的讨论可以看出，教育评价的演变过程中有很清晰的重心倾向。

从前教育评价时期对社会性的教育项目的评价，到科学测量和测验时期为特定的教育项目甄选和分类学生，到目标时期中对课程和教学材料的评价，到评价时期中关注教学的情况并注重对学生学习结果的评价，再到考评时期基于建构主义理论的对学生学习过程的考评和改进。评价主体先是政府工作人员、然后是心理学家、然后是课程专家、然后是教师和学校参与其中，而在建构时期，学生及其同伴也是学习考评的重要主体。在这样一个过程中，可以看到评价从社会公共领域走向教育领域，在教育领域中重心由教育项目转变到课程材料，再转移到学生的学习结果，最终与学生的学习过程相吻合。教学和考评的关系也从互不相关，到考评关联上教学，到考评发生在教学之后，最后与教学的全程融合。

探讨评价概念的重心转变和含义扩展，重要的是要谨记，每一次发展都不是完全摒弃原有的理念和操作，而是一种建设性的继承和批判，新的理念和方法既是建立在现有理念和方法的基础上，同时也是与之共存协同的。

（三）到何处去：走向综合平衡的大系统

考察教育评价变革的路径和图景，可以看到教育评价已经逐步达到本质。概括如下：评价的核心价值观是促进学生的学习；评价的目的既要完成对项目、课程、教学和学习的社会性问责目的，也要服务于为教学的调整和学习的深入所需进行的决策的目的；评价的主体包括了与教育系统利益相关的各类主体，如政府、公众、教师、学生、同伴等；为了更好地完成各种教育目的和服务于各类评价主体，评价的方法和形式也表现出多样化的特点，如质性评价方法、量化评价方法、大规模测验的形式、课堂考评的形式等。

在这种背景下，教育评价进一步的发展会有什么趋势或追求呢？笔者以为，走向更为综合平衡的机制或系统是符合逻辑的展望。如上所述，教育评价的历史变革其实是一个不断扩充、不断走向本质的过程，那在发展到相对成熟的阶段后，如何在系统内进行平衡和协调就是应该思考的问题。为了求证这种推论和思考，笔者又进行了文献研究。的确发现近年教育评价领域出现了追求综合、平衡的考评系统的趋势。比如，2007年，柏里等人探讨了建立一种综合的考评系统，其中应包含一年一次或一学期一次的外部总结性考评、与课堂教学相融合的日常形成性考评以及规模和周期介于二者之间的间隔式考评。2008年，斯蒂金也提出在促进学习的核心目标下，应提倡开发平衡性的考评系统，其中应体现形成性考评和总结性考评、大规模测试和课堂考评的平衡，并应满足不同主体作出一定教育决策的信息需求。这种追求无疑会引领教育工作者在更高的定位和更宽的视野中经营教育评价的系统。

二、评价的不同范式

第二篇文章是2001年发表在美国《阅读教师》上的一篇文章①，虽然过去近二十年，文中的观念依然值得学习。

文章的开篇指出，文章的目的是想给林林总总的评价概念和评价模式提供一个更上位的分类框架，即评价范式。并提出了三种评价范式：评价作为测量的范式；评价作为程序的范式；评价作为探究的范式。并指出，当评价成为一种探究的过程时，教师就可利用评价来做出更好的决策。

(一) 评价作为测量的范式

评价作为测量（Assessment as measurement）的范式是和实证主义者（Positivist）或现代主义者（Modernist）对现实和知识的本质的理解紧密相连的。这种范式的主要评价工具就是大规模的、常规参照的标准化测试。这种标准化测试的设计是为了客观地测量学生在一个给定的时间段内获得的知识量。一线教师的主要关切的是这些评价是否为日常的教学和课程决策提供了必要的信息。

在评价作为测量的范式中，知识本身被认为是可以完全独立于学习者之外的东西，学生的所有努力是为了获得知识而不是建构知识。学生被看作是一个空的容器，或是一块白板，只等着知识的填入。学习被认为是从教师传递知识给学生的过程，而学习的意义被认为是体现在测试中，而且在标准化测试中，只有一种解释或判断被接受。

在这种范式中，客观性、标准化和可靠性被认为比学生和教师的参与要重要。在这些测试中，一线教师的角色仅仅是宣读结果，评分是外部人员

① Frank Serafini. Three paradigms of assessment: Measurement, procedure, and inquiry[J]. The Reading Teacher, 2001, 54(4): 384-393.

或机器完成的，在考试前试题也被保密，以保障公平性。学生在这些标准化测试中的主要角色就是考试参与者。换句话说，在这种范式中，学生几乎没有进行自我评价或学习反思。测试是给定的，分数是表格上的。在这种外部主体开展的评价中，一线教师基本没有什么机会参与到决策的过程中，也很少有机会把这些评价结果直接用到课堂和课程的决策中。

标准化测试主要用进行来大规模教育项目的比较，以及给与教育的公众相关者提供问责性的信息。这样的测试可以由学区、市级、省级的教育部门，以及其他外部的教育利益主体来对学校和学生进行比较和分等。因为一般高利害的部门会和这些标准化测试紧密相关，比如，一些财政的决策和学校的拨款，因此，这些测试会引发高度的竞争。这样的测试并不是为了支持课堂教学而设计的，相反，这些测试是为了大规模的教育评价或项目评价而设计的。

在评价作为测量的范式中，需要收集什么样的信息，这些信息的意义是什么，一般是由课堂之外的权力部门决定的。比如，在标准化测试中写作能力测试主要通过多项选择题的方式进行，主要关注语法、词汇的选择和拼写的正误。这种测试的题目是为了测量学生在学校学习中积累了多少关于写作的知识。在这种方式下，标准化测试关心学生是否学到了或理解了，主要是通过检验学生掌握的知识是否牢固来完成。学生的真实作品和真实表现一般不会在这种范式中得到评价。

(二) 评价作为程序的范式

评价作为程序（Assessment as procedure）的范式既有评价作为测量的范式的要素，也有评价作为探究的范式的要素。在这种范式中，主要的关注点是评价程序，而不是背后的评价目的或认识论上的立场。从认识论上讲，这种范式和评价作为测量的范式是非常接近的。知识，依然被认为是可以独立存在于学习者之外；这种知识是可以被传递给学生，同时，也是可以被客观地测量的。

评价作为程序的范式和评价作为测量的范式的主要不同在于，评价的程序改变了，从而可以更好地包容质性的评价方法的使用。但是，虽然评价方法改变了，但认为学生成就是可以客观地进行测量，认为知识可以独立地存在于学生之外的核心观念并没有变。在这种范式中，同时兼具测量范式和探究范式的要素。

在这种范式中，人们重视评价的方法，特别强调做事情的正确方法，而不仅仅是只关注做事情的具体目的。从方法论的层面解释比较好地说明了这种范式的本质。评价作为程序的范式特别关注收集评价数据的不同方法，而不是特别关注收集评价信息的目的或受众。

在这种范式中，和评价作为测量的范式一样，教师和学生并不直接参与到关于评价程序或评价目的的决策中。主要的目的是报告这些信息，不管这些信息是通过什么样的方法获取的，或者提供给什么样的利益相关者，也并不关心对课堂教学的影响。

在这种范式中，收集学生作品的具体程序本身而不是收集学生作品的背后的目的成为主要的关注点。比如，对学生学习档案的收集会因为外部主体的需要成为课堂活动的一部分，但教师只是给外部主体提供学生的学习档案，而不是把学习档案作为促进学生学习或教师反思或者直接影响课堂决策的工具。在档案袋评价中，教师可能更关注使用的档案袋的类型，如何保存或者传递这些档案袋等这些问题，而不是认真思考如何利用这些档案袋来促进学生的学习反思和自我评价。

在评价作为程序的范式中，教师依然被要求客观地测量学生的能力，并以分数的形式向外界报告学生的成绩信息。他们依然是决策制定过程的局外人，很少参与到决定评价的目的这样的活动中。

很多以此范式为方法的评价项目以失败告终，是因为一线教师并没有参与到评价方法的设计中，从而使这些方法有效地获知学生学习信息，仅仅是给教师增加了新的负担，使教师不得不实施外部管理者给予的评价任务，并把相应的分数报告给外部的相关者。

事实上，收集评价信息的具体程序或方法的本身并不直接决定了评价范式的本质。所以，这种范式其实是两种范式的中间状态。本质上，是评价的目的和评价的受众，以及评价的认知论的立场，再加上收集信息的方法，这些方面共同决定了评价范式的本质。

(三)评价作为探究的范式

第三种范式是评价作为探究(Assessment as inquiry)的范式，这是建立在对知识的建构主义理论、以学生为中心的学习理论，以及探究过程本身的理论等基础上的。在这样的范式中，教师使用多样的质性和量化的评价技术来获得关于特定的学习者以及他们学习过程的各种信息。这是一个探究的过程，也是一个解释的过程，并用来促进关于对学生的理解、态度和能力的反思。

在这种范式中，不仅收集信息的程序变了，老师和学生的参与程度、评价活动的目的，认识论层面的立场，以及这些评价信息的受众等各个方面都变了。在评价作为程序的范式中，发生的变化仅仅是在教学层面，即在教学过程中关注收集评价信息的新方法。相比较而言，在评价作为探究的范式中，评价的目的是深层次地理解个体学习者在具体的学习情景中的具体情况。而且，评价的受众从外部的利益相关者和管理者身上转变到课堂中的教师、学生或者家长身上。

在这种范式中，评价被看作是一种社会性的，和情境具体相关的解释性活动。知识被认为是学习事件发生的具体社会情境中的参与个体共同建构出来的，而不是仅仅通过直接的教学手段就可以传递的。在这种范式中，对评价信息的多元化解释可以得到鼓励，每个学习者都可以提出和评判不同的信息，并共同建构评价的意义。

在这种范式中，教师不再仅仅是测试的管理者，相反，教师和学生都被看成知识的积极建构者而不仅仅是知识的被动接受者。和使用测试来测量学生的能力并加以比较的方法不同，教师使用这些基于课堂开展的评价程序来支持学习，直接影响到具体的教学和课程的决策，并能更为有效地和家长及学生交流评价信息。

在评价作为探究的范式中，人们认为不能用一种方法来治疗每个学生的学习困难问题，也没有什么相对轻松的项目来快速地消除学生的不良行为。评价不再被认为是一个客观的测量过程，相反，评价被看作是人类的交流手段，而在其中的人本身，是主要的评价工具。评价作为探究的范式和评价作为程序的范式的不同在于教师为什么要实施这些评价程序的目的，即对这些程序的必要性的理解；另外，在评价作为探究的范式中，收集的评价信息如何使用，以及评价的实施到底是为了谁这样的问题的答案也发生了改变。

还是拿档案袋评价作为例子，在评价作为探究的范式中，教师采用档案袋的评价方法，是为了收集信息来做出更好的教学决策。这些档案袋的作用是作为促进学生反思和学生自我评价的工具。在收集信息的方法和程序方面，这和评价作为程序的范式是类似的，但是评价的目的和目标是不同的。

在这种范式中，档案袋被认为是促进学生和教师共同反思、自我评价和目标制定的重要工具。制作档案袋是理解学生的兴趣、能力、需要和价值观的持续性的信息收集的过程。档案袋里的内容一般不进行评分或相互进行比较，相反，学生对内容开展的反思仅仅用于了解他们在学业表现上的情况，并记录下他们的进步。这被认为是学习者参照的评价。

三、评价的最新走向

评价如何开展，取决于某一时代对教育目的的认识，对学习成果的认识。当下，国内外的教育改革进展到“素养为本的教育”（Competency-based education）阶段。素养为本的教育理念和相应的行动倡议得到了广泛的认可，由此引发了如何开展素养为本的教育评价的思考，体现了评价的最新走向，有研究者指出，素养为本的教育已经在系统层面和具体的学习环境层面成为教育创新的主导性范式。笔者在2017年发表了素养为本的评价相关文章[①]。

（一）素养为本的教育的含义和背景

素养为本的教育可以追溯到二十世纪六七十年代美国开展的素养为本的组织培训和教师培训。在那个年代，“素养运动”（Competency movement）的特征是对专业性任务开展行为方面的详尽分析。专业任务被分解成具体的组成成分，体现为一长列碎片式的行为要素。当时的素养为本的教育是以行为主义、掌握学习理论和模块教学为依据的。这样的途径是没有成效的，因此，最初的素养为本的教育倡议在八十年代受到的关注逐渐降低。

① 冯翠典．实施素养为本的评价：基于学习结果层级模型[J]．教育测量与评价，2017(6)：26-32.

二十世纪九十年代开始，关于素养为本的教育又在世界各国得到深入的讨论和采用，并基本认同这是一种基于学生学习结果的、基于预制性的学习标准的、重在看学生具体能做什么的教育模式。但有研究者指出，在具体操作层面，九十年代的素养为本的教育的运作机制和早期差异不大。

二十一世纪以来，关于素养为本的教育的讨论有了新的转向，有的研究者开始倡导从更为整体的途径来看待和实施素养为本的教育，用来解决前期碎片化、独立化的问题。大致来看，在这种转向中，素养被认为是为解决真实的复杂性问题所需要的整合性能力。也有研究者认为，真实工作场景中所需要体现出来的为完成具体任务所具备的知识、技能、态度等方面的综合体就是素养的最好体现。通过研究学者提出的定义，利兹奥等人提出，当下对于素养的定义都包括两个方面：一是强调知识、技能和态度的整合；二是强调在真实情景中地应用。这是一种整体性的取向。但该研究者也指出，虽然在政策和理念层面，素养为本的教育已采取整体性的取向，但实际的学习过程和评价程序，人们对素养和任务依然持有比较狭隘的看法。

综合来看，素养为本的教育在早期采取行为主义范式的运作，在后期发展中，已经在政策和理念层面采取整体性的范式，但如何实施还有很大挑战。素养为本的教育允许学生按照他们自己的进度掌握知识和技能，并允许多样性的方法展现知识和技能。在素养为本的教育环境中，直接的教学应该减少，应更加强调学生自我定速的学习以及教师有指导的辅助，但具体的实施模式尚处在讨论之中。

如何开发相应的评价机制保障素养为本的教育的实施，是关键的问题。图克等人提出，开发素养为本的教育项目关注评价多于关注内容，思考素养是什么，然后设计能够测量学习目标的评价，是比教什么内容更重要的考量。可以看出，素养为本的教育关注的是“学习本身而不是花费在课堂上和材料上的时间”。下面介绍并讨论了一个素养为本的教育中学习结果的模型，并据此特别就如何开展素养为本的教育中的评价提供一些思考。

（二）素养为本的教育中的学习结果——一个模型

2002年，美国教育部的“高中后教育合作联盟”（National Post-secondary Education Cooperative）出台了一个报告：“定义和评价学习——探究素养为本的倡议”，展示了一个学习结果模型，名为“高中后教育的学习结果的层级”(Hierarchy of post-secondary outcomes)，见图 2–1。这个模型的提出，本来是针对高等教育的。但因为素养为本的教育已经波及所有学段的所有学科，有研究者认为这个高中后教育的学习结果的层级模型应该被看作素养为本的教育系统中的一般性的学习概念模型。而且，该报告也指出，这样一个关于素养的概念框架，其实是可以运用到不同的情境和学段中的。

“高中后教育的学习结果的层级”主要是区分了经常用来指称学习结果的多个概念，比如，成果（outcomes）、技能（skills）、知识（knowledge）、特质（traits）、特征（characteristics）、素养（competencies）。上述区分能帮助人们理解什么是素养，对评价者开展素养为本的教育及评价有重要启发。

1. 模型中的主要概念及内涵

报告中指出，很多的术语可以互换地用在描述学习者和学习过程的结果上，清晰地定义这些术语对人们理解素养为本的教育非常重要。

(1) 特质和特征（Traits and Characteristics）

特质和特征即学生心理学意义和遗传意义上所展现的不同。该内容在模型中处在金字塔的底部，其既是学习的基础，也是学习者后续的学习经验赖以建立的内在的基础。倾向和特质的不同有助于解释学生追求不同的学习经验，并达到了不同的层次，从而获得了不同种类的知识和技能。

(2) 技能、能力和知识（Skills, Abilities and Knowledge）

知识、技能和能力是学习结果的第二个层面，也是教育输入产生的学习结果的第一个层面，这个层面曾经是传统教育的全部追求目标。知识、技能和能力的获得是通过学习经验发展而来的，这些学习经验一般是由学校教育或者专门的教育机构提供的。当然，学习者入职后的工作场景，以及进入社会后的社区参与也是其获得知识、技能和能力的途径。

(3) 素养（Competencies）

素养处在模型的第三个层面，素养被认为是为完成特定的任务而需要的技能、能力和知识的结合体，这是整合学习经验的结果。在素养中，技能、能力和知识相互作用，形成能够用来解决具体问题的具体的结合体，即素养体现了具体的知识、技能和能力如何整合起来应对具体的任务。这既是当下教育创新倡议的学习结果，也强调了传统教育的知识和技能的获得，还进一步提升了人们能力养成的教育理念。

(4) 展现 (Demonstrations)

模型最上面一层是展现，是素养运用的结果，这是表现得以评价的层次。这个层面表明素养虽然指向具体任务层面，但本质不是一个外显的行为指标，素养依然是一个内隐的学习结果。这种学习结果的行为表现就是展现，对素养的评价、对素养的理解其实最终还是要走到行为表现的层面加以理解。

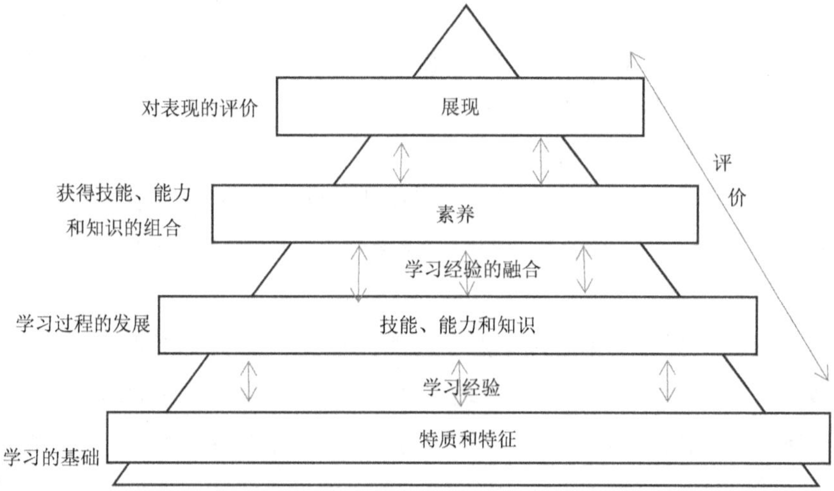

图 2–1　高中后教育的学习结果的层级

2. 素养概念的特点

(1) 模型致力于区分素养与知识、技能和能力的关系，以及与表现的关系

技能、知识是通过学习经验获得的，是初步的零碎性的学习结果；知识和技能的不同组合是用来定义一个人拥有的不同素养的。素养则是进一步的整合性的学习结果，这是通过整合性的学习经验获得的。不同素养的组合使得个体能够展现出对不同任务的胜任情况，即素养的高低体现在具体的情境中，这个层面需要面对真实情景中的复杂任务。

(2) 模型区分了“素养”和“教育成果”(outcomes of education) 两个概念

“教育成果”这个概念，当然也包括了学习过程中获得的知识和技能。但这个术语还包括了很多其他方面的发展，比如，心理学方面的发展；态度、价值观、信念系统；以及公民素养的发展。“成果”一词也用来指称能说明技能、知识和能力的事物，包括完成一门课程或获得一个学位、证书等。而素养仅指通过教育经验涵养的内隐性成果，这是教育成果核心的内涵和维度。

(3) 素养是一个承上启下的概念

素养本身是技能、能力和知识的组合。关于电流、电阻、安培表的知识以及焊接和捻接电线的能力都是一个有素养的电工必备的。这些素养能够最终导致获得证书和取得聘任，其最终能为个人和社会带来经济回报。一个独立的素养可以以不同的方式应用，例如，测量距离的素养对于打高尔夫和航海的人都是有用的。不同的任务情境中所需要的素养是不同的知识和技能的组合。为此，素养为本的教育中，很重要的一个任务就是确定为完成具体的任务所需要的知识和技能的组合是什么样的。知道在不同的情境中如何组装不同的知识和技能的储备，这样的能力，就叫作素养。

(三) 开展素养为本的教育系统中的评价过程

随着素养为本的教育的讨论日益深入，呼吁建立与素养为本的教育相匹配的评价系统的呼声也越来越高。根据比格斯“建构性匹配”(constructive alignment) 的思想，教学、学习和评价之间在任何教育倡议中应该是匹配的；不然，就不能真正地实现教育理念。素养为本的教育当然也不例外。特勒玛等人断言，评价体系的创新将成为素养为本的教育是否成功的基石。有研究者特别指出，相比较传统教育，素养为本的教育系统中，评价将占据更为核心的地位。

1. 评价的设计阶段

(1) 清晰地定义素养的目标

任何评价活动都需要清晰的评价目标。对于评价学习者素养的期望，当然，我们应该首先清晰界定素养到底是什么？素养的结构是什么？这个步骤非常重要，第一，对素养的清晰界定和陈述可以指导和启发人们后续在课程层面、项目层面和机构层面进行的评价活动是什么样的；第二，具体的素养的陈述不仅能帮助学生和教师理解素养是什么，也能帮助家长、雇主、政策制定者理解学生在学校教育中能够具备怎样的具体的知识、技能、能力和素养；第三，具体的素养能够为设计促进学生素养养成的学习经验和作业提供方向。

如何定义素养的具体含义和结构成分，这是一个系统性的工程，决不能由单一的教师群体或学科专家制订。因为，素养为本的教育要求学习者展现更高层次的知识理解和运用而不仅仅是能够知道和识别知识。素养为本的教育的另一个重要的特点就是，希望学生可以积极应对未来工作岗位的职业需要。为此，哪些素养是最重要的，这既不是一个单纯学科领域的考量，也不是绝对的学习者个性化选择的过程，而是由雇主、政策制订者、管理者、家长、教师、学生等多方利益相关者协同合作的过程。各方面的利益相关者应该充分地参与到重要素养的确定和定义过程中，并达成共识，从而保证素养应该被利益相关者清晰地定义、理解和接受。

(2) 制定可接受的表现标准

如何开发和评价素养为本的教育，有许多的挑战。素养的定义当然是首要的挑战，在定义了素养以后，我们还应该以情境化的语言定义学习者哪些行为或表现可以展现素养，以及不同层次的素养表现都是什么样的。如果不进行情境化的标准界定，素养的定义就显得太笼统了。我们不能直接把素养的定义用作素养评价的依据。换句话说，我们不仅需要界定素养的定义，还要制订具体的表现标准，具体到根据表现标准可以直接进行评价的程度。

评价标准必须是清晰的、可测的、有意义的、完整的。在表现标准制定的过程中，必须明确的是：素养不是凭空发生的，也并不是唯一的目的。素养的形成需要相应的知识、技能和能力的积累和融合，而素养的表现不仅展现了素养本身的层次，也同时展现了学生对知识、技能和能力的运用情况。所以，在制定素养评价表现标准的过程中，研究者一定要清晰地明确每一个素养维度、整体的素养结构指向和体现了哪些重要的知识、技能和能力。不囿于知识和技能的评价，但基于知识和技能的评价，这是素养的评价的核心问题，这是防止素养泛化的关键。在上文介绍的模式中，素养和展现是核心的要素，终结性评价应该评价这些要素，但终结性评价可能不再测量技能、能力和知识。为此，素养为本的教育评价中的一个重要任务是，通过持续的过程评价知道学生是否已经获得了能成功完成上层任务的技能、能力和知识。

2. 评价的实施阶段

(1) 实施结构化的学习经验

素养的形成不是自动发生的，教师期望学生养成什么样的素养，就要确保教学是否给予了学生相应的学习经验来学习、实践和融合相应的知识、技能和能力。素养是为了完成特定的任务所需要的技能、能力和知识的综合体，这并不意味着人们只是单纯地评价素养。相反地，为确保素养的真正获得，教师需要对学生前期的知识、技能、态度等各方面都进行适时的、恰当的评价。模型中，无论是知识、技能和能力的获得，还是素养的获得，都不是单纯依靠教师的教授达成的。这个模型持有明确的建构主义意向，认为学生学习结果的活动都是通过经历相应的学习经验而来的。那么，如何总结结构化的学习经验则成为亟待解决的难题。

学习结果模型还启发我们，无论是知识、技能和能力，还是素养本身都需要学生经历相应的学习经验，但这些学习经验应该是不同的。在知识、技能和能力的获得阶段，虽然当下的学习文化特别强调学生亲身参与的学习经验，但传统的教师主导的经验范式依然有重要的地位。素养的获得和展现是通过教师主导的经验范式得到的。为此，素养的获得和展现的阶段应采取任务取向的范式，以学生亲身参与或完成的项目、实际作业等方式来展现。即什么样的学习经验能够导引出学生的素养表现，我们需要经过精心的设计。

素养为本的教育应树立教学—学习—评价一体化的思想，学生参与学习经验的过程就是教师进行教学的过程，而学生在参与学习经验中的具体表现正是进行学习评价的最好基础。过去几十年间，评价领域经历了重大的变革，有研究者甚至提出教育评价正在经历范式转变，从考试文化到评价文化，这种转变不仅体现在对考试以外的多重评价方法特别是质性评价方法的强调，更体现在对教学、学习和评价关系的变革性理解。考试文化中，评价和学习以及教学是分离的，教师多教学，评价在教学之后由外部人员实施。而在评价文化中，评价、学习和教学是一体的，学习活动本身既是教学的环节，更是真实性评价开展的情境。

(2) 实施个性化的评价方案

在介绍的模型中，个体学习者的特质和特征构成了学习的基础，即学生内在的不同既是后续学习经验，也是评价经验开展的基础。素养为本的教育应该体现学生为本的基本理念。素养为本的教育的一个根本的理念转向，就是认为学生可以通过自己的方式，根据自己的进度，在高质量的学习经验的支持下，最终能够获得相应的素养。这与传统教育强调在相同的学习时间和同样的评价方式对学生进行评价是不一样的。以素养为本的教育应承认和保障学习者以自己的步调和方式参加评价。当学生、教师、雇主、政策制定者都对素养体系表示认同后，这将给学生打开一个通途，他们可以进行个性化学习的设计和选择。这种个性化自身学习选择的能力能够让学生以最低的成本找到最好的学习方式。而且，只要学生能够展现他们的掌握水平，那么，他们在什么地方接受教育也不重要了。

从模型中我们还可以看出，评价是贯穿学习者全程的。从学生不同的心理特征和特质，到获得的知识、技能和能力的不同，以及不同的素养和表现方式，每一个环节都应该进行评价，而且每一个阶段都应该体现个性化。素养为本的教育认为，学生完成一系列的课程，不代表获得了相应的素养要求，教师要通过个性化的评价来确证学生是否获得素养。

就素养的评价方法来讲，个性化是一个要求，多样性是另一个重要的要求。我们应该寻求多重方法，以提供更为有效的信息，强调素养为本的教育就日益强调和呼吁开发有效的评价素养的方法系统。

个性化和多样性的评价时间和评价方法还会引发一个一个问题，就是评价数据的信度、效度的指标如何保障。所有的教育工作者，特别是教师，都应该充分地参与到判断哪些评价工具是最好的决策中。

3. 评价的反思阶段

素养为本的教育评价是一个探究的过程，是一个在一定条件下实施的最优化的选择，但不是绝对意义上最优化的选择。为此，评价数据必然要经历核查和反思，以达到促进学生学习和改进评价的目的。

(1) 调整学习经验促进学生的学习

促进学生学习的有效决策的形成永远要基于学生的学习本身。持续地改进学生学习的过程应该是一个基于证据的过程。为得到学生学习的准确信息，评价者亟须整合学生形成性评价和总结性评价中的数据，整合量化评价方法和质性评价方法中的数据，整合来自不同利益相关者的评价信息，最终以清晰的、有意义的方式报告评价结果。

在得到评价结论的基础上，为了进一步促进学生学习决策能力的养成，我们需要思考以下两个问题：一是已经完成素养期望的学生如何得到进一步的学习经验，二是如何给予没有完成素养期望的学生更多的学习经验。对于第一个问题，在素养为本的教育中，学生能够有机会在准备好之后立即参加评价而不是一定要等到固定的时间，更重要的是，他们能够有机会在可以推进学习进程的时候即刻推进，而不是等待，这就需要更高结构、更高复杂、更为个性化的学习经验的跟进。对于第二个问题，为了给没有完成素养期望的学生更多的学习机会，除了重复和操练，教师应该发掘学生素养表现的多种可能性以及学生特征和特质的独特性，从而开发指向素养评价的变式性的学习经验和呈现方式。

(2) 调整评价方案支持理念的落实

评价活动本质上是实践领域的话题，教师必然面对实践领域内在的不确定性或不完美性。评价活动本质上也是一个系统活动，在评价开展的各个环节中，诸多要素会存在自身并不完善以及相互之间并不匹配的问题。从而，反思素养为本的教育中的评价方案，设计更趋近于教育的理念和评价方案，是保障素养为本的教育的根本。

2007 年，有研究者提出一个包含 10 种指标的框架用来评价素养为本的教育中的评价活动。具体包括：评价的真实性、方法的认知复杂性、公平、有意义、直接性、透明度、教育性影响、决策的可重复性、可比较性、花费和效率。2016 年，美国“素养为本的教育联盟”发布了素养为本的教育项目的质量标准，包括：(1) 连贯的、素养驱动的教育项目和课程设计；(2) 清晰的、可测的、有意义的完整的素养结构；(3) 大量实施的有层次的评价策略；(4) 精心设计并能让学生参与的学生经验；(5) 和外部的同伴的合作性参与；(6) 学生学习的透明化；(7) 基于证据的持续的改进过程；(8) 可展现的机构层面的参与以及创新素养为本的教育的能力。这些标准对素养为本的评价，以及优化素养为本的教育倡议中的评价来说是有意义的。通过选定或设计的评价指标核查出来的问题就是评价方案需要调整的地方。

在以上三篇文章的分享中，学生对教育评价的发生、发展、走向等问题都有了比较深入的理解，对评价本身的含义和要素也有比较好的认识了，特别能对美国教育家桑德（O.Sand）提出的教育评价领域的几点转变有更好的理解：第一，从惩罚的考试到作为指导学生成长和激励其学习的评价；第二，从以纸和笔的考试为基础的评价到把观察作为重点应用多种技术的评价；第三，从以记忆为中心的评价到把创造性和认识能力作为重点的评价；第四，从课程终了时所进行的考试这种形式的评价，到连续协作实施的评价；第五，从只测定狭窄范围的能力的评价，到在广泛的范围内把认知、情意、运动技能等多种能力作为综合性的问题的评价；第六，从只依靠教师的评价到学生自己进行的自我评价；第七，从大学单方面认定其入学资格的做法，到大学同高中协同开发有效的评价技术的做法①。

第二节　教育评价的含义

对评价的内涵有比较清晰的认识非常重要，而表达评价的内涵在不同的阶段有不同的术语，理解评价的内涵也有不同的范式。在这些知识学习的前提下，学生能够通过自己的话陈述或建构对评价内涵的看法是比较理想的学习方法，而通过一项具体的评价实践活动来再次深入地感知评价内涵，能起到的作用。

一、理解几个英文单词之间的不同

本书使用的“评价”对应的英文单词是“Assessment”，算是评价领域比较新近的评价用语，在此之前，用的更多的是“评估”(Evaluation)一词，再往前，使用更为频繁的词汇是“测量”(Measurement)。在本人早些时间出版的书中，曾经选用“测量”“评价”“考评”三个中文词分别对应“Measurement”“Evaluation”和“Assessment”三个英文单词，现引用该书相应的部分来说明这几个英文单词之间的不同。②并请注意，在下文引用的文献中，“考评”所对应的是本书中的“评价”一词，而“评价”所对应的是前面提到的“评估”一词。

① 刘本固．教育评价学概论 [M]. 长春：东北师范大学出版社，1988：13.

② 冯翠典．科学课堂中考评与教学融合的模型研究 [M]. 上海：华东师范大学出版社，2019：8-11.

（一）比较的视角：考评与测量、评价的区分

测量（measurement）、考评（assessment）和评价（evaluation）这三个词在学生评价领域广泛使用，准确地区分是必要的，下面从在英语词典中的解释、国际教育百科全书中的区分以及评价理论家的辨析三个方面来理解这三个词的区别。

1. 英语词典中的解释

商务出版社出版的《牛津高阶英汉双解词典》中对这三个词解释如下：（1）测量，动词意义是基于标准单位求得某物的大小、数量等；名词意义是得出某物的大小、数量或程度的行为或过程。（2）评价，动词和名词意义都是在认真思考后形成对某物的数量、价值或质量的看法。（3）考评，动词意义有两个：第一是对某人 / 某物的性质或质量做出判断；第二是核算某物的量或价值。名词意义也有两个，第一，在非常认真的思考后对某人 / 某物形成一种看法或做出一个判断；第二，判断或形成关于某人 / 某物的观点的行为。

可以看出，“测量”重在指一种对物性的度量对象的大小、长短、数量等物理性质，侧重的是一种度量手段；“评价”重在数目、数量和价值，自身的词根说明了对“价值”的关注，其评价对象主要是物性的；“考评”重在性质、质量和判断，落脚点是形成总体性的看法和判断。

2. 国际教育百科全书中的区分

胡森（Torsten. Husen）主编的《国际教育百科全书》对这三个概念区分如下：（1）测量，定义是“给定数字型的量”，但测量很少为自身的目的而进行；相反，测量一般会是“考评”和“评价”的一个基本程序。（2）评价，“评价”在教育领域中的使用是和非生命的实体有关的，比如，课程、项目、教育干预、教学方法以及组织性因素。有时，学生的表现也与这些抽象的实体相对比，就出现了“学生评价”的概念。（3）考评，“考评”的使用是针对人的，一般来说，个体学生的表现是通过考评的操作来考察的，当强调对学生学习的考评时，有必要考虑从对个体学生的考评中获得的数据，而且有必要检查学生表现的历时性变化。

这些区分可以理解为：测量是“给定数字型的量”的工具型手段，一般

不以自身目的发生；评价和考评可以使用测量作为工具，但不一定。评价注重对非生命的教育实体进行结果性判断；考评注重对有生命的教育对象，即学生，进行关于学习全程的数据分析、解释和报告。

3. 评价理论家的辨析

尼特克（A. J. Nitko）对这三个词做出的辨析如下。(1) 测量："测量"是把一定的数字赋予一个人的某种特定的品质或特征的过程，这样，该数字就描述了这个人拥有这种品质的程度。(2) 评价："评价"是对学生的作品或表现作出价值判断的过程。例如，你可能判断一个学生的写作在同年级中特别好，这种评价就会使你鼓励学生参加全国的写作比赛。为了作出这种"评价"，你必须"考评"学生的写作能力。你可以通过检查学生的日记、把该学生的写作和其他学生或公认的写作质量标准相对比等方法来收集资料。(3) 考评：考评含义广泛，是为了制定有关学生、课程和项目以及教育性政策的决策而收集信息的过程。当说"考评一个学生的能力"时，意思是收集信息帮助我们确定学生达到的学习目标的程度。许多考评的技术可用来收集学生信息，包括对学生正式的或非正式的观察、纸笔测试、家庭作业的表现、实验室操作、研究论文、课题以及口语问答，另外，还包括对学生记录的分析。考评是一个比考试和测量更广泛的定义。

在尼特克的辨析中，测量也是依据一定标准给出量化结果的行为或过程。并强调，评价和考评的方法都是多元化的，而不仅仅是测量。其中，评价重在对学生作品或表现做出结果性的价值判断；而考评重在为决策而收集、分析和解释信息的过程。

以上区分中涉及学生学习之外的范畴，单对学生学习的"考评"和"评价"，古斯基教授（R. Guskey）提出："'考评'是收集学生成就和表现信息的过程。'考评'提供了促进学生进一步学习的反馈。而'评价'是对学生的回答、作业或表现的质量或重要性进行判断，这种判断一般是基于预定的准则和课程标准。'评价'提供给学生有关其表现如何的清晰的指标。"这三个词，玛扎诺（R.Marzano）用一句话串起来："'考评'是收集用于作出对学生的判断（即'评价'）的数据的过程，而这种判断会涉及在某种量表（即'测量'）上的安置。"

小结：综合以上辨析，"评价""考评""测量"这三个术语是不同的，就

“评价”“考评”来讲，“评价”是指对一定的教育干预、项目或学生的学习做最后阶段的价值性判定，侧重于结果和定论；而“考评”是指收集学生学习情况的信息并用于进行相应决策的过程或活动，更多关注的是学生的学习过程，以及提供诊断和反馈的信息。

(二)解释的视角：考评的概念内涵应有之义

下面对“考评”这个术语从词源学的角度和理论家的界定中进行解释。

1.词源学的解释

词源上讲，“考评”来源于拉丁文“assidere”，意思是“和某人坐在一起(to sit with)”。坐在孩子旁边意味着一种亲密的关系和经验的共享。这说明考评是“和学生一起”(with)以及“为了学生”(for)的事情，而不是“针对学生”(to)的。这种图景非常有趣。想象一下，在学习者身边坐着一个人，是为了帮助学习者确定他/她知道什么或能做什么而不是重在对学习的鉴定和限制；这种图景和学生孤立地坐在位置上，在一张试卷上奋笔疾书的图景多么不同!

2.评价理论家的解释

除了以对比的形式对概念进行辨析的理论家外，还有不少评价理论家对“考评”的概念单独进行了解释。课程理论专家马什(C. Marsh)指出：“考评”是用来描述教师采用的收集学生知识、技能和态度的信息的活动。教师一般会对学生完成的作业给出等级或分数。课堂考评专家阿莱希(P. Airasian)也指出：为帮助决策而收集、分析、和解释信息的过程叫作考评，包括的远比在纸笔测验中的打分和分等级要多，虽然这样的活动也是考评的重要方面；还包括在课堂中收集信息的宽泛范围，帮助他们理解学生、调整教学和建立有效的课堂环境；也包括教师收集、分析和解释这些信息的方法。著名教育评价理论家威金斯(G. Wiggins)的解释是：对于考评，我们指的是确定期望的结果中哪些在被完成和完成的程度怎样的行为。考评是一个“大伞”似的术语，指的是使用很多收集证据的方法来达到期望的结果。收集证据可以历时性地使用观察、对话、传统的测验和考试、表现式任务和小课题以及学生的自我考评。“考评”比“评价”更为关注学习(learning-focused)，二者不应该被认为是同义的。考评是根据一定的标准给出和使用反馈的过程，从而改进和达成目标。相反，评价更具有总结性和与认证相关的特点。

这些理解都认为考评不仅是外部的对学生的测量及对学习结果的评定。考评是一个宽泛的术语，不能简单地认为考评是一种单一的信息收集技术；当然，也不能认为所有的收集信息的活动都是考评。考评是一个为特定教育性决策收集信息的过程。考评更为关注学生的学习，包括结果和过程，价值定位是促进而不是证明，而评价更多是对表现的结果做出定论性判断。“考评”更多地是指在学生学习过程中收集学生学习情况的资料，并用于后续的教学决策中的活动。“资料收集”“决策”是“考评”概念的内核，而不是像“评价”一样“价值判断”是概念内核。

（三）中文的释义

对于为什么选用“考评”一词作为“assessment”的中文词条，有研究者指出：“考”字在《辞源》中释义为“稽核”、在《现代汉语词典》中释义为“检查、推求、研究”；“评”字在《辞源》中释义为“议”、在《现代汉语词典》中释义为“评论、批评、评判”。把“考”和“评”合起来的“考评”，可以理解为“通过稽核、检查、推求和研究来对事物进行评论、批评、评判”，这很接近“assess”或“assessment”的含义。在中国，早已有“考问”“考察”“考课”等等说法，而第5版《现代汉语词典》已收“考评”一词。

综上，笔者认为，评价具有自身独特的概念内涵和意义边界。对其的描述性定义是：为了促进学生的学习而收集、分析和使用学习证据作出教学决策的持续性的过程。这不仅仅是给予等级或分数，也意味着教师与学生之间持续的互动和交流。

二、理解评价的多重目的及其张力

王少非教授在新近的专著《促进学习的课堂评价》中阐述了评价的多重目的及其不同目的之间的张力。[①]

所谓评价目的，也就是为何而评，即运用评价所要做的事。换一个角度，也就是评价结果的预期用途。现实中评价活动渗透到社会生活的各个领

① 王少非．促进学习的课堂评价 [M]. 上海：华东师范大学出版社，2018：55-60.

域，不同领域的评价自有不同的目的。即使在教育领域中，评价也是多种多样的，不同的评价也有不同的目的。

(一) 评价的多重目的

现实中教育领域有多种评价，不同的评价经常有不同的目的，如会考目的在于确定学生能否获得高中毕业证书，高考、中考的目的则在于为学校选拔合格的新生，教师的课堂小测验则指向于确定学生是否达成本课的学习目标……

这是极其自然的事，不同评价系统的设计本身当然有它的出发点，英国资格和课程委员会（Qualifications and Curriculum Authority，QCA）给出了一些关于“评价目的”的例子：1. 生成特定类型的结果，如按照期末的成绩水平对学生进行排名；2. 作出特定类型的决策，如确定学生是否学到特定学科中足够的东西以能升到高一年级；3. 产生特定类型的教育或社会影响，如迫使学生学习某一学科，迫使教师遵从国家课程。

单讲“评价目的”，也许有些抽象。其实评价目的在很大程度上等同于评价结果的用途，从本质上讲，评价目的关乎评价结果用来做什么。布鲁姆（B. S. Bloom）在讨论总结性评价和形成性评价的区别时就指出，这两种评价相区别的“明显的特征在于目的或期望的用途（expected uses）”。在布鲁姆看来，“形成性观察的主要目的是决定给定的学习任务被掌握的程度、未掌握的部分”，“目的不是为了对学习者分等或鉴定，而是帮助学生和教师把注意力集中在为进一步提高所必需的特殊的学习上。”如果评价旨在得出某种结论，那么它是总结性的；如果评价旨在改善，那么它就是形成性的。

QCA 从评价结果的运用角度将评价分成了四个类别：为学习的评价（assessment for learning，形成性用途）、对学习的评价（assessment of learning，总结性用途）、为问责的评价（assessment for accountability，评价性用途）以及为特殊干预的评价（assessment for special intervention，诊断性用途）。

而更为具体的用途可能远不止四类，QCA 列举了 22 种用途（见表 2–1）。

表 2–1　评价结果用途实例

1	社会评价（social evaluation）：判断学生成绩的社会或个人价值
2	形成性（formative）：确定学生的最近的学习需求，指导后续的教学
3	学生监控（student monitoring）：确定学生是否在达成目标的过程中做出了充分的努力，进而分配奖惩
4	诊断性（diagnosis）：为了干预，搞清学生相对于设定良好的指标的学习困难的类型和程度
5	规定的资格（Provision eligibility）：确定学生是否达到特定教育条款的合格水平
6	筛选（screening）：确定显著不同于同伴的学生，以进一步评估
7	分层（Segregation）：基于心向或成绩，将学生分成同质群体，以使教学过程更为直接
8	指导（guidance）：根据学生心向，确定最合适的课程或职业
9	转学（transfer）：确定转到新学校的学生的总体教育需求
10	安置（placement）：将学生定位于特定的学习序列之中，以确定最能反映学生能力的课程水平
11	资格（qualification）：确定学生是否完全适合某一工作、课程、生活角色
12	选拔（selection）：预测哪些学生——原则上他们都是完全合格的——最可能在一种工作、课程或生活角色中成功，并选出他们
13	许可（licensing）：为从事某种专业活动的最低能力提供资格准入——授予证书，向利益相关人担保信任实践者
14	认证（certification）：为从事一种专业活动提供更高能力提供证据——证明，向利益相关人担保信任实践者
15	择校（school choice）：为儿童确定最适合的学校
16	机构监控（institution monitoring）：确定机构绩效相对于期望或标准提升还是下降，进而确定奖惩
17	资源分配（resource allocation）：确定机构需求，进而分配资源
18	组织干预（organisational intervention）：确定组织的失败，进而证明干预的正当性
19	项目评价（programme evaluation）：评价教育项目或措施的成功
20	体系监控（system monitoring）：确定系统绩效相对于期望或标准提升还是下降，进而确定奖惩
21	比较（comparability）：以先前评价表现为基础，为稍后的评价确定标准的可比较性
22	国家审计（national accounting）："质量调整"（quality adjust）的教育输出指标

QCA 列举的用途还仅仅局限于英国全国考试系统的评价结果的用途，并不包括其他教育评价的结果用途。而且按 QCA 的解释，上述 22 种用途仅仅是评价众多可能用途中的一部分，而是“非穷尽的”，不包括了所有可能的用途。其中有些具体用途可以归入上述四个类别中的多个类别之中。

正如 QCA 指出，对“评价目的”的理解可以是非常广义的也可以是非常狭义的。如何理解并不重要，重要的是要认识到“存在着大量可能的目的”。

(二) 不同评价目的间的张力

评价有多重目的，这没错。但显然，这里的评价包含了所有的评价，具体的评价多种多样，甚至某一领域范围内的评价亦非常多样，教育领域内的评价同样如此。是否可以认为，评价谱系中的任何一种评价都能拥有所列举到的所有目的？一种对于所有决策者都极具吸引力的想法是，开发出一种评价，其产生的数据能够用于多重目的。拥有一套数据，然后各取所需，想用来干吗就干吗，这是多么有诱惑力的想法啊！遗憾的是，这即使不是不可能实现的，至少也是很难实现的。事实上，不同的评价经常有不同的目的，或者说人们运用评价时经常会依据目的来选择或设计具体的评价。特定的评价服务于特定的目的，尽管它也可能产生预期目的之外的效果，但没有一种评价能够服务于所有的目的。

加拿大西北教育合作联盟将评价分成“为学习的评价”(Assessment for Learning)、“作为学习的评价”(Assessment as Learning) 和“对学习的评价”(Assessment of Learning)。他们的报告《课堂评价目的的再思考》(Rethinking Classroom Assessment with Purpose in Mind) 在讨论三者之间的平衡时指出，要让一种评价“同时服务于三个目的是困难的，甚至是不可能的”。如果目的是促进学习，那么评价就需要给予学生机会来显示他们的学习而不是责难或导致焦虑；如果目的是为报告而检查学习，教师就需要特别关注评价的质量，以及其如何为他人所用。

每一种评价都应该为特定的目的或相关目的而设计。为不同目的而设计的评价在很多方面都会存在差异。比如，厄维尔 (Ewell, P.) 就认为，以学习为目的的评价与以问责为目的的评价在策略和技术两大方面都存在明显的不同。

表 2-2 为改善的评价与为问责的评价

		为改善的评价（Assessment for Improvement）	为问责的评价（Assessment for Accountability）
策略	定位	内部定向	外部定向
	主导精神	投入（如持续的改善、评价文化）	依从（如认证中的竞争力）
	意图	形成性（教与学的改善）	总结性（判断项目是否有效是否值得支持）
技术	工具	多重 / 三角测量	标准化
	证据的性质	定量和定性	定量
	参照系	内部比较（如不同单元或不同学生）或所确立的机构目标	外部比较（如不同单位）或固定的标准
	结果的交流	多种内部渠道	透明的公开报告
	结果的运用	用以指导内部干预的多种反馈	向外部持份者报告

为特定目的而设计的评价只适合于该目的。如果从中所得到的数据被用于其他目的，那么就要承认，相对于用专门设计的评价工具所作的推断和结论，基于这种评价所做的推断和结论在证据上是有欠缺的。比如，教学之效无疑体现在学生的学习上，因此用学生的考试成绩来评价教师的教学似乎顺理成章。然而，学生的成绩是否就是教师教学效果的表征，却是另一个问题。很可能是，一个教师所教班级的考试成绩更高仅仅是教师以及学生花了更多时间的结果。

三、理解定义评价含义的不同基点

对评价的内涵理解有许多种不同的提法，但归纳起来，其定义的不同基点主要有以下四点：[①]

（一）以目标为基点

这种观点认为，评价是确定教育活动的结果相对教育目标的实现程度。其代表人物是泰勒。泰勒认为：评价过程在本质上是确定课程与教学大纲在

① 胡惠闵，郭良菁．幼儿园教育评价 [M]. 上海：华东师范大学出版社，2009：15-16.

实际上实现教育目标的过程。但是，鉴于教育目标实质上是指人们行为方式所发生的变化。也就是说，所要达到的目标，是指在学生行为模式中产生某种所期望的变化，因此，评价是一种确定行为发生实际变化的程度的过程。

在这种定义中，教育评价人员的作用类似于审计员和决算员，他们要审视和确定教育目标的实现程度。

(二) 以判断为基点

这种观点强调评价的判断性质，斯克里文是代表性人物之一。在他看来：教育评价是一种对优缺点或价值的评价，或者是一种既有描述又有判断的活动，其着重点在判断教育活动、教育过程和教育结果所产生的效益，看其是否具有价值。

根据这种观点，判断是评价的主要活动，而实施判断的前提是要通过各种方式收集足够的资料、信息。教育评价人员的作用类似于法官和仲裁人，他们要对活动的价值和效益做出判断。

(三) 以非判断性的描述为基点

这种观点认为，评价是为决策提供信息的过程。这一观点是由克龙巴赫、斯塔弗尔比姆等人提出。克龙巴赫提出：我们可以把评价广泛地定义为，为做出关于教育方案的决策，收集和使用信息的过程。克龙巴赫反对把评价理解为判断性活动，在他看来，评价者不是专门雇来决定“对”与“错”的篮球裁判员，“为制定决策提供信息”才是评价者更应该做的事情。斯塔弗尔比姆持同样观点，他认为：教育评价不应局限在评判决策者所确定的教育目标所达到的预期效果的程度，而应该是收集有关教育方案实施全过程及其成果的资料，为决策提供信息的过程。

对持有这种观点的人来说，评价就是一种有系统地收集资料，以便为决策者的决策提供更多信息依据的过程；教育评价人员的作用类似于情报官员和社会科学家，他们要告诉人们关于重大问题的信息，从而加深人们对这些问题的理解。

（四）既有描述又有判断，并为决策提供服务

1981年，美国评价标准联合委员会发表了他们对评价的看法，他们认为：教育评价是对教育目标的优缺点与价值判断的系统调查，为教育决策提供依据的过程。这个定义综合了上述三种观点，把评价理解为一种既有描述又有判断，并为决策提供服务的活动。

需要说明的是，以上这四种基点还都是局限在外部主体进行评价的范畴中，局限在比较传统的教育范式中，在当下的评价话语中，课堂情境中的教师和学生为学习的提升和教学的改进而进行的课堂评价非常重要，在这种情境下，教师和学生本身就是决策者，并不需要为外部主体提供评价信息。

还需要注意的是，教育评价领域中对学习者的评价仍然是重心，而且，任何有意义的决策都是要根据一定的标准作出判断后才能开展的，所以，评价内涵的稳定部分是什么值得思考。刘本固老师在1988年提出的教育评价的含义及解释依然值得关注。[①] 刘本固老师指出，教育评价这个词原来含义较窄，只是以评价学历为对象，确认学生适合哪个阶段的学习，确认教育成果达成何种程度。而现在，教育评价这个词则用于广义范围，它包括直接或间接与教育活动相关联的全部领域的生态把握和价值判断。这就是说，这里不仅包括对学习者的实态的评价，而且还包括评价教育活动的状况、教师的诸种特性，教材教法的有效性、教育环境的恰当性、教育行政的状况，以及各级教育机关的状况，如幼儿园、小学、初中、高中、大学等。虽然教育评价的范式是扩大了，但是作为教育评价的核心问题，归根结底应当是作为教育对象的学生的质量。这个问题在教育评价中无疑是教育评价的主要方面。

刘本固老师提出教育评价是按照一定的价值标准，对受教育者的发展变化及构成其变化的诸种因素所进行的价值判断。这个定义强调了三点：第一，明确了教育评价的对象“教育者的发展变化及构成其变化的诸种因素”；第二，指明了教育评价必须“按照一定的价值标准”进行。第三，强调了教育评价的本质在于“价值判断”。

---

① 刘本固．教育评价概论[M]．长春：东北师范大学出版社，1988：22-23.

四、尝试用自己的话陈述评价含义

在探讨完评价的历史、含义等问题后，本人在课堂上发起了两个活动，让学生自陈课堂授课的收获，以及自陈对评价含义的理解，这种自陈是学生展现学习效果和教师收集学生学习信息的重要手段，也是学生个人进行自我反思和同伴进行相互评价的重要平台。

(一) 学生自陈的评价含义的学习收获

为了获知学生对教师讲述内容的掌握程度，笔者发布了一个云班课的任务收集信息：请分享你这节课的收获。学生的陈述见表 2-3。

表 2-3　学生对评价含义的学习收获

姓名	文本内容
王晓涵	通过这节课我了解了幼儿园教育评价的含义，一是教育评价概述，包括四种代表性的基点；二是教育评价的三种功能；三是幼儿园教育评价的类型。老师结合实例分析帮助我们进一步理解这些概念
唐明利	评价有很多种，只是在不同角度更看重哪一部分，有以目标为基点的，还有以判断性为基点的等等。取决于更看重哪一部分，而哪部分所占的比重有多大。 评价的作用，评价本身带有目的，也就具有导向与调节作用
孙智超	教育评价不能是从某一个方面来进行评价，而且在判断性功能中主要是为决策者和被评价者提供建议。幼儿园教育评价的功能中，改进功能和调节功能的区别在于，改进是评价过后做的事情，而调节是在评价之前被评价者就已经知道那个评价标准，从而不断做出调整，向标准靠近的过程。 总之，我认为教育评价是一个相对复杂的，需要较为专业的人员来做的一件事情
林紫嫣	我学到了教育评价有四种理解，还有幼儿园教育评价的含义和功能。四种理解每种理解都是在前一种之上再加以改进，第四种既有描述又有判断，并为决策提供服务的这种观点，涵盖了之前二种的理解，是比较系统比较全面的解释
金舒婷	这节课了解了对教育评价理解的四种观点，对幼儿园教育评价的含义以及幼儿园教育评价的功能。评价以目标为基点，既有描述又有判断，并为决策提供服务

续 表

姓名	文本内容
黄佳丽	教育评价的代表性理解有四种，我主要倾向第四种理解，“既有描述又有判断，并为决策提供服务”，因为他是对教育目标的优缺点与价值判断的系统调查，通过搜集，做出价值判断，有了对教育活动新的探索，从而更好地服务于教育决策
曹丽娜	对教育评价的内涵有了初步了解。我还是比较赞同评价是既有描述又有判断，并为决策提供服务这一观点。同时，知道了教育评价的功能主要有诊断与改进、鉴定与选拔、导向与调节这三种
刘志鹏	这节课我学到了对于教育评价有四种具有代表性的理解：以目标为基点；以判断性为基点；以非判断性评价为基点和既有描述又有判断并为决策提供服务。 教育评价是一种在事实判断基础上的价值判断
张佳慧	本节课我认识到了教育评价可以理解为以四种，一是评价以目标为基点；观察行为发生的变化，审视和确定教育目标的实现程度；二是评价以判断性为基点；对活动的价值和效益作出判断；三是以非判断性建议为基点；四是既有描述与判断，并为决策提供服务。并且老师以最美女生为例，让我们更好地理解了教育评价的含义
冯行华	在这节课中，我了解了教育评价的概述。分别有四种代表性的理解：1. 以目标为基点。2. 以判断性为基点。3. 以非判断性建议为基点。4. 既有描述又有判断，并为决策提供服务。这四种理解中的内容和标准各不相同。教育评价的功能有诊断与改进功能。鉴定与选拔功能。导向与调节功能
张雨虹	各人对教育评价的理解可能是不同的。有以目标为基点；有以判断性为基点；有以非判断性建议为基点；有综合上述认为是既有描述又有判断，并为决策提供服务。 概括的来说，教育评价是通过系统地收集和分析资料，基于此做出相应的判断，并对如何改进（增值）进行探索的活动。包括目的，内容，方法，主体，运用等
徐波	知道了对于教育评价的四种理解：以目标为基点；以判断性为基点；以非判断性建议为基点以及既有描述又有判断，并为决策提供服务。此外，还学习了教育评价的三种功能：诊断与改进功能，鉴定与选拔功能以及导向与调节功能
张子翼	对教育评价的理解分为四类，以目标为基点，强调评价的描述性质；以判断性为基点，强调判断性质；以非判断性建议为基点，强调改进问题；还有既有描述又有判断，并为决策提供服务。 看待任何评价问题，都要从评价的目的，内容，方法，主体和运用来理解

续　表

姓名	文本内容
王姝雅	教育评价的代表性理解包括了：以目标为基点；以判断性为基点；以非判断性建议为基点；以及既有描述又有判断，并为决策提供服务这四种理解。其中第四种理解更为准确一些，教育评价是一个过程性和全面性的评价，它需要描述目的，选择标准做出判断，最后根据判断为决策提供服务
张娇艳	不同的评价主体、评价对象会选择不同角度、形式的评价方式，侧重点有所不同，评价的意义作用也不同
俞欣晨	教育评价有很多要素，根据对不同要素的偏重，每个人对教育评价的理解也不同。我认为教育评价应该是有数据的带有描述性质的，并能够起到促进和导向作用的
何泽男	教育评价是幼儿园教育工作不可缺少的一部分，但是幼儿园教育评价有其复杂性。我们在评价一个孩子的时候不仅仅是在描述这个孩子是否完成了老师设定的目标，指南规定的目标，老师更应该对这个孩子做出建议
万思聪	教育评价是一种收集重要信息，依据目标来描述，通过标准来判断，然后提出建议的过程，能够诊断并改进原本的教育活动，鉴定和选拔好的建议活动，对教育活动有一个导向和调节的作用
潘铭涛	教育评价是通过系统的收集和分析资料，基于此做出判断，并对如何改进进行的活动。孩子的友情不应站在成人高度去评价
江宝云	这节课学到的四种对教育评价的目的理解中的第四个为既有描述又有判断，并为决策提供服务。教育评价应该是一个综合化的过程，贯穿教育的整个过程，而不是在教育的最后，服务的对象应该是评价者和被评价者两方面
董佳璐	了解了教育评价不是分开的以各种因素为基点的评价，而是包括这些因素，搜集信息，是综合的、系统的、有判断有结论的评价
缪雯星	评价可以以目标为基点；以判断性为基点；以非判断性建议为基点；既有描述又有判断，并为决策提供服务四种理解。同时评价应由专业人士完成或在专业人士的指导下进行，这样才能得到比较可信的东西
吴晓蓓	这节课知道了教育评价可以从不同方面入手，以不同的东西作为教育评价的基点，另外从“辰辰的等待”可以更为深入地体会到孩子之间的个体差异性，作为大人应该尊重孩子的选择
胡燕楠	评价由专业人员来进行更有信服力，评价是通过系统的收集和分析资料，基于此作出相应的判断，并对如何改进进行探究的活动

续 表

姓名	文本内容
楼珂	这节课对教育评价的具有代表性的理解有了一点的了解，知道了四种理解的含义和区别
胡超男	了解了教育评价的性质，区分了是描述性评价和判断性评价的区别，而教育评价不仅是需要描述还需要判断，并且往往会为决策提供导向调节的服务，也知道了评价的功能诊断与改进和鉴定与选拔还有导向与调节的功能。评价是一件需要很强的专业性的
章诗雨	教育评价以目标为基点，是确定教育活动的结果相对教育目标的实现程度。 以判断性为基点，强调评价的判断性质，即好不好。 以非判断性建议为基点，强调评价的改进功能。 既有描述又有判断，并为决策提供服务
龚瑶绮	教育评价主要有四种：以目标为基点强调的是评价的描述性质，即目标如何的问题，但也只局限于目标达到没达到的问题。以判断性为基点强调评价的判断性质，即好不好的问题。以非判断性建议为基点强调评价的改进功能，即如何可以更好地问问题。既有描述又有判断，并为决策提供服务
应梦倩	教育评价单以目标为基点是不够全面的，应该还要有判断和建议，能为决策提供服务。教育评价起着导向和调节作用
唐芷萌	这节课学习了教育评价最具有代表性的四种理解：以目标为基点；以判断性为基点；以非判断建议为基点；以及既有描述又有判断，并为决策提供服务。还学习了教育评价的功能：诊断与改进、鉴定与选拔、导向与调节
黄倩	这节课主要学习了对教育评价的理解：以目标为基点：强调描述性质，即目标达成情况如何的问题。教育评价人员的作用类似于审计员和决算员。2. 以判断性为基点：强调评价的判断性质，即好不好的问题。注重标准。教育评价人员类似于法官和仲裁人。3. 以非判断性建议为基点，强调评价的改进功能，为决策提供信息。教育评价人员类似于情报人员。既有描述又有判断，并为决策提供服务。我认为是对以上 3 点的整合，是最适合理解教育评价。 另外，老师又从看待评价问题角度，来解释教育评价的基点
董佳楠	知道了教育评价的几种不同的出发点与基点。有以目标、以判断性、以非判断性建议为基点和既有描述又有判断，并为决策提供服务的角度。教育评价是主观的，不论从哪一个角度出发考虑都有一定的道理
谢奇巧	评价是一个在有着目标的基础上进行判断并且为教育决策提供依据和建议的活动。评价的过程需要各方面要素的到位，不单单是一种简单的判断或者建议的过程

续 表

姓名	文本内容
薛文怡	评价是依据一定的目标，通过一定的标准判断，提出相应的建议。 评价有四种不同的理解：以目标为基点；以判断性为基点；以非判断性建议为基点；既有描述又有判断，并为决策提供服务。 评价是要通过实地的了解才能进行的，而不是依据大部分人的言论进行判断。不能偷换概念，以偏概全
黄梦雅	我接触的教育评价的理解，有以目标为基点、以判断性为基点、以非判断性建议为基点。这些表述还是有一定问题的，例如以目标为基点，里面的教育评价人员就好比是护士，知道一个正常人的指标但是不会像大夫一样给你建议。评价标准的多元化会造成很多的问题，所以我们在评价的时候最好先选定好一个标准，例如说到最美女生，你要有一个评价最美女生的标准
梁心怡	学习到了该如何进行教育评价，教育评价包括哪几方面的内容，还学习了教育评价的功能，在课后可以根据所学知识简单地尝试教育评价的书写，对教育评价方面内容有所启发与受益
卢俏妮	教育评价是幼儿园教育工作的重要组成部分，是了解教育的适宜性、有效性的重要方法，是促进每一个幼儿的发展，提高教育质量的必要手段。由此可见，幼儿园教育评价很重要
张佳玲	对教育评价的理解不是唯一的，有以目标、判断为基点、非判断为基点建议和既有描述又有判断为基点的。教育评价有时候并不是很客观的，评价会受很多因素的影响，从而影响评价结果的真实性
包如意	通过这节课我知道了理解教育评价的几种基点：(一) 以目标为基点，这种观点强调评价的描述性质；(二) 以判断性为基点，这种观点强调评价的判断性质；(三) 以非判断性建议为基点；这种观点强调评价的改进功能
王佳依	教育评价有三大功能：诊断和改进；鉴定与选拔；导向和调节。对教育的评价有四种或者说有四个要素：以目标为基点；以判断性为基点；以非判断性建议为基点；既有描述又有判断、并为决策提供服务。我原本认为评价便是看目标是否完成，但是若只是以目标为基点单纯的判断是否达成又不对，还应该有结论有建议，不应该只是得出数据而已
许胡沁	教育评价应该是一个对现象进行描述，对其价值作出判断并给出建议的过程。评价应该围绕着评价内容展开，不能偷换概念
王文诗	评价可以描述性质，也可以作为一种判断，为改进提供建议。 评价有诊断与改进功能、鉴定与选拔功能、导向与调节功能

续 表

姓名	文本内容
张哲宇	这节课我学习到了看待任何评价，应该从多方面来理解，包括评价目的、评价内容、评价方法、评价主体以及评价之后做什么。同时我还认识到了教育评价既有描述又有判断，并为决策提供服务
王予汝	这节课了解到了教育评价的几个重要的要素。首先目标很重要，其次需要有标准和专业判断，然后得出结论
陈哲宇	了解了对教育评价的四种理解，评价应有目标和评价标准，有判断，与评价人员也有一定关系。幼儿园教育评价有诊断与改进功能，鉴定与选拔功能，最重要的还有导向与调节功能
童航	这节课我学到了对于教育评价的理解可以从四个方面出发，可采用四种要素为基点
余小青	幼儿园教育事业的不断发展，幼儿园教育评价也成为教育领域越来越关注的问题，学习本课程，能让我们了解关于教育评价和评价的知识经验，关于西方学者的教育评价理论
靳梦南	出于不同的考虑和目的，评价的指向性和功能往往是不一样的，并不存在一个绝对客观的评价，只能依据比较系统的评价标准，来对某一事物进行相对客观全面的评价。而对于评价的功能，我认为评价的导向与调节功能十分重要，这个功能的作用是具有相对建设性和延展性的，需要得到我们的重视
马艳	教育评价是系统地收集大量信息，分析信息，对教育活动的社会价值做出判断，包括目标，结果，过程，并对促进教育活动途径进行探索分析的过程
姜艳萍	对教育评价的四种理解：以目标为基点，以判断性为基点，以建议为基点，又有描述又有判断，并为决策提供服务
李漫慧	幼儿园教育评价，有三点需要我们了解：评价什么、如何评价、为什么评价。对于三个要点的不同侧重延伸出了 4 种不同的观点
刘静	对于评价的理解：评价首先要有准确的目标，其次根据目标的准确度以及对目标的实现程度进行评价，从而为决策而服务，但两者之间存在着以判断为基点的差异
钱蕾英	教育评价可以从四方面进行理解，其中目标可以作为评价标准、依据。评价还涉及判断与建议，教育评价员要对活动的价值做出判断。评价还有诊断改进，鉴定与选拔，导向与调节的功能

(二) 学生自陈的评价含义的自我建构

为考察学生是否在学习的基础上自己建构了对评价的理解，笔者在云班课上发布了如下的任务：请大家简单说一下评价活动的基本内涵，可以尝试谈谈评价活动的要素。

表 2–4　学生自身对评价含义及要素的理解

姓名	文本内容
王晓涵	1. 评价是指评价人从特定的目的出发，按照一定的标准，对事物或者人做出的合理的判断 2. 评价活动的要素有评价目的、评价对象、评价功能、评价方法、评价结果
唐明利	1. 评价是根据自己的主观意愿以及一定的客观要求得出的一个结果的活动 2. 评价要素有评价对象、评价方法、评价标准、评价结果
孙智超	1. 评价是人的一种主观活动，是有特定目标的，根据一定的标准按照一定的方法来进行的较复杂的活动 2. 评价活动有目标、内容、方法、结果等要素
林紫嫣	1. 我认为评价活动就是对人或者事进行分析并且发表一定的看法，可以适当地提出建议 2. 评价活动的要素可能包括评价的标准、评价的结果、评价的内容、建议这几个方面
金舒婷	1. 我认为评价活动是指按照自己的评定标准对人或事物进行判断，分析后较为主观的结论 2. 评价活动的基本要素有评价目的、评价标准、评价方法、评价结论
黄佳丽	1. 评价内涵：评价就是根据一定的标准和程序对一定的想法、方法和材料等做出的价值判断的过程 2. 评价要素：评价的目的、评价的内容、评价的主体和对象、评价的标准和方法
曹丽娜	1. 评价是按照一定标准对人或物进行分析、判断并得出结果的活动 2. 要素：评价者、被评价者、评价标准
刘志鹏	1. 我认为评价就是根据一定的标准对某个人或某件事进行衡量并得出结果的方式 2. 评价活动的要素包括目标、内容、方法、结论等
张佳慧	1. 评价活动本质上是一种价值判断，是根据一定的客观条件，依据指定的各种标准、各种要素和已经收集的相关资料对评价的对象进行客观衡量和科学判定的系统过程 2. 评价活动的要素有目标评价、背景评价、过程评价、方法评价、成果评价

续 表

姓名	文本内容
冯行华	1. 我认为评价活动是指对某一事物或人物通过一定的标准进行判断、分析后产生结论的活动 2. 评价活动的要素：被评价对象，评价标准，评价目的，评价内容，评价方法，评价结果，结论建议
张雨虹	1. 评价活动是一种站在某一立场，借助一定的标准尺度对某件事物或某个人进行判断和分析的行为 2. 要素：主题、目的、内容（标准）、方法、结果、结论和建议
徐波	1. 评价是通过一些评价方法和评价标准来衡量人或事或物在某些刺激或条件作用下发生变化的过程 2. 评价要素：目的、内容、方法、结果、结论
张子翼	1. 评价活动是一种基于一定标准的，带有个人主观意识的，对人或事物的判断或对比。每个人都有自己的观念和想法，所以对于同一事物，个人的观点也不一致，人们通常是在主流的价值观中加入自己的想法，来评价一样事物，同时在评价过程中也会受到该事物其他属性的影响而做出不同的评价。同一个人对同一个人的评价，也会随着时间和被评价者的发展变化而产生不同。而对于教育者来说，最公正的评价就是排除其他私人因素专注于教育自身引起的变化 2. 要素：个人情感态度、价值观、社会主流思想、被评价者的内外因素体现
王姝雅	1. 评价活动就是一种具有人为性的一个系统，在活动过程中，为保证活动的目标得以实现而进行的对活动成果的带有标准性的评价 2. 评价活动的要素：评价的目的、评价的标准、评价的方法、评价的结果
张娇艳	1. 内涵：是评价主体围绕某个主题运用一定的评价方法并根据某些评价标准客观或主观地给予评价对象一些看法和结论，是对评价对象和标准之间的符合程度的判定 2. 要素：评价目的、评价主题（内容）、评价方法（过程）、评价主体、评价对象、评价结果、评价建议
俞欣晨	1. 评价活动的基本内涵：评价是把评价目标设为底限让评价对象达到预期目标的一个系统 2. 评价的基本要素：评价标准、评价方法、评价目标、评价内容、评价结果
何泽男	1. 我认为评价活动是按照已经给出的既定评价标准对被评价人进行判断或描述的主观性活动 2. 我认为评价活动的要素有：评价对象、评价标准、评价结果、评价主体
万思聪	1. 评价活动的基本内涵：评价活动是一种把具体的案例，通过一定的评价标准，运用评价方法来判断，给出结果与结论、建议的活动 2. 要素：目标、内容、方法、结果、结论、建议

续　表

姓名	文本内容
潘铭涛	1. 评价即用一些方法衡量被评价的人或者事是否达成目标的一个过程
江宝云	1. 评价活动是评价主体提供评价对象一系列的机会达到目标而形成的一种人为系统 2. 评价要素：评价目标。评价目标应该是评价的一种底线；评价内容（评价标准）；评价方法；评价结果；评价结论
董佳璐	1. 评价活动是指借助一些条例标准，通过观察、咨询等一系列动作对某一活动做出研究和分析，确定其价值、状态等或得出某一结论 2. 评价活动的要素：目标、内容、理念、策略、过程、能力、效果等
缪雯星	1. 评价是根据一定的标准对人、事、物进行检测，反映出人、事、物的信息，从而对人事物做出合理判断的一种活动 2. 要素：目标、内容、标准、方法、结果、结论、建议
吴晓蓓	1. 基本内涵：评价活动主要是针对活动进行自己的判断与点评，客观描述与分析活动本身的优点和缺点，并结合自己的想法对活动发表一些自我认为对活动开展有利的感想和建议 2. 评价活动的要素：评价目的、评价内容、评价方法、评价结果、结论和建议
胡燕楠	1. 内涵：对某件事或物发表自己的看法 2. 要素：评价的目的、评价的标准、评价的结果
楼珂	1. 评价活动针对的是评价对象的行为表现等，根据适当的评价方法对评价对象进行分析并做出比较客观的判断。得出结论并给予一定的建议 2. 评价活动的要素：评价目的、评价内容、评价方法、评价结果、结论和建议
胡超男	1. 我认为评价活动的含义就是针对某个对象，通过一定的标准对其进行一个综合偏主观意识观察的过程 2. 它的要素包括评价的目的、评价者与被评价者、评价的标准、具体评价的依据要求、评价结果的判定方法、评价结果
章诗雨	1. 我觉得评价活动是对他人带有主观性的综合性评价过程，包括对他的外表，内在，性格等多方面综合性的看法。熟悉以后对一个人的评价往往很难单单从一个方面进行，总是会被其他方面影响，是综合性的评价 2. 要素：评价对象、评价内容、评价标准、评价结果
龚瑶绮	评价活动是一种客观的评价，是根据一定的标准，选择出符合标准的人。在评价过程中，被评价者的长相、性格、家境等因素，都会影响评价者对其的评价
应梦倩	评价活动是以一定的评价标准为基础，对他人或事物的特性表达自己感受，评判其是否符合标准的一个活动。评价受多方面因素的影响，如评价标准，评价主体的主观感受等

续 表

姓名	文本内容
唐芷萌	1. 评价是主观的，有关于人的活动。评价是在充分了解的情况下进行的，包含内部评价与外部评价 2. 我认为评价活动的要素是目的、内容（标准）、方法、结果
黄倩	1. 基本内涵：我认为评价是关于人的主观活动。评价需要提前对被评价者有充分的了解。评价标准是很重要的，标准不同会引起评价结果的变化。评价目标是促进被评价者的发展 2. 评价要素：评价主体、被评价者、评价目标、评价标准、评价结果
董佳楠	1. 评价活动的基本内涵：评价活动主要是通过按照一定的评价标准对某件事或者某个人做出判断评价过程的活动 2. 评价活动要包括评价目标、评价标准和评价结果
谢奇巧	1. 基本内涵：根据某些评价标准，采用某些评价方法对被评价者进行点评，得出评价结论，并给出评价建议 2. 评价活动的要素：评价对象、评价标准、评价内容、评价方法、评价结论、评价建议
薛文怡	1. 内涵：评价活动是在一段时间内根据目标的达成度，以及一定的标准对该过程进行评判 2. 要素：目标、方法、结果
黄梦雅	1. 基本内涵：评价建立在对被评价的事或人物的认识的基础之上，是对事或人物进行判断、分析后的结论。评价是主观的 2. 评价活动的要素：评价目的、评价内容（评价标准）、评价方法、评价结果、结论与建议
梁心怡	1. 评价活动：是依据一定的目标，对活动过程以及活动结果进行价值判断并做出决策的活动 2. 评价活动主要包括内容、目标、过程、结果等要素，还要考虑评价时间和评价方式等因素
卢俏妮	1. 幼儿园教育活动评价是指针对幼儿园教育活动的特点和组成要素，通过收集和分析比较系统全面的有关幼儿园教育活动的计划、活动 2. 幼儿园活动评价要素的主要包括：活动背景分析、活动目标设计、活动策略设计及活动评价设计等几个方面
张佳玲	1. 内涵：是根据一定的标准，对客体进行判断、分析后的结论 2. 要素：评价者、被评价者、评价标准、评价方式、平价结果
包如意	1. 内涵：对一件事或人物进行判断、分析后的结论 2. 要素：主体、客体、标准、方法

续　表

姓名	文本内容
王佳依	1. 评价活动是按照一定的目的，根据一定的标准，对人或事进行判断分析并得出结论 2. 要素包括评价者、被评价者、评价标准、目的、方法、结论等
许胡沁	1. 评价是教育者借助一定的评价工具，对学习者的学习过程和学习结果好坏的判断。判断应该尽量客观，避免学习者自身因素所带来的影响 2. 评价活动要素：评价目的、评价内容、评价方法、评价结果、结论与建议
王文诗	1. 内涵：评价是人们对某人事物的主观印象的表达 2. 要素：评价目的、评价内容、评价方法、评价结果、结论与建议
张哲宇	1. 内涵：评价是一种具有一定标准的人为控制的系统 2. 要素：包括评价目标、评价标准、评价方法、评价结果
王予汝	1. 评价是评价主体先对评价对象做出某一期望，并给予充分的发展或学习机会，最终给出的与期望相应的评判。它是一种有过程性参与的人为系统 2. 评价要素：评价主体、评价对象、评价目标、评价工具、评价结论与建议
陈哲宇	1. 我认为评价是根据一定的标准和方法，有目的地判断某人事物的特点性质 2. 我认为评价的要素有评价目的，评价内容，评价方法，评价结果
童航	1. 评价活动是参考一定的标准并为指定对象评定一种水平的方式 2. 评价活动的要素有标准名称、评价对象、评价指标、评价结果
余小青	用语言，文字或表格对一活动的成功好坏进行论述评价，可以从某一角度来评价，也可以从多方面来综合评价。评价可以让我们了解到活动的优缺点，知道如何去改进它，完善它
靳梦南	1. 我认为的评价活动的内涵：个体或者群体对某一人或事物，参照一定的标准，对其进行评价。通过评价活动，可以更加全面地了解被评价的客体，也可以完善评价人的认知，同时将一些抽象的特质转为具象的可考量的数值或描述 2. 评价活动的要素：评价标准；评价模式（方式方法）；评价内容；评价结果
马艳	1. 评价活动是根据一定的标准来评价，达到开始的评价目标，评价是主观的 2. 评价活动要素有评价目标、评价标准、评价结果、评价结论等
姜艳萍	评价活动是对一种事或物根据不同的标准进行判断其好坏的方式。可以有主观评价和客观评价
李漫慧	1. 评价是一定的主体对于另一些主体的某些特质或过程进行的分析与总结活动 2. 评价要素有：评价主体、评价标准、评价对象、评价结果、评价方法
刘静	1. 我认为评价活动是一种对目标实现程度进行反馈的方法，同时是一种对评价对象的一种判断 2. 要素：评价标准、评价目的、评价方法

续 表

姓名	文本内容
钱蕾英	1. 评价活动是指根据一定的目标或目的，依据一定的评价标准，借助一些评价方法和手段，对此进行的评价 2. 要素：评价方法、评价内容、评价目的、评价标准

五、通过评价的实践感知评价涵义

根据学生的自陈，学生似乎已经理解了评价的含义，并对评价的客观性追求、主观性本质有一定的理解，也认同评价活动应具备评价目的、评价标准、评价方法、评价结果等要素。但这些方面在具体的评价实践中会如何体现呢，在课程实施过程中，本人开启了一项16级最美女生的评选活动，随着课程内容的推进不断进行评价实践的优化和评价活动的反思，引导学生更好地理解评价活动。

问题：请选出你心中的最美女生，1、2班一名，3、4班一名。

表2-5　16级1、2班第一次选出的两个班的美女结果

学号	姓名	提交时间	文本内容
1538240060	王晓涵	2019-02-25　09：03：43	1、2班靳梦楠；3、4班郑鋆
1627280014	唐明利	2019-02-25　09：01：07	1、2班靳梦南；3、4班金燕飞
1631250034	孙智超	2019-02-25　09：00：14	1、2班马艳；3、4班徐雅思
1635030001	林紫嫣	2019-02-25　09：00：23	1、2班曹丽娜；3、4班胡思远
1635030002	金舒婷	2019-02-25　09：00：32	1、2班曹丽娜；3、4班胡思远
1635030003	黄佳丽	2019-02-25　09：00：35	1、2班曹丽娜；3、4班徐雅思
1635030004	曹丽娜	2019-02-25　09：00：23	1、2班王姝雅；3、4班徐雅思
1635030005	刘志鹏	2019-02-25　09：01：41	1、2班王姝雅；3、4班徐雅思
1635030006	张佳慧	2019-02-25　09：00：21	1、2班曹丽娜；3、4班胡思远
1635030007	冯行华	2019-02-25　09：00：47	1、2班曹丽娜；3、4班高依蝶
1635030008	张雨虹	2019-02-25　09：00：56	1、2班张子翼；3、4班胡思远
1635030010	徐波	2019-02-25　09：02：33	1、2班张雨虹；3、4班徐雅思
1635030011	张子翼	2019-02-25　09：00：44	1、2班张雨虹；3、4班徐雅思

续 表

学号	姓名	提交时间	文本内容
1635030012	王姝雅	2019-02-25　09：00：38	1、2 班曹丽娜；3、4 班徐雅思
1635030013	张娇艳	2019-02-25　09：00：32	1、2 班王予汝；3、4 班徐雅思
1635030014	俞欣晨	2019-02-25　09：00：22	1、2 班王晓涵；3、4 班徐雅思
1635030015	何泽男	2019-02-25　09：01：27	1、2 班王姝雅；3、4 班无，我心里我女朋友最美
1635030016	万思聪	2019-02-25　09：01：48	1、2 班王予汝；3、4 班徐雅思
1635030017	潘铭涛	2019-02-25　09：02：07	1、2 班王姝雅；3、4 班徐雅思
1635030018	江宝云	2019-02-25　09：07：47	1、2 班王晓涵；3、4 班徐雅思
1635030019	董佳璐	2019-02-25　09：00：53	1、2 班谢奇巧；3、4 班徐雅思
1635030020	缪雯星	2019-02-25　09：02：01	1、2 班薛文怡；3、4 班徐雅思
1635030021	吴晓蓓	2019-02-25　09：02：00	1、2 班王晓涵；3、4 班徐雅思
1635030022	胡燕楠	2019-02-25　09：01：22	1、2 班薛文怡；3、4 班吴博斌
1635030023	楼珂	2019-02-25　09：01：56	1、2 班王晓涵；3、4 班徐雅思
1635030024	胡超男	2019-02-25　09：01：29	1、2 班童航；3、4 班徐雅思
1635030025	章诗雨	2019-02-25　09：02：06	1、2 班童航；3、4 班徐雅思
1635030028	龚瑶绮	2019-02-25　09：01：03	1、2 班曹丽娜；3、4 班徐雅思
1635030029	应梦倩	2019-02-25　09：01：03	1、2 班张雨虹；3、4 班徐雅思
1635030030	唐芷萌	2019-02-25　09：02：45	1、2 班靳梦南；3、4 班郑鋆
1635030033	黄倩	2019-02-25　09：02：06	1、2 班靳梦南；3、4 班郑鋆
1635030035	董佳楠	2019-02-25　09：01：58	1、2 班童航；3、4 班徐雅思
1635030036	谢奇巧	2019-02-25　09：01：35	1、2 班童航；3、4 班徐雅思
1635030037	薛文怡	2019-02-25　09：01：53	1、2 班童航；3、4 班徐雅思
1635030038	黄梦雅	2019-02-25　09：01：57	1、2 班唐明利；3、4 班胡思远
1635030039	梁心怡	2019-02-25　09：00：43	1、2 班卢俏妮；3、4 班周祺
1635030040	卢俏妮	2019-02-25　09：00：06	1、2 班梁心怡；3、4 班周祺
1635030041	张佳玲	2019-02-25　09：00：19	1、2 班王予汝；3、4 班刘佳慧
1635030043	包如意	2019-02-25　09：00：13	1、2 班马艳；3、4 班徐雅思
1635030044	王佳依	2019-02-25　09：01：37	1、2 班王予汝；3、4 班胡思远
1635030045	许胡沁	2019-02-25　09：03：41	1、2 班余小青；3、4 班李毓

续 表

学号	姓名	提交时间	文本内容
1635030046	王文诗	2019-02-25 09：00：15	1、2班靳梦男
1635030047	张哲宇	2019-02-25 09：21：16	1、2班童航；3、4班李毓
1635030048	王予汝	2019-02-25 09：01：45	1、2班童航；3、4班冯梦佳
1635030049	陈哲宇	2019-02-25 09：01：45	1班童航；3、4班李毓
1635030052	余小青	2019-02-25 09：00：13	1、2班薛文怡；3、4班徐雅思
1635030054	靳梦南	2019-02-25 09：02：02	1、2班余小青；3、4班金燕飞
1635030055	马艳	2019-02-25 09：03：31	1、2班包如意；3、4班郑鋆
1635030057	姜艳萍	2019-02-25 09：03：31	1、2班王佳依；3、4班陈斐
1635030058	李漫慧	2019-02-25 09：03：36	女孩子都很美，我放弃评价
1635030060	刘静	2019-02-25 09：03：32	1、2班张佳慧；3、4班寿谢洁
1637210161	钱蕾英	2019-02-25 09：02：44	1、2班靳梦南；3、4班郑鋆

表2-6 16级3、4班第一次选出的两个班的美女结果

学号	姓名	提交时间	文本内容
1635030061	高依蝶	2019-02-25 10：52：29	1、2班刘静；3、4班刘佳慧
1635030062	金燕飞	2019-02-25 10：52：17	刘静，刘佳慧
1635030063	沈亚婷	2019-02-25 10：52：41	刘静，姜雯萱
1635030064	董吉波	2019-02-25 10：52：08	1、2班刘静；3、4班刘佳慧
1635030065	姜雯萱	2019-03-11 20：59：24	1、2班刘静；3、4班沈亚婷
1635030066	郑鋆	2019-03-11 20：59：37	刘静，沈亚婷
1635030067	冯梦佳	2019-02-25 10：52：43	1、2班王佳依；3、4班施炜翌
1635030068	孟璐	2019-02-25 10：52：33	1、2班卢俏妮；3、4班刘佳慧
1635030069	王琳华	2019-02-25 10：52：29	1、2班刘静；3、4班刘佳慧
1635030073	沈忆楠	2019-02-26 13：30：15	不知道要选谁
1635030074	王佳慧	2019-02-25 10：53：24	1、2班王佳依；3、4班施炜翌
1635030076	朱卓伦	2019-02-25 11：06：11	1、2班薛文怡；3、4班徐雅思
1635030077	刘佳慧	2019-02-25 10：52：43	1、2班卢俏妮；3、4班徐雅思
1635030078	施炜翌	2019-02-25 10：53：16	1、2班卢俏妮；3、4班刘佳慧

续　表

学号	姓名	提交时间	文本内容
1635030079	倪琳	2019-02-25　10：53：22	1、2 班谢奇巧；3、4 班徐雅思
1635030080	吴博斌	2019-02-25　11：05：49	1、2 班谢奇巧；3、4 班徐雅思
1635030082	徐雅思	2019-02-25　10：53：01	1、2 班张雨虹；3、4 班刘佳慧
1635030084	胡艺译	2019-02-25　10：53：11	1、2 班王佳依；3、4 班刘佳慧
1635030085	张雄博	2019-02-25　11：06：03	1、2 班刘志鹏；3、4 班徐雅思
1635030086	王莹莹	2019-02-25　10：53：15	1、2 班王佳依；3、4 班刘佳慧
1635030088	董韬略	2019-02-25　11：06：06	1、2 班马艳；3、4 班鲍水娟
1635030090	任晏昆	2019-02-25　10：52：56	1 班王佳依；3、4 班高依蝶
1635030091	华钰淇	2019-02-25　10：54：26	1、2 班卢俏妮；3、4 班鲍水娟
1635030092	戚晓青	2019-02-25　10：56：24	1、2 班薛文怡；3、4 班鲍水娟
1635030093	胡思远	2019-02-25　10：52：45	1、2 班张雨虹；3、4 班徐雅思
1635030094	童蒙楚	2019-02-25　10：52：42	1、2 班王佳依；3、4 班徐雅思
1635030095	罗晓萌	2019-02-25　10：54：06	1、2 班江宝云；3、4 班董吉波
1635030096	戴晨佳	2019-02-25　10：56：29	1、2 班薛文怡；3、4 班鲍水娟
1635030097	倪春燕	2019-02-25　10：54：37	1、2 班张雨虹；3、4 班李毓
1635030098	李诗帆	2019-02-25　10：54：45	1、2 班张雨虹；3、4 班李毓
1635030099	章倩玲	2019-02-25　10：56：23	1、2 班薛文怡；3、4 班鲍水娟
1635030100	鲍水娟	2019-02-25　11：53：09	王佳依；徐雅思
1635030102	孔艺蓉	2019-02-25　10：59：35	1、2 班张雨虹；3、4 班徐雅思
1635030103	叶诗雨	2019-02-25　10：56：11	1、班王佳依；3、4 班刘佳慧
1635030106	任文琦	2019-02-25　10：53：06	1、2 班童航；3、4 班寿谢洁
1635030107	陈宇婷	2019-02-25　10：53：21	1、2 班童航；3、4 班寿谢洁
1635030108	陈斐	2019-02-25　10：54：42	1、2 班卢俏妮 9.6 分； 3、4 班罗晓萌 9 分
1635030109	寿谢洁	2019-02-25　10：52：44	1、2 班童航；3、4 班胡思远
1635030110	俞倩越	2019-02-25　10：53：17	1、2 班楼珂；3、4 班寿谢洁
1635030111	杜赛飞	2019-02-25　10：53：08	1、2 班周小青；3、4 班金燕飞
1635030112	周祺	2019-02-25　10：53：04	1、2 班卢俏妮；3 班罗晓萌

续 表

学号	姓名	提交时间	文本内容
1635030113	孙佩翔	2019-02-25　10：57：12	1、2 班张雨虹；3、4 班佳丽
1635030114	陈佳丽	2019-02-25　10：56：05	1、2 班张雨虹；3、4 班徐雅思
1635030115	龙倚	2019-02-25　10：57：25	1、2 班卢俏妮；3、4 班陈佳丽
1635030116	胡晓萌	2019-02-25　10：56：11	1、2 班卢俏妮；3、4 班陈佳丽
1635030117	周艳林	2019-02-25　10：57：01	1、2 班卢俏妮；3、4 班胡晓萌
1635030118	化美	2019-02-25　10：54：28	1、2 班许胡沁；3、4 班徐雅思
1635030119	李毓	2019-02-25　10：53：09	1、2 班刘静；3、4 班鲍水娟
1635030120	宁依婵	2019-02-25　10：52：29	1、2 班童航；3、4 班胡思远

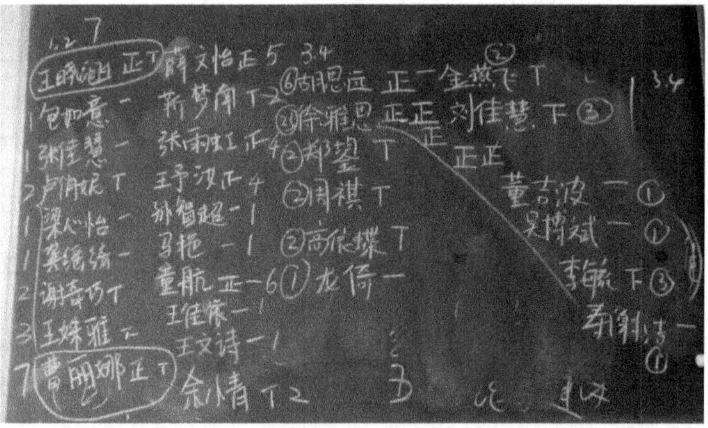

图 2–2　16 级 1、2 班第一次选出的两个班的美女结果

图 2–3　16 级 3、4 班第一次选出的两个班的美女结果

在16级最美女生评选的第一次评选中，我让同学自己从1、2班里和3、4班两个班里各选出来一个心目中最美的女生，同学们都认为这是比较简单有趣的事情，很快在云班课平台上上传了答案，教师组织了现场唱票，然后开展相应的讨论，以期让学生能更为深入地理解评价的内涵和本质。

从评选结果看，被列入名单的同学数量很多，由不同主体选出来的两个班的结果也不一样，这是为什么呢？在引导学生思考的情况下，让学生深刻地理解到评价标准如果不经协商确定，极易引起公说公有理，婆说婆有理的境地。而且，在评价标准没有明言出来的情况下，对评价结果是可以质疑的。比如，学前教育专业的最美女生评选是否可以只按外貌的维度？即使按外貌的维度，从哪几个方面来看？每个方面的具体要求是什么？如果不仅是外貌的维度，那哪些维度应该进入评价体系？而每个维度的具体要求又是什么？

而且，因为不同主体选出来的两个班的结果不一样，大家对评价主体的身份和评价信息的容量有了思考。有的同学认为，并不熟悉另一个班的所有女生，只能选自己认识的，可能有不公正的可能。有的同学认为，对本班同学特别是部分同学又太熟悉，有打感情分的情况。教师引导学生思考，如果是让16级的同学选择全院的最美女生或全校的最美女生，又或者是让其他年级的同学对16级的同学进行选择，将会是什么结果。以及如果不是实名选择，结果会有不同吗？如果发布任务的教师主体变了，结果会有不同吗？教师发起这项活动的目的是什么？如果目的变了，比如，可能会有评奖等利益性的后果，评价结果会有不同吗？如果评选的数量要求有变化，评价结果会有不同吗？

通过这样的思考，让学生理解到虽然大家都认为评价活动应该是一项非常客观的事情，但其实，评价活动最难以消除的就是主观性，评价结果受到评价标准的不同观点，甚至评价标准的质量问题，评价主体的专业水平、评价主体获知的证据信息以及个人因素、被评价者的范围，评价活动的目的等多方面的因素影响，很难做到完全的客观。那就涉及两个问题需要思考：1. 为什么发起一项评价活动？ 2. 如何让一项评价活动的结果让大家认同？第一个问题即评价的目的，评价从来不是单独存在的，评价一定是服务于评价主体目的的，所有的评价活动都不是为了获得一个隔离于任何人目的或需求的事件，也没有什么评价是能够全覆盖所有的评价项目的，也就是说，所有的评价活动都是有主观目的的，都是有内容选择的，都不会是完全客观的。第二个问题，就是在第一个问题的前提下来思考如何能让评价结果更为受到认同的问题，这就涉及评价模式、评价标准、评价方法、评价解释的问题。

另外，有两个答案值得注意，一个是一位同学直接选了自己女朋友，但这位女朋友其他同学选的并不多，这说明评价主体是内部人员还是外部人员在很大程度上影响了评价结果。一个是一位同学表示，女孩子们都很漂亮，放弃选择。这样的选择是否被允许，是否应该被支持，为什么？对这些问题的思考将让同学们更好地理解评价活动的本质。

第三节　教育评价的类型

关于评价的类型，需要学生理解如下分类情况：第一，绝对评价、相对评价和自身差异评价；第二，诊断性评价、形成性评价和总结性评价；第三，外部评价和内部评价；第四，对于学习的评价、为了学习的评价、作为学习的评价。在这种分类前提下，本节也探讨了形成性评价的概念演变。并让学生评判一下自身经历的课程评价应该如何归类，以获取学生在该部分的学习证据，从而检验和校正学生的理解。

一、绝对评价、相对评价和自身差异评价

这个分类参照了饶玲老师在其专著《课程与教学论》中的阐述。[①]

(一) 绝对评价

绝对评价也叫目标参照评价或标准参照评价，是将判断标准建立在被评价对象的群体之外，将群体中各成员的课程教学、学习情况与之对比，以评定其优劣的评价。绝对评价是判断完成既定目标程度的评价，它以到达目

① 饶玲 . 课程与教学论 [M]. 北京：中国时代经济出版社，2004：32-333.

标的形式把评价内容表现出来。

绝对评价的特点在于有一个共同的客观标准可循，教师和学生可通过同这个既定标准对比而判断自己的教学水平和学业水平，并不断向标准看齐，标准不受评价对象群体状况的影响，评价结果好坏与对象自身的水平有关，而与其所处的群体无关。绝对评价特别适用于以鉴定资格和水平为宗旨的课程教学评价。当然，如果过分强调统一标准，也会导致脱离实际。

（二）相对评价

相对评价也叫常模参照评价，相对评价是指在某一类评价对象中，选取一个或几个对象作为标准，将各个评价对象与标准进行比较，判断其达到标准的程度，或者确定评价对象在总体中所处位置的评价。相对评价可以理解为某一范围内的相互比较。

相对评价有较好的鉴别作用，有利于促进竞争，但也会导致争分争名次而忽视整体素质；相对评价不受群体整体水平的限制。

（三）自身差异评价

自身差异评价也叫个体内差异评价，是指将评价对象的现在和过去相比较，或者把一个对象的若干侧面相互比较的评价，以判断评价对象的发展、变化的评价。相对评价和绝对评价都是在做横向的比较与判断，是用某一个体与其他个体相比，自身差异评价则是在做一种纵向比较与判断，是在拿自己和自己相比。

该评价模式照顾到了学生的个体差异，不易给评价对象造成竞争压力，有利于自我发现差距，有利于综合考察学生的发展变化。但因为不与他人比较，很难知道自己在群体中的真正位置。

二、诊断性评价、形成性评价和总结性评价

（一）诊断性评价

在课程或单元开始之际进行的评价，一般被称为诊断性评价。这种评价用来收集学生在该主题上已经知道了什么的数据。诊断性评价是一系列的书

面问题（多项选择题或简答题），用来评价学习者在即将学习的单元或主题上现有的知识基础或当下的观点。获得关于学生现在所处位置的快照，无论是智力上、情绪上还是信念上，都可以让教学者在教授新的课程内容时做出更为有效的教学选择。诊断性评价一般发生在课前课后，用于学生前测或后测。

（二）总结性评价和形成性评价

评价可以服务于不同的目的。很多的教育者对一些评价学生的传统方式都是非常熟悉的，比如，期中测试和期末测试，这样的评价通常都是总结性评价。这种评价方式如此流行是有原因的：性价比比较高，制卷和评分耗费的时间较少，并可以提供一个数字化的总结或等级来说明学生学到了多少。

这种评价方法的缺点是不能给教师或学生提供任何关于学习过程的反馈，仅仅是一个总结性的结果，没有机会应用新的学习，并获得形成性的反馈，会极大地挫伤学生的学习能力。

另外一种评价，一般被称为形成性评价，和总结性评价的目的不同。形成性评价是为了在总结性评价之前识别差距、迷思概念以及推进理解而在学习过程之中开展的。形成性评价可能有很多的形式，比如非正式的问题、一分钟纸条、最清楚 / 最不清楚的点的陈述练习。形成性评价可以让学生在没有等级压力的前提下练习技能或检测知识。

布莱克（Paul Black）被认为是这些概念的先驱，他使用了一个做汤的过程类比来说明形成性评价和总结性评价之间的不同。当厨师在做汤的过程中，有时会尝一尝，以便确定是否还需要更多的调料。每次尝试，他都在评价汤本身，并使用反馈来改变或改进。换句话说，厨师在做汤过程中进行尝试就是形成性评价。当汤做好给顾客的时候，顾客进行品尝，并对汤的口味作出最后的判断，这就是总结性评价。

现在熟悉了三种评价方式：诊断性、形成性和总结性。一定要清楚，经过良好设计的课程必须要既有形成性评价，又有总结性评价。在总结性评价之前，学生需要练习和反馈。这三种评价之间的区别见表 2–7，当设计一门课程的时候考虑这些问题有助于设计一个平衡化的评价，从而能保证包括形成性评价和总结性评价。

表 2–7　评价种类

	诊断性评价	形成性评价	总结性评价
反馈	非正式的	基于对话的 / 评论式的	等级或分数
时间	教学之前	学习过程之中	单元或课程之后
原理	评价原有的知识、技能、前概念等	监控学习和提供反馈	依据一定的标准或基准评价学生的学习
例子	背景知识调查；不评分的测验	实践性的问答测验，一分钟测验，课堂上的练习、最清楚 / 最模糊点的陈述，不同形式的小组作业	期中考试、期末考试；最后的报告；学期末的论文

（三）形成性评价的种类

1. 从是否随机看形成性的评价种类

沙沃森（R.J. Shavelson）在 2006 年从是否随机的角度研究了课堂中的形成性考评的类型。[①] 他认为，教学实践中，有三种形成性评价：①随机的；②为互动设计的；③正式的和嵌入在课程里的。如图 2–4 所示。

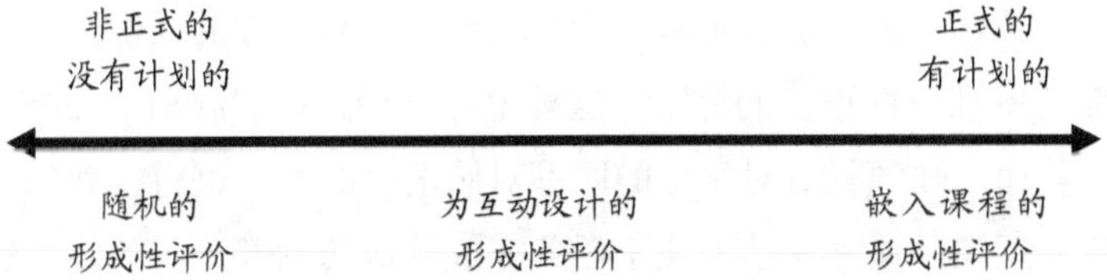

图 2–4　教学中形成性考评的种类

（资料来源：Shavelson，2006）

随机的形成性评价发生在课堂中随机出现了可作为教育机会的时刻。例如，出现学生一些回答或表现，教师相应的作出处理。需要指出，能够发现和利用这样的教育机会一方面是直觉，一方面基于实践智慧的积累。另外，即使有的教师能够确认出这样的教学机会，教师也不一定具备回应学生或处理该情景的教学技能或内容性知识。

---

① Shavelson, R. J. On the Integration of Formative Assessment in Teaching and Learning with Implications for Teacher Edcuation[R]. Paper prepared for the Stanford Education Assessment Laboratory and the University of Hawaii Curriculum Research and Development Group, 2006.

和随机的形成性评价的机会相反，为互动设计的形成性评价是经过准备和计划的。意识到学习信息对缩小学生学习差距的作用，教师不再为得到一个正确的答案而提问，而是预先设计什么样的问题能最好地收集所需的信息来减小学生的学习差距。即，教师开始意识到在应用形成性考评时，一个好的问题或者一些教学行为的价值在于引发出相关的信息，从而教师开始在课前花时间来设计这些教学行为和问题。

教师或课程开发者会专门创造一些“教育机会”来嵌入（embed）考评。这些评价可以简单，也可以复杂，嵌入在教学过程中关键的环节，为学生表现提供即时的反馈，并能及时地采取相应的教学行为来减小学生的学习差距。

2. 从是否开放看形成性评价的类型

2005 年，普瑞尔（D.J. Pryor）等人把课堂中的形成性评价按照是否开放的标准进行了理论上的抽象。[①]

研究者指出，在对低年级课堂中的几个月的经验性研究可以很清楚地发现，可以观察到的大多数的形成性评价的实践都可以称作“收敛性评价”。这种评价的起点是教师试图来确定学习者是否知道、理解或者会做一个预先确定的事情。这种评价的实施一般是教师给出封闭性的或假的问题，给出的任务都具备唯一性正确的答案。这种考评一般遵循“启动—回答—反馈”的模型。从而，教师就可对学生的回答对照正确的答案进行权威的、评判性的或量化的反馈。这种反馈关注于任务完成的成功的部分。收敛性的考评的特征可认为是行为主义的，因为可以观察到的现象都非常符合“刺激—反应”的模型，即反馈是强调正确的答案。在收敛性考评中，教师依然占据较大统治地位，这种考评依然像是教师针对学生做出的。

但另一方面，研究者也观察到另外一种形成性评价，称为“发散性评价”。区分的标准是对学生知道什么、理解什么和能做什么的问题上有更为开放性的关注。这涉及更为互动性的对话形式。这种问题是“帮助性的问题”而不是“测验性的问题”，比如，问学生他们做了什么？或者让他们建

① Pryor, D.J., Crossouard, B. A Sociocultural Theorization of Formative Assessment [R]. Paper presented for the Sociocultural Theory in Educational Research and Practice Conference, University of Manchester, 2005.

构自己的推理。反馈是解释性的、即时性的或者能激发学生进一步的参与，而不仅仅是改正错误。在这种发散性的考评模型中，不仅仅是教师可以发动考评，学习者自身也可以，所以，发散性考评也包括了自我和同伴的考评。

三、外部评价和内部评价

这是根据评价主体的不同进行的分类，外部评价和内部评价也分别称为他人评价和自我评价。

（一）外部评价

外部评价是指学习情境之外的主体对学习者进行的评价，比如，教育行政部门、教育专家、社会性评价。外部评价一般都比较正式，有明确的目的，有严格的评价规范和标准。

一直以来，为了追求所谓的客观性和公正性，教育评价都特别注重外部评价，所有的评价都是防教师、防学生的，本质上也是高利害的，也是信息不充分的。随着评价理论的发展和学习理论的发展，内部评价越来越受到重视。

（二）内部评价

内部评价是指学习情境之内的主体对学习者进行的评价，一般都不是高利害的指向鉴定性结果的评价，而是非利害性的指向教学改进和学习改进的共同对话、共同探究和反思。这里的主体主要有学生个体、学生同伴、教师。

内部评价的效度一直受到质疑，但随着对评价效度新的看法，以及对内部评价对自我调整和自我完善的独特优势，越来越受到重视。

四、宏观的教育评价、中观的教育评价、微观的教育评价

（一）宏观的教育评价

宏观的教育评价是在国家层面上，涉及教育整个领域的教育决策及各种教育现象为对象的教育评价。比如，国家的基本教育政策、国家的教育法律及其制度、教育制度、教育结构、课程设置、教育方法、教育行政组织及

其行为、教育的社会效益等方面的评价。

（二）中观的教育评价

中观的教育评价是以学校内部的各方面工作为评价对象的教育评价，如学校的办学方针、办学水平、办学条件、领导班子、教师队伍等。中观的教育评价也包括学校中具体方面的工作，比如，教务工作、课堂教学、班级管理、团队工作、师生的思想工作、体卫工作、总务工作、家长工作、学校的社会效益与声誉等。

（三）微观的教育评价

微观的教育评价是以学生的发展变化为评价对象的教育评价，如学生的学业发展水平、身体发展状况、身体发展状况、思想与精神状态、发展趋势等。

五、对于学习的评价、为了学习的评价、作为学习的评价

随着教育评价理论的发展，从新的角度看待评价成为更多的选择。现在，把评价分为对于学习的评价（Assessment of learning）、为了学习的评价（Assessment for learning）、作为学习的评价（Assessment as learning）得到更多的关注。[①]

（一）为了学习的评价

为了学习的评价关注学习者的现有学习水平与目标学习水平之间的差距。布莱克和威廉姆把为了学习的评价定义为：教师和 / 或他们的学生从事的一切能提供作为教与学改进的反馈信息的一切活动。[②]2002 年，评价改革小组又以官方报告的形式界定了“为了学习的评价”：是收集和解释学习证据的过程，并被学习者和教师用来确定学习者的现有学习水平和期望达到的

① 冯翠典，张雨强．苏格兰促进学习的评价模式述评 [J]. 全球教育展望，2009，38（11）：59-64.

② Black，P.，Willam，D. Inside the Black Box：Raising Standards through Classroom Assessment[R]. King’s College，1998：2.

水平以及如何达到是最有效的。[①]这些理论上的成果为澄清不同功能的评价形式，确认核心地位的评价实践具有直接的指导意义。为了学习的评价的特征是：第一，高质量的互动，即课堂评价表现为深入地提问、认真地聆听和反思性的回应。第二，学生对学习的投入，即学生充分地参与讨论下一步的学习步骤。第三，反馈，即学生得到及时的信息来说明工作的质量和改进的方向。第四，标准的共享，即学生、教师和家长都清楚需要学习什么以及成功的标准是什么。

为了学习的评价的核心是通过形成性评价的手段支持课程学习和教学，保证评价成为日常教与学的有机组成部分。实现的重点是教师教学与学生评价的整合。

(二) 作为学习的评价

作为学习的评价是对学习的证据进行反思的评价。在作为学习的评价中，学生和教师共同制定学习目标、在学生和教师间分享学习理想和评价标准，并通过对话和自我评价以及小组评价来评价学生的学习。通过作为学习的评价，学生能够清楚地知道他们学到了什么、他们是如何学习的以及他们的学习能得到哪些支持，学生能更好地发展元认知能力。作为学习的评价的特征是：第一，自我评价和小组评价，即学生和教师采用自我评价和小组评价的方法。第二，制定目标，即学生和教师一起制定学习目标。第三，对学习的反思，即学生能够确认并反思自己的学习证据。

作为学习的评价的核心是，通过个人学习规划的使用让学生学会如何学习，实现的重点是学生学习和学生评价的整合。

(三) 对于学习的评价

对于学习的评价即教师和更宽泛的评价者（如学校和政府）使用各种可利用的证据来判断学生是否进步，这种评价信息可用于不同的途径。对学生学习的判断必须是可靠的，即有根据、可信赖、可比较。其特征是：第一，使用证据，即教师使用日常教学活动中的一系列证据来检验学生是否进步。

① Assessment Reform Group. Assessment for Learning: 10 principles[R]. University of Cambridge, 2002a: 2-3.

第二，分享标准，即教师在校内或校际间能一起通过谈论和工作来分享评价标准。第三，监控和计划，即教师使用评价信息来咨询学校的配给、进步并提出改进计划。

对于学习的评价的核心是通过评价标准和分享来收集和解释学习的证据，实现的重点是学校课程和学生评价的整合。

六、从"形成性评价"到"为了学习的考评"

在本节中，一个很重要的概念是形成性评价，这个概念其实在评价理论不断的发展过程中有很大的变化，体现出从"形成性评价"（Formative Evaluation）到"形成性考评"（Formative Assessment）再到"为了学习的考评"（Assessment for learning）的变化。理解这个发展过程对综合理解评价的类型有帮助。①

（一）形成性评价的出现（二十世纪六十年代末）

"形成性评价"是斯克瑞文（M. Scriven）1967年首次提出的。斯克瑞文提出这一概念的初衷在于保证有效的课程开发。

1957年，受苏联成功发射卫星的刺激，美国政府投入大量的财力改进教育，组织了大批一流科学家开发中小学教材。由于事先的计划和整个开发过程都没有进行学生测试，这些教材脱离了学生的实际需要而没有产生预期的效果。在这样的背景下，斯克瑞文在1967年提出了"形成性评价"和"总结性评价"的概念，其目的是用来指导课程和教材的开发过程。他指出，教学材料的模型和草案应在最后成型前进行学生试测，以便在教学材料的形成阶段就能进行有效性评价，这样才有可能在最后成品之前进行调整。他把这种过程称为"形成性评价"。而与之对比的"总结性评价"，是在教学材料成型后进行学生测验，并收集资料用于教学材料的评价。可以看出，"形成性评价"一开始的含义是在项目评价的框架里，和课堂教学和学生学习的关系不大，其评价方法主要是对学生的纸笔测试。

布卢姆在1968年把"形成性评价"的观点用于学生的学习，将其作为

① 冯翠典高凌飚.从"形成性评价"到"为了学习的考评"[J].教育学报，2010，6（4）：49-53.

“掌握学习”的基石，即在学生学习的形成性阶段就对学生的学习进行必要的检测，诊断学习中存在的问题，通过必要的矫正来实现掌握。1971年，布卢姆及其同事出版《对学生学习的形成性评价和总结性评价手册》一书，其中把“总结性评价”定义为：在教学发生之后收集数据来做出关于教学的一些判断，比如，评定等级、颁发证书、评价进步或者研究课程有效性。把“形成性评价”定义为在课程建构、教学和学习的过程中为了改进这些过程而进行的系统性评价。从定义可以看出，布卢姆持一种扩展的观点，即除了把形成性评价用于学习诊断，并没有排除斯克瑞文提出的关于形成性评价用于课程开发的功能。

（二）从形成性评价到形成性考评（二十世纪八十年代末）

随着人们的关注点从对事或物的价值判断转移到对人的学习和发展过程的了解和诊断，人们开始使用“形成性考评”这一术语，并且将形成性考评用于对教学过程的诊断和调整，此后，“形成性考评”的概念在教育教学领域中影响日增。在英文文献中关注“形成性考评”的文章越来越多，超过了“形成性评价”的使用。

“形成性考评”的概念的凸显要归功于二十世纪八十年代克鲁克斯（T.S. Crooks）和塞德勒（D.R. Sadler）发表的两篇影响深远的论文。克鲁克斯认为，当时学生评价更多的“放在了评价的评分功能而不是促进学生的学习上”。他还强调，学生“应能得到实践和使用知识和技能的机会，以及获得对他们表现的反馈”。对反馈的强调，是形成性考评的一个特征。而正式提出“形成性考评”概念的是塞德勒，他在《形成性考评和教学系统的设计》一文中，强调反馈的必要性以及自我监控的概念，还进一步指出自我监控只有在学习者也是评价信息的来源时才有可能，即学生参与考评。

随后，形成性考评的术语虽然使用了很多年，但其基本的核心理念——使用考评的证据来调整教学和促进学习——却在2000年前后才得以彰显。布莱克和威廉姆（P. Black, & D. William）在1998年通过对多项研究的分析和综合得出结论：在课堂教学过程中进行形成性考评会使学生的成绩提高0.4到0.7个标准差。这些考评都是对教学有作用的。此后，关于形成性考评的研究，特别是对教学以及学习的效应问题得到持续的关注。

可以看出，形成性考评已从形成性评价中发展出新的含义，它所关注的已经不仅是利用纸笔测验得到的学生阶段性学习成果的证据，也不仅是为了验证某一事物或事件的有效性，而是为了促进学生的发展，试图将考评的重点放在作为人的学生的身上，把学和教的过程结合在一起。

“形成性评价”和“形成性考评”有什么不同？最早指出两者的区别的是塔拉斯（M.Taras），他指出，斯克瑞文谈论的形成性评价是针对课程材料的，而形成性考评是针对学生的。这种区别是明显的，然而，更为重要的是要明确形成性考评与布卢姆提倡的形成性评价有什么不同。2005 年，阿莱厄（L. Allal）等人系统地对两者进行了区分，见表 2–8。

表 2–8　布卢姆最初的形成性评价的观念和形成性考评的对比（L.Allal, &L. Lopez, 2005）

布卢姆最初的观念	形成性考评的理念
把形成性评价安排到一段教学之后	把形成性考评融合进所有的学习情境
使用形成性的测验收集数据	使用多样化的数据收集方法
反馈 + 矫正 = 补救	反馈 + 教学的适应 = 调整
主要由教师进行组织和实施	激发学生参与到形成性考评
对所有学生提出相同的目标要求	对不同的学生提出不同的目标要求并实施不同的教学
只是参与矫正评价的学生受益	两个群体的学生受益：参与考评的学生；未来的学生（因由教学持续的改进）

形成性评价是发生在一段教学后的事件，形成性考评的理念不是这样，它提倡把考评融于每个教学活动。这种融合需要多样化的考评手段。除了纸笔测试，还可以是随堂检测提问、工作单，教师直接观察，在教学活动中学生小组的交流、全班讨论等。

在形成性考评里，对学习困难的补救（反馈 + 矫正）也被广泛的学习的调整所代替（反馈 + 适应）。即不仅关注没有达到目标的学生，还根据所有学生的实际情况收集信息、调整教学，将其作为课堂教学的常态。

在布卢姆的概念里，教师要负责每个评价操作的计划和组织：准备测验、分析和解释结果、提供补救措施。而在形成性考评里，教师考评、测验、补救材料等被认为是学生学习的脚手架，其目的是帮助学生发展自主学习能力——这意味着要激发学生在考评中的主动参与的热情。

另外，掌握学习或者形成性评价的基本目标是在反馈和矫正之后，让所有的学生都要达到教学目标；而形成性考评主张的是区别性教学，虽然也强调让学生掌握最基本的目标，但对学生提出的问题和作出的教学目标的调整应考虑到学生的文化经验和个人兴趣。

最后，在形成性评价中，补救性的教学只是量的增加而不是质的改进，受益的学生只是被评价者；而形成性考评主张收集的信息也能用在后续教学的调整中，即实现教学的持续性改进，并使新的学生群体受益。

在形成性考评逐步发展起来的同时，作为其相对一面的终结性的考评也逐步进入人们的视野。这两种考评的本质区别是什么？是考评的目的？还是考评的方法？或者是什么其他因素？研究者也进行了思考。

哈伦（W. Harlen）在1998年指出，总结性考评和形成性考评的不同主要是目的不同。“总结性考评不是形成性的，只是因为这些考评没有确认为了进一步的学习要做什么。”即二者在评价方法和形式等方面并没有本质区别。杜恩（K.E. Dunn）等人指出，如果要对考评的种类做出区分，应该是“课堂考评”和“外部考评”。分为“形成性考评”和“总结性考评”是不合适的。因为，根据目的和时间的不同划分，同一项活动或材料既可以是形成性的，也可以是总结性的，即形成性考评和总结性考评其实是处在一个连续体上，都可以采用相同的方法，也可以服务于不同的目的。

以上综述可以看出，一方面，形成性评价和形成性考评的区别还是明显的，其所指和意义有所不同受到公认；另一方面，形成性考评和与之一直相对而言的总结性考评之间的关系受到追问和反思。显而易见，形成性考评的概念还处在进一步发展和澄清的时期。

（三）从形成性考评到为了学习的考评（二十世纪九十年代末）

有研究指出：形成性考评的最新发展是为了学习的考评（Assessment for Learning）。认为“为了学习的考评”是一个新近出现的超越“形成性考评”的概念。

“为了学习的考评”的术语最先出现在英国。布莱克和威廉姆教授在90年代末发表了一项关于形成性考评的研究综述，他们的结论是：在课堂上使用形成性考评可以显著地提高学生学习效果。他们的综述强调了教师在考评学生和提供相关反馈中的角色，而这种反馈的目的是消除学生现有水平和期望水平之间的差距。这种用来支持学习的考评被冠以一个宽泛的名称："为了学习的考评"，这个术语与"对于学习的考评"相对（Assessment of Learning）的。即从不同的目的对考评类型进行了区分，这是更为上位和本质的理解。

"为了学习的考评"概念提出之后得到广泛的认可，英国考评改革小组在 1999 年也提倡使用这一概念并提供了理由：把课堂中的为了学习的考评从其他的对课堂的考评的表述中区分开来是重要的。"教师考评"这个术语没有说明考评的目的，虽然一般都假定教师考评是形成性的但"形成性评价"这个术语本身有太多的解释，而且其意义不过是指经常性的、和教学一起设计的考评。这种考评并不具备促进学习的所有特征。"诊断性评价"这个术语常常会造成误导，因为这个术语常常与找出困难和错误有关。而"为了学习的考评"这个术语对所有促进学生学习的情景都是适切的，即收集反映学生实际情况的信息并用于提供反馈。

2002 年，英国的考评改革小组（ARG）提出了"为了学习的考评"的定义：为了学习的考评是学习者和他们的教师为了确定学生现在在哪里（where），应该走到哪里（where），以及如何（how）更好地达到那里而收集和解释证据的过程。文献显示，虽然有几个稍有差别的"为了学习的考评"的定义，最常引用的还是考评改革小组提出的这个定义。

"为了学习的考评"提出后，就出现了这样的问题：它和形成性考评一样吗？如果不一样，它们之间的区别是什么？从文献中可以得到的答案是这两个术语有时是混用的，比如，哈里森（C.Harrison）等人在 2003 年提出："形成性考评是指学生和教师为了给教与学的调整提供反馈信息而采取的所有活动"。这种定义明显与最初的形成性考评的定义相比有了发展，而与"为了学习的考评"这个术语的所指基本没有差别。在布莱克和威廉姆于 1998 年发表的开创性文献《黑箱之内》一文中也是把形成性考评和为了学习的考评等同看待："形成性考评或为了学习的考评不应该被认为是很容易达到的目的，而应该被认为是一种基础性的教育改革"。

然而，随着人们对"为了学习的考评"的认识的逐步深入，两者之间的差异就也逐步凸显出来了。英国的考评改革小组认为，"为了学习的考评"

的特征是：①考评嵌入在教与学的过程中，是教与学过程的必要部分；②涉及到和学生分享学习目标；③其目的是帮助学习者理解和认识到他们需要达到的标准；④涉及到学生的自我考评；⑤能提供可以引导学生认识到下一步采取的步骤以及如何实施这些步骤的反馈信息；⑥基于所有的学生都能改进的信心；⑦涉及到教师和学生共同地回顾和反思考评数据。从这里可以看到，除了和形成性考评一样强调与教学过程的配合之外，为了学习的考评把思考问题的视角完全转移到了学习和学生之上，更加突出了学生的主体作用，强调了在学习进程中不断进行的自我回顾、检测和反思。它要求学生认识所要达到的目标，懂得自我检测，能够从检测中找到可供进一步学习的指导性信息并反馈于自己的学习；一句话，要求学生学会考评。这些都超越了原来的形成性考评的含义。

布莱克等人在2004年也进一步澄清：为了学习的考评是指任何其设计和实践的主要目的是服务于促进学生学习的目的的考评，和其他目的主要是为了问责、筛选或者颁证的考评有根本的不同。任何考评活动都可以帮助学生学习——如果它能够由教师、学生在对他们参与的活动进行考评时提供作为反馈的信息，从而调整教与学的活动。这些考评只有当证据的确被用于调整教学来满足学生的学习需要时才是形成性的。

斯蒂金（R.J.Stiggins）指出，为了学习的考评和形成性考评的不同在于：形成性考评所考虑的只是学习过程中的一些点，尽管频密度很大，但还是不连续的；为了学习的考评则和整个学习过程相伴，是连续的。形成性考评主要是为教师的教学提供证据，为了学习的考评主要是为学生的学习提供依据。形成性考评重在让学生明白怎样的表现才算达到标准，为了学习的考评则注重让学生明白自己在达到标准的过程中取得的进步以及如何深入学习。

可以看出，为了学习的考评作为对形成性考评的发展，是从更为本质和上位的角度，即考评的目的的视角进行关照考评实践；为了学习的考评也超越了形成性考评的经常性的意义而认为是和教与学毫无缝隙融合的同一性过程。

综上所述，从二十世纪六十年代到今天，出于教育和评价实践发展的需要，教学过程中的形成性评价的概念已经逐步产生变化，新的形成性考评和为了学习的考评的概念正逐步取代原有的形成性评价概念。但目前国内还有不少人还停留在对这个概念比较早的理解上，即布卢姆掌握学习理论中的形成性评价的概念，用这样的概念来指导实践，显然是不够的。我们需要不断地追踪形成性评价的概念在国外的发展变化，并且根据我们的实践，建构基于本土的评价和考评概念，促进我国的评价理论和实践的发展。

七、学生对自己课程评价的判断

在探讨完评价的分类基础上，为了促进学生进一步的思考，并收集学生在该部分的学习证据，以用来自我反思、同伴评价和教师反馈，教师在云班课平台上发布了如下任务：请简单谈一下形成性评价和总结性评价的区别。并发表意见：本门课程中的期中作业、期末考核和蓝墨云班课发布的课堂任务分别是算形成性评价还是总结性评价？

表 2-9　学生对课程评价类型的判断

姓名	文本内容
王晓涵	形成性评价是指在活动开展的过程中对活动本身进行评价，而总结性评价是指在活动过程告一段落之后，对最终所获得的成果进行评价。形成性评价可以通过评价对活动过程及时调整，总结性评价是在活动结束之后进行的，只关注活动结果，基本不涉及活动过程。 我认为期中考试和在蓝墨云班课回答问题属于形成性评价，期末考核属于总结性评价
唐明利	形成性评价是在活动开展的过程中对活动的本身进行的评价，又叫过程评价。总结性评价是在活动结束之后进行的事后评价。区别：评价结果指向的对象不同。 期中和期末都是总结性评价。蓝墨云班课是形成性评价
孙智超	形成性评价和总结性评价的区别在于：形成性评价关注活动本身，是在活动过程中进行的，并且对被评价者有一定的反馈调节作用，而总结性评价关注活动结果。 期中考和期末考都属于总结性评价，而蓝墨云班课的任务属于形成性评价
林紫嫣	形成性评价是通过评价对活动过程及时进行调整，保证活动目标的实现。而总结性评价是指在活动过程告一段落，以预先设定的活动目标为标准，对最终所获得的成果进行评价，判断所获得的成果实现目标的程度。期中作业、期末考核属于总结性评价。蓝墨云班课发布的课堂任务属于形成性评价
金舒婷	区别：形成性评价主要是在活动开展过程中对活动本身进行评价，对过程进行调整保证目标实现；而总结性评价是在活动结束后进行的，关注活动结果。 期中作业，期末考核属于总结性评价，蓝墨云班课发布的课堂任务属于形成性评价

续 表

姓名	文本内容
黄佳丽	区别：1. 评价的时间不同。形成性评价是伴随着活动开展过程而及时进行的；总结性评价是在活动告一段落之后，以预先设置的目标为标准而进行最终评价。2. 评价重点不同。形成性评价是认知能力的评价；总结性评价一般是认知能力，也有动作技能和情感能力的评价。3. 功能作用不同。形成性评价是对活动过程及时进行调整，保证活动目标的实现；总结性评价关注活动结果，关心最后成果。 期末考核属于总结性评价；期中作业、蓝墨云班课属于形成性评价
曹丽娜	根据被评价对象：形成性评价是在活动过程中的对活动本身进行评价，总结性评价是对所获得的成果进行评价。根据评价时间：形成性评价能在活动过程中及时进行调整，总结性评价关注活动结果，是一种事后评价。 我认为期中作业是形成性性评价，期末考核是总结性评价，蓝墨云班课任务是形成性评价
刘志鹏	形成性评价是伴随活动的开展过程而随时进行的。总结性评价是在活动结束之后进行的，是一种事后评价。我认为期中和期末是总结性评价，蓝墨云是形成性评价
张佳慧	区别在于形成性评价是对于活动过程的评价，以进行及时调整，保证活动目标的实现；而总结性评价是一种事后评价，更注重活动结果，基本不涉及活动过程。 期中作业、期末考核、蓝墨云班课任务：分别属于总结性评价、总结性评价、形成性评价
冯行华	区别：评价的时间不同。形成性评价的时间是在活动开展的过程中对活动本身进行评价。 总结性评价的时间是在活动结束之后进行的。 期中作业：形成性评价；期末考核：总结性评价；课堂任务：形成性评价
张雨虹	形成性评价是伴随活动过程中进行的评价，能指出进步或不足，有利于活动接下来的发展。总结性评价是在活动结束后进行的评价，评价活动最终成果，给出评定。 期中作业是形成性评价或是总结性评价，期末考核是总结性评价，蓝墨云班课发布的课堂任务是形成性评价
徐波	区别：形成性评价是在活动过程中进行的评价，注重活动过程的及时调整；而总结性评价是在活动过程告一段落后进行的评价，它关注的是实现结果。 我认为蓝墨云班课是形成性评价，期中作业和期末考核可以是形成性评价，也可以是总结性评价
张子翼	形成性评价在活动中进行，是为了通过评价对活动过程及时调整，保证活动目标的实现；总结性评价在活动后进行，是为了判断获得的成果实现目标的程度。 期中考试与发布的任务是形成性评价，期末考试是总结性评价

续 表

姓名	文本内容
王姝雅	1. 两者目的上不同：形成性评价为了改进教学、修正教学计划，总结性评价判定最终学习成果 2. 两者评价对象不同：形成性评价的对象是活动本身，总结性评价的对象是活动结果 期末考核是总结性评价；期中作业，蓝墨云班课是形成性评价
张娇艳	区别：①形成性评价是伴随着活动的开展进行的，总结性评价是在活动结束后针对活动结果进行的评价；②形成性评价会影响活动结果，总结性评价无法改变结果，而是下定论。 期中作业和课堂作业是形成性评价，期末考核是总结性评价
俞欣晨	形成性评价：随着活动开展而进行的评价，能及时进行调整，保证活动目标的实现。 总结性评价：关注活动结果，在活动过程告一段落之后评价。 期中，期末是总结性评价；蓝墨云班课是形成性评价
何泽男	区别是一个是活动中一个是活动结束，俩形成，一总结
万思聪	形成性评价又叫过程性评价，是在过程中的评价，可以对接下来的活动及时调整，有助于达成目标。总结性评价又称事后评价，在结束后进行评价，不能及时调整。 期中考试是总结性评价，前期没有评价，只看期中这一份作业。 期末考和蓝墨云是形成性评价，在活动过程中进行评价，并不断改进，以达到目标
潘铭涛	形成性评价是一种过程性评价，具有即时性，能够在最快的时间调整活动过程中出现的偏差。 总结性评价是一个阶段后的评价，重视结果，阶段性明显。 期中作业和期末考核属于总结性评价，蓝墨云班课作业属于形成性评价
江宝云	形成性评价是在活动过程开展的过程中对活动本身进行评价，总结性评价是在活动结束后进行的评价。蓝墨云班课是形成性评价，期中作业和期末考核作业是总结性评价
董佳璐	形成性评价是在活动过程中进行的对活动本身的实时评价。 总结性评价是在活动告一段落后对活动结果的事后评价。 期中作业是形成性评价，期末考核是总结性评价，蓝墨云班课发布的课堂任务有些是形成性评价，有些是总结性评价，视情况而定
缪雯星	形成性评价是在活动过程中进行的，而总结性评价是在活动结束后进行的。 期中作业：总结性评价；期末考核：总结性评价；蓝墨云班课发布的课堂任务：形成性评价

续　表

姓名	文本内容
吴晓蓓	形成性评价：在活动过程中展开，针对的是对于整个活动过程本身的评价； 总结性评价：在活动结束之后展开，主要是针对活动结果实现目标程度的评价，关注的是结果。 期中考试和期末考试属于总结性评价，蓝墨云属于形成性评价
胡燕楠	形成性评价是在活动开展的过程中对活动本身进行评价，通过评价对活动过程及时进行调整，保证活动目标的实现。总结性评价是在活动过程告一段落之后，已预先设定活动目标为标准，对最终所获得的成果进行评价，判断所获得的成果实现目标的程度。形成性评价是在活动过程中进行的，而总结性评价是在活动结束之后。形成性评价的目的是为了结果能和目标接近，而结果性评价的目的是为了了解结果与目标的差距。期末考核和期中是总结性评价，而课堂任务是形成性评价
楼珂	形成性评价是在活动开展过程中进行的，是为了通过对过程的及时改进来保证活动目标的实现的。总结性评价是在活动结束后进行的，是判断活动成果实现目标的程度的。 期末考核是总结性评价；期中考核，蓝墨云班课作业是形成性评价
胡超男	区别在于事先有没有设定预期的目标，形成性评价是没有设定预期目标的，总结性是有预先预期目标的。我觉得期中和期末都是总结性的评价，蓝墨云班课的有些问题属于形成性评价，也有些问题是属于总结性评价
章诗雨	形成性评价是在活动开展的过程中进行的，注重对活动本身的评价，有利于随时发现偏差而改进。 总结性评价是在活动结束之后进行的，关注活动结果，是一种事后评价。 蓝墨云是形成性评价，期中和期末是总结性评价
龚瑶绮	区别：形成性评价是伴随着活动开展过程而即时进行的，通过评价对活动过程即时进行调整；总结性评价是在活动过程告一段落之后，以预先设定活动目标为标准，对结果进行评价。 我认为期中作业、期末考核和蓝墨云班课都是总结性评价
应梦倩	形成性评价是一种过程性评价，关注活动过程，如果出现偏差则立刻调整，缩小活动过程与活动目标之间的差距。而总结性评价注重结果，判断所获的成果实现目标的程度。 期中作业和期末考核是总结性评价，蓝墨云班课发布的课堂作业是形成性评价
唐芷萌	形成性评价是一种过程性评价，伴随着活动展开而进行的。有助于发现活动中的问题，有助于缩小过程与活动的差距。 总结性评价是一种事后评价。关注的是活动结果，基本不涉及活动过程。 期中作业和蓝墨云任务属于形成性评价，而期末考核属于总结性评价

续 表

姓名	文本内容
黄倩	区别：1. 评价功能，形成性评价是为了调整活动过程，保证活动目标的实现。总结性评价是判断结果实现目标的程度。2. 评价时间，形成性评价在活动进行时。总结性评价在结束时。3. 评价重点，形成性评价关注认知能力，调整使进步。总结性评价关心最后成果。 我认为期末考核是总结性评价，期中是阶段性的总结性评价，课堂作业是形成性评价
董佳楠	形成性评价是评价活动过程，帮助活动过程做出调整来实现目标；总结性评价是在活动结束后的评价，关注活动结果与目标的达成程度。 期中作业和蓝墨云班课属于形成性评价，期末作业属于总结性评价
谢奇巧	形成性评价是在活动开展的过程中进行的，通过评价对活动过程进行即时的调整。总结性评价是在活动过程结束以后，对活动成果的评价，基本不涉及活动过程。 蓝墨云班课每次发布的课堂任务属于过程性评价，通过师生之间的互动来了解学生学习的情况，并以此进行一定的调整。 期中作业和期中考核属于总结性评价，是对一个阶段结束后，学生的学习成果的评价
薛文怡	形成性评价：在活动过程中进行，能够及时调整，缩小与目标的差距；总结性评价：在活动结束后进行，关注结果与目标的差距。 期中作业：形成性评价；期末考核：总结性评价；课堂任务：形成性评价
黄梦雅	形成性评价是伴随着活动开展过程而即时进行的。总结性评价是在活动结束之后进行的，它关注的是活动结果，基本不涉及活动过程，是一种事后评价。 期中作业和蓝墨云班课发布的课堂任务是形成性评价。期末考核是总结性评价
梁心怡	区别：1. 形成性评价是在活动过程之中的，总结性评价是在活动结束后进行的，是一种事后评价。2. 形成性评价的功能是得到关于学生学习进展方面师生之间的相互反馈信息，总结性评价是帮学生确定表现与成绩。3. 形成性评价的重点是认知能力，总结性评价的重点是认知能力与情感能力，关心最后的成果。 期中作业：形成性评价；期末考核：总结性评价；蓝墨云班课发布的课堂任务：形成性评价
卢俏妮	形成性评价是相对于传统的总结性评价而言的。总结性评价就是对课堂教学的达成结果进行恰当的评价，指的是在教学活动结束后为判断其效果而进行的评价。 期末作业总结性评价；期中作业形成性评价，蓝墨云班课形成性评价
张佳玲	形成性评价是一种过程评价，是指在活动开展的过程中对活动本身进行的评价；总结性评价是一种事后评价，是指在活动过程告一段落之后，以预先设定活动目标为标准，对最终所获得的成果进行评价的评价。期中和期末是总结性的，平时课堂的是形成性的

续　表

姓名	文本内容
包如意	区别：形成性评价是在教授活动的过程中，而总结性评价是在单元、学期、学年结束时。 意见：期末考试是总结性评价，而期中考试和蓝墨云班课发布的课堂任务是形成性评价
王佳依	形成性评价是在活动开展中对活动本身进行评价，对活动过程及时作出调整。而总结性评价则是在活动结束之后进行，以预设目标为标准，是一种事后评价，只关注结果。 过程性：蓝墨云班课作业、期中考试；总结性：期末考试
许胡沁	1. 诊断性评价：指在教学之前的，着眼于比较目标与实际的差距，并探究其原因与解决方法的评价。形成性评价：指在活动开展的过程中对活动本身的评价。总结性评价：指在活动结束后进行的评价，关注活动结果，不涉及活动过程 2. 我认为期中作业和期末考核是总结性评价，蓝墨云半课是形成性评价
王文诗	形成性评价又称过程性评价，是在活动展开过程中对活动本身进行的评价，是为了给活动的偏差进行改进的一种评价；总结性评价是对结果的评价。 蓝墨云属于形成性评价；期中可以是形成也可以是总结性；期末是总结性评价
张哲宇	形成性评价指的是在活动开展的过程中对活动本身进行评价，是给被评价者提供建议的评价；而总结性评价是在活动结束之后进行的，关注的是活动结果，基本不涉及活动过程，是一种事后评价。 我认为期中作业和期末考核是总结性评价；课堂任务是形成性评价
王予汝	形成性评价：指在活动开展过程中对活动本身进行评价，然后通过评价做出调整建议 总结性评价：在活动结束后，以预先设定目标为标准，对活动结果进行评价，做出最终判断 本课程的期中考试和期末考试是总结性评价，蓝墨云班课是形成性评价。关键在于评价的后续作用是什么，形成性评价的后续目的在于查漏补缺，对过程学习做出调整和改进
陈哲宇	形成性评价是伴随活动过程进行的，是对活动本身的评价；总结性评价是在活动结束后进行的，是对活动结果的评价。期中作业，蓝墨云发布任务和期末考试都是总结性评价
童航	形成性评价是伴随着活动开展过程而即时进行的，关注活动过程。总结性评价是在活动结束之后进行的，它关注的是活动结果 期中作业和期末考核是总结性评价，课堂任务是形成性评价
余小青	区别：形成性评价是通过评价对活动过程及时进行调整，保证活动标的实现，而总结性评价是，对最终所获得的成果进行评价，判断所获得的成果实现目标的程度 期中和期末考试——总结性评价；蓝墨云班课——过程性评价

续 表

姓名	文本内容
靳梦南	1. 区别：形成性评价更多是对过程的评价以及调整，而总结性评价是对最终结果的评价 2. 期末考试和期中考试都属于总结性评价；蓝墨云班课上的作业属于形成性评价
马艳	形成性评价是随着活动开展进行的，随时发现活动中所出现的偏差并及时改正，致力于缩小活动过程与活动目标的差距；总结性评价是以预设的活动目标为标准，对最终获得的成果进行评价，判断所获得的成果实现目标的程度 期中，期末是总结性评价；蓝墨云班课所发布的课堂任务是形成性评价
姜艳萍	形成性评价是在活动开展过程中进行的，总结性评价在活动过程告一段落之后进行的。期中考试、期末考试是总结性评价，蓝墨云班课是形成性评价
李漫慧	区别：形成性评价是伴随着活动进行的，有助于缩小活动过程和活动目标的差距。总结性评价是在活动结束之后进行的，关注的是一种活动结果。期中作业和蓝墨云班课都是形成性评价，期末考核是总结性评价
刘静	区别：形成性评价是在活动开展的过程中实施的评价，具有即时性；总结性评价是一种对最后活动成果的一种评价，关注的是活动结果 期中、期末都是一种总结性评价，而蓝墨云班课发布的作业属于形成性评价
钱蕾英	形成性评价是在活动过程中对活动本身的评价，在活动出现偏差时可以及时改进。总结性评价是在活动过程告一段落后，对最终结果的评价 我觉得期中作业是总结性评价，期末作业是总结性评价，蓝墨云班课是形成性评价

可以看出，学生在理论学习和充分的感知基础上，已经对评价的基本问题有比较准确的理解了，这对开展后续的学习是重要的支持，也体现了在亲身参与中学习评价理论、实践评价理论的良好效果。

第三章

熟悉评价的理论模式

不同的评价框架会有不同的目标受众，不同的评价目的会使用不同的程序来收集信息。而且，不同评价模式之间的不同也不仅限于此，各种教育评价模式都体现了对知识本质的认识。对教师和学生参与评价的要求的认识、评价学生成就的不同的标准以及和课堂教学的不同关系。

本部分的理论模式分为两类，一类是经典型的评价模式代表，包括目标本位评价模式、目标游离评价模式、CIPP 评价模式；另一类是新兴型的评价模式，包括促进理解的评价模式、基于证据的评价模式、基于课程的评价模式。第一类评价模式参考了两个文献[①②]，第二类评价模式参考的主要是笔者发表的文章。

---

① 罗生全 . 小学课程设计与评价 [M]. 重庆：西南师范大学出版社，2017(8)：164-166.

② 朱家雄 . 幼儿园课程 [M]. 上海：华东师范大学出版社，2011 (2)：194-196.

第一节　经典型的评价模式介绍

一、目标本位评价模式

目标本位评价模式是泰勒针对20世纪初期的常模参照评价模式的弊端，提出的一种以目标为核心的评价模式。评价的目的在于找出课程实施的结果与预期目标之间的差距，以此作为修改、完善课程的依据。由于目标本位评价模式主要关注学生的行为朝向预定目标的变化程度，因此，一般评价活动至少要进行两次，一是在课程计划实施之前进行，二是在课程计划实施之后进行，通过对两次结果的比较，得出对学生行为变化程度的判断。

目标本位评价模式的评价步骤如下：

(1) 明确课程评价目的，制定具体的评价目标；

(2) 用描述学生行为和学习内容两个方面的语言界定目标；

(3) 为学生的行为表现确定情境；

(4) 制定或筛选评价技术；

(5) 确定衡量学生行为表现的计分方式；

(6) 收集有关学生行为的信息；

(7) 将收集的行为信息与其预期目标进行比较。

目标本位评价模式的优势在于其使评价活动由测量时代跨进了评价时代，由单单对学生的智力、成绩等测验转向不仅评价学生的行为，而且要求评价主体对整个课程的设计实施等有比较清楚的认识；为课程计划的修改提供了有效的反馈信息；以描述学生行为的语言界定目标，可操作性强。但是它主要考察结果与目标之间的二元关系，容易陷入只考察最终结果的偏向，使评价活动沦为课程编制的最终环节；另外，不是所有的目标都适应于用行为目标的语言来制定。

泰勒以目标为核心的评价模式为课程评价的理论与实践奠定了理论基础，在课程评价领域乃至教育领域，都是具有里程碑意义的重大事件。由于目标本位的评价模式既符合当下教育发展的需要，又能取得良好的评价效果，一直是重要的评价模式。但由于其只关注预期目标的作用，对不在预期目标范围之内的因素缺乏考虑，只注重结果而忽视课程设计和实施的过程中的因素，从而也导致目标本位的评价模式一直遭受各种质疑。

二、目标游离评价模式

针对目标本位评价容易忽视非预期的效应或结果这一弊端，美国学者斯克里文 1967 年提出了课程评价的目标游离模式。他认为课程计划实施中的非预期性事件与预期性事件同样具有价值，真正的评价应该建立在全面收集信息的基础上，因此，评价的过程不在于判定实施结果与预期目标的达成程度，而在于评价课程实施的实际效应。

在目标游离评价模式中，评价的重点不在于“计划要做什么”，而在于“计划实际做了什么”，使评价活动脱离了既定目标的影响。

目标游离模式注意到了非预期因素的教育价值，拓展了评价的范围，其价值在于补充和发展目标本位评价模式。但是，评价过程游离于任何目标以外，有盲目化倾向，而且，目标游离模式并没有形成一套逻辑性的评价体系，因此，将其定位为教育评价的一条原则更为合理。

三、CIPP 评价模式

1966 年美国学者斯塔弗尔比姆针对目标本位评价模式局限于考察对目标达成程度的弊端，提出了 CIPP 评价模式。CIPP 是背景评价（Context evaluation）、输入评价（Input evaluation）、过程评价（Process evaluation）和成果评价（Product evaluation）的英文单词首字母缩略词。这一模式强调，评价活动的重点不在于判定课程实施结果对预定目标的达成程度，而在于为课程决策提供服务，评价过程是为课程决策收集可靠信息的过程。

CIPP 评价的四个方面的评价具体为：

1. 背景评价。它是指对整个课程方案实施的背景，或者说初始条件进行评价，包括：课程方案实施的环境；学生的特征及其需要；课程目标提出的合理性依据。背景评价强调考察目标反映学生学习需要的有效性，因此，评价课程目标本身与学生需求的符合程度尤为重要。在斯塔弗尔比姆看来，作为泰勒评价模式中心和依据的目标本身也要受到评价和讨论。

2. 输入评价。它指通过对人力、物力等各种实施过程中的支撑资源进行分析，帮助决策者在各种课程计划中进行选择。需要回答的问题是：有哪些课程计划？各个课程计划的优势何在？选择某项课程计划的理由何在？选定的课程计划的合理性与可行性如何？因此，输入评价的作用在于将各种课程计划进行比较，为决策者采取或放弃某种课程计划提供参考。

3. 过程评价。它是指对课程计划过程的跟踪与描述，包括计划实施的步骤如何？是否按照原定计划实施？与原计划的偏差在哪里？需要怎么修改？目的是通过过程评价为决策者收集课程计划所存在的问题，并为如何解决这些问题提供信息。

4. 成果评价。它是指对课程计划实施的成效进行描述与判断。其内容包括：课程计划是否达成了预定的课程目标？成败之处何在？成果评价主要是考察课程计划的可扩展性，以及课程计划有什么值得肯定的地方，有哪些需要改进的地方，以便为以后的决策提供服务。这要收集与结果有关的各种描述与判断，将其与目标、输入条件、过程信息联系起来，并对其价值和优点做出解释。斯塔弗尔比姆认为，成果评价仍然是质量控制的一种手段，但不是最终的鉴定，这与泰勒的评价是不同的。

CIPP 评价模式的优势在于以课程决策服务为核心，将评价的各个环节有机统整在一起，超越了目标本位模式的束缚，而且，这一模式的突出贡献在于意识到了课程目标本身的合理性对课程评价的影响。CIPP 模式通过评价反馈为决策服务，重视对潜在问题的发现，着眼于未来，而且注重全过程、覆盖全过程，这纠正了泰勒模式只注重结果的不足。应该说，这是一种较为综合的评价模式。但是，由于背景评价、输入评价、过程评价、结果评价都是为了给课程决策提供服务，制约了评价主体作用的发挥，并且由于该模式需要各类信息的支持、丰富的经验和熟练的评价技术，所以实施起来比较困难。

为了检验学生是否对如上三种评价模式理解到位，教师开启了一项评价任务，即让学生评论三种评价模式的关键点。任务如下：请简要谈一下行为目标评价模式、CIPP 评价模式、目标游离模式的核心路径和关键缺点。

表 3-1　学生对三种经典型评价模式的评价

续　表

姓名	文本内容
王晓涵	1. 行为目标模式。核心路径：以目标为中心展开，关注目标规定的预期效果。缺点：过分强调目标中心，使评价活动完全依赖目标，容易产生导向性错误 2. CIPP 评价模式。核心路径：以决策为中心，注重为决策机构提供评价。缺点：过分强调决策在评价中的作用，使评价的“价值判断”的本意有所削弱 3. 目的游离评价模式。核心路径：以需要、以顾客为基础评价，提出教育评价应关注游离于目的以外的效果。缺点：缺少必要的评价程序和方法，不是一种完善的评价模式
唐明利	1. 行为目标评价模式是首先确定目标，然后设计情景，通过评价技术，测试目标是否达到。缺点：过分强调目标中心，可能会产生导向性的错误 2. CIPP 评价模式分为背景，输入，过程，成果四个部分，为决策提供信息的过程。缺点；过分看重为决策提供信息服务，会产生价值判断错误 3. 目的游离模式是以需要，以顾客为基础的评价，关注非预期效果。缺点：没有操作的方法、步骤
孙智超	1. 行为目标评价模式路径：先确定教育目标，再通过一些教育评价来测定教育结果和目标吻合程度，缺点是把知识及其学习作为满足预定目标的尝试 2. CIPP 评价模式路径：定期的背景评价，再提出目标，输入评价最终形成某种方案再对其过程和结果进行评价，有效则继续实施，无效则重新开始。缺点是过分强调决策在评价中的作用 3. 目的游离评价模式是关注的是非预期的结果，并将重点放在课程计划实际的结果上，更多地考虑课程计划满足实际需要的程度，缺点是缺少必要的评价程序和方法
林紫嫣	1. 行为目标评价模式。核心路径：以目标为中心。关键缺点：过分强调目标中心，有时整个评价活动产生导向性的错误 2. CIPP 评价模式。核心路径：以决策为中心。关键缺点：过分强调决策在评价中的作用，使得评价的价值判断的本意有所削弱 3. 目标游离模式。核心路径：以需要、以顾客为基础评价。关键缺点：缺少必要的评价程序和方法

续　表

姓名	文本内容
金舒婷	1. 行为目标评价模式：确定教育目标，决定教育活动方案与过程，通过教育评价调整活动使结果尽可能与预定目标整合一致。关键缺点是过分强调目标中心 2. CIPP 评价模式：在背景评价的基础上，提出目标，在目标确定后通过输入评价，选出最可行的方案，在方案实施的过程中进行过程和成果评价。关键缺点是过分强调决策在评价中的作用，使评价的“价值判断”的本意有所削弱 3. 目的游离评价模式：不过分强调目标中心，评价时不受预期目标的影响，关注实际需要，注重评价目的是否与评价对象要求相一致。关键缺点是缺少必要的评价程序和方法
黄佳丽	1. 目标评价模式。核心：以目标为中心，教育目标教育过程并产生教育结果，通过教育评价来测定教育结果与教育目标的吻合程度，在教育评价基础上调整教育目标，进而对教育过程与结果产生影响。缺点：过分依赖于目标，过分关注教育结果，是一种“事后评价”，整个活动过程的每一个环节都可能对目标实现产生影响，有时会产生导向行错误 2. CIPP 评价模式。核心：以决策为中心，通过背景评价提出目标，通过输入评价确定最终实施方案，在方案实施过程中进行过程评价与成果评价，以此来决定方案是否继续实施。缺点：过分强调以决策为中心，强调评价为决策提供信息服务 3. 目标游离模式。核心：计划制订者规定预定的目标与评价者，以顾客为基础，评价目的与顾客要求相符合，评价者确定顾客各种需求，以此作为准则，而不是按生产者愿望受到评价。缺点：评价者只关注评价方案设定的目标结果，对非预期效果不予考虑；主观性强，较多体现评价者意图，对实际需要与评价对象要求反应不够
曹丽娜	1. 目标评价模式以目标为中心，教育目标决定了教育过程并产生相应的教育结果。缺点是过分强调目标中心，整个评价活动完全依赖于目标，而目标本身不在评价范围内，有时会对整个评价活动会产生导向性的错误 2. CIPP 评价模式是以决策为中心的评价模式，可以把它看作一个为决策提供信息的过程。缺点是没有一定的标准对评价本身进行再评价，评价的价值判断未能很好的体现 3. 目的游离评价模式是以需要、以顾客为基础的评价，关注评价方案能够满足确实需要的程度、关注方案结果与受其影响的人员需要之间的一致性。缺点是它忽视目标，缺少必要的评价程序和方法

续 表

姓名	文本内容
刘志鹏	1. 行为目标评价模式。核心路径：以目标为中心，根据教育活动的结果与教育活动的目标吻合程度，进行评价修正或改进实际活动。关键缺点：忽视目标本身合理性的问题，评价只关注于结果，评价局限于目标体现的程度 2. CIPP 模式。核心路径：以决策为中心，为决策提供信息，给予反馈。关键缺点：评价的“价值判断”的本意有削弱 3. 目的游离评价模式。核心路径：以需要、以顾客为基础评价，忽视目标，考虑全部的真实的效果。关键缺点：不是完善的评价模式，缺少必要的评价程序和方法
张佳慧	1. 行为目标评价模式首先要确定需要达到的教育目标，并用明确、具体的行为方式来陈述教育目标。关键缺点在于过分强调目标中心，整个评价活动完全依赖于目标，而目标本身又不在评价范围之内，因此整个评价活动难免产生导向性的错误 2. CIPP 评价模式以背景评价作为首要工作，提出目标；通过输入评价，讨论后最终形成某种实施方案；在实施过程中对每个阶段的成果进行评价，考虑是否要继续该方案，进行成果评价，或是终止方案，重新进行背景评价和输入评价。缺点在于过分强调决策在评价中的作用，强调评价就是为决策提供信息服务，使得评价的“价值判断”的本意有所削减 3. 目标游离模式主张采用“三盲”的方式，缺点在于不是一种完善的评价模式，缺少必要的评价程序和方法
冯行华	1. 行为目标模式。核心路径：以目标为中心，确定教育活动结果与教育活动的目标相吻合的程度。关键缺点：过分强调目标中心，整个评价活动完全依赖于目标，而目标本身又不在评价范围之内，故有时难免会使整个评价活动产生导向性的错误 2. CIPP 评价模式。核心路径：以决策为中心。关键缺点：过分强调决策在评价中的作用，强调评价就是为决策提供信息服务，使得评价的“价值判断”的本意有所削弱 3. 目的游离评价模式。核心路径：“三盲”，即计划制订者的预定的目标与评价者、评价对象之间互不通气。关键缺点：不是一种完善的评价模式，它缺少必要的评价程序和方法。

续　表

姓名	文本内容
张雨虹	1. 行为目标评价模式。核心路径：以目标为中心，强调评价判断功能，确定教育活动的结果和目标的吻合程度。缺点：过分强调目标中心，可能使整个评价活动产生导向性的错误 2. CIPP 评价模式。核心路径：以决策为中心，同时也看重目标的地位。缺点：过分强调决策在评价中的作用，强调评价就是为了决策提供信息服务，使得评价的“价值判断”的本意有所削弱 3. 目标游离评价模式。核心路径：不仅从预期效果出发，还关心游离于目标以外的非预期效果。缺点：不仅忽视目标，并且努力避免在评价中知道这些目标，缺少必要的评价程序和方法
徐波	1. 行为目标评价模式。它是以目标为中心展开的，评价实质是确定教育活动的结果与教育活动目标相吻合。缺点：过分强调目标中心，整个评价活动完全依赖于目标，而目标本身又不在评价范围内，容易使整个评价活动产生导向性错误 2. CIPP 评价模式。是以决策为中心的评价模式，既看重目标在评价中地位，也看重测评结果是否实现了预定目标，同时强调对活动过程进行评价。缺点：过分强调决策在评价中作用，强调评价就是为决策提供信息服务，使得评价的价值判断的本意有所削弱 3. 目的游离评价模式。是在批判行为目标的弊端的基础上确立起来的。评价者不能只从预期效果出发，还应该关心游离于目的以外的非预期效果。缺点：不是完整的评价模式，缺少必要的评价程序和方法
张于翼	1. 行为评价模式。核心路径：确立目标，评价结果与目标吻合程度。关键缺点：过于依赖目标，容易产生导向性错误 2. CIPP 评价模式。核心路径，以决策为中心，为决策者提供信息从而调整活动。关键缺点：过分强调以决策为中心，使评价“价值判断”的本意有所削弱 3. 目的游离评价模式。核心路径：关心教育活动全部的，真实的效果，重视需求。关键缺点：脱离目标，缺少必要的评价程序与方法
王姝雅	1. 行为目标模式评价途径：确定教育目标—设计方法—实施教育内容—评价各种目标的实现程度。缺点：是事后评价，虽然活动中的每个环节都可以左右目标的实现程度，但是并没有纳入评价中 2. CIPP 模式路径：背景评价—输入评价—过程评价—成果评价。缺点：夹杂着决策者的主观意识性，缺少了评价标准 3. 目标游离模式路径：制订与被评价者要求相符合的目的—以被评价者的各种需求确立准则—根据被评价者的意图进行评价。缺点：缺少必要的评价程序和方法，可能只能作为一种评价的原则存在

续　表

姓名	文本内容
张娇艳	1. 行为目标评价模式。强调教育目标的设定，目标是具体化、行为化的，而且特别关注对教育结果的评价，评价教育结果是否实现教育目标，是一种事后评价。缺点：评价只关注结果，在客观上，根据预定目标进行评价还会产生非预期的效果 2. CIPP 评价模式。是以决策为中心的评价模式，是为决策提供信息的过程。缺点：强调评价就是为决策提供信息服务，使得评价“价值判断”的本意有所削弱 3. 目的游离评价模式。以需要、以顾客为基础的评价。它不仅忽视目标，而且努力避免在评价中知道这些目标。缺点：缺少必要的评价程序和方法
俞欣晨	1. 目标评价模式。核心路径：判断实际活动的结果与预定目标的符合程度，并改进实际活动。关键缺点：过度依赖目标，目标本身没有在评价范围内 2. CIPP 评价模式。核心路径：通过背景评价、输入评价、过程评价等为决策提供信息服务。关键缺点：评价的判断价值被削弱 3. 目标游离模式。核心路径：采取“三盲”方法，反映教育活动全部的真实的效果。关键缺点：缺少必要的评价程序和方法
何泽男	1. 行为目标评价模式是以目标为核心路径开展教育评价的，关键缺点是太过依赖目标，若目标在制订时就已不正确，那么整个评价活动就会受到干扰 2. CIPP 评价模式是以决策的需要为核心路径，关键缺点是此模式注重为决策提供信息服务，削弱了价值判断本意 3. 目标游离模式以非预期的效果为核心路径，未充分反映实际需要与评价对象的要求
万思聪	1. 行为目标评价模式的核心路径是以目标为中心，确立过程，出现结果进行评价，再指向目标。缺点是太依赖目标，且只评价结果而不评价过程，且有可能参与者获得的学习经验不在目标范围内 2. CIPP 评价模式的核心路径是对背景、输入、过程和结果均进行评价，在某一环节出现错误时及时改进。缺点是过分强调决策在评价中的作用 3. 目标游离评价模式的核心路径是忽视目标，对所有知识进行评价。缺点是不完善，缺少必要的评价程序和方法

续　表

姓名	文本内容
潘铭涛	1. 行为目标评价模式的核心路径是以围绕目标为核心展开的各种评价活动。其缺点在于没有对目标的评价，过分依赖于给定的目标 2. CIPP 评价模式的核心路径以决策为核心，为决策者提供服务。缺点在于过分强调决策而使得评价的价值判断的本意有所削减，而且该模式的操作过程较为复杂 3. 目标游离模式的核心在于强调实际的评价。缺点是预期目标的作用被削减
江宝云	1. 行为目标模式是以目标为中心，通过判断实际活动的结果与预定目标符合的程度的教育评价模式。行为目标模式过分强调目标，容易对整个评价活动活动产生导向性错误 2. CIPP 评价模式是通过背景评价、输入评价、过程评价、成果评价，注重为决策机构提供信息的评价模式。CIPP 评价模式强调为决策提供信息服务，使评价的价值判断的本意削弱 3. 目标游离模式是采用三盲方法，关心预期效果和游离于目的以外的非预期效果的评价模式。目标游离模式缺少必要的评价程序和方法
董佳璐	1. 目标评价模式。核心路径：确定目标—下定义—发现情景—选择评价技术—测试目标是否完成 关键缺点：过分强调目标中心，有时会产生导向性的错误 2. CIPP 评价模式。核心路径：背景评价—输入评价—过程评价—成果评价 关键缺点：过分强调决策在评价中的作用，使得评价的价值判断的本意有所削弱 3. 目标游离模式。核心路径：评价者要关心教育活动全部、真实的效果，不受预期目标的影响，收集有关教育活动效果的所有信息。关键缺点：缺少必要的评价程序和方法
缪雯星	1. 行为目标评价模式。核心路径：以目标为中心，预定的目标决定教育活动方案与过程。关键缺点：没有考虑到在活动的整个过程中不断有因素对教育结果产生影响，每个环节都有可能左右预定目标的实现程度 2. CIPP 评价模式。核心路径：非常注重为决策机构提供评价，以决策为中心。关键缺点：过分强调决策在评价中的作用，强调评价就是为决策提供信息服务，使得评价的“价值判断”的本意有所削弱 3. 目标游离模式。核心路径：以需要、顾客为基础评价。关键缺点：只关注评价方案所预订的目标效果，对如何满足实际需要与评价对象的要求反映不够

续 表

姓名	文本内容
吴晓蓓	1. 行为目标模式。核心路径：以目标为中心展开，首先确定计划的各种目的或总目标，接着用行为术语为目的或目标下定义，发现能显示诸目标是否达到的情景，然后制订或选择评价技术，最后测试确定诸目标是否已达到目标。关键缺点：过分强调目标中心，整个评价活动完全依赖于目标，而目标本身又不在评价范围之内，故有时难免使整个评价活动产生导向性的错误 2. CIPP 评价模式。核心路径：以决策为中心，将评价分为背景评价、输入评价、过程评价、成果评价。关键缺点：过分强调决策在评价中的作用，强调评价就是为决策提供信息服务，使得评价的“价值判断”的本意有所削弱 3. 目的游离评价模式。核心路径：以需要、以顾客为基础的评价。关键缺点：忽视目标，缺少必要的评价程序和方法
胡燕楠	1. 行为目标评价模式以目标为中心，评价从目标入手。确定教育活动的结果与教育活动目标相吻合的程度。缺点：过分强调目标中心，整个评价活动完全依赖于目标，而目标本身又不在评价范围之内 2. CIPP 评价模式是以决策为中心的评价模式。背景评价是机构决策的首要工作，输入评价形成方案并进行论证，方案实施后，通过过程评价和成果评价进行决策是否继续进行。缺点：过分强调决策在评价中的作用，强调评价为决策提供信息服务，使得评价的价值判断的本意削弱 3. 目的游离评价模式以需要、以顾客为基础评价。缺点：不完善，缺少必要的评价程序和方法
楼珂	1. 行为目标评价模式。核心路径：以目标为中心。2. 关键缺点：这一模式过分强调目标中心，整个评价活动完全依赖于目标，而目标本身又不在评价范围内，故有时就难免会使整个评价活动产生导向性的错误 2. CIPP 评价模式。核心路径：以决策为中心（为决策提供信息）。关键缺点：过分强调决策的作用，强调评价就是为决策提供信息服务，使得评价的“价值判断”的本意有所削弱 3. 目的游离评价模式。核心路径：预期效果和游离于目的外的非预期效果。关键缺点：不是一种完善的评价模式，它缺少必要的评价程序和方法

续　表

姓名	文本内容
胡超男	1. 行为目标评价模式。强调评价判断功能，在确定活动目标的基础上对目标进行实践性的定义，通过创设情境和制定选择评价技术来测试目标是否达到。缺点：过分强调目标的重要性，忽视了目标本身的评价 2. CIPP 评价模式。以决策为中心，强调对评价的各个过程的选择决策的分析判断，包括目标背景，制订计划的途径，实施过程，成果的评价。缺点：过分强调决策，削弱了评价的“价值判断”的本意 3. 目标游离评价模式。计划制订者预定的目标与评价者，评价对象互不通气。缺点：忽视目标，缺少必要的评价程序和方法
章诗雨	1. 行为目标评价模式。确定所要达到的教育目标，并用明确的、具体的行为方式来陈述教育目标。过分强调目标中心，过分依赖目标，忽视了活动过程，过分关注结果。 2. CIPP 模式。必须立足于一定的标准对评价本身进行再评价。过分强调决策在评价中的作用 3. 目标游离模式。注重评价方案的目的是否与评价对象的要求相一致。较多体现评价者的意图，对如何满足实际需要与评价对象的要求反映不够
龚瑶绮	1. 行为目标评价模式。核心路径：强调目标的描述应当是具体的、行为化的，使实践者有比较明确的行动参照系。关键缺点：过分强调目标中心，整个评价活动完全依赖于目标，而目标本身又不在评价范围之内因此有时就难免会使整个评价活动产生导向性错误 2. CIPP 评价模式。核心路径：首先对实现目标的可能性及可能存在的问题进行分析，提出相关的解决措施，然后帮助被评价者解决在实现目标过程中可能产生的困难与问题，在行动经过一个阶段后，根据预先所设定的目标进行评价，并对下一阶段的发展目标进行相关调整。关键缺点：过分强调决策在评价中的作用，强调评价就是为决策提供信息服务，使得评价的“价值判断”的本意有所削弱。 3. 目标游离评价模式。核心路径：是“以需要、以顾客为基础评价”。评价仅仅以目标为中心是不够的，制定评价方案时应该考虑到全部的、真实的效果，应该更关心评价方案是否能满足实际需要，更多地注重评价方案的目的是否与评价对象的要求相一致。关键缺点：它缺少必要的评价程序和方法

续 表

姓名	文本内容
应梦倩	1. 目标评价模式。核心路径：以目标为中心，强调评价判断功能。 关键缺点：过分强调目标中心，评价活动完全依赖目标，但目标不在评价范围内会导致评价活动产生导向性错误 2. CIPP 评价模式。核心路径：以决策为中心，是一个为决策提供信息的过程。关键缺点：过分强调决策在评价中的作用，使得评价的价值判断的本意有所削弱 3. 目的游离模式。核心路径：以需要、以顾客为基础评价。关键缺点：缺少必要的评价程序和方法
唐芷萌	1. 行为目标评价模式。路径：确定目标、给目标下定义、设想如何实现目标、目标是否达到预期目的。缺点：这一模式过分强调目标中心，整个活动评价完全依赖于目标，而目标本身又不在评价范围内，故有时就难免会使整个评价活动产生导向性错误 2. CIPP 评价模式。路径：背景评价、输入评价、过程评价、成果评价。缺点：CIPP 评价过分强调决策在评价中的作用，使评价的价值判断的本意削弱 3. 目标游离评价模式。路径：计划制订的目标与评价者、评价对象之间互不通气。缺点：目标游离评价模式不是一种完善的评价模式，它缺少必要的评价程序和方法
黄倩	1. 行为目标评价模式。以目标为中心，评价的实质是确定教育活动的结果与目标相吻合的程度 缺点：该模式过分强调目标，但不对目标进行评价，容易使整个评价活动产生导向性错误。它是事后评价，忽略了教育活动过程中各因素对教育结果的影响，比较片面 2. CIPP 模式是一个以决策为中心的评价模式。分为背景评价、输入评价、过程评价和成果评价 缺点：过分强调决策在评价中的作用，削弱了“价值判断” 3. 目标游离模式。评价要关心预期效果和游离于目的以外的非预期效果，以需要为基础 缺点：缺少必要的评价程序和方法，不是一种完善的评价模式
董佳楠	1. 行为目标评价模式。核心路径：以目标为中心展开，就是要确定教育活动的结果与教育活动的目标相吻合的程度。关键缺点：过分强调目标中心，整个评价活动完全依赖于目标，有时会产生导向性错误 2. CIPP 评价模式。核心路径：以决策为中心，有背景评价、输入评价、过程评价、成果评价。关键缺点：使“价值判断”的本意有所削弱 3. 目的游离评价模式。核心路径：批判行为目标的弊端，关心游离于目的以外的非预期效果。关键缺点：缺少必要的评价程序和方法

续　表

姓名	文本内容
谢奇巧	1. 行为目标模式。核心路线为以目标为中心，判断实际活动与预定目标符合的程度。关键缺点：过分强调目标为中心，整个评价活动完全依赖于目标。将活动过程的评价置于评价活动之外 2. CIPP 评价模式。核心路径：以决策为中心的评价模式，是一个为决策提供信息的过程。关键缺点：强调为决策提供信息服务，使得评价的“价值判断”的本意有所削弱 3. 目标游离模式。核心路径：以需要、顾客为基础评价。关键缺点：不是一种完善的评价模式，缺少必要的评价程序和方法
薛文怡	1. 行为目标评价模式。核心路径：以目标为中心，关注对教育结果的评价。关键缺点：过分强调目标，会产生导向性的错误，是事后评价 2. CIPP 评价模式。核心路径：以决策为中心，关注从制订目标到实现目标的全过程。关键缺点：过分强调决策在评价中的作用，使价值判断的本意有所削弱 3. 目标游离模式。核心路径：以需要和顾客为基础，关心游离于目的以外的非预期效果。关键缺点：缺少必要的评价程序和方法
黄梦雅	1. 行为目标评价模式。核心路径：以目标为中心，首先必须确定要达到的教育目标，并用明确的、具体的行为方式来陈述教育目标。关键缺点：过分强调目标中心，整个活动完全依赖于目标，易产生导向性错误 2. CIPP 评价模式。核心路径：以决策为中心，关注从制订目标到实现目标的全过程。关键缺点：过分强调决策在评价中的作用，评价的“价值判断”的本意有所削弱 3. 目标游离评价模式。核心路径：以需要、以顾客为基础评价，忽视目标并避免在评价中知道目标。关键缺点：不完善，缺少必要的评价程序和方法。评价者只关注评价方案所设定的目标效果，对可能产生的非预期效果不予考虑，评价较多体现评价者的意图，对如何满足实际需要与评价对象的要求反映不够。
梁心怡	1. 目标评价模式。核心路径：确定教育活动的结果与教育活动的目标相吻合的程度。关键缺点：要求较高，必须先确定要达到的教育目标，才能提出明确的行为方式 2. CIPP 评价模式。核心路径：以决策为中心，为决策提供信息。关键缺点：过分强调决策在评价中的作用，削弱了评价的“价值判断”的本意 3. 目标游离模式。核心路径：以需要、以顾客为基础评价；关键缺点：有时候评价者只关注评价方案所设定的目标效果，对可能产生的非预期效果不予考虑，对如何满足实际需要的要求反映不够

续 表

姓名	文本内容
张佳玲	1. 行为目标评价模式核心路径：以目标为中心，并用明确、具体的行为方式来陈述目标。行为目标评价模式的缺点：过分强调目标中心，完全依赖目标 2. CIPP 核心路径：提出目标；输入评价，形成方案；评价方案是否有效。缺点：过分强调评价为决策提供信息服务，使评价的“价值判断”的本意削弱 3. 目的游离核心路径：评价者不受预期目标的影响，收集有关信息反映真实、全部效果的评价。缺点：不完善，缺少评价程序和方法
包如意	1. 行为目标评价模式。核心路径：以目标为中心；关键缺点：过分强调目标中心，有时使整个评价活动产生导向性的错误 2. CIPP 评价模式。核心路径：背景评价、输入评价、过程评价、成果评价；关键缺点：过分强调决策在评价中的作用，使得评价的“价值判断”的本意有所削弱 3. 目标游离模式。核心路径：对评价实施者隐瞒评价方案、评价制定者的预定目标，减少评价方案、评价制定者的主观意图对评价的影响。关键缺点：不是一种完善的评价模式，缺少必要的评价程序和方法
王佳依	1. 行为目标评价模式。路径：确定目标，用行为术语为目标下定义，分析诸目标是否达成，制订或选择评价技术，通过测试确定目标是否达到。缺点：过分强调目标中心，整个评价活动完全依赖于目标，而目标本身不在评价范围内，故难免会使整个评价活动产生导向性的错误 2. CIPP 模式。路径：以决策为中心，提出目标进行背景评价、通过输入评价形成实施方案，实施后进行过程评价与成果评价。缺点：过分强调决策在评价中的作用，强调评价是为决策提供信息服务，使得评价的“价值判断”的本意有所削弱 3. 目标游离模式。路径：计划制订者的预定的目标与评价者、评价对象之间互不通气，保证评价不受任何预定的目的影响，并能反映真实的全部的效果。缺点：不是一种完善的评价模式，缺少必要的评价程序和方法

续　表

姓名	文本内容
许胡沁	1. 行为目标评价模式。核心路径：制订教育目标，开展活动，并对活动结果是否达到教育目标进行评价，再对目标进行调整。缺点：过分强调目标中心，而目标本身不在评价范围之内，因而可能评价活动产生导向性错误 2. CIPP 评价模式。核心路径：背景评价—输入评价—过程评价—成果评价；缺点：过分强调决策在评价中的作用，强调评价就是为决策提供信息服务，使得评价的“价值判断”的本意有所削弱 3. 目的游离模式。核心路径：使用“三盲”的方法，忽视目标，并且努力避免在评价中知道这些目标。缺点：是不完善的评价模式，缺少必要的评价程序和方法，被人当作一种评价的原则来看待
王文诗	1. 行为目标评价模式。核心路径：以目标为中心展开；关键缺点：太依赖于目标；评价只关注结果；评价局限于目标体现的程度，忽视为决策者提供信息服务 2. CIPP 评价模式。核心路径：以决策为中心；关键缺点：过分强调决策在评价中的作用 3. 目的游离评价模式。核心路径：关注预期和非预期；关键缺点：缺少必要的评价程序和方法
张哲宇	1. 行为目标评价模式的路径。行为目标模式以目标为中心，评价是从目标入手。确定所要达到的教育目标，并用明确的、具体的行为方式来陈述教育目标。缺点：不清楚目标的制订是否准确；行为目标模式只把注意力集中在目标的实现程度上 2. CIPP 评价模式。定性的背景评价是首要工作，输入评价形成实施方案；过程评价作出反馈；成果评价确认目标实现程度 3. 目标游离评价模式。“三盲”的方法；缺点：对如何满足实际需要与评价对象的要求反映不够
王予汝	1. 行为目标评价模式。核心路径：首先确定并陈述教育目标，经过一系列教育活动，最终判断实际结果与目标符合的程度。关键缺点：(1) 过分关注目标，忽略目标本身的评价，是否适宜恰当。(2) 只注重结果的评价，忽略过程的评价 2. CIPP 评价模式。核心路径：以为决策者提供信息为指导思想，通过背景评价、输入评价、过程评价、成果评价，四方面来进行评价。关键缺点：看似完美，缺乏真正的操作性 3. 目标游离评价模式。核心路径：采用“三盲”方法，目标、评价者、评价对象互不通气，关注游离目标之外的非预期目标来进行评价。关键缺点：不是一种完整的评价模式，缺少必要的评价的程序和方法

续 表

姓名	文本内容
陈哲宇	1. 行为目标模式：(1) 核心路径：确定目标后，讲目标具体化，搜集资料制订标准，判断结果与目标的吻合度。(2) 缺点：过分强调目标中心，只关注结果 2. CIPP 评价模式：(1) 核心路径：对目标有效性评价，对目标可行性评价，对活动过程评价，对目标实现评价。(2) 缺点：过分强调决策在评价中的作用 3. 目标游离评价模式：(1) 核心路径：关注的是非预期的结果，并将重点放在课程计划实际的结果上，更多地考虑课程计划满足实际需要的程度。(2) 缺点：忽视目标
童航	1. 行为评价模式是一种以目标为中心，确定教育活动的结果与教育活动的目标相吻合的程度的一种强调评价判断功能的评价模式。其缺点是没有教育目标也就无所谓教育评价活动。比较关注目的规定的预期效果，但在客观上，根据预定目标进行评价还会产生非预期的效果 2. CIPP 评价模式是一个以决策为中心的评价模式，具体分为背景评价、输入评价、过程评价、成果评价。其缺点是过分强调决策在评价中的作用，使得评价的“价值判断”的本意有所削弱 3. 目的游离评价模式是以需要，以顾客为基础评价，保证评价不受任何预定的目标影响，并能反映真实的、全部的效果，更多地注重评价方案的目的是否与评价对象的要求相一致。其缺点是缺少必要的评价程序和方法
余小青	1. 目标评价模式，核心路径：把教育方案、计划的目标用学生的特殊成就来表示，并把这一行为目标当作教育过程和教育评价的依据。关键缺点：目标本身的合理性难以确定；过于注重目标的达成，忽略评价过程；难以评价教育活动中的非预期效果 2. CIPP 模式，核心路径：把注意力集中在“测量”活动结果是否实现了目标、实现了多少上。关键缺点：在需要解决的问题与输入条件相对稳定的情况下，可能转化为泰勒模式 3. 目标游离模式，核心路径：是在批判行为目标的弊端的基础上建立起来的。关键缺点：简单地用评价人的目的替代方案管理者的目的
靳梦南	1. 行为目标评价模式的核心路径：以目标为中心，确定教育活动的结果与教育活动的目标相吻合的程度。缺点：过分强调目标中心，且评价过程过于静态片面，忽略活动过程中的影响因素，不具备动态和时效性 2. CIPP 评价模式的核心路径：以决策为中心，通过流程系统，为决策提供信息。缺点：过分强调决策的作用，削弱了评价的“价值判断” 3. 目标游离评价模式的核心路径：以需要、以顾客为基础评价，关注游离于目标之外的效果。缺点：缺少必要的程序和方法，系统不够完善

续　表

姓名	文本内容
马艳	1. 行为目标评价模式：以目标为中心，强调评价判断功能的评价。缺点：忽略了活动过程中其他因素对教育结果产生的影响 2. CIPP 评价模式：以决策为中心，是一个为决策提供信息的过程。缺点：评价的价值判断有所削弱 3. 目的游离评价模式：评价者不仅关注预期结果，还关注游离于目标外的非预期效果，即教育活动全部的、真实的效果。缺点：缺少必要的评价程序和方法
姜艳萍	1. 行为目标评价模式：以目标为中心展开。确定目标是非常关键的一步，且对目标加以定义，在此基础上就如何实现目标制定出必要的设想。如果没有教育目标也就无所谓教育评价活动 2. CIPP 评价模式：以决策为中心，根据预先所设定的目标，对下一阶段的发展目标加以调整。过分强调决策在评价中的作用 3. 目的游离评价模式：根据预定目标进行评价，比较关注目标规定的预期效果。缺少必要的评价程序和方法
李漫慧	1. 目标模式以目标为中心，预定的目标决定教育活动方案和过程，教育评价就是判断实际活动的结果与预定目标符合的程度，通过评价修正或改进活动，使之尽可能地与预定的教育目标整合一致。为了保证教育评价的有效性，必须确定目标，并用明确具体的行为方式来表述目标。缺点是过分强调目标中心，目标本身不在评价的范围之内，容易产生导向性的错误 2. CIPP 评价模式，重点在于对每个环节的评价，决策者决定评价什么，评价者起决策者顾问的作用，评价工作就是信息采集和报告结果，所采集的信息必须是决策者所需要的，信息的重要性取决于要做的决策。但是，过分强调决策在评价中的作用，使得评价的价值判断的本意有所削弱 3. 目标游离模式强调要关注教育活动的全部的，真实的效果，但是目标游离评价模式不是一种完善的评价模式，它缺少必要的程序和方法
刘静	1. 行为目标评价模式：强调评价判断功能，以目标为中心，预定的目标决定教育活动方案和过程；教育评价就是判断实际结果与目标符合的程度。缺点：过分强调以目标为中心，整个评价活动完全依赖于目标，但目标本身又不在评价之内 2. CIPP 评价模式：背景评价，输入评价，过程评价，成功评价。缺点：过分强调决策在评价中的作用，使得评价的“价值判断”的本意有所削弱 3. 目的游离评价：以需要、顾客为基础，确定受影响人员的需要和关注活动参与者的意图。缺点：不完善，缺少必要的评价程序和方法

续 表

姓名	文本内容
钱蕾英	1. 行为目标评价方式：①核心途径：确定相关目标；分解目标，形成评价体系；收集信息资料，做出等级判断；②缺点：过分强调目标中心，整个活动完全依赖于目标，有时整个评价活动产生导向性的错误 2. CIPP 评价模式：①途径：不断对所需变革内容进行思考，判断，形成完整方案；②缺点：评价的价值判断的本意有所削弱 3. 目的游离评价模式：①途径：确定受影响人员的需要，关心非预期性结果；②缺点：缺少必要的评价程序和方法

可以看出，学生对经典型的评价模式学习的效果是有效的。

第二节　新兴型的评价模式介绍

一、促进理解的评价模式

促进学生的理解是学校教育的核心目标，评价学生的理解力是教育发展的迫切需求。下面介绍威金斯的促进学生理解的评价模式。[①]

(一) 理解力的诉求与现状

1. 理想的诉求

旨在使学生达到深刻理解是学校教育的一个根本目标。“为了理解而教”是当今教育领域的重要议题。认知发生论的创始人皮亚杰（Piaget）认为儿童是在与周围环境相互作用的过程中逐步建立起对外部世界的认识，从而使自身认知结构得到发展。认知结构通过同化和顺应在“平衡—不平衡—新的平衡”的循环中得到发展。这种认知发展的观点实质就是关注学生的理解。认知目标分类学的代表人物布鲁姆（Broom）把认知目标分成知识、理解、应用、分析、综合和评价。并认定后续的认知层次是基于前面的认知成果，也就是说，理解、应用、分析、综合和评价都涉及不同层次的理解。学生达到“理解”说明学生拥有超越教科书知识与技能的某些东西——那是学生真

① 冯翠典，高凌飚．促进学生理解的评价——威金斯的理解力评价观及启示 [J]. 教育测量与评价，2009(7)：4-9.

正得到的。学生能获得深刻的理解和认知的自由是教育者永恒的理想诉求。

2. 实践的现状

(1) 教学设计中的两种误区

虽然我们非常强调理解的重要性，但在具体的教学设计中却往往陷入误区。在传统的课堂设计中，许多教师首先关注的是书本内容，关注如何把教学内容滴水不漏地灌输给学生，教学是否全面细致是衡量教学水平的一个标准，但学生是否学有所获并没有受到充分认可，“教师中心”“教材中心”“填鸭教学”是对传统教学设计的简明写照，是一种“覆盖本位的教学”或“内容本位的教学”；新课程实施以来，我们从政策和实践层面都突破了“一纲一本”的局面，对传统的教学理念和课堂设计进行了深刻的反思，提倡学生自主、合作和探究式的学习，提倡基于问题和基于主题活动的学习，但实际操作中，我们往往发现不知为什么要探究而忙探究，不知为什么要活动而忙活动的现象，理想上的倡议在实践中有较强的“形式化”和“走过场”的倾向，是一种“活动本位的教学”。究其本质，这两种教学设计都游走在学生理解的外围和表层，不能保证学生理解的真正实现。

(2) 评价实施上的习惯思维

除去教学设计中的两种误区，我们在评价实施上的习惯思维也影响到学生理解力的培养和实现。传统教学中，我们习惯于将评价看作是教学结束后所做的事。认为评价只是一种进行阶段教学成果判定和学生最终学习成就的甄别。即使在新课程实施的几年间，我们也很难摆脱这种习惯思维，虽然我们极力倡导形成性评价的运用，积极推进多样化的评价策略，但往往我们还是把教学过程中的评价无意识地看作一种辅助手段或额外点缀，而不是必须的“功课”和“重头戏”。改变习惯行为是困难的，推翻评价实施上的习惯思维是能为教学之初和教学之中的评价找到合理性的辩护逻辑。

虽然我们在思想上一直追求着帮助学生实现深刻的理解，但实践中教学设计和评价实施的误区和习惯思维却使我们并没有着力于学生理解力，使得学生的理解变成了少数学生才会达到的偶然事件。如何关注理解力？如何使教学实践围绕培养和评价学生的理解展开？美国哥伦比亚大学的教授格兰特•威金斯（Grant Wiggins）和杰伊•麦克泰（Jay McTighe）在其合著的著作 Understanding by Design 中的创见给了我们豁然开朗的启示。这本书在

1998年由美国课程发展与督导委员会（ASCD）出版发行，并在2003年翻译成中译本《理解力培养与课程设计》，该书的第二版也已于2006年面世。本部分旨在把威金斯在课程设计中的核心关注点——理解力的评价重点介绍，以期对国内理解力的评价研究提供操作范式。

（二）理解力评价的宏观逻辑

威金斯对理解力评价的设计是放在了课程设计的宏观逻辑下进行的。而威金斯的课程设计的观点是有别于“内容本位的设计”和“活动本位的设计”，而采取一种逆向的思维。

1. 逆向设计的思想

有谚语说“如果你不知道你到底要到哪里，那就让走的路告诉你”。这种对目标的不明确正是教育活动中的大忌。我们总是急于确定要教什么内容？安排什么样的活动？选择什么样的材料？而没有澄清我们期待的学习结果是什么样的，容易造成无法确定教学设计是否适合或武断；无法区分有趣的学习和有效的学习；也无法确定课程标准是否实现以及学生对核心概念的理解是否达到。逆向设计（Backward Design）即在课程设计中，首先明确课程目标，然后依据学习目标进行课程设计；可被看作有目的的任务分析或有计划的指导，即，先期确定的目标是评价实施和教学设计的参照。这样的一种课程设计思想本身是合乎逻辑的，但与我们常规的直觉性和习惯性的操作相比较，是逆向的。逆向设计的三阶段如图3–1所示：

图3–1　逆向设计的三阶段

需要指出，这种对目标的关注并使整个教学过程围绕目标展开的思想并不是威金斯等人首创，二十世纪的四五十年代，课程设计的目标模式的代表人物拉尔夫·泰勒（Ralph Tyler）就强调了目标设置的优先性：教育目标是选择教材、勾画内容、编制教学程序，以及制定测验和考试的准则。教育计划的各个方面，实际上只是达到基本教育目标的手段。因此，我们如果要系统地、理智地研究某一教育计划，首先必须确定所要达到的各种教育目标。

需要再次强调的是，所谓的“逆向”是指与现实的教学实践中的一些非合理逻辑的习惯操作逆向。

2. 逆向设计的操作

(1) 确定预期的学习目标

确定预期的学习目标围绕着以下问题进行：学生应该知道什么？他们应该理解什么或者能够做什么？什么内容值得去理解？我们所追求的持久地理解是什么东西？这些问题都涉及我们对课程内容的选择。课程内容的优先选择依据一个套环结构，如图 3–2 所示：

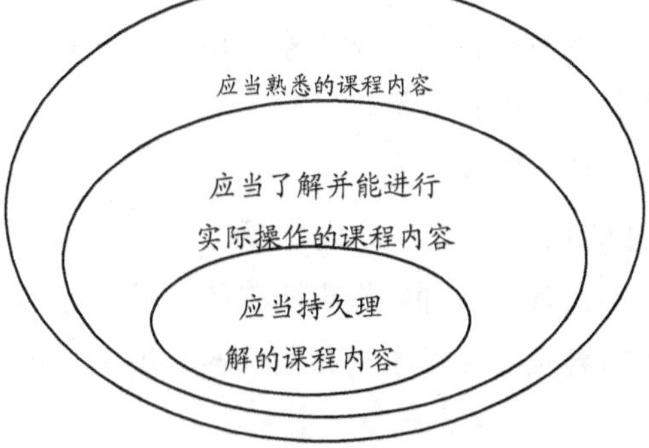

图 3–2　课程内容层次优选示意图

而对课程内容进行这样的层次优选中，我们可以根据四条标准进行：是否具有持久的价值？是否居于学科的中心？是否需要发现？是否对学生具有吸引力？这四条标准就像四把筛子，经过层层筛选过的课程内容就是需要学生持久性理解的内容。

(2) 如何证明实现了预期的学习目标

我们如何知道在学生身上是否已实现了预期的课程目标？我们如何证明学生是否掌握和理解了相关内容？应当确定一系列的标准和方法进行学习单元和课程的评价。在设计学习单元和课程之前，首先考虑学生的理解能力和接受水平。对学生理解程度的考察，教师应当考虑使用一系列的评价方法，这些方法的集合实际上是一个连续的统一体，如图 3–3 所示：

图 3–3　评价理解的连续性方法示意图

当我们认为学生已经对相应的内容实现了理解时，我们指的是，这种成绩的判定是通过各种各样（正式的或非正式）的评价手段而得出的。绝不能只是通过教学结束后进行的考试或最终的实践性操作任务加以证明。与之相反，对此进行证明的方式恰恰包括观察、谈话、日常的考试或考查、实践操作性活动等，还有学生的自我评价。

（3）学习活动安排及教学指导

完成逆向设计的前两个步骤的设计后，教育者应进行第三步的操作，即课程与教学方式的设计。教师应提出明确的指导学习的计划，它包括教学方法的选择、课程内容及具体学习材料的选择与组织。教学行为是最终实现理解的措施。

可以看出，逆向课程设计的思路紧紧围绕着理解的问题展开：哪些内容需要理解（目标）？如何证明理解的实现（评价）？如何保证理解的实现（教学）？笔者通过表格的形式呈现逆向设计的关键问题，见表 3–2：

表 3–2　逆向设计的一般思路和各步骤中的关键问题

一般步骤	关键问题
1.确定预期的学习目标	哪些内容最值得也最需要理解？
2.如何证明实现了预期的学习目标	如何证明学生实现了理解？
3.学习活动安排及教学指导	如何安排教学活动以促进理解的实现？

也就是说，逆向设计的核心就是指向学生的理解，学生理解的实现是逆向设计的根本目的。在逆向设计的思想和三步骤操作的宏观逻辑下，我们再进行理解力评价的微观探讨。

(三) 理解力评价的微观探讨

1. 什么是理解

理解的含义可从两个词性上理解。从名词意义上讲，理解（understanding）需要与知识（knowledge）相区分。知识的获取不等于理解的达成。理解涉及对知识的融会贯通和灵活运用，和智慧（wisdom）含义相近。下面的例子就很直观的指出知识和理解的不同。

几乎每个人都有这样的经历，当问题以一种方式提出的时候，我们不知如何回答；而当以另外一种方式提出它，我们会感到回答起来相当容易。这种情况在这个关于杜威的故事里得到清楚的说明。杜威问全班学生"如果在地球上挖一个洞，你们会发现什么？"没有学生回答；他重复地问这个问题，教室里还是一片沉默。后来，老师斥责他："你的问法不对。"然后，他转向全班，问道："地球中心是什么状态?"教室里一片回答之声："熔岩"。

其实，这种情况在我们国内的课堂上更是比比皆是，这就涉及到了传统测验的真实效度问题，学生做对了知识性的题目，可能并没有理解，造成传统测验得到的只是一种表层效度。

从动词意义上看，理解是一种转换（transfer）。转换意味着一种能创造性地、灵活地、流畅地在不同的问题情境或问题中使用自身所具备的知识的能力。也就是说，理解意味着能看到知识之间的联系，并能超越所给的信息。转换的形式多种多样，但核心是要经过学习者的主动参与，用学习者自己的方式表达。为得到理解的证据就要设计出不同的评价方式来激发出学生的转换行为。转换的不同形式有包括解释（explanation）、释译（interpretation）、应用（application）、洞察（perspective）、移情（empathy）和自我认识（self-knowledge），这些方面就是威金斯提出的理解的六个维度。对于理解的这六个维度的含义以及具体指向的问题，笔者用表格的形式整理如表 3-3 所示。

表 3–3　理解的六个维度及问题指向

理解的六个维度	各维度的含义及指向的问题
解释（Explanation）	对事物进行合理、恰当的论证说明。(为什么？用什么说明？怎样说明？它与什么相联系？等)
释译（Interpretation）	能提供有意义的阐释、叙述和翻译。(讲述意味着什么？为什么它会如此重要？怎样才能言之有理？等)
应用（Application）	一种能将所学知识有效地应用于新环境的能力。(如何应用知识和技能？如何对自己的思想和行动进行校正以适应实际需要？等)
洞察（Perspective）	观点深刻并具批判性。(从谁的立场？那些观点需要阐明？论据是否足够合理？观点的优缺点？是否可信？等)
移情（Empathy）	能深入体会另一个人的感情和观点的能力。(这对你意味着什么？我所没了解的，他们了解了什么？等)
自我认识（Self-knowledge）	一种认识到自己无知的智慧，能够理智地认识自己思维与行为的优劣势。(如何形成自己的观点？我的理解力局限何在？我的盲点何在？我容易有什么样的误解？等)

可以看出，威金斯对“理解”的理解是认同 Wiske 在他的《为了理解而教》(Teaching for Understanding) 一书中的定义（Wiske, 1998，p40)：理解是一种运用所学的知识灵活地思考和行动的能力……是一种灵活的表现能力，与机械背诵或固守答案相反。

最重要的是要建立一种观点：理解是多维的、复杂的、具有不同层次的，认识理解的不同方面，并联系成统一的立体化的整体极有价值。

2. 如何评价理解

这一部分我们介绍理解力评价的角色定位、标准、工具、教学设计等具体问题。

(1) 像估税员一样思考

评价理解并不是一种自然的过程。逆向设计要求教师像估税员而不是活动设计者一样思考。我们总是习惯性的跳跃到逆向设计的第三阶段，无法证明学生是否掌握了知识的核心并实现了对学习内容的理解，这样的话，理解的实现只是一种偶然的东西。表 3–4 比较了两种不同的评价主体的问题提问。

表 3–4　两种不同的评价主体的问题提问比较

像估税员（assessor）一样思考	像活动设计者（activity designer）一样思考
如何证明学生实现了有效和明显的理解？	对于某个论题来说应当组织什么有趣的活动？
为了适应单元的内容以及更有利于对学生进行指导，应该向学生布置什么样的实践任务？	根据某一主题选择什么样的学习材料？
如何区分真正的理解和虚假的理解？	学生在课堂上做什么？应该采用什么评估方式？
根据什么标准对学生的学习进行评定？	怎样给学生打分并告知他们的父母？
误解是什么东西？我们怎样发现它？	活动起作用吗？为什么或者为什么不？

从图中可以看出，像估税员一样思考的教师角色一直聚焦于学生的理解，而活动设计者的角色定位很明显地只是浮于表面，很容易造成教学的浅层次和形式化。

（2）评价理解的标准

评价理解的具体实施中，我们需要以一定的标准进行。在此，我们把威金斯的观点进行概括总结，认为评价的标准有三个：横向标准（各维度的证据）、纵向标准（各维度的程度）、整体标准（评价的指标）。分别加以说明。

评价理解的横向标准，即我们应该明确评价的各维度的证据是什么样的？各维度之间的差别怎样用不同的术语进行陈述？表 3–5 给出了一个回答这些问题的基本框架。

表 3–5　理解的每个维度的横向评价标准

维度一 解释	维度二 释译	维度三 应用	维度四 洞察	维度五 移情	维度六 自我认识
精确	意义	有用	可信	机敏	自我意识
连贯	创见	有效	启迪	开放	元认知
合理	重大	流畅	创见	接受	自我调整
系统	明确	可适性	似非而是	感知	反思
预见	启发	优美	不寻常的	机智	智慧

评价理解的纵向标准，即我应知道每一维度的理解的层次是什么样的？每个维度的不同层次用什么样的术语进行陈述？表 3–6 给出把各维度细化成五个不同水平的思路。说明：表中省略了对每种层次的具体解释。

表 3–6　理解的每个维度的纵向评价标准

解释	释译	应用	洞察	移情	自我认识
复杂而综合的	有创见的	专家级的	深刻而连贯的	成熟的	充满智慧的
系统的	启迪性的	熟练的	完备的	敏感的	周密慎重的
深刻的	理解性的	能适应的	深思熟虑的	意识到的	深思熟虑的
完整的	解释性的	学徒式的	一般性的	换位性地	缺乏反思的
不成熟的	字面的	不成熟的	无批判的	自我中心	天真幼稚的

对理解力评价的整体标准，即评价的指标，威金斯也提出了自己的看法。无疑，任何评价都需要信度和效度的指标，但威金斯特别强调了“证据充足”的指标的必要性。即综合运用多种方法、在不同的时空获取证据的重要性。教育者习惯于把评价看作是一种运用孤立的方法进行的活动，习惯于用“毕其功于一役”的眼光看待复杂的课程目标。联系到以上讨论的理解的多维性和多层次性，可以知道证据的充足这一标准的必要性和合理性。

(3) 评价理解的工具

评价理解即是评价学生不同行为表现的证据、区分出学生不同层次理解的差别。所用到的工具是解释了具体学习任务中学生不同理解水平的评分量规（rubic）。评价理解的量规应提供以下问题的具体回答：理解是什么样的？从不成熟到复杂的理解的区别是什么？一组能表现理解从不成熟到复杂的表述是什么样的？也就是说，应集中于怎样描述理解的层次，怎样确定赋分的特征。下面是一个评分量规的例子，具体任务是一项语言测试中学生对阅读材料的理解。

5 熟练的：可看出对阅读材料有创见的理解。学生的观点，不管是直接陈述的还是暗含的，都是可以领悟到的；观点也得到了特别的细节的支持。这种支持是精确的和精心选择的。

4 胜任的：对材料有比较好的理解……观点是经过思考的……对观点的支持是适切的。

3 足够的：对材料有可信的理解。学生的观点是传统的但是让人信服的。对材料的支持也是有效的。

2 有限的：可看出达成的一些理解，但经不住推敲。学生的观点是表面的，对观点的支持也是欠缺的和模糊的。

1 糟糕的：不可信的理解……学生给出的观点不适当或者不成立的。没有对观点的支持或者不适当。

(4) 怎样实现理解

明确了什么是理解以及怎样评价理解后，进入逆向设计的第三个阶段：什么样的教学设计支持学生的理解？威金斯提出了两个标准并细化成七个要素。

两个标准：学生投入（engaging）和内容有效（effective）。前者是指学生认为一个教学设计是激发思维的、有趣的、有活力的。教学设计可使学生深深地沉浸在主题中，而且学生是由于主题内容的神秘、挑战和需要而自觉的投入。后者指的是教学设计中学习内容的确使学生在有意义的活动中变得更有竞争力。他们能表现出更高的水平并能超越常规的期望。学习者在达到学习目标的同时也发展了更好的技能和理解，更强的智力能力和自我反思水平。

为了达到这两个标准，威金斯又把好的教学设计的七要素归纳出来，即 WHERETO：

W——确保学生知道单元学习内容指向哪里（WHERE）和为什么（WHY）。

H——在一开始就抓住（HOOK）学生的注意力并全程保持（HOLD）。

E——使学生具有（EQUIP）必要的经验、工具、知识以及知道如何完成表现目标。

R——提供给学生很多的机会来深入思考（RETHINK）核心概念、反思（REFLECT）学习进程和修正（REVISIZE）学习安排。

E——提供给学生机会评估（EVALUATE）学习进展，并进行自我评价。

T——教学设计应适应（TAILORED）于个体的智力水平、兴趣、风格和需要。

O——进行有效的组织（ORGANIZED）来促进深层次的理解而非浅层次的内容覆盖。

好的教学设计用一句话表达：发现而非遮蔽。对学生来说，如果他们想要理解学习内容，那就必须直接参与研究、进行讨论、实践与应用。即促进学生的主动探究是教学设计的核心。

二、基于证据的评价模式

“以证据为中心”的评价设计模式（Evidence-centered design, ECD）是美国梅斯雷弗（R.J. Mislevy）等人提出的关于系统性地进行评价设计的模式，最初形成于1997～1999年梅斯雷弗等人主持的美国教育测量服务中心（Educational Testing Service, ETS）的一个旨在开发评价设计框架的研究项目。1999年的研究报告中就提出该模式最核心的三个子模式。2003年，梅斯雷弗等人又完善了该模式，并在随后几年进行了更为系统的阐述。现在，由于美国国家评价、标准、学生测试研究中心（CRESST）、教育测量服务中心（ETS）等评价机构的提倡，该模式已成为教育评价领域的主要研究方向和应用模式之一。①

（一）理论基础：评价作为基于证据的推理过程

“以证据为中心”的评价设计模式的理论基础是梅斯雷弗所持有的评价本质观。1994年，他对教育评价中的证据和推理问题专门进行了阐述。指出无论什么类型的教育评价，本质上是对学生的知识、技能和成就做出一定的推理，而这种推理需要关于学生能力的证据作为支持，即期望从学生所说、所做或所提供的具体事情上来推论出他们知道什么和能做什么；从而评价可以看成“基于证据进行推理”（reasoning from evidence）的过程。这种比较上位的评价观是ECD提出的理论基础。

在这种评价观指导下，以证据为中心的评价设计模式重在使用关于学生能力的证据（表现和其他作品）作为设计评价任务的基础；教育评价是收集学生的学习证据并做出关于能力和其他品质推论的过程。只有精确的推论才能够支持明智的决策，ECD模式提供了可以获得精确推论的途径。

（二）提出背景：传统测量模式进行推理的局限

在行为主义学习理论的范式下，过去一百多年里关于学习评价的推理模式是数据性的测量模式。教育评价是对学生的知识、技能和成就做出基

① 冯翠典．“以证据为中心”的教育评价设计模式简介[J]. 上海教育科研，2012(8)：12-16.

于证据的推理，测量模式下的评价同样遵循这个逻辑。比如，研究者指出测验理论的核心问题是“个体的能力和他 / 她在测验中观测到的分数之间的关系”。另外，“测验理论的最新进展来自把个体对一套测试题的反应与关于个体能力的假设之间的关系看作是数据性推理的问题”。在测量模式下，已经发展出一些成熟的评价方法来进行学生知识和能力的推理。比如，经典测验理论，以及新近的项目反应理论等。

但认知科学的发展引起了学习理论的范式转换，深化了我们对学生如何获得和使用知识与技能的理解，拓展了能展现学生知识和技能的证据种类，以及可得到这些证据的观察策略。这样，面临的瓶颈之一便是如何处理多方面的复杂数据。这无疑给传统测验理论提出了挑战。但无论如何，推理的一般原则是可以应用到关于评价证据和对学生知识、技能和成就的推理之间关系的更为广泛的对话中，即可在更为一般的意义上应用推理的原则。

（三）ECD 的整体性结构

梅斯雷弗等人提出 ECD 模式的直接启发是梅西克（S. Missick）关于“以结构为中心”（construct-centered approach）的评价设计观念。梅西克认为，评价设计是一个系统工程，在设计评价任务时，一开始就应该思考要得出什么推论，这些推论所赖以的观察是什么，激发这些观察的情境是什么，以及推理、观察和情境之间的推理程序是什么。这样一个系统的核心就是关于学生知识、技能和其他品质的复合体，即“结构”。“结构”的本质指导着相关任务的选择和建构，以及基于结构的评分准则和量表的开发。

这种观念非常重要，可以用来组织所有目的下的评价，以及使用所有种类的数据、任务类型、评分方法。简单说，任何目的下的评价终归有一个评价指向，即学生素养的“结构”；而不同的任务选择及相应的评分方法都是由期望评价的素养结构决定的，是为了完成评价目的的。准确地说，ECD 模式就是把梅西克的观念具体化为由一系列操作要素组成的结构性框架。ECD 的整体结构如表 3–7 所示，这个结构包含的信息非常丰富，领域分析和领域建模是一项评价设计的前期工作，执行和发布是评价设计后的后续工作，概念性评价框架是评价设计的核心，下面着重介绍。

表 3-7　ECD 整体结构的概要

层次	功能角色	主要的实体	知识表征的例子
领域分析	收集某领域实质性的信息，这些信息可以给评价提供直接的启示	概念、术语、工具和表征形式	关于某领域的表征形式和符号系统（内容标准、课程纲要等）
领域建模	基于领域分析中确定的信息，用陈述性的形式表达出评价的结构	KSAs（知识、技能和能力），可能的学生作品，可能的观察资料	使用图尔敏图或威格蒙尔图等来呈现对应的实体
概念性评价框架	根据评价的论点设计评价任务或题目蓝图	学生模式、证据模式、任务模式等	测量模式的代数表征或图式表征等
执行	执行评价，包括呈现任务并收集和分析反应	任务论据、学生作品、为进行评分而准备的数据	对任务协议进行的说明；呈现的任务等
发布	学生和任务之间的互动；评分；报告	呈现的任务；形成的学生作品；评价得出的分数	在互动中用到的任务论据的组合；用于报告的总结

（四）ECD 的概念性评价框架

ECD 的概念性评价框架（Conceptual Assessment Framework，CAF）提供了评价设计系统的整体蓝图，包括六个子模式：组合模式、学生模式、证据模式、任务模式、呈现模式、发布系统模式，整体结构如图 3-4，每个模式都要回答一些关键性问题，比如，“要测量什么”“如何测量”等，最为核心的是学生模式、证据模式和任务模式。

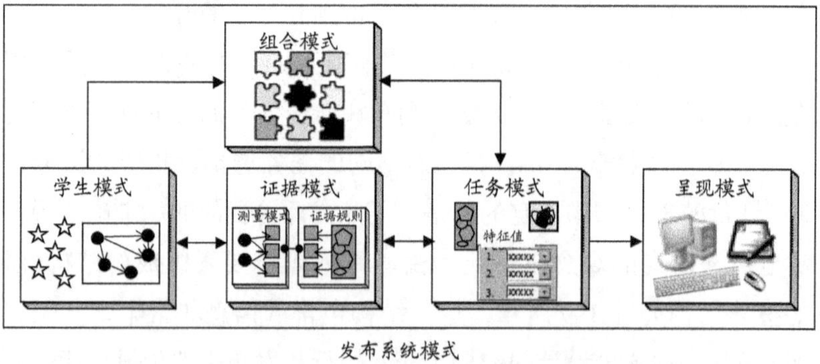

图 3-4　ECD 的概念性评价框架（CAF）

1. 我们要测量什么：学生模式（Student Model）

学生模式，也叫能力模式，回答的问题是“期望测量什么样的学生的知识、技能和能力的综合体”。学生模式定义了期望测量的知识、技能和能力的一个或多个变量，这些变量应是可以观察的，即基于这些变量就可做出关于学生知识、技能和能力的推理。做出的推理可以是一般化的（比如，李某的数学能力较强），也可以是具体的（比如，王某在解决方程的问题上有很大困难）。

通俗讲，所谓的学生模式或能力模式，就是我们期望评价的学生哪方面成就的观点或陈述，是一项评价设定的评价目标。评价的各个部分和不同过程都起源于这样一个评价陈述。

2. 我们如何测量：证据模式（evidence model）

证据模式回答的问题是“什么样的行为能表现测量目标的不同水平”。证据模式分析了学生和问题的互动情况和学生对问题的反应情况，这些情况就是表征了学生模式的证据，基于此，可以进行关于学生模式的推论。一个证据模式包含两个部分：证据规则和测量模式，二者在评价推理中承担不同的角色：

●证据规则（Evidence Rule），即量表或评分模式，可以看作是对学生在与任务或学习环境的互动中形成的作品的输入，即应以什么标准如何看待学生的表现或提供的作品的质量。证据规则描述了从学生在该任务中提供的作品来看，可观察的变量如何说明了学生在具体任务中的表现。这些可观察的变量是任务的主要成果。根据任务的种类不同，学生作品可能是简短的回答、艺术品，一系列的动作等。作为输出，证据规则产生可观察的变量的具体取值（水平判断），即分数，可以看作对作品的总结式评价。

●测量模式（Measurement Model），也称为统计模式，提供了关于学生模式变量与可观察变量的取值（即分数）之间关系的信息，这种关系可能是概率性的或逻辑性的。简要说，条件性概率是在现有数据基础上，通过某个人在“X”技能上的熟练水平来估计他在“Y”技能上的熟练水平；而测量模式关注的是使用学生模式变量来累积和综合不同任务中的证据。

3. 我们使用什么测量：任务模式（task model）

任务模式回答的问题是“什么样的情境可以引发组成证据的学生行为”，

这是关乎评价工具和评价任务的。证据模式描述了如何组织情景类型，从而我们可以获得证据模式中所需的证据种类。任务情境可从以下方面描述：1. 呈现形式（是使用纸笔测验还是实际操作等）；2. 具体的作品（是几何证明还是诗歌朗诵等）；3. 其他的变量（比如，难度）。任务模式既描述了提供给学生的任务情境也描述了学生对任务情境进行回应的作品。

4. 我们需要测量的程度：组合模式（assembly model）

组合模式并不是独立的一个模式，而是学生模式、证据模式、任务模式构成的整体，描述了学生模式、证据模式、和任务模式如何协同运作起来形成评价的。组合模式的目标在于描述如何准确地测量出每个学生模式的变量，以及任务如何恰当地反映出了测验的范围，也描述了不同任务间应如何平衡，一起来构成一个评价。简而言之，组合模式是将所有已知的数据组成测验，其形式可能是纸笔测试或实际操作等，具体要看评价者的目的。

5. 评价看起来怎么样：呈现模式（presentation model）

呈现模式描述了在一项评价设计之后，如何呈现给学生以及如何与学生互动的；这是设计好的评价任务向学生进行延伸和发挥作用的过程。现在的评价经常以很多不同的方式进行，比如，使用纸笔、使用计算机或网络，或学生组织的档案袋。呈现模式描述了呈现给学生的任务情境是如何组织的，即在不同的情境下任务是什么样的。

6. 从整体来看所有模式：发布系统模式（delivery system model）

发布系统模式描述了一个评价所需的学生模式、证据模式、任务模式、组合模式和呈现模式的整体，以及它们各模式间是如何共同运作的。它也描述了这些模式面临的安全、时间等问题。

（五）使用 ECD 进行评价设计的例子

下面用一个关于评价议论文写作能力的例子来说明如何使用 ECD 的概念性框架来设计评价。这个案例只涉及最为核心的学生模式、证据模式和任务模式。

第一，选择学生模式变量。

评价设计的第一步是选择学生模式的变量。即要测量什么？学生模式是对应学习者的知识、技能和能力等品质的变量集。假定你想评价学生议论文写作能力的强弱，你将选用什么作为变量呢？在这些变量上不同层次的学生会有什么表现呢？在这个议论文写作评价的例子中，假定了一些能代表议论文写作技能的变量，比如，内容、论点、论据、表达、结构、语言、语法。

第二，把学生模式变量结构化。

需要理解的是以上所说的分散的变量是不能代表什么的，为了具备确切的含义，这些变量应该通过结构化来表征它们之间的关系；可以使用图示的形式，也可以使用变量的概率性分布。图 3–5 是一个关于各变量的图式结构，应该符合很多人的理解习惯。

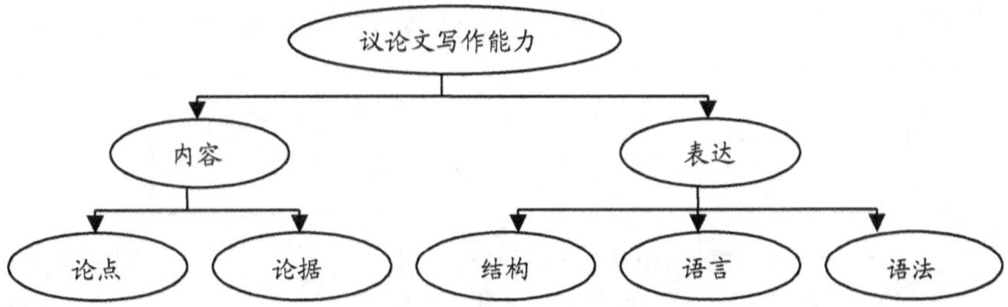

图 3–5　议论文写作能力变量的图式结构

另外，还要考虑不同变量的“权重”。例如，论点和论据同样重要吗？结构和语法同等重要吗？如果重要性不相同，就应该在变量的结构中表现出不同变量的不同地位。比如，我们可以给论点、论据、结构、语言、语法五个方面分别赋予不同的权重：0.3、0.2、0.2、0.2、0.1。从而，可以猜测，如果一个学生的议论文写作中，论点深刻，论据新颖，结构完整，但语言和语法较差，就整体变量来讲，应属于中上水平。再比如，如果一个学生语言规范，语法正确，结构完整，但论点偏差，论据不足，就整体变量来讲，应属于中下水平。

需要说明的是，无论是一项评价应该包括哪些变量还是这些变量的权重，其确定的过程都应该非常严谨，比如可通过专家访谈、学生测试等方法确定。

第三，建立证据模式。

证据模式决定了观察到的学生行为应如何作为评价的证据使用。需建立证据模式的两个部分：证据规则和数据模式。同时，还要表明二者是如何结合在一起的。

首先建立证据规则。依据这个议论文写作的例子来为证据规则编制量表。证据规则需要注意两个方面，一是具体的观察行为（即变量或指标），二是具体的观察行为是如何被赋值的。表 3–8 提供的是对议论文写作中各变量上的评分规则。

表 3–8　议论文写作各变量的分项评分规则

分数 指标		9-10	7-8	5-6	3-4	1-2
内容	论点	论点恰当、深刻	论点恰当	论点基本恰当	论点不太恰当	论点不当
	论据	论据新颖、充实、且切合主题	论据充实、且切合主题	论据单薄，但切合主题	论据单薄，且不太切合主题	没有论据或论据不合主题
表达	结构	结构严谨、层次清晰	结构完整、层次清晰	结构完整、层次不太清晰	结构不太完整、层次不太清晰	结构不完整，层次不清晰
	语言	语言流畅有文采，句式多样，说理充分	语言流畅、句式多样，说理较充分	语言通顺、句式变化少，有适当说理	语言不太通顺、句式变化少、说理不足	语言不通顺、句式没有变化、说理不清或没有说理
	语法	没有语病、错别字	没有语病，有个别错别字	有语病，有个别错别字	有多个语病，多个错别字	语病较多、错别字较多

其次，建立测量模式。根据评分规则就可以给学生的议论文写作能力打分，可以进行分项评分或综合评分。比如，一位学生各项指标上分别得分9、8、8、7、6。如何理解获得的数据呢？如果没有设定权重，可直接相加得 38 分，再看得分与总分的比例，即 $38/50=0.76$，可以说这个学生议论文的写作能力处于中上水平。另外一种方法是根据各项得分进行综合评分，通过整体把握给出分数。若考虑权重，一种方法是各项得分与权重相乘再相加，如 $9\times0.3+8\times0.2+8\times0.2+7\times0.2+6\times0.1=7.9$。$7.9/10=0.79$ 大于 0.76，说明由于权重不同，分值有所调整。对于权重的另一种处理方法是先把总分分到各个指标，按各指标分别赋分，最后相加，比如，按照权重五个指标承

担的分值分别为15、10、10、10、5。分别给出分数：12、8、8、7、3，相加得38分。

第四，制定任务模式。

这个议论文写作的例子，除了设定标准外，还要根据具体的年级、具体的主题确定完整的任务模式，即选择任务情境。让学生议论什么主题呢？在什么情境下让学生完成呢？学生对主题的熟悉程度、是随堂写作还是课后写作抑或是考试情境，文章的字数和时间要求等各方面都会影响到学生的表现。比如对于中学生来讲，可以给出如下的材料让其以“试议‘一举成名’”为题进行500字左右的随堂写作：“某天，一位学生遇到了小说家陆文夫，学生问陆文夫：‘请问您是怎样一举成名的？’陆文夫幽默地说：‘年轻人，有一举成名的事吗？你看，那举重运动员举一举打破世界纪录成名了，可你知道他在这一举之前，举过多少举吗？’”

（六）ECD的优势和局限

可以看出，ECD是设计评价的有力工具，但并不能看作处方式的模式，该模式的有效实施需要周密的思考和准备，还要清晰地理解其优势和局限。

1. ECD的优势

灵活性。ECD提供了一个灵活的框架，用来设计不同目的（形成性或总结性）、不同层次（大规模和课堂层面）的有效评价，并能用来评价学生能力的不同类型（比如，概念理解、技能等）。

整合性。ECD可以按照评价者的期望整合不同种类的数据（比如，质性数据、量化数据）。这一方面可以提高评价的信度和效度，另一方面可以在设计评价时融合学习目标和评价目标、学习过程和评价过程，使评价切实服务于学生学习的诊断和促进。

透明性。因为ECD是基于证据的推理，从而可以清晰地把具体的表现数据（是可观察的）和关于学生模式的理论结构（是不可观察的）联系起来。这种透明性对于所有教育相关者（包括教师、学生、家长、教育管理者、政策制定者）的决策都非常重要。

可用性。ECD提供了设计评价的可以重复利用的蓝图，可以减少准备评价任务或环境的时间。例如，若已经为某个技能开发出良好的学生模式和证据模式，在不同的情境中都可以利用的。

2. ECD 的局限

花费巨大。使用 ECD 设计评价要做很多前期的工作来准备所有的模式，比如要解决评价结构的合理性问题、评价证据的有效性问题、评价任务的匹配性问题等等，这会涉及对专家的咨询和探讨、对学生的前期测试等，这些过程是费时费力的。ECD 的推广最大的局限就是开发费用。

学生模式范围的确定。ECD 中的学生模式应确立在恰好可以设计能促进学习的评价上。过于宏观的变量就会使得证据不具体，过于微观的变量会使得评价的复杂性增加，所以，如何确定合适的学生模式的范围，即适切的评价结构，是核心的问题。

证据模式量表的确定。设计好的证据模式的量表是很难的，这需要基于对学生认知水平及具体表现的切实调查和把握。既使有好的量表，教师在评价一些质性的作品时（比如，论文或者讨论）也会存在主观性的问题。所以，最好是能够提供详细的量表，不仅要考虑到不同的任务情境，也要考虑到学生回答的细微差别。这对于多样性的评价任务来讲，是重要的挑战。

任务模式情境的确定。ECD 不仅包括教学后的大规模的测验，更为重要的是涵盖了学习过程中的评价情境。当评价嵌入到动态的学习环境中，重要的是能够清楚评价任务具体的情境如何。具体的行为程序可以帮助评价者获得可靠的数据，但也可能会限制学生的探究。所以，需要寻求一种既能保障学生的探究，又能保障数据的收集的情景，来解决优化任务模式情境的问题。

三、基于课程的评价模式

基于课程的评价（Curriculum-based Measurement & Curriculum-based Assessment）是有别于传统外部评价的评价模式。外部评价一般有几方面诟病：第一，测验没有经常进行，对学生短期学业成就变化不敏感。教师不能使用评价信息来改进课程材料或教学方法。第二，通常是常模参照的，重在获得群体学生的总体数据以及标定个体学生在某群体中的位置，而不是着重诊断个体或群体学生的学习需要。第三，设计一般是“防教师”的，不能根据具体的课程内容，特别是每学年的课程要求来设计评价任务，一般会出现评价内容和课程要求不匹配的问题。二者不匹配时，结果往往是教学追随评价，而不是基于标准。另外，一些非正式的方法，比如，对学生表现的课堂观察、学生对教师提问的回答，每天批改作业，是教师主要的评价实践。但这些非系统的日常评价，并不能作为学生学业成就评价的全部。在这种背景下，多种基于课程的评价模式被开发出来。其中，基于课程的评价得到持续研究。基于课程的评价是研究非常广泛的领域。下面对该模式进行介绍。①

(一) 基于课程的评价的内涵

基于课程的测量（Curriculum-based Measurement, CBM）和基于课程的评量（Curriculum-based Assessment, CBA）分别由迪诺（S.L.Deno）和格克林（E.E.Gickling）在二十世纪八十年代提出。几十年间，基于课程的评价一直关注特殊教育领域为主，集中研究教师如何影响学生在阅读、拼写、数学等领域的提高。但随着普通教育中班额增大以及学习困难学生增加，研究也开始关注普通教育，且从小学阶段的研究扩展到初中和高中。

就二者关系，一般认为基于课程的评量（CBA）要比基于课程的测量（CBM）更广泛，CBM 属于 CBA。“Assessment” 内涵广泛，CBA 指的是用来直接观察和记录学生在学校课程中表现的任何方法。这是一种标准参照的评价模式，课程目标是确定教学目标以及确定评价状况的依据。CBA 的一般要求是：第一，测量材料和学校课程是匹配的；第二，测量是经常的；第三，评价信息用来形成教学决策。从 CBM 的定义中看，这些 CBA 的基本要求 CBM 也是遵从的：CBM 是历时性地在日常教学中指示学生在学校课程上的熟练程度的一套评价方法。通过每周让学生参与能代表每年课程要求的等值性测试，教师可以确定学生进步的整体情况，也能使用这些信息形成有效的教学决策。CBM 的标志是评价的内容反映了课堂中所实施的课程。CBA 和 CBM 都被认为紧密地联结了评价、课程和教学。另外，CBM 从两个方面有别于 CBA：第一，每个 CBM 都是难度等值的评价；第二，CBM 是一个标准化的，信度和效度良好的评价。这里把这两个概念一起讨论的初衷是不纠结于这两个概念的不同，而是重在理解“基于课程”的测量和评价的主要特征和核心观念，并据此给教师的课程能力提出要求。

① 冯翠典，朱卫平．基于课程的评价：教师课程能力的支撑点 [J]. 当代教育科学，2015（4）：29-33.

（二）基于课程的评价的主要特征

基于课程的评价并不指某种单一的评价活动，而是包含了非常多样化的实践，也出现了很多的模式，理解其主要特征是前提要求。

CBA 是一系列非正式的评价程序，而 CBM 是一套具体的标准化程序。首先来看 CBM 的主要特征：首先，CBM 评价的是学生朝向长期目标的进步。CBM 最主要特征是评价指向一般性成果（General Outcomes）而不是具体的下位技能（Specific Sub-skill）或连续的目标（Successive Objective）。使用 CBM，应考查学生朝向长期目标的表现而不是当下学习的技能或内容的掌握。测量分数表明了学生和长期目标相关的表现怎么样。教师也可以使用学生的课程之外的材料来进行评价。以阅读能力为例，学生在和该年级水平适应的多样化材料上的总体性进步被认为是一般性成果，而不仅仅是学生在现有课程材料上的成功，这种后者的成功，被认为是具体的下位技能或连续的目标的成功。CBM 第二个重要特征是对学生的分数进行图表式的呈现。学生一般每周或每两周参与评价一次，然后分数记录在一个时间连续的、间距等值的图表上。因为测量的内容或难度以及时间间隔都是一致的，从而，学生在不同时间的表现变化就可以比较。教师可以使用这些图表化的数据来判断学生的进步是否令人满意，以及是否在特定时间点达到了期望水平。换句话说，CBM 被用来预制性地确定学生是否为达到长期目标做好准备；而且，数据也被用来判断当下表现如何，以及用来确定当下使用的教学方法是否有助于学习。第三，CBM 的另一个核心特征就是足够的技术性指标，即信度和效度可以得到保障。使用信度和效度良好的测量工具是任何评价方法很重要的要求。当具体内容或课程变化时，CBM 评价程序可以保持不变。据此教师可以有效地判断学生的表现是否变化了。而且，多个评价中获得的累积性数据也降低了测验误差。

在如上 CBM 基本特征中，因为 CBA 使用的方法更为多样和非正式，不能完全满足第二、三个特征，且也面临这样三个问题，第一，通过学生表现指向的需要评价的一般性成果是什么（评价内容）？第二，设计什么样的评价活动才能产生准确的数据（评价方法）？第三，这些数据是否用来改进教学和教学材料（评价使用）？这些问题也是 CBM 开发过程中的核心问题。

其中，第一个方面的问题，是最核心的问题，下面介绍基于课程的评价的核心观念，即关于评价内容的基本共识。

（三）基于课程的评价的核心观念

在操作层面，任何评价首先要定位评价内容。就这个问题，基于课程的评价一直有两种模式。一种模式，“基于课程”的含义表现在评价内容直接取自学生所用的课程材料，着重当下内容和下位技能的掌握；另一种模式，“基于课程”的含义表现在评价内容指向每学年末的课程要求，着重一般性成果和整体性能力的考查。就前者来讲，在操作层面和布鲁姆的掌握学习如出一辙。但基于课程的评价，在关于评价内容这一核心问题上，最根本的看法是后一种观念。即不是从学生的课程中抽取材料作为评价内容，而是从学生的课程要求中抽样作为评价目标，这被称为一般性成果测量（General Outcomes Measures, GOMs）。一般性成果测量的特点：第一，评价的是整体课程指向的一般性成果的熟练程度，第二，依赖标准化、预制性的测量方法论来产生学生表现的关键指标。但传统上，甚至当下很多的 CBA 实施，并不是一般性成果测量。下面借助哈里斯和裴西那（A.Harris & A.Pasigna）的研究比较这两种操作。

1. 具体技能的掌握测量

实践中，基于课程的评价的大多数形式都是具体技能的掌握测量，这种方式把总体性的课程要求拆分成一系列的下位技能，这些下位技能排列成短期的教学目标。其测量针对较小的短期的领域。核心特征如下。

第一，技能层级。具体技能的掌握测量的第一个核心维度是教师被引到使用技能层级来思考教学，这个技能层级是预制好的用于教学和测量的一个序列。但这种序列对于个体或小组学生是否合适，并不得知。这种模式另一缺点是教学层级决定了测量。当测量嵌入到技能层次中时，教师不能使用这些数据来评价另外的技能层级的有效性或者不同教学方法的差异。在这样的框架里，教学被认为是选择、教学、测验一系列具体技能的活动。

第二，学习的保持和转化。具体技能的掌握测量的第二个特征是掌握测量不能自动地测量相关技能的保持和转化，这是因为测验和教学重点之间一一对应的关系。即教学形式和评价工具特别紧密的联系会造成一个受限的教学重点，从而限制学习的保持和转化。

第三，测量短期的教学目标。具体技能的掌握测量的第三个特征是教学和测量都关注一系列短期的目标，教学和测量联系紧密。这种紧密联系的优势是评价信息对教学效果非常敏感；即评价的教学性效度非常明显。但另一方面，这种紧密联系的劣势是测量框架有限。学生的分数仅仅反映了测试中出现的狭窄框架，测量的内容效度降低了。另外，通过一个教学序列引起的进步与社会意义上的成果，比如大规模成就测验的结果，之间的关系是不确定的。

第四，测量的多变性。具体技能的掌握测量的第四个特征是测量是多样性的；因为测量指向特定的技能测量，每次只关注掌握的一个技能。从而，可能会出现的情况是，新的技能学习后，以及相应的测量方法改变后，学生的分数会下降；而且，也不能期望学生面对不同的技能掌握时所花费的时间是一样的。

第五，测验的准确性。具体技能的掌握测量的第五个特征是依赖教师开发的测验或地方性开发的试题库。而这些测验的信度和效度如何很难调查。即使教师依赖商业化的测验，这些测验的心理测量学特征也不确定。从而，大多数掌握测量的准确性是未知的。

2. 一般性成果的测量

上述具体技能的掌握测量有两个问题。第一，自由地从一系列多样化的评价方法和评价内容中选择，造成了可信性和可靠性不好的测量。第二，关注短期目标的掌握性测量，并不能提供有用的证据来回答关于学生进展的宽泛性问题，比如：教学能否产生学生的进步？和其他教学方法相比较怎么样？而从另外一个思路，开发测验来测量学习的一般性成果，就能解决这些问题。这样的测量方法论需要标准化。即测量的核心行为以及测量这些行为的程序都必须是预制好的。而且针对的测验目标应是长期目标，长期目标的测量需要相对连续。一般性成果测量的核心特征如下：

第一，教学性的层级。这是一般性成果测量的核心特征。和具体技能的掌握测量相比，一般性成果的测量需要教师在测量之前就预定和说明教学的层次。为了确定一般性成果测量的系统，教师必须确定一年间他们用来测量学生熟练程度的相关问题。这会有几个优势：首先，具体技能的掌握测量对应的是旧有的学习理论，而一般性成果测量模式和当下的学习理论吻合。上世纪之交，学习观念是这样的：学业进展是可以操作的，也可以分成许多小的单元，从而产生一个序列来达到最终的表现。这种对学习的观念影响到教育评价。比如，在布卢姆掌握学习中，学习步骤和评价是紧密相连的。然而，在新的学习理论下，学习过程被认为是整体性的，虽然对学习的评价也需要对所学任务的清晰陈述，但不需要把这个任务拆分成高度具体的阶段和技能，也不需要评价与整体学习任务孤立的一个个下位技能。相反，应该在最终的任务情境中来看更为下位和更为具体的技能。其次，把测量的重心放在每年末的一般性成果上，避免了把课程分解和划分成一系列教学模块的繁重任务，这节省了教师的时间；也避免了如下潜在的错误：在细化以及排列教学模块过程中的错误。而且也能避免学生花费很多时间在技能训练上，但没有时间来应用这些技能。再次，一般性成果的测量并不像掌握测量那样决定了教学的内容和程序。下位技能的掌握测量的结构具体规定了需要教什么，也决定了教学内容的顺序，并要求在当下技能还未掌握时不能教授新的技能。从而，使用掌握测量，自变量（教学）和因变量（测量）紧密地纠缠在一起。相比较，一般性成果测量和教学不是同构的。测量（因变量）并不和教学重点或教学程序（自变量）紧密相连。从而，一般性成果测量提供了机会让教师经验和试验不同的教学模块、序列、材料，从而可以评价不同的教学方式。

第二，学习的保持和转化。一般性成果测量也提供了机会自动地评价学习的保持和转化，因为从较广泛的领域中进行的抽样包括了当下教学重点所指向的技能，也包括了过去及后续教学的目标。正因为一般性成果测量的是一般性指标，所以对学习的保持和转化比较敏感。

第三，测量长期课程目标的表现。一般性成果测量的第三个核心特征：关注课程较为广泛的目标而不是一系列的短期目标。如果认为评价的主要目的是确认学生是否掌握了所教授的技能，那一般性成果测量就牺牲了一些教学效度。具体技能的掌握测量模式测量的是当下的教学重点，一般性成果测量抽样的是一年间累积的关键性行为和内容。从而，一般性成果测量对当下所教的具体技能不如掌握测量那么敏感。但其提供了对教学效果比较敏感的数据库，从而对教学决策非常有用：第一，一般性成果测量对每个课程技能的抽样概率与该技能在课程中出现的概率吻合；大多数技能都包括在大多数的测验中，通过较少量的测验，就可以找到大多数的技能。第二，一般性成果测量是通过学生在每年课程的关键行为上的熟练情况来描述的，那么内容效度（即多大程度上代表了期望的成果）以及标准效度（即多大程度上和社会性的成就指标是相关的）就比较高。最后，一般性成果的测量相比单独技能的掌握测量提供了做出准确教学决策的有效基础。

第四，测量的变化。使用一般性成果测量，教师可以不改变测量就能监控学生的发展。因为一般性成果测量是从整个课程中抽样材料，测验的难度在全学年中是保持稳定的。这和具体技能的掌握测量的框架不一样，因为具体技能的掌握测量的测量领域及测验难度都随教学内容的变化而变化。学生在不同任务中的不同表现，是无法解释的。而一般性成果测量比较稳定，就允许使用这些数据库来进行关键的比较。包括：一、不同时间使用的不同的教学方法的有效性；二、不同的安排下学生的进步情况；三、对不同学生的教学有效性。

第五，测验建构。一般性成果的测量是一种预制性的测量方法论。即当教师确定了一年间用来测量学生学习的领域后，这种方法论认为可以预制性地提出可以历时性地应测量哪些成果指标，应选用什么方法来设计、实施、评分，以及使用这些测验来形成对学生在相关领域的准确和有意义的描述。这种标准化的、预制性的测量的信度和效度比较好。

（四）基于课程的评价对教师课程能力的要求

基于课程的评价理论对教师的课程能力提出了新要求，实施基于课程的评价过程，既是教师的课程理解能力、课程开发能力的表现过程，也是这些能力的提升过程。这样的过程，从根本上体现了基于课程的评价对课程与教学的回流作用。格拉瑟（R. Glaser）提出，“测验，因为和教育过程关系密切，将发生重大的转变。虽然这种转变很艰难，但不可能被忽视。未来评价程序或者测验的标志是协助建设性地调整教育项目的能力”。

1. 课程理解能力

如果基于课程的评价是一种具体技能的掌握测量，那教师就可以停留在教学层面而不用上升到课程层面来思考问题。因为具体技能的掌握测量的内容直接来自教学材料，而考查目标也是检验当下的教学目标是否完成，至于课程标准是什么，课程要求是什么，从逻辑上来讲教师是不用理解的。但如果基于课程的评价测量的是一般性的学业成果，是超越具体教学内容的，为了达到课程要求，教师不仅需要思考当下的教学内容是否恰当，还需要思考除了当下的教学内容，还可以利用哪些内容达到目标。而这些方面的前提就是要教师具备基本的课程理解能力，这包括理解课程整体结构和基本目标，以及理解课程要求在每学年的课程内容上的具体要求。从另一个方面讲，基于课程的评价主要用于监控学生的学业进展。即主要用来确定学生进步的程度，以及识别没有达到标准的学生。从 CBM 中获得的数据能给学生的学业成就提供经常性的一般性指标，类似于学生学习的“温度计”，但教师首先应该理解学生学习的正常“温度”范围是什么样的，判断学生学习状况的基本标准是什么，这就需要对课程导向和课程目标的理解。

2. 课程开发能力

基于课程的评价测量的是一般性学业成果，是超越具体教学内容的，教师单纯地实施教材内容并不确保达成课程标准的要求，还需要具备相应的课程开发能力。从而，基于课程的评价的要素就涉及确定能反映每个年级各门课程一般性成果的试题库或评价内容。

基于课程的评价对教师课程开发能力的具体要求体现在三个方面：第一，设计每学年的一般性学习目标。这样的目标应该是可达到的，有挑战性的。第二，开发与课程要求相匹配的教学材料对当下教学材料进行补充或替换，并根据评价结果不断调整教学材料。第三，开发能检核课程要求的评价任务。用来确定学生进步的足够程度，确定教学是否需要调整，并比较不同的教学要素的有效性。基于课程的评价对教师评价任务开发的能力提出了更高的要求。从这个层面上讲，课程不仅指的是国家或地区层面要求教师采用的标准。同时，课程也指向有意义地生成的一系列活动和材料，这些活动和材料是从动态的师生互动中得出的。而评价就是为做出有效的课程和教学决策以及评价教学的成果而收集有效的证据的过程。另外，对于学生的评价需要基于课程或者基于课程标准，这是得到共识的，但需要明确的是，对学生评价的驱动力应该是学生在课程中做了什么以及做得怎么样，而不是把课程标准中规定的内容强加给学生。也就是说，仅仅有课程标准，并不能确保课程标准的目标实现，这中间需要合宜的课程材料、教学活动以及评价任务的一步步落实。而且，课程标准以及课程材料是不灵活的，没有考虑学生的水平和需要。因此课程必须进行管理或开发，才能保证给学生提供成功的条件。

3. 课程评价能力

研究表明，当教师使用评价来为教学决策提供信息时，教学更为有效，学生也更能了解他们的表现，从而提高学业水平。研究表明，使用基于课程的评价作为反馈系统，以及及时做出相应的教学调整的班级的学生成就，远远高于其他班级的学生成就。开发准确的、可行的测量系统来提高教学决策的有效性是教师一直以来的诉求。根据学生的表现来调整教学是有效教学的一个基本原则。不管使用基于课程的评价的方式是怎样的，最初的目的是让教师能使用简短但有效的数据来记录学生的进步，并确定是否有必要调整教学。最好的结果是教师能够根据学生的表现调整教学，对学生的学业进步负责。而对教学做出调整已经是在驱动课程，其前提条件是教师要对课程材料、教学方法有个基本的判断，即首先要对教学材料、教学方法进行判断，才有可能进行调整。

四、为了促进学习的评价模式

“为了学习的考评”（Assessment for Learning, AfL）是国际上兴起的新的评价研究领域，强调在课堂教学中收集学生学习的证据用于不断的学习互动来促进学生学习。下面深入分析了“为了学习的考评”的内涵，提供了如何进行“为了学习的考评”的操作建议和教学模式。①

满足问责要求和促进学生发展是教育评价的两大目的。在“考试驱动”的文化中，考评经常会因为鼓励“为了考试”的学习而在一定程度上损害有效的学习，使教育评价陷入“执其一端”的境地。因此，我国现行的基础教育课程改革旨在建立教育评价特别是学生评价的综合平衡系统，强调“建立促进学生全面发展的评价体系。评价不仅要关注学生的学业成绩，而且要发现和发展学生多方面的潜能”。但经过课程改革实施以来的探索，我们并没有找到行之有效的操作策略，教育系统还是更多地依赖测验成绩来评价学

① 冯翠典，高凌飚．为了学习的考评（AfL）：中小学教育评价的新视野 [J]. 教育测量与评价，2010(10)：4-8.

生。如何充分发挥教师的评价主体优势和评价实践能力，如何整理和概括教师现有的评价经验和操作智慧，还有待进一步的探索。

(一) 从考评的目的出发

当看到考评（assessment）这个词时，人们可能会从不同的角度进行思考，比如，可能会想起提问、考试、家庭作业、观察等评价手段，也可能会想起升学、获得证书、确定学习起点等使用途径。但是，这些分类并不能揭示考评的价值系统，如何看待考评，应该有更为本质的视角。其实，考评本质上的对象是学习本身，那么，考评对于学习的影响，即考评的目的，应是厘清考评实践的一种思路。

英国学者利文斯顿（R. Livingston）等人明确地把考评根据考评目的分为三类：为了学习的考评（Assessment for Learning）、作为学习的考评（Assessment as Learning）和对于学习的考评（Assessment of Learning）。“为了学习的考评”，是教师使用课堂中获得的信息促进学生进一步理解的过程，主张考评是教学过程内在的一部分，是形成性的；“作为学习的考评”，是让学生学会如何监控和反思自身的学习，是属于元认知方面的；“对于学习的考评”，是国家、地区和学校以数据的形式测量学生的学业成就，一般发生在一段学习过程之后，是总结性的。而从实际操作来看，鉴于学生作为考评主体的非独立性以及“作为学习的考评”与“为了学习的考评”的可融合性，可把考评按考评目的分为两种：“为了学习的考评”和“对于学习的考评”。

(二) 澄清“为了学习的考评”的内涵

下面从“什么是考评”入手讨论“为了学习的考评”的内涵，并介绍“为了学习的考评”出现的背景和流行的定义。

1. 什么是考评

从词源学上来讲，“考评（assessment）”来源于拉丁文“assidere”一词，意思是“和某人坐在一起（to sit with）”。坐在孩子旁边，代表一种亲密的关系和经验的共享，这说明考评是我们和学生一起（with）以及为了学生（for）的事情，而不是针对（to）学生的。从理论家的观点来看，考评是“通常用来描述教师收集学生知识、技能和态度等信息的活动。这些活动包括收集正式的评估数据或使用非正式的数据”。这种理解也认为，考评不仅仅是外部的对于学生认知性成就的测量，还应该包括在学习过程中对学习的多个方面进行了解。从而可以认为：考评是为了促进学生进一步学习而收集、分析和反思学习证据的持续性过程。考评不仅仅是给予等级或分数，它还意味着教师与学生之间持续的互动和交流。

需要说明的是，本文采用“考评”作为“assessment”的译文，是为了将其与“评价（evaluation）”相区分。国内文献通常把“assessment”和“evaluation”通译为“评价”，但两者之间还是有区别的。美国的古斯基教授（R. Guskey）于1999年就对二者作出区分：“考评是收集学生成就和表现信息的过程。考评信息是教学决策的有力基础，即‘考评’提供了促进学生进一步学习的反馈。而评价是对学生回答、作业或表现的质量、价值或重要性进行判断的过程。这种判断一般是基于预定的准则和课程标准的，即‘评价’提供给学生有关其表现如何的清晰的指标。”用本文的观点来看，“评价”本质上是对于（of）学习的，而“考评”本质上是为了（for）学习的。

2. 什么是“为了学习的考评”

（1）背景

“为了学习的考评”契合了国际上基础教育领域对提高学生学业成就的不懈追求。它的流行与英国学者布莱克和威廉姆（P. Black.& D. Wiliam）于1998年出版的一本小册子——《黑箱之内：通过课堂考评提高标准》有关。这份小册子是在他们同年完成的一项对课堂考评的研究综述——《考评和课堂学习》的基础上形成的，该综述把教室比作“黑箱”，着重关注黑箱之内发生了什么。它指出：“提高学习标准是学校教育的重要目标，国家、州、地区为提高学生的表现制订了很多标准；一些大型的外部测验项目，如NAEP、TIMSS等，也是为了提高学生的表现。但改革总体上不算有效，因为它忽视了某些事情——发生在课堂之中的考评。”通过研究近250篇有关课堂考评的实证研究，他们发现，在课堂上采用形成性考评可以明显地提高学生的学业成就（二者的相关性在0.4～0.7之间）。

自此，许多有关“为了学习的考评”的研究和出版物相继出现，其中包括非常有影响力的英国考评改革小组（ARG）所完成的《为了学习的考评：10个原则》和《为了学习的考评：超越黑箱》，从而使“为了学习的考评”理念广为接受。近年来，国内学者也开始了该领域内的研究。但无疑，在“为了学习的评价”这样有意义的话题上，在课堂评价这样广阔的天地里，我们需要更多专业性的的研究团队和更为深入的研究实践。

(2) 定义

布莱克和威廉姆把“为了学习的考评”很宽泛地定义为：“教师和(或)他们的学生采用的一切能提供信息作为改进教与学的反馈的活动。”随后，英国考评改革小组(ARG)也出台了对“为了学习的考评”的官方观点，将其界定为三个问题的解决——“为了学习的考评”是学习者和教师为了确定学习者达到了什么位置(where)，期望学生达到什么位置(where)以及如何(how)达到目标而收集和解释证据的过程。这种观点有更好的实践指导意义。

由上推知，这是从宽泛的意义上进行解释的，包括如何收集学生现有水平及怎样改进的证据。这种证据可以来自观察和课堂互动，以及其他更为确凿的证据，如测验等。需要指出的是“为了学习的考评”强调学习者的情境能力而不是个人因素，把核心放在了学到了什么以及课堂互动的质量上。

另外，“为了学习的考评”和“对于学习的考评”都是不可或缺的，我们应着力建立并经营一种平衡的考评系统，其中应包括上述高质量的两种考评。本节强调“为了学习的考评”，只是为了彰显被忽视的一端。

(三) 如何进行“为了学习的考评”

作为课堂内发生的实践活动，我们更为关心的是如何进行。下面尝试从分析—综合的立场提供“为了学习的考评”的分解式操作建议和整合式教学模式。

1. 三个问题，七个策略

关于如何进行“为了学习的考评”，表现性评价的代表人物斯蒂金斯(R. Stiggins)及其研究团队提出了“三个问题，七个策略”的操作建议。“为了学习的考评”是在教师和学生的互动中实现的。学生不应该只是测验的参与者，更应该是自己学习的积极的思考者。在“为了学习的考评”的理想模型中，学生应不断对三个问题提问并尽力回答：“我要去哪里？”“我现在在哪里？”以及“我如何填补这种差距？”。教师在回应并帮助学生解决这些问题的互动中，可以采取七个策略。(详见表 3–9)

表 3–9 “为了学习的考评”的七个策略

学生的问题	教师的策略
我要去哪里？	1.提供有关学习目标的清晰的和可理解的表述
	2.使用好的与不好的作业或作品的范例或示范
我现在在哪里？	3.提供常规的描述性（descriptive）的反馈
	4.教会学生进行自我评价和制订自己的学习目标
我如何填补这种差距？	5.每次课的设计应只关注一个方面的质量
	6.教会学生关注如何进行改进
	7.鼓励学生进行自我反思，使其能够自我监控并与他人分享学习

下面对这七个策略进行简要说明。

（1）提供有关学习目标的清晰的和可理解的表述

“为了学习的考评”的第一个要素就是和学生分享学习目标；没有学习目标，学生只会是教师心血来潮的受害者。在每次教学、分配任务或开展活动之前，教师就要和学生分享学习的目标，并尽可能使用学生能够理解的语言予以表述，还应给学生提供书面的评分指南。评分指南中的标准应是教师和学生一起开发的。

（2）使用好的与不好的作业或作品的范例或示范

教师可以使用匿名的、校外或往届的学生作品以及教师自己的作品来作为好与不好作业或作品的范例或示范。这样做是为了给学生展示在作业或作品形成中容易出现的优点和缺点。教师可请学生评判这些作业或作品的质量，并注意修正他们的判断。如果学生能够充分地对这些范例或示范进行讨论，他们一般会形成比较理想的作品或表现的评价标准，而这些评价标准将会成为有效支持学生学习的“脚手架”。

（3）使用常规的描述性的反馈

这里，我们需要区分两种不同的反馈：描述性（descriptive）的和评价性（evaluative）的。前者是为了给学习者提供信息使其能为促进学习而做出调整，后者只是告知学生与他人或某个标准相比的表现水平。

给学生提供描述性的反馈对提高学生的学业成就非常重要。反馈帮助学生参照“我要去哪里”回答“我现在在哪里”，给学生提供有关学习进展的描述性的反馈，揭示学生在特定任务中的优缺点，而不是对作品或作业给予定论性的分数、对学生本身进行表扬或批评。

(4) 教会学生进行自我评价和制订自己的学习目标

教会学生进行自我评价以及制订自己的学习目标，也是为了回答“我现在在哪里”。自我评价是所有学生学习的必要部分，需要学生确定自己的优点和可以改进的地方。教师可以指导学生学会使用预设好的表现准则以及好的作品范例来确定自己或同伴作品的质量，并作出具体的解释，然后再给予相应的反馈。教师、同伴和学生自己的反馈信息可以很好地帮助学生制订后期学习的目标。

(5) 每次课的设计应只关注一个方面的质量

每一个教学目标都可能包含多个方面的内容，但每次课的设计应尽量只关注一个方面 (例如，数学的问题解决能力包含选择合适的策略，科学实验报告需要对假设进行正确陈述，写作需要有一个开头的部分，等等)。只有这样，教师才能保证学生每次都能完全理解，最后才能再教给学生如何整合。

(6) 教会学生关注如何进行改进

教师可以向学生展示自己是如何对一个回答、作品或表现进行改进的，并让学生尝试对类似的例子做出改进。值得注意的是，教师一开始应选择只有一个方面需要改进的作品。在方法的选择上，教师可以让学生进行头脑风暴来得出改进建议并要求他们清晰地写出来，然后再让他们利用建议对自己的作品进行改进。这种做法会使学生专注于作品质量而不是得分。

(7) 鼓励学生进行自我反思，使其能够自我监控并与他人分享学习

每个学习活动都要求学生进行学习收获的反思和学习进展的分享，这样做不仅会促进学习，也会培养学生作为独立的学习者的洞察力，更会让学生觉得成功的学习是“可及”的。教师可以引导学生写过程报告，使其详细地记录他们完成一件作品或解决一个问题的过程，特别是出现的问题以及解决的策略。这种分析方法可以让学生成长为深层次的思考者。

“为了学习的考评”的一个主要目标是培养一种课堂文化，使学习者逐渐能够评判他们自己和同伴作业的质量，也能够理解到在他们有效的学习中会涉及什么。学生的自我评价为自我导向 (元认知) 提供了基础，而自我导

向能力通常被认为是有效学习的重要资源。

2. 整合的教学模式

由以上分析可以看出，“为了学习的考评”实际上是与特定的课堂教学实践相联系的，完全不同于“把教学和考评隔离来看”的观点。我们可以将上述七个策略总结为教学流程中的五个方面：制订并分享学习目标、制订并分享成功的标准、在教学活动中给予学生描述性的反馈、引导学生通过自评和互评反思学习，这四个步骤以教师有效的高质量的问题为抓手促进教学有效进行。我们提供一个“为了学习的考评”的教学模型说明如何在课堂中进行相关操作。下图很好地诠释了“为了学习的考评”的理想和模式：学习、教学和考评是一体化的整体，整个教学循环的关键是教师能提出一系列高质量的关于活动本身的问题来促使学习的深入（说明：图中外圈的八个要素中，没有阴影的框是指教师应该保证的活动；有阴影的框是指学生应该得到的经验）。

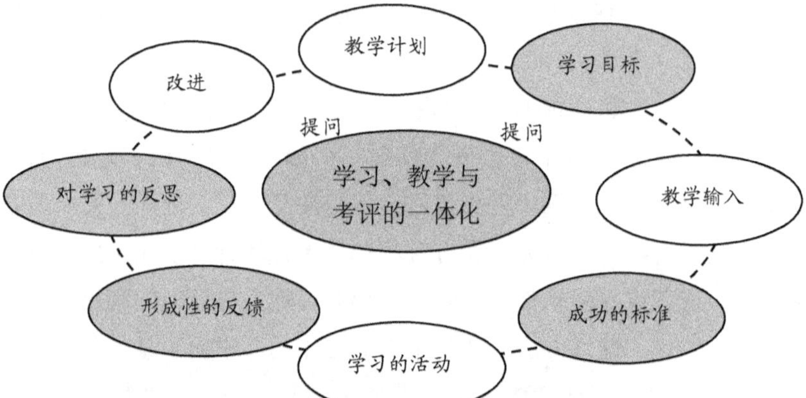

图 3–5 “为了学习的考评”的理想和模式

（四）有关“为了学习的考评”的一点思考

1.“为了学习的考评”的理论基础

以上讨论了“为了学习的考评”的含义和操作建议，但如果对其的理解仅此而已，是比较危险的，有可能会使其成为一套课堂实践“操作提示”，而不是有理论基础的教与学的方式。这个层次的理解可能会使教师只关注考评的形式而不是精髓。所以，我们需要清晰地界定其理论基础。“为了学习的考评”的研究虽大多来自学者，但其理论基础似乎不明显，关注的焦点也大多是实用性的。不过，深究起来，它应该有两个最直接的理论基础：新行为主义和社会建构主义。

(1) 起源于新行为主义

把考评“形成性地使用”的观点来源于新行为主义者布卢姆（B. Bloom）和其同事主张的掌握学习模式。“掌握学习”理论认为，学习应被分做一些小的单元，当一个单元学完后，就会有形成性的考评，目的是要确定学生是否掌握了该单元；根据测验结果，为了达到教学目标，一般会有矫正性的测验以保证学生彻底掌握学习内容。由此可以看出，“为了学习的考评”中的实践和“掌握学习”的宗旨非常神似。

但现在，在对我们如何学习的解释上，行为主义已经让路给建构主义。建构主义更为强调学习者对信息建构意义的认知过程。不过，虽然我们总是在已经知道的基础上努力建构意义，但个人建构主义的一个局限是经常会忽视情境性因素。

(2) 基于社会建构主义

“为了学习的考评”的另一个理论基础，应该是社会建构主义。社会建构主义者把学习看作是文化活动和个体意义建构的平衡体；学习不仅是个人意义上的解释，更是个体对社会性建构的知识和意义的适应。例如，我们不可能在现有学科系统外建构该学科知识的意义。维果斯基（Lev Vygotsky）是社会建构主义和情境学习理论的先驱，他强调人的社会性关系在学习方式之前，人的高级心理机能是在人的活动中形成和发展并借助语言实现的。他提出的最近发展区概念和支架式教学理论影响深远。“为了学习的考评”中的核心机制是为了促进学习，教师、学生及学生群体之间进行不断的互动和交流，教师提供有效的学习支架以及学生之间的合作受到重视，这些价值追求无疑是与社会建构主义一致的。

2. “为了学习的考评”的核心目的

但凡倡导一件事情，总归是有目的的。对于“为了学习的考评”，我们也应叩问其核心的目的和终极的追求。我们认为，“为了学习的考评”虽然是为了提高学生的学业成就而兴起的，但其核心价值追求应是培养自我导向的学习者。这个价值包含两层含义。第一层含义是，学生首先是学习者而不仅是参加考试者（test taker），虽然我们关注的是学习任务，但最终培养的是人。“为了学习的考评”对于学习本身而不是分数的关注使得学生意识到他们首先是学习者。第二层含义是，“为了学习的考评”强调学生的自我评价，注重给学生提供可以利用的目标、范例及反馈，这些都有利于学生发展元认知能力，形成自我导向的学习素养。

心理学家研究表明，不仅是认知因素，元认知因素也规定着学习者如何学习和能学到什么。学习者通过元认知能了解他们学习中的优劣势，能更好地管理和控制自己的学习过程，成为真正的意义建构者（Makers of Sense）。有元认知参与的学习和对学习任务本身关注的学习更容易激发学生深层次的学习，即基于内在的学习动机和好奇心，为了真正的理解和意义建构的学习。

3.“为了学习的考评”对教师专业素养的要求

毫无疑问，教师会对“为了学习的考评”感兴趣。“为了学习的考评”关注的是课堂中发生的事情，核心是课堂互动以及能促进有效学习的课堂气氛。它的研究场域是原先称之为“黑箱”的课堂实践，而课堂本身就是教师的固有舞台，教师在其研究与实践中应该大有作为。因此，“为了学习的考评”再也不能是“防教师”的了，相反，它最为倚重的就应该是教师参与的课堂考评实践和考评经验的总结与分享。无疑，教师在教育评价领域的地位，因为“为了学习的考评”的兴起，应该从边缘走到中心。

这种教师角色的转向在让人振奋鼓舞的同时，我们还应该清楚地认识到“为了学习的考评”对教师专业素养的要求。角色定义着职责，教师专业地位的提升也要求专业素养的随之提高。在“为了学习的考评”中，作为最具话语权的角色，教师应不断提升自身的考评素养。专家引领和经验分享应是重要的途径之一。

4.“为了学习的考评”的前景和困难

考评作为一种社会活动，规定着我们的身份和采用的学习方式，“为了学习的考评”强调情境，其着重点是如何理解并改进学习。因此，“为了学习的考评”的核心图景是主动的自我管理的学习者如何建构他们学习的意义。它通过分享学习目标和成功的标准来保障学习的合作基础，个人评价、同伴评价和反馈在学生的自我管理中起到核心的作用。但在实践中，这种图景很难实现，特别是当考评较多地受制于高利害的问责测验时，很容易使得“为了学习的考评”变为能够提高分数的一系列操作技能，个人评价和小组评价也可能会变相为在教师提供答案时的“给作业打分”。另一个制约因素是对“反馈”的理解偏差，教学中反馈的作用应是主要用来推动学习的，但我们的反馈往往只局限于对作业的打分和对人的表扬，而不是对学习本身的建议和对任务推进的指导，往往不能使学习进一步走向深入。

（五）促进学习的评价：需要作出的改变

教育评价的实践正在产生巨大的变革：“促进学习的评价”成为主流；平衡的学生学业成就评价体系正在形成；诸多新型的评价方式得到广泛运用；新的教育评价文化正在兴起。这些变革与学校教育使命从选拔转向“促进学习”密切相关，意味着促进学习成为新的学业评价范式的核心。新的评价价值观的出现意味着新的教育评价范式正在生长。然而，如同库恩所说，新的范式必然留下诸多问题，迫切需要我们去解决。新的教育评价范式不会自动出现，相反，它需要我们用行动去迎接。如何让评价有效地促进学生的学习？这也许是新的教育评价范式亟待我们去解决的最为关键的问题。以下策略就是让评价有效促进学习的关键。①

1. 评价必须有清晰的目标

所谓促进学习，实际上意味着学生在达成预定目标的过程中的进步。没有目标作为参照，学生的学习是否得到促进就缺少判断的依据；没有与目标的比较，任何评价结果都是没有意义的。从教学角度看，教师必须有清晰的教学目标，即关于学生学习结果的清晰的愿景，并且认识到教学的目标也就是要进行评价的目标。换言之，教师需要清楚地认识到评价要收集的就是学生达成预定目标的状况，用预定的目标作为衡量学生学习状况的标准。从学习的角度看，学生也需要清晰的学习目标。这种清晰的学习目标能够引导学生学习的方向，并且能够为学生提供自我评价的依据。正因如此，阿特金（J. M. Atkin）等人将“我要去哪里”当作良好的评价必须回答的首要问题。

要让评价有效促进学生学习，教师拥有清晰的教学和评价目标当然十

① 崔允漷. 促进学习：学业评价的新范式 [J]. 教育科学研究，2010(3)：11-16.

分重要，但更重要的是要让学生同样清楚地了解这些目标，并将之转化成自己的学习目标和自我评价目标。学生是学习的主体，只有当学生清楚“我要去哪里”，且知道“那里”是什么样的时候，学生的努力才有方向，才能用目标来监控自己的学习，才能根据当前的学习状况与目标的差距来确定下一步的学习内容和学习策略。

2. 评价必须在课堂层面持续实施

教育毕竟是在学校中发生的，课堂是教学的主阵地，能够直接影响教学和学习成效的重要决策通常都是在课堂中发生的。教学过程本质上就是一个决策的过程，优秀的教师在课堂教学过程中常会作出上百个决策，而良好的决策需要准确的充分的证据和信息的支持；学生在学习过程中也需要经常监控自己在达成目标过程中的进步，以作出改进学习的决策，这种决策要有效同样需要充分和准确的证据和信息的支持。因此，教师和学生同样是评价信息的重要用户，甚至是比外部决策者更为重要的信息用户。

教师和学生作出良好的决策所需要的信息必须是具有情境性的，即与特定的课堂、特定的学生、特定的学习目标、特定的学习内容以及特定的学习环境相联系的。外部评价无法提供这样的信息，只有教师在课堂层面的评价才能提供这样的信息。教师在课堂层面实施的评价能够与其教学和学生的学习直接关联，更加准确，能够提供有助于支持决策的信息。教师和学生的决策是持续的，因此有持续的信息需求，课堂层面的评价能够及时提供相关信息，满足他们持续的信息需求，有助于保证决策的正确性和有效性。所以，斯蒂金斯说，如果评价不能在课堂层面有效地运行，其他层面的任何评价都是浪费时间和金钱。

当前的现实是，我们的课堂层面的评价实践相当薄弱，甚至相当糟糕。要促进学习，课堂层面的评价实践就必须得到改善。对于课堂层面的评价实践的改善，两个方面的努力非常关键：一方面是要采取多种措施来保证课堂层面考试的质量，另一方面是要花大力气开发适用于课堂层面的多种有效的评价技术。

3. 评价必须有学生的主动参与

以往的评价范式有两个基本假定：只要对学生进行评价，并根据评价结果对其进行排名，就能提高学生学习的动力，因此也就能促进学生学习；能够对学生学习改进产生最重要影响的决策是由成人作出的，教师作出的决策最为重要，只要教师改进了教学，学生的学习就会得到促进。这些假定明显存在问题。它们忽视了评价在学生视角中的复杂性，也忽视了学生对学习效能的决定性。从学生视角看，评价与学习的关系绝非那么简单。的确，对于一些学生，评价能够带来巨大的学习动力。这些学生通常是那些在以往的评价中持续获得成功经验的学生。可是，对于另一些学生——他们相信，无论作出怎样的努力，失败依然不可避——评价是否依然会带来学习的动力？他们会放弃，不再尝试去努力，不努力导致的失败比努力了依然失败更能够避免心理上的冲突或认知上的不协调。对于后一部分学生，他们之所以相信无论作出怎样的努力，失败终究不可避免，一个关键的原因是他们在以往的评价中获得的失败经历。在评价中持续地排在低位使得他们怀疑自己作为学习者的能力，会丧失取得成功的信心，结果陷于无助之中，最终丧失继续学习的动力。在这里，我们可以看到，评价对学生既可能是动力，也可能是威胁。到底是动力还是威胁，最终取决于学生从以往的学习经历中获得的经验和感受，决定于学生是否有继续尝试的情绪动力，决定于学生对自己在评价中的表现的认知。

学生必须明确评价的目标，主动收集信息来持续监控自己达成目标的过程，并充分运用评价结果的信息来进行自我反馈、自我调整。换言之，学生必须成为评价过程的参与者。学生参与评价意味着学生应当成为评价的全过程的主体。首先，学生应当参与学习目标的设定。学生必须学会将教师清晰呈现的教学目标转化成学习目标，形成关于学习成果的清晰的愿景，明确学习目标所要求的成果或产品的质量，并以此为努力的方向和监控自己学习的标准。在这一方面，教师与学生交流分享教学目标，让学生参与评分规则的制定，对于学生极为重要。其次，学生应当主动参与信息或证据的收集。学生必须学会自我反思、自我监控，主动收集自己在达成目标过程中的进步，明确自己的优势和差距。档案袋评价的实施能够为学生在这一方面的参与提供机会。第三，学生应当参与评价结果的交流。当学生主动参与评价结果的交流时，就能获得关于评价结果的更深入的理解，更好地成为评价信息的用户，成为基于评价信息的决策者。在这一方面，让学生参与关于评价结果的协商，并参与与家长的交流，将十分有效。

4. 评价需要教师具有高度的评价素养

任何评价都可能是形成性的，可是，从现实来看，以往的评价范式中实施的评价在促进学生学习方面的成效并不能令人满意。这样的结果当然有诸多原因，但一个十分重要的原因恐怕不能忽视，那就是教师评价素养上存在缺陷。

教师本应在评价过程中扮演十分重要的角色，这种重要的角色需要教师有高度的评价素养。遗憾的是，教师的评价素养现状明显不容乐观，总体上相当低下。低下的评价素养就是妨碍评价发挥促进学生学习的功能的最重要的原因之一。如果我们相信评价必须促进学生的学习，如果我们相信课堂层面的评价是促进学生学习的评价的主渠道，我们就必须致力于提高教师的评价素养。这是我们迎接新的评价范式到来的一个关键前提。

五、过程性评价的评价模式

国内学者高凌飚教授在二十一世纪初的新课程改革之际，提出了过程性评价的评价模式，对指导评价范式的转变，评价实践的有效性做出了重要贡献，下面把过程性评价模式的理念与功能、操作模式及反思等问题呈现如下。

(一) 过程性评价的理念和功能[①]

过程性评价是随着人们对教育评价的性质和功能的认识逐步加深而提出来的。一般来说，人们都认可评价的本质在于对事物和过程的价值或量做出判断、决定或计算。如韦氏大词典对评价的解释是："评价，决定或确定价值或数量"；美国《心理学词典》对评价的解释是："evaluation，一般说来指对于某事的价值做决定"；顾明远主编的《教育大辞典》对评价的解释为："评价，evaluation，指事物价值的判断"。尽管如此，随着教育观念的不断变化，人们对评价的功能有着不同的强调，对评价本质的理解也在不断加深。二十世纪二十年代，人们基本上只把学习评价的功能锁定在确认学习效果上。在科学理性思潮的影响下，评价似乎就是测量。如何进行测量，如何

① 高凌飚．过程性评价的理念与功能 [J]. 华南师范大学学报（社会科学版），2004（6）：102-114.

将被测量的行为加以量化，如何设计有效的测量工具，保证量化测量工具的客观性和可信度，是人们关注的重点。二十世纪三四十年代以后，受泰勒等人的影响，评价被认为是确认目标和表现的吻合程度。提出合理的教育目标并加以科学的分类，并以此为标准来衡量教学达到的水平，成为这一时期的焦点。到了二十世纪六十年代，评价对教学的反馈作用开始受到注意，人们开始注意到评价过程与教学过程的交互影响，利用评价的结果来诊断教学中出现的问题、影响教学导向，评价的功能拓宽了。从二十世纪七十年代开始，就有教育家批评以往的评价只是注重学习的量的方面而忽视了学习的质的方面，要求从质的方面来评价学生的学习。到了二十世纪八十年代以后，人们更进一步认为学习的质量不仅反映在学习的效果上，也反映在学习的过程中，学习者投入学习时的动机和他所采取的策略及获得的效果是三位一体的。评价不仅应关注学习的效果，还应关注学习的情态动机和方式过程。学生在学习过程中表现出来的动机和情感态度，学生在学习过程中采用的方式，都是一种动态的表现，采用终结性的或传统意义上的形成性评价方式都很难加以测量和评价，需要在学习的过程中同时了解反映学生学习质量的资料并加以评价。与此同时，人们还认识到，评价不仅是对学习结果的价值判断，还对学习的过程有明显的回流作用，导向学习过程的不断修正，成为促进学生发展的媒介。通过回流作用，评价的过程与学习的过程交互在一起，成为学生发展的必由途径。新的评价理念要求在学习的过程中了解反映学习质量的资料，通过回流使评价与学习过程整合成为促进学生发展的途径，换句话说，在学习的过程中评价，促进评价过程

和学习过程的融合。这种倾向于“过程”与“发展”的价值取向，是过程性评价的理念基础。

过程性评价不是对微观意义上的学习过程的评价，也不是只注重过程而不注重结果的评价，而是对课程实施意义上的学习动机、过程和效果的三位一体的评价。随着终身学习理念的提出和实践，评价将成为促进人的终身学习和可持续发展的过程。学会评价将成为学会学习的一部分，拥有发展评价的能力会成为人生必备的要求。由于评价能力的形成和发展带有很强的实践性，只了解评价的知识远远不够，必须通过评价的实践才可能真正学会评价。就学习的评价来说，这就要求评价主体和评价客体的融合，评价学生学

习的主体不仅是教师、校长和家长，也包括作为评价的客体、同时也是评价的价值主体的学生。评价的过程不仅包括学校外部的和教师的评价，还包括学生相互之间和学生自己对自己的评价。评价的性质和功能因此增加了新的含义，评价不仅是对学生学习效果与成绩的确认，不仅是诊断和改进学习的途径，还成为学校教育的一项目标。让学生经历评价的过程是实现学校教育目标的重要手段之一，这是过程性评价的又一重要理念。

过程性评价与形成性评价在理念上有本质的区别。在价值取向上，形成性评价虽然对学习过程有一定的关注，实际上还是属于目标取向，衡量的是一个较小的时段的学习效果与教育教学目标的一致程度。过程性评价既重视学习成果的价值判断，同时注意到学习的过程也是反映学习质量水平的重要方面，强调过程的价值，采取过程性与目标性并重的取向。在评价内容上，形成性评价虽也列出情意领域的学习效果目标，但这类学习效果是渗透在学习过程中的，不关注过程的本身，就无法评价这种体现在学习过程中的成果。因此，形成性评价实际上只是评价了智能领域和动作技能领域的目标，主要是相关的知识和技能的掌握。过程性评价主张凡是具有教育价值的结果，都应当受到评价的支持与肯定，主张对学习的动机态度、过程和效果进行三位一体的评价，强调对过程的关注，设计多种例图展示学习过程的评价工具，包括质性的、描述性的、展示性的评价手段，促进这一评价理念的落实。在评价方法上，形成性评价倾向于量化的评价工具，强调客观性试题和标准化测验。过程性评价既支持对学习成果进行必要的“量化”测量，同时倡导而且更加重视“质性”的方法，强调内部的、开放的评价过程，主张将评价“嵌入”到教学的过程中，贯穿于教学过程的始终。在评价的功能上，形成性评价注重评价的诊断作用。过程性评价则重视评价在确认学习质量、回流导向和学会评价等三个方面的功能。在评价主体上，形成性评价没有注意发挥学生的主体作用，学生只是被评价的客体、被诊断的对象，是被动的。过程性评价主张评价主体和客体的整合，通过师生间共同的“民主参与、协商和交往的过程”，共同判断学习进程评价学习成果的价值，不断地进行反馈从而使学习过程得到不断的优化，同时也共同构建对评价的理解和把握。

可以认为，过程性评价是一种在课程实施的过程中对学生的学习进行评价的方式。过程性评价采取目标与过程并重的价值取向，对学习的效果、过程以及与学习密切相关的非智力因素进行全面的评价。过程性评价主张内外结合的、开放的评价方式，主张评价过程与教学过程的交叉和融合，评价主体与客体的互动和整合。过程性的功能包括对学生的学习质量水平做出判断，肯定成绩，找出问题；促进学生对学习的过程进行积极的反思，从而更好地把握学习方式方法；理解和掌握评价的方法，作为与终身学习相呼应的一个方面，实现终身的可持续发展。

（二）如何进行过程性评价①

评价的实质在于价值判断。从操作层面上看，评价的过程包括设计评价方案和工具，利用评价工具收集资料数据，对资料数据进行分析得出结论，对评价结论进行解释。因此，过程性评价的实施应该包括以下四个环节：明确评价的内涵和标准；设计评价方案和工具；解释和利用反映学习质量的结果；反思和改进评价方案。

1. 明确评价的内涵和标准

根据评价的使用目的及结果来看，过程性评价属于课堂学习评价，一般由学校自主进行，评价的主体包括教师和学生。在评价的过程中，教师虽然也作为评价者参与评价过程，但更多的是作为评价的监控者和组织者，所以评价的主体主要是学生，评价的责任也就相应地落到了学生的身上。因此，评价工作的第一步是使学生理解评价的内涵和功能，明确评价的内容和标准。过去，由于学生长期处于被评价者的地位，对于什么是评价，评价的目的和作用是什么，以及如何正确地评价自己和他人等的认识是比较薄弱的，导致在评价过程中不能正确地把握和对待评价的标准。教师作为评价的组织者和主体之一更应该积极地提高对评价的认识，在教学的过程中逐步引导学生，使学生学会评价。

2. 设计评价方案和工具

从评价的内涵中可以看出，过程性评价是基于人们对学习质量的认识提出来的，是一种较具体方法更为上位的评价方式，因此，不能将过程性评价与某种特定的评价方法甚至评价工具等同起来，应该根据学校和学生的实

---

① 高凌飚，钟媚．过程性评价：概念、范围和实施 [J]. 上海教育科研，2005(9)：12-15.

际情况，针对具体问题，选择合适的评价工具。

下面是一所实验学校的具体做法，从中我们可以获得启示。一位物理老师根据自己的观察和其他老师的反映，发现所教班级学生的学习习惯普遍不好，导致成绩不理想。为此，该教师根据过程性评价的理念，注重评价的及时修正和激励的功能，开展“白描”的记录方法，设计了一种“记录—评价—再记录—再评价”的评价方式，在教学的过程中实施评价，有效地转变了学生的学习方式。评价的方案包括三个阶段，具体如下：第一个阶段，自我记录，自我评价。也就是说，每个学生自己给自己的平时学习情况做一个记录。记录的内容包括：课前预习情况、上课集中精力情况、对待作业的修改情况。在这里，记录起的作用不是要给他下一个结论，而是让他自己看一下平时是如何学习的，学习的态度和习惯是怎样？学生对记录结果的反映是：不记不知道，一记吓一跳。大约在一个学习阶段结束后，分小组进行一次总结。每个学生用语言叙述的形式对自己的学习习惯做一个自我评价，评价的关键不在于断定学习习惯的好与坏，而是对比自己的单元测验成绩，看看这样的学习习惯和方式对自己的学习有怎样的影响，然后自己提出修正的措施，同时老师和小组其他同学也可以给予一些建议。第二个阶段，他人记录，他人评价。在这个阶段，主要是由他人进行记录，考虑到操作性的问题，主要由同桌相互记录。记录的内容不再是学习过程中的平时表现情况，而是学生的改正情况。一段时间后，再开展一次小组讨论，主要是评价学生的改进情况，根据具体情况给予相应的肯定和鼓励。第三个阶段，综合评价。模块结束后进行一次总的评价，汇总前两个阶段的自评、他评，教师也对学生的情况给予一定的评价。

3. 解释和利用反映学习质量的结果

在学年或一个学习阶段结束之后，应如何报告、解释、利用过程性评价的结果？有人建议把过程性评价的结果赋予权重，折算成一个分数，然后与终结性评价的结果相加，作为最终学习结果，过程性评价与终结性评价要不要整合？回答这一问题，首先要看过程性评价目的是什么，评价的内容是什么。过程性评价属于个体内差异评价，评价的目的并不是对学生的学习下一个终结性的结论，而是促进学生的学习与发展；评价的内容主要不是学生最后达到的水平，而是学生的进步情况。教师和学生应该通过对收集资料的分析，让学生了解自己的进步和不足，在此基础上提出建议，使学生明确将来继续努力的方向。所以，简单地把过程性评价的情况折算为一个分数加到考试成绩里面去是没有意义的，过程性评价的结果与终结性评价的结果应该分别给予呈现报告。鉴于家长与社会的习惯和需要，可考虑在定性报告描述评价结果的同时，用等级表达过程性评价的结果。

4. 反思和改进评价方案

整个评价方案实施结束以后，还需要对于评价方案进行再评价，也称“元评价”，即“在评价的过程中，为检讨评价方案，实施过程与结果，借以总结成功的经验和纠正评价工作之不足，而对正在进行或已完成的评价进行价值判断。元评价的关键在于确定元评价的标准问题，即一份好的方案的标准是什么。我们可以以下述问题作为准则考察评价的方案：第一，有效。这个方案是为了解决什么问题，是否最合理地解决了问题，在多大程度上达到了我们的目标？第二，可行。方案的要求是否超出了学校现有的条件和能力？评价的工具是否烦琐，是否给教师和学生带来很大的负担？第三，可信。评价的标准是否恰切？评价工具收集的信息是否准确？

(三) 过程性评价的优势和局限

作为一种新发展起来的评价理念和方式，过程性评价具有一定的优势。

第一，无论从评价的价值取向，还是从评价的内容方法上看，过程性评价对教育目标和评价本身的理解都更为全面，也就能更全面地发挥评价的各种功能。过程性评价既注意标准又注意过程，不试图用过于刻板的标准来衡量所有的学生，而是通过学生在学习过程中的表现去判断每一学生的学习质量和水平，符合人的多元智能的实际，有利于激发学生的学习动力和自信心。

第二，传统的终结性评价只能在相对比较长的一个阶段（如一个学期）结束之后进行，形成性评价也是在一个相对短的学习阶段结束后进行，是一种事后的评价。过程性评价却是与教学同时进行的共时性评价，提倡评价和教学相互交叉和融合，评价主体与客体间的互动，实现教师和学生间的民主协商，能及时地反映学生学习中的情况，及时地肯定学生的成绩，引导学生的学习和发展方向，及时地发现存在的问题和不足，改错纠偏。

第三，过程性评价不过分追求目标的标准化和方法的规范化，不过分追求评价的客观性和精确性，不过分追求评价环境和程序的正规和严肃，有利于学生充分展示才能。

第四，传统的评价只能测量可量化的、相对来说属于浅层次的学习效果。过程性评价采用包括质性评价在内的多种评价方式，从学生本身、从同辈伙伴、从教师家长等不同的角度获得评价信息，可以深入到学习的不同方面和不同层次，可以从不同的视角对学习进行描述和评价，对学习质量的评价层次更高也更深入了。

第五，传统的评价是间歇式地进行的。过程性评价贯穿于学习的始终，在学习之前、之中、之后都不间断地进行着，不仅有利于评价的开展，还有利于学生逐步形成可持续的评价观念，逐步掌握正确的评价方法，逐步将评价融为自己的学习生命的一部分，成为促进自己的终身学习和终身发展的重要手段。

但是，像任何一种评价方法一样，过程性评价也有其局限。第一，由于过程性评价更多地采用了开放的、即时的评价方式，特别对情态领域和学习过程的评价，所收集的资料和判断的标准可能都会因时而变、因人而异。即使对学习表现和效果而言，如果采用的是质性的方法，如开放式或表现式的评价，其标准无法做到统一，其评价的过程和程序无法做到规范。第二，当社会需要按一定的标准和规范来衡量教学的效益和学习的成果时、来甄别和选拔学生时，评价的公平公正是非常重要的原则。而过程性评价由于较多地带有参与者（包括评价的主体和客体）的主观性和个人特征，很难证明评价的公平与公正，是否被社会所接受也就成为一个问题。第三，过程性评价贯穿于学习和教学过程的始终，那么评价的强度应该是多大才恰当，比较难以把握。如果过于强调评价或评价的分量过重，很容易导致评价的过于频密烦琐，直至学生和教师不堪其烦。第四，伴随过程性评价方式产生的还有一大批新颖的评价工具，这些评价工具同样有着明显的局限，如消耗的时间过多，评价的视野不稳定，等等。如果不注意把握过程性评价的实质而只是热衷于这些工具的推广，很可能导致评价的形式化。前两个问题是由于评价方式本身的局限而引起的，后两个问题则由于过程性评价相对较难把握、容易造成运用不当带来的。不管怎么说，都是值得注意的问题。

第四章

确定评价问题与提出评价目的

评价目的是为什么而评价的问题，这和评价主体的问题紧密相关，评价问题是对什么实施评价的问题，即评价对象的问题。本章，首先了解一下评价目的、评价主体、评价对象的问题，然后分享学生提出的评价目的和评价问题。

第一节　关于评价问题和评价目的的理论问题

一、教育评价的目的

评价活动是不可能脱离人的活动，评价活动不会独立地发生，这涉及到人力物力的投入，更涉及到人的目的性选择。人们为一项评价活动的发起给出的原因就是评价目的，这个具体实施过程中评价目标是不一样的。评价目的解决的是整体上一项评价活动完成是为了什么，而评价目标解决的是在评价活动的具体实施过程中需要关注什么。刘本固老师在《教育评价学概论》中提到的教育评价的目的有如下几个方面[1]，可以引导学生思考自己的评价活动是为了满足什么样的目的。

(一) 管理和经营的目的

教育评价具有管理和经营的目的，这是人们所公认的。在学校教育中，诸如入学考试、升级和毕业的认定、通知书和学籍簿上的成绩评定等等，都是评价活动。这些活动就具有评价的管理和经营的目的。因此，这些评价工作搞得好坏与否，可以直接反映出学校管理水平的高低。为了充分地发挥评价在管理和经营方面的作用，一般采取总结性评价和诊断性评价的形态，有时还采取外部评价的形态。这里所说的外部评价，是指评价者置于某项活动之外，为客观地分析活动的现状并致力于其改善而进行的评价。

评价的管理和经营的目的，在现实工作中是极为重要的，比如各种入学考试和资格认定考试就是如此。日本有的学者认为，评价的管理和经营的目的关系到个人的人权、利害和社会的公正，因而容易成为政治的和社会的问题。实际上资格认定的评价，直接关系到人才的使用问题。准确的认定是合理用人的前提，如果认定不准确，就谈不上合理地用人。因此，为了能根据每个人的能力和个性分配其适宜的工作，首先必须进行正确的评价、选择和决策，

---

① 刘本固．教育评价概论 [M]. 长春：东北师范大学出版社，1988：31-34.

其次还要排除亲缘关系、金钱势力、性别差异及其他不合理的因素的干扰。

(二)教授和学习的目的

教授和学习的目的，是教育评价的第二个目的。为了不断地改善教育活动，最大限度地提高教育效果，尽快地使学生接近或达到教育目标，应充分地发挥评价在教授和学习方面的作用。教育评价的这个目的，需要从教育的设计者和指导者的立场来理解，教师要制定提高教育效果的指导计划，就要事先测定学生的基础和能力，并在计划实施过程中，通过观察学生的态度和表情来考虑指导活动的计划。这样，不仅能把握指导活动的实态，提高教育效果，而且还可以为下一次指导工作提供必要的参考信息。为了更好地发挥评价对教授和学习的作用，应从实际出发采取诊断性评价、形成性评价或总结性评价的形态。

在学校教育中，以教授和学习为目的的评价活动是很多的。教师在教学指导方面，发挥评价的反馈功能，利用获取评价的信息来改善指导计划，力求更加有效地进行指导工作，则属于这种目的的评价。例如，在学期初或学年初进行的以智能、学力、学习兴趣等为主的标准化检查，就属于诊断性评价，其目的就是为了决定教学指导的适宜计划和策略；而期中、期末和学年末所实施的总结性评价，其目的在于判断每个时期的计划和指导的效果，发现重要缺欠予以补正，以便改善今后的指导计划和指导方法。此外，在实施目标的过程中，形成性评价的应用也是很广的。这对教师来说，则是针对工作中存在的问题，进行以指导为目的的评价。

以教授和学习为目的的评价，除了站在教育者的立场理解以外，还应从受教育者的立场去理解。从后者的立场出发进行评价的目的，就是让学生了解自己的进步实态，从中受到激励而更加努力，培养他们进行自我反省、客观评价的态度。学生所采取的评价形态有两种：一是自我评价，二是相互评价。通过这两种形式的评价，可以把学习的成功与失败直接反馈给学生本人，以便及时地进行自我改善。评价的这种目的，在现代教育评价中已越来越受到人们的重视。不过，为了加强这种评价的依赖性和客观性，教师必须给予适当的指导和帮助。

布鲁姆从改善教授和学习所实施的评价立场出发，提出了五种评价：第一，为改善学生的学习和教师的教授而作为获取与处理必需信息的方法的评价。第二，采用比通常实行的书面测验还多的获取各种信息的评价。第三，为明确教育上有意义的目标而实行的评价和为把握学生在这个方向上达到何种程度的过程的评价。第四，在教授和学习过程的各个阶段上，要把握其过程的效果，如果效果不佳，就需要及时采取措施。这是管理品质的评价。第五，在教育实践中，对完成一系列教育目标来说，作为确认其他方法是否也是同样有效的手段的评价。

(三) 调查和研究的目的

调查和研究的目的，是教育评价的第三个目的。从这种目的出发进行评价，是为了尽可能正确地调查教育成果的实态，以便设计出理想的教育计划。不论是对国家的教育计划也好，还是对各级各类学校本身的教育计划设计也好，这种目的的评价都是极为重要的。但是，为了改善教育现状，提高教育水准，必须通过评价活动正确地把握学生的学力及其特征。我们进行的指导方法的比较研究、分析教育环境和教育条件对学生的能力的形成与发展的影响等等，就是这种目的的评价。这种评价多采取外部评价的形态，有时也采用其他形态的评价。

以调查和研究为目的的教育评价，用于理论与实践相结合的教育研究的情况也是不少的，诸如为实施理想的教育计划而进行的开发研究及为利用有效的指导方法而进行的开发研究，均属此例。

在这样的分类下，学前教育专业的学生在幼儿园开展的研究应该服务于第三种目的。

二、教育评价的对象

教育评价从广义上说包括对教育活动的组织、实施及与成果有关的各种实态把握和全部的价值判断。在这种意义上教育评价的对象是与教育活动相关联的各个领域，甚至被看作是与教育成果有关的全部内容。刘本固老师把评价对象归纳为六类。①

---

① 刘本固 . 教育评价学概论 [M]. 长春：东北师范大学出版社，1988：56-61.

（一）教育对象的评价

作为教育评价对象的最重要的部分，就是教育对象，即每一个学生，这也是教育质量管理中的核心部分。因此，把它划分为第一种类型的评价对象。

教育对象的评价所包括的内容很广，主要有学力的评价、智能的评价、思想品德的评价及身体的评价等。进行这些评价，必须考虑学生的学习基础、能力、生理条件和心理状态等多种因素。

从教育观来看，现代教育和传统教育的根本区别，就在于如何看待学生，传统教育是以教师为中心，而现代教育则强调学生的个性发展，是以学生的性向、兴趣、能力等为目标。教师要根据他们的特点，帮助他们得到充分的发展。评价目标和指导目标是统一的，因此必须把教育对象的评价置于教育评价的核心地位。

（二）教育活动的评价

这里所说的教育活动的评价是从广义上讲的，它包括课堂教学的评价，学校活动的评价、班会活动及学生会活动的评价等。这些教育活动课归纳为第二种类型的评价对象。

从教育学的原理来看，学生是教育对象，是受教育者，他们的质量是教育质量的集中表现。然而，学生的德智体等多方面的发展是通过各种教育活动来实现的。课堂教学是学校教学工作的中心环节。从心理学的角度来看，学习是学生的主导活动，它对学生的心理发展起着重要的作用。因此，为了促进学生的成长与发展，就要依靠各种有计划的教育活动及其有效性和成功度，以确保教育目的的完成。

（三）直接控制教学过程的要素的评价

任何教育活动，都有四个基本要素，即受教育者、教育者、教育内容和教育手段。直接控制教学过程的要素，是指教育者、教学内容和教学手段，具体来说，就是教师、课程及教法。这些要素对教学活动的内容和状态起着决定性的作用，能直接控制教学活动的实态，因此作为第三种类型的评价对象。

课程教材的优劣，也是教育成败的主要因素之一。因此，现代教育评价对此非常重视，并力求其改善。另外，教师是办学的依靠力量。评价教师也是现代教育评价的重要课题。评价教师的内容应包括教学能力、教学方法、教学效果、指导能力、指导方式及其特征、指导时的感情和态度、同学生的关系，以及支配评价的教育观等等。

(四) 集团实态的评价

所谓集团，是为了一定的目的而组织起来共同行动的集体。在这里对集团实态的评价，具体是指班级集体、年级集体、教师集体和学校整体的状况。这些状况都与教育活动的开展和教育成果的取得有密切的关系。为此，应把此种评价对象划为第四种类型的评价对象。

(五) 物理环境与社会环境的条件的评价

学校的物理环境和社会环境的条件在学校评价项目中占有比较多的部分。这里主要包括基本设施设备、校地校舍、学校所在地区环境等。此类评价对象可作为第五种类型评价对象。

学校的基本设施设备是办学的必备条件，是发挥学校教育机能的物质基础。对其评价应抓好两个方面：一是再原有基础上的整建；二是现有条件的利用及效果。具体评价内容可包括普通教室、课外活动室、体育馆、礼堂及教育设施的数量和质量等。而对校地校舍的评价内容应包括校地的面积和地形、日照和排水情况、有无空气污染和噪音、校舍的位置和面积、建筑式样和质量，有无危险的地方等。

学校所在地区的环境条件是影响学校教育质量的重要因素之一。这种影响有积极的因素，也有消极的因素，通过评价工作，可以利用积极因素去消除消极因素。进行环境条件的评价，应包括学校周围的地区特点，有无住宅区、商业区、工业区及饮酒玩乐的设施，有无带危险的道路、河川、悬崖等，甚至要考虑有无在万一情况下可供避难救护设施等。在评价学校驻地环境条件时，特别要重视各种社会因素，例如居民的职业分布、文化程度、经济收入、民族特点、风俗习惯等。

（六）行政管理的评价

行政管理作为第六种评价对象，是以学校整体为目标，从宏观上读学校行政管理进行评价。其主要目的在于改善学校教育管理，充分发挥学校教育的机能。因此，其评价内容应该包括学校各个领域的管理，除了前面已经谈到的评价领域以外，这里侧重研究评价学校教育行政体系以及学校教育在整个社会中的地位和机能。

在这样的分类下，学前教育专业学生在幼儿园能够进行的研究以第一类和第二类居多。

三、教育评价的主体

哪些人具备成为教育评价主体的资格，那些人可以开展一定的教育评价活动。刘本固老师提出以下四种人可以成为教育评价的主体：

（一）教育活动的直接责任者

教育活动的直接责任者，无疑首先是广大教师。为了改善教育活动，使成果更加突出，他们从多方面去把握活动的现状并进行评价，实际上，现在一提到教育评价，大多也都把教师作为评价的主体，把评价视作教师应尽的义务。

（二）教育活动的直接参加者

学生是教育活动的直接参加者。教学是双边活动，学生是学习过程的主体，也是评价教学活动的主体。教师的教学效果优劣可以通过学生表现看出来。因此，从总体上看，学生评价教师可以反映教师的教学效果和质量。这种评价活动具有一种教育力量，它有助于学生的民主生活素养的形成，对教学情况发表看法，提出意见和建议，可以使他们逐步形成不盲从的习惯和正确地行使自己的民主权利的能力，并且还能使他们在实际活动中不断提高观察事物和分析问题的能力。但是，还应看到学生作为教育评价的主体，不仅要评价教师的教学，而且要评价自己的学，即所谓自我评价。重视自我评价，是现代教育评价的突出特点。库克（W.W.Cook）认为，最有效的评价是学生的自我评价，其次是教师、同学间的评价，最差的是班级以外的人员的评价。

(三) 对教育活动的改善能采取对策者

这是指学校的管理团队。学校的领导者是全校教育活动的领导者和管理者，也是全校工作的计划者和组织者，他们应该承担对本校的教学工作、思想工作及总务工作采取一系列改善的措施，从而有效地推进学校教育工作的责任，特别是校长。校长在对学校工作及教育活动进行实态把握的同时，还要进行评价工作，并在此基础上从实际出发采取改善的对策。这里所说的对策，也是一种决策行为。校长在领导管理活动中，出主意、想办法、提方案、做决定等，就是决策。决策是学校领导的基本职能，而评价又是决策的基础，因此，要决策，必须进行评价。

(四) 具有管理教育的权力者

从宏观上看，地方各级教育行政部门是其下属学校教育机关的评价主体。也就是说，上级教育行政部门有权对所辖区学校的工作进行评价和指导。评价和指导也是教育行政部门的主要职能之一。教育行政部门必须加强教育评价工作，从而获取准确的信息，以便克服主观主义地决定重大问题的习气。为了加强干部队伍建设和教师队伍建设，就要对其成员的工作优劣做出全面的、准确的评价，以便得到可靠的结论。

刘本固老师也特别提出，上述四种类型的评价主体，都是教育评价的直接主体。实际上，能对学校教育进行评价的并非这四种人，还应包括学生的家长、地区居民及社会各界人士，如用人单位、教育专家等。在现实生活中，他们从各自的立场出发，对学校教育的诸方面作出了评价。但又必须看到，他们的希望和要求，不过不通过上述的四种人的一种，就不可能与教育现状的改善相结合。从这个意义上说，本科阶段的学生不能算作真正的评价主体，只能算作为了调查研究、为了学习而开展评价活动的准评价主体。

第二节 让学生理解评价问题和评价目的

本节讨论如何让学生理解评价问题和评价目的。

一、让学生理解评价问题和评价目的的案例

在理论学习的前提下，教师组织学生对自己评价报告的评价问题和评价目的进行初步思考。并引导学生理解，要从评价和角度和非评价的角度来看待自己的评价问题。

何谓评价的角度？即学生需要思考自己的评价问题是否是可以真正开展评价实践的，不能是虚无的问题、非常抽象的问题、非常宏观的问题等不可真正开展研究的问题或者即使能开展研究，但超越了当下自己能驾驭的人力、物力、时间、统计方法等具体的需要的问题。简单来说，本科阶段的学生应选取一些切入点小，能够通过观察、访谈、问卷、测试等一般性的研究方法进行实际研究的课题。

何谓非评价的角度？评价的复杂性在于评价从来不是独立存在的，评价活动是针对另外一个领域的对象开展的研究，即元评价之外的领域，比如，学生的学习、教师的教学、学校的课程、环境的因素、观念的因素等，因此，评价问题选得好不好和评价能力关系不大，而是受制于评价者在课程、教学、学习、环境等方面的实践素养和理论素养。一个研究问题好不好，无论这个问题的起点是否来自实务的需要、研究的兴趣等，都应该经过严格的文献综述再加以确定或调整，从而能对评价问题的价值、评价问题的范畴、评价问题的发展情况等有进一步的思考，最终确定的评价问题应该经历比较高质量的文献研究过程。笔者通过文献综述的案例让学生理解评价选题和文献综述的关系。①

① 冯翠典，高凌飚．现状与反思：SOLO 分类法国内应用研究十年 [J]. 教育测量与评价，2009(11)：4-11.

案例：SOLO 分类法国内应用研究十年的现状反思

一、SOLO 分类法简介

SOLO 分类法的产生，来源于定义学习不同水平质的差异的需要。为了评价学习和发现学生对特定主题达到了何种水平，很有必要清晰描述学习在其质性增长的任一特定阶段是什么样的。SOLO 分类法是评价学习质量的有效手段。学习质量的结构非常复杂，一般包括两个方面：学生回答的细节的数量（量化方面），以及这些细节组织得怎么样（质性方面）。这两个方面都很重要。

1. SOLO 分类法的思想内涵

“SOLO”代表“可观察的学习结果的结构（Structure of the Observed Learning Outcome）”，它提供了一个系统的途径描述学习者的表现是怎样在复杂性上增长的。该结构有五个水平。见图 4–1。

（1）前结构。任务虽然被关注，但学习者被先期阶段或模式的无关方面所干扰或误导。

（2）单点结构。学习者的注意集中到相关领域并发现一个方面进行展开。

（3）多点结构。学习者发现了更多的正确或相关的特征，但并没有把它们结合起来。

（4）关联结构。学习者把各部分结合在一起，使得整体具有了连贯的结构和意义。

（5）拓展抽象。学习者把结构类推，体现出更抽象的特征，代表了更高模式的操作。

SOLO 分类法的思想从学生的角度可以用自我报告的方式形象地表达出来。（详见表 4–1）

表 4–1　SOLO 分类理论框架下学生理解事物的发展阶段描述

理解事物的发展阶段：
◇前结构：我不理解它。
◇单点结构：我知道了一个方面。
◇多点结构：我知道了重要部分的大多数。

续 表

理解事物的发展阶段:
◇关联结构：现在，我看到了它们是怎样结合在一起的!
◇拓展抽象：我明白这可以在多种情况下运用!

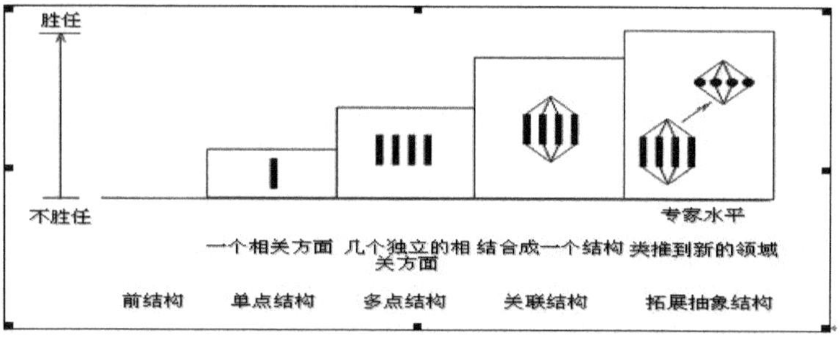

图 4-1　从不胜任到专家水平的五水平：SOLO 分类法

2. SOLO 分类法的评价应用——有层次结果的试题

(1) 规则结果试题编制的思路

使用开放性问题的难点是教师很难对回答的等级作出判断。所以，我们必须设计好有层次结果的试题（Ordered Outcome Items）。题干的设计可以依据 SOLO 的四个水平，即单点结构、多点结构、关联结构和拓展抽象进行。如果对问题没有尝试解决或尝试不充分，可以认为是前结构水平。下面的标准可以用于 SOLO 的各个水平的题目设计。

①单点结构：使用一个直接来自题干的明显信息。

②多点结构：使用包含在题干中的两个或两个以上的单独的离散信息。

③关联结构：使用题干信息中与综合理解直接相关的两个或两个以上的信息。

④抽象拓展：使用从题干信息中能直接或间接得到的抽象的普遍原理或假设。

(2) 一个有层次结果试题编制的例子

根据以上思路，研究者设计了一个数学测验 (详见图 4-2)，并在我国香港地区的两个学校里进行了调研，从几百名参与测验的学生中得到了以下数据。(详见表 4-2)

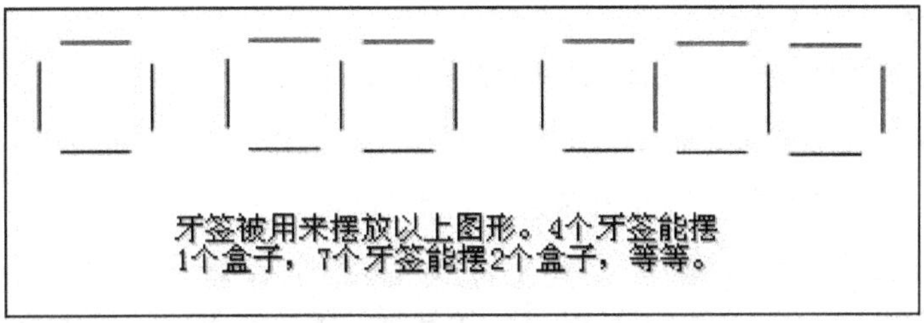

图 4–2　一个有规则结果的数学试题

表 4–2　对一个有层次结果数学试题的调研结果

水平层次	子试题	学校 A	学校 B
单点结构	(1) 摆 3 个盒子需要多少根牙签?	96%	99%
多点结构	(2) 摆 5 个盒子要比摆 3 个盒子多用多少根牙签?	74%	76%
关联结构	(3) 31 根牙签可以摆多少个盒子?	57%	70%
抽象拓展	(4) 如果我想摆 y 个盒子，将会用多少根牙签?	6%	48%

在各水平的子试题中，单点结构的回答只需要一种策略，因此，几乎每个人都能做到。多点结构的回答需要做三件事：计算五个盒子所用的牙签数，数出三个盒子用的牙签数，然后算出这两个数的差。这需要学生对问题有基本的理解，但不一定要理解到问题的结构。结构性理解需要学生达到关联结构的水平。学生应该理解到第一个盒子需要 4 根牙签，每一个后续的盒子都与前一个盒子共用一根牙签，所以只需要 3 根牙签就可摆出新的盒子。那么，从 31 根牙签中拿出第一个盒子用的 4 根，用余数除以 3，可以得到 9，那么，答案就是 10 个盒子。而在拓展抽象水平上的回答则脱离了具体的数字，把结论推广到了所有的情况，即运用 $3(y-1)+4$ 的算式得出结果。可见，在拓展抽象水平上的回答，不是在关联结构水平上回答的简单重复，而是一种质变。

从表 4–2 我们可以看出，直到多点结构水平，学校 A 与学校 B 的学生表现几乎一样，但随后就产生了急剧差异。在表现出拓展抽象水平的数量上，学校 B 学生是学校 A 的 8 倍。在两个学校的教学没有明显差别的情况下，这反映了复杂认知过程即关联结构和拓展抽象的不同。而传统测验中的题目（这些题目的难度可能都没有超越多点结构）基本不能发现学生思维的质性差异。

二、SOLO 分类法的国内应用研究

1. 集中趋势——开放性试题的评分应用

文献显示，国内SOLO分类法的研究既有继续对SOLO的一般介绍，也有在中学各学科的应用探索。截至2008年11月底，在中国期刊网以“SOLO分类法”为关键词进行检索，共检索到中文期刊文献33篇。其中一般理论研究的4篇，在语文学科的运用7篇，在数学学科的运用5篇，在物理学科的运用3篇，在化学学科的运用4篇，在历史学科的运用8篇，在地理学科的运用1篇，在生物学科的运用1篇。可见，SOLO分类理论在引入国内的10年间，在各学科领域里显示了逐步活跃，但不算繁荣的研究态势。

文献显示，SOLO分类法的应用研究主要集中于各学科开放性试题的评分应用，即SOLO分类法在学科中的适用性问题。典型研究如下。语文学科讨论SOLO分类法运用于写作任务中的可行性分析和实践尝试。写作是学生遇到的最为开放的题目类型，评分中的主观性问题一直备受关注，这样的尝试无疑是积极的。数学领域的研究强调SOLO分类法对数学学科中特定类型题目的依赖性，即认定SOLO分类法是一种适合于数学开放题评分的有效工具。化学领域的研究还致力于把SOLO分类法运用于不同类型的开放题评价，研究的亮点在于在开放题的分类框架下进行讨论。历史学科则研究用SOLO分类法评价学生对理论分析性历史问题的回答的可行性，以及如何用SOLO分类理论编制历史试题。可以看出，首先要有合适的任务让学生表现出SOLO分类中的各个思维水平后，才可以对其进行SOLO分类的评价。在各学科的探讨与运用中，我们既看到了SOLO分类法应用于开放题评分的可行性，也窥探到了研究者力图体现学科特性的努力。

总体而言，研究者们对SOLO分类法的研究基本局限在如何使其应用于各学科的开放性试题中，特别是运用于封闭性纸笔测试中的开放题评分中，着重探讨如何编制出符合完整的SOLO分类结构的开放题评分标准，期待能够完成对学生学习质量和思维水平的认定。这一时期的研究思路大多借鉴于高凌飚教授对SOLO分类法的开放题评价的早期研究。

不可否认，作为一项学习研究成果，SOLO分类理论的效用需要在真实的学科问题中得到检验，而各学科领域进行的SOLO分类法的适用性研究也有利于学科教育研究的深入。但过于集中的应用研究显示了研究者对

SOLO分类理论本身理解的窄化。反观比格斯对SOLO分类法的研究，首先应明确SOLO分类法是一种理论而不是简单的试题编制的工具，是对皮亚杰发展阶段论在学生学习任务中的具体化，学生在面对具体任务时会表现出和皮亚杰认知发展阶段基本吻合的认知结构复杂性。开放题研究只是SOLO分类法的应用研究之一。对于一项有意义的理论成果，我们应深入开拓其具有生命力的实践领域，使理论成果在更广阔的领域内指导教育实践。

2. 薄弱环节——超越单一试题情境的应用

除去开放题评分研究，部分学者也在探索如何把SOLO分类理论应用到超越单一的试题情境中。虽然这是研究中的薄弱环节，相关研究较少，但这些珍贵的尝试值得关注。

该领域最早的研究是把SOLO分类法应用到试卷结构的设计，体现了SOLO分类法应用的宏观视角。研究认为，SOLO分类法对确立高考试卷的结构有启发作用，并讨论了以下问题：应当以什么为基准来规定高考物理试卷的结构，或者说，高考物理试卷应分为几个层次，各个层次考查的分别是什么能力，其相互关系如何，怎样去界定这些层次，等等。研究认为，按照SOLO分类法的基本假设和思路，可以把物理高考试题分为五个能力层次（详见表4–3）。用这种方法确定试卷的结构，直接反映了试卷对学生能力和学习水平的要求，是一种比较合理的“能力结构”。

表4–3　不同层次试题的特征

	知识要求	问题情景	数学工具
第一层次	知道、简单	简单	简单
第二层次（1）	知道、简单	简单	较复杂
（2）	知道、简单	较复杂	简单
第三层次（1）	理解、知识面广	简单	复杂
（2）	理解、知识面广	较复杂	简单
（3）	理解、单一知识点	新颖	简单
第四层次	理解	复杂	复杂
第五层次	理解、熟练	复杂、新颖	复杂

高凌飚教授对SOLO分类法拓展应用的该项开拓性研究一直未引起广大研究者的关注，新近才出现了类似研究。该研究讨论了以SOLO分类法

进行学习评价的测验工具开发和结果分析，以数学学科为例，重点说明了如何根据SOLO分类法制定多维细目表。这既说明了SOLO分类法拓展研究的难度，也预示着该领域研究的广阔前景。

3. 研究前景——现有研究提出的新思路

除了开放题评分研究和试卷结构设计的专门研究外，学界也出现了对SOLO分类法研究的一些新思路，预示着SOLO分类法研究的走向和前景。

(1) 在封闭题设计中的应用

SOLO分类法的研究中主要集中在对开放性问题的评价上，但有的研究却提出了另一种思路：用SOLO分类法编制客观性选择题。研究认为：对于客观性选择题，可以把四个不同的选项分别设计成代表不同结构水平的选项，根据学生选择的选项不同，区分他们实际思维结构的复杂程度。客观性选择题中的四个不同水平的选项，可以通过两种不同的方式来获得：一种是通过学生对相应问题的主观评述，把大量答案加以类型化，选取典型答案转换成选择题的选项；另一种是根据教育专家对儿童经验的把握，建立代表不同水平的选项，然后通过大量的测试对选项的合理性进行检测。

(2) 对学生提出问题能力的评价

除了利用学生面对具体问题所表现出来的思维水平来评价学生外，有的研究反其道而行之，认为学生提出问题的能力也可以用SOLO分类评价法来评价，根据学生提出问题时的表现来判断他所处的思维发展阶段、思维的复杂程度，进而给予合理的评分。这一类的研究尝试着提出了一个基于SOLO分类法的对学生提出问题能力的评价标准，并认为运用SOLO分类法来评价学生提出的问题，既能够考查学生对概念的掌握程度，还能通过他们提出问题的表现观察到学生的思维过程。

(3) 在不同层面教学设计中的应用

有的研究探讨了在语文研究性课程教学中如何根据SOLO分类理论设计不同层面的教学，从而既能确定学生不同的思维认知水平，也能引导学生进行高层次的学习体验。这一类的研究对SOLO分类理论在语文研究性教学中的应用的启示是根据SOLO分类法进行评价，应充分发挥不同测试题型的功能。

(4) 与过程性评价的整合

有的研究还探讨了SOLO分类理论应用于学生评价可能带来的教与学

的变化：SOLO 分类法的等级划分可以为师生提供有关教学的有效反馈，师生通过评价结果可以更好地了解教和学的状况。教师通过 SOLO 分类法对学生进行评价后，如果发现学生的平均水平处在多点结构，那么，在以后的教学中就要加强知识点之间的联系，指引学生向关联结构水平迈进；同时，通过此类划分，学生可以发现自己当前的学习状况，明确学习的正确方向。

三、反思与展望

可以看出，国内十年对 SOLO 分类法的研究有两大特点：研究态势比较活跃，但研究视野较窄，有把 SOLO 分类理论本身狭隘化理解的倾向；研究人员主要身处高等院校，使得这一极富实践意义的课题脱离了一线教师的智慧和真实课堂的土壤。基于以上讨论，对于 SOLO 分类理论的研究，还需在以下方面进行深化。

(1) 深化 SOLO 分类法的开放题评价研究

运用 SOLO 分类法进行学科开放题评价的研究还需进一步推进。现有研究的试题样本少，应用规模小，而且对各层次的认定有人为化的倾向，缺乏事实依据和实证研究，也缺乏大规模考试中的适用性研究。同时，我们还应考虑，开放性试题是否必须是完全建构型的，对学生提供必要的思维支架并引导学生的深入理解是否必要？

(2) 着力 SOLO 分类法的封闭题评价研究

封闭性的选择题因其评分客观、适应性强等特点成为多种测验的必备题型，设计良好的选择题也不仅仅用于考查低层次的再认和回忆等思维能力，同样也可以像开放题一样考查学生的深层次思维。例如，不同层次的选项设计以及许多不同难度的选择题的集合也可以考察学生不同的思维水平。如何把 SOLO 分类法尝试用于封闭性选择题中的学生评价，如何把 SOLO 分类法用于指导封闭性选择题的开发设计，如何把 SOLO 分类法拓展到开放题之外的领域，是很有意义的话题。

(3) 注重 SOLO 分类法在宏观层面的开发

把 SOLO 分类法应用到更为宏观的目标制定体系上，应成为 SOLO 分类理论研究的核心领域。作为对学生学习的一种质性参照，SOLO 分类法不应仅仅局限于单一试题任务的研究，我们还可以将其应用到课程目标开发、课程标准中学生认知要求和课程内容的细化等领域，这是更为重要的话题。未来研究的重要可以放在讨论学生在不同年级的发展状况，以及在同一年级中对不同课程内容的认知要求上。比如，根据小学生的发展水平，课程目标应以多点结构的要求为主，中学阶段则应更多地设定在关联结构水平的目标上。而抽象拓展结构不应作为统一要求，因为这一水平的认知成就，学生在中学高年级之前不容易达到。

(4) 注重 SOLO 分类法在教学实践中的应用

SOLO 分类法在教学中的应用值得我们深入研究。不可否认，每个学生在某一个任务中只能表现出其自身的特定水平，即只能体现出 SOLO 分类法的某一水平。从实际上来讲，只把 SOLO 分类法应用到终结性学生评价中，对个体的学生来讲是没有意义的。但学生群体必然会出现不同水平的理解，即在学生群体中能呈现出 SOLO 分类法的完整结构。所以，SOLO 分类法的意义在形成性评价中、在真实的课堂教学中可能会得以完全彰显。在日常教学中应用 SOLO 分类法进行教学设计、学生反馈和形成性测验等，我们既可以激发学生的内在学习动机，也可以引领学生的深层次思维。可见，将 SOLO 分类法应用于教学实践，教学和评价就会成为一个统一体的不可分割的两面。

二、学生提出的评价问题及评价目的

在理论学习的探讨基础上，学生可以提出自己的评价问题及评价目的，说明了他们在这个方面具备了怎样的评价实践能力，见表 4–4。

表 4–4　学生提出的评价问题及评价目的

姓名	评价问题	评价目的
王晓涵	小班幼儿生活自理能力的评价	1. 了解小三班整体幼儿在生活自理能力方面的发展水平 2. 根据评价结果，提出相应的建议，促进幼儿良好生活卫生习惯的养成
唐明利	小班幼儿园常规教育情况的评价	了解当前幼儿园常规教育的现状、方法、影响因素，探讨如何通过积极的行为促进幼儿习得行为规范和对规则的内化
孙智超	幼儿园教师的职业倦怠现状评价	了解现阶段幼儿园教师职业倦怠感的现状，从而根据现状反映出的问题进行分析得出影响幼儿教师职业倦怠的原因

续　表

姓名	评价问题	评价目的
林紫嫣	小班幼儿基本常规的评价	初步窥探幼儿园常规的现状，分析其存在的问题及影响因素，对此提出相关建议对策，有助于幼儿教师发现、认识问题，进行反思，有助于在日后工作中有针对性地进行常规教育
金舒婷	幼儿园小班活动区环境创设情况的评价	1. 了解机关幼儿园大洋分园小三班的活动区环创风格水平 2. 呈现班级活动区环境创设的现状并提出相应建议
黄佳丽	幼儿园班级教育环境创设的评价	分析探讨其班级环境创设的现状及存在的问题，并提出适当的改进方法，为实践幼儿园环境创设提供帮助
曹丽娜	关于临海古城中心幼儿园豆豆8班班级环境创设情况的评价	1. 有效地对班级环境进行调控，能够让环境反应合理的教育理念、教育目标和活动内容，将环境融入到课程设置中 2. 有效引导孩子投入班级环境创设中，充分调动幼儿的感性认知能力，发挥优势，取己所长，共同为班级创设一个温馨舒适而不缺学习气韵的氛围
刘志鹏	关于大五班室内环境创设的评价	1. 了解大五班室内环境创设的现状 2. 发现室内环境创设存在的问题并及时提出建议与改进措施，更好地进行班级的环创
张佳慧	大班幼儿在区域游戏中合作行为的评价	1. 通过了解实验幼儿园大二班幼儿在区域游戏中合作行为的情况，整理出目前幼儿园大班幼儿在区域游戏中合作行为的基本现状 2. 通过调查，找出并阐明影响幼儿合作行为的因素 3. 通过对调查结果进行分析，了解帮助幼儿在区域游戏中能正确合作的科学干预策略
冯行华	小班幼儿基本常规的评价	了解幼儿园常规教育的现状，分析幼儿园常规教育中存在的问题以及影响因素
张雨虹	关于幼儿园班级的区域（区角）创设情况的评价	1. 了解班级的区域环境创设现状及存在的问题。 2. 分析总结有利教师教学、适宜幼儿发展的区域环境，提出相应建议
徐波	苗苗9班美工区材料投放的评价	对幼儿园美工区材料投放的情况进行调查，有助于发现幼儿园美工区材料投放中存在的问题，进而提供一些具有针对性的建议，帮助幼儿园更好地投放与幼儿发展相适宜的物质材料，从而引起幼儿参与活动的兴趣
张子翼	幼儿园班级室内环境创设的评价	1. 了解班级内环境创设情况 2. 感受环境创设与幼儿身心发展之间的关系，提出相对应的建议

续 表

姓名	评价问题	评价目的
王姝雅	大班幼儿加减运算能力现状评价	能够深入了解并反映大班幼儿的加紧运算能力现状，为指导大班数学运算类教学活动提供一些意见
张娇艳	幼儿园中班区域环境创设评价	通过观察、实践，了解和分析中三班区域活动的环境创设的现状，并找出其投放时所存在的问题
俞欣晨	中班幼儿美工区教师指导评价	了解中班教师在美工区活动中指导幼儿的实际状况，发现并分析教师指导存在的问题
何泽男	关于幼儿园中班班级环境创设情况的评价	1. 了解临海机关幼儿园大洋分园中班班级整体环创水平 2. 了解不同班级环境创设的异同 3. 根据班级环境创设评价表，提出相应的建议
万思聪	幼儿园班级主题墙创设的评价	1. 了解幼儿园的班级主题墙创设情况 2. 呈现幼儿园班级主题墙创设的现状，提出相应的教育建议
潘铭涛	中班幼儿交往能力发展的评价	发现影响幼儿交往能力发展的因素，从而提高幼儿的交往能力的发展和教师指导的有效性
江宝云	关于幼儿园安全教育的现状评价	1. 通过本问题的 2 个大方面了解目前幼儿园的安全教育的现状，并从中分析其背后的深层原因，从而为丰富幼儿园安全教育的理论和推行安全教育提供现实依据 2. 通过对本问题的研究，探讨幼儿教师在进行安全教育遇到的困难，试图对幼儿园的安全教育提出一些可行性的操作性建议和策略，有利于使理论能运用于教育实践
董佳璐	中三班墙面环创评价报告	1. 了解中三班墙面环境创设的特点 2. 发现班级墙面环境创设存在的问题 3. 针对本班级墙面环境创设存在的问题提出改进的建议
缪雯星	中五班美工区活动的评价	帮助教师了解现在美工区存在的问题与不足，寻找并研究解决的方法，才能通过一系列的措施尽可能地提升幼儿的欣赏能力和创作能力，不断挖掘幼儿的潜能
吴晓蓓	大一班墙面环境创设评价	1. 了解大 (一) 班墙面环境创设的特点 2. 发现班级墙面环境创设存在的问题 3. 针对本班级墙面环境创设存在的问题提出相应的改进建议
胡燕楠	小班幼儿空间概念发展评价	研究小班幼儿空间概念的学习掌握情况，可以准确地、有效地了解在数学教育中需要重点分析的教育内容，为今后的学习、重难点分析、因材施教以及更深入的教学与教法的发展与探究做基础，为今后学前数学教育中关键的空间概念部分提供参考和建议

续　表

姓名	评价问题	评价目的
楼珂	大班幼儿计数能力与数运算发展的评价	了解儿童的计数能力和加减法运算能力
胡超男	关于大班幼儿解决问题能力的评价	针对我所在班级大班幼儿的解决问题能力的情况观察，进行分析评价，并适时地提出一些合理的建议，旨在在能更好地培养幼儿解决问题的能力方面提供更多帮助
章诗雨	中六班美工区活动的评价	帮助教师了解现在美工区活动的优点与存在的不足之处，从而获得借鉴或寻找解决提升方案，尽最大可能给幼儿提供合适活动区角，让幼儿的潜力得到最大开发
龚瑶绮	中班安全教育的实施评价	通过此次评价明确幼儿园安全教育的实施现状，找到问题的所在
应梦倩	关于中四班室内环境创设的评价	了解幼儿园班级环境并进行分析 呈现中四班班级环境创设的现状，提出相应的改进建议
唐芷萌	小四班区域材料的评价	1. 了解小四班区角活动的材料 2. 呈现区角材料的现状，提出相应的教育建议
黄倩	小班幼儿社会交往情况的评价	通过分析小四班幼儿的同伴交往情况、师幼关系和亲社会行为，了解小班幼儿社会交往情况 针对所发现的小班幼儿社会交往问题提出相关的意见和建议
董佳楠	小班美工区物质材料投放评价	了解小四班美工区物质材料的投放现状 发现美工区材料投放的问题和及时提出建议与改进措施，更好地促进幼儿的发展
谢奇巧	小班美工区材料投放情况的评价	基于对目前小班美工区域活动具有的重要意义的认知，立足于小班美工区域活动材料的投放做了实际调查和分析，为能促进幼儿主动学习的有效美工区域材料投放提供依据
薛文怡	关于小班班级环境创设的评价	了解小四班班级环境创设的情况 根据小四班班级环境创设的情况，提出相应的建议
黄梦雅	豆豆五班班级环境创设的评价	1. 了解豆豆五班的班级物质环境与心理环境的创设 2. 呈现本班物质环境和心理环境的现状，提出相应的教育建议
梁心怡	临海市机关幼儿园大洋分园中一班幼儿同伴交往能力的评价	1. 了解中（一）班幼儿的同伴交往能力水平 2. 呈现幼儿同伴交往能力的发展水平状况，提出相应的教育建议

续　表

姓名	评价问题	评价目的
张佳玲	中六班美工区中材料投放的评价	分析本班美工区的材料投放情况并提出相应的意见和建议。实现对于美工区材料的有效利用，促进幼儿思维能力与动手创造能力的提高
包如意	关于中班幼儿同伴冲突现状及解决对策的评价	1. 了解中班幼儿在发生同伴冲突时的心理状态 2. 为教师在面对幼儿同伴冲突时提供一些更好的应对策略，提高幼儿人际交往的能力，促进其社会性发展
王佳依	小班美工区材料投放的现状调查	使用自然观察法来进行信息的收集，然后分析美工区的材料投放情况并提出相应的意见和建议
许胡沁	古城中心幼儿园苗苗 5 班美工区材料投放评价	初步了解到现阶段教师在美工区材料投放时所出现的问题，从而进一步寻求解决方案，提升教师整体素质，为幼儿在美工区创作提供更好的环境，进一步提高幼儿的审美情趣
王文诗	大洋中心幼儿园中三班教师对结构游戏指导评价	记录了大洋中心幼儿园中三班教师对结构游戏的指导，并对此进行了分析评价
张哲宇	中班幼儿生活常规评价	通过观察幼儿园中班的幼儿生活常规现状，分析幼儿常规表现中存在的问题以及影响因素，并提出相关建议对策，有助于中班幼儿教师发现问题、认识问题，并进行一定的反思，在以后工作中有利于教师有针对性地进行常规教育
王予汝	关于幼儿园集体教学活动中教师管理行为的评价	试图通过对幼儿园集体教学活动中教师管理行为的观察结果进行数据统计和分析，真实反映教师在集体教学中出现的管理行为的实际情况。然后根据调查结果进行当前教师管理行为的优劣评价，最后尝试提出改善幼儿园集体教学中教师管理行为的建议或意见
陈哲宇	大洋中心幼儿园第一分园中三班益智区材料投放评价	针对大洋中心幼儿园中三班益智区的材料投放情况，通过实习期间的观察，进行信息的收集，然后分析益智区的材料投放情况并提出相应的意见和建议
童航	关于豆豆 2 班区域活动开展情况的评价	了解豆豆 2 班小朋友区域活动有效情况； 通过评价寻找缺点，对于一些不足及时改进
俞小青	临海市大洋中心幼儿园第一分园大班户外活动材料投放现状与建议	通过对幼儿园的户外活动材料进行分析评价，可以找出其中的优缺点，提出科学合理的改正意见，让这些材料物尽其用，促进幼儿的身心健康发展

续　表

姓名	评价问题	评价目的
靳梦南	大洋中心幼儿园大(三)班建构区材料投放情况评价	旨在针对建构区材料投放的情况进行分析，以促进建构区投放的材料更加适宜幼儿
姜艳萍	实验幼儿园小六班日常生活中常规教育的评价	希望能够更真实、深入地反映出小六班幼儿日常生活活动中的常规教育的现状，为实践小班日常生活活动中的常规教育提供一些有效的帮助
李漫慧	中班幼儿分类能力评价	了解中班幼儿分类能力的发展水平，阐述中班幼儿分类能力发展的特点，为中班分类教育提供实证参考
刘静	古城中心幼儿园中班美工区材料投放现状评价	通过对苗苗七班美工区的观察和分析，以及通过对教师关于美工区材料的有关投放进行观察，从而进一步了解和发现中班美工区材料投放的现状以及存在的问题，进一步提出相应的改变策略和方法
钱蕾英	大洋中心幼儿园小(三)班户外活动评价	了解大洋中心幼儿园户外活动的环境、器械准备，了解小三班教师在活动中的指导，学习一些有用的指导方式，针对不好的问题提出意见，了解小三班幼儿在户外活动中的表现和常规行为

第五章

细化评价内容与制订评价标准

真正的进行一项评价活动，仅有评价问题还不够，还需要进行“庖丁解牛”的工作，即把评价问题进一步细化成具体的评价内容。有了进一步细化的评价内容，既是进一步开发评价标准的必要前提，又是后续提供评价结果、提出评价结论等步骤的必要前提。

另外，进行教育评价是为被评价对象作价值判断，判断的依据则是一定的标准和尺度。缺乏标准，评价无法开展；标准含混不清，评价将矛盾百出；标准不合理，评价便谈不上有效。可见评价标准是评价活动得以开展的逻辑前提，确立评价的标准和尺度是评价方案设计中的核心问题。

第一节　关于细化评价内容与制订评价标准的理论问题

一、细化评价内容

所谓细化评价内容就是把评价问题的范畴按照可研究的要求进一步分解，这样的分解，最好是来自广泛深入的文献研究，从而保障评价内容的合理性和逻辑性。

如果是仅仅口头讲授，学生会对这样的内容感触不深，听过了也不知道如何真正的细化评价内容，即使可以开展评价内容的细化工作，也并不能理解其中的根本。通过教师发起实际的评价任务，学生在共同学习的情境下为自己的评价问题细化评价内容，特别是在研究同一同学所细化的不同评价项目的框架后，学生就能理解为何评价内容是影响评价结果的关键。评价内容具体分为哪几个方面，这几个方面的具体内涵是什么，而评价内容的细化为什么可以有多重选择，哪种框架更好一些，这些问题都能促进学生对评价问题的理解和评价标准的把握。

表 5-1　学生细化后的评价内容

姓名	评价问题	细化后的评价内容
王晓涵	小班幼儿生活自理能力的评价	生活自理能力分为：进餐、盥洗、如厕、午睡、穿衣
唐明利	小班幼儿园常规教育情况的评价	把幼儿常规教育情况的评价主要分为了三方面：常规教育的现状；常规教育的方法；常规教育的影响因素
孙智超	幼儿园教师的职业倦怠现状评价	把教师的职业倦怠影响因素分为三个方面：个人因素、社会因素、管理因素
林紫嫣	小班幼儿基本常规的评价	把幼儿常规的内容分解为如下七个方面：盥洗活动、如厕、区域和户外游戏、集体教学、就餐和吃点心、午休、其他

续 表

姓名	评价问题	细化后的评价内容
金舒婷	幼儿园小班活动区环境创设情况的评价	幼儿园小班活动区环境创设情况分了四个方面进行评价：空间环境、材料投放、区域种类和区域标示。其中空间环境又分为物质环境与心理环境
黄佳丽	幼儿园班级教育环境创设的评价	评价班级教育环境创设情况，主要包括整体环境、区域环境、主题墙面、家园联系栏这四个内容
曹丽娜	临海古城中心幼儿园豆豆8班班级环境创设情况的评价	将班级内外的环境创设的内容根据功能功用进行了划分，主要对班级中的区角布置、材料投放、生活区环境、墙壁装饰布置以及家园联系栏这五大方面进行
刘志鹏	关于大五班室内环境创设的评价	把室内环境创设分为区域、主题墙、家园联系栏、盥洗室四个部分
张佳慧	大班幼儿在区域游戏中合作行为的评价	把儿童的合作行为分为合作水平和合作性质两个方面
冯行华	小班幼儿基本常规的评价	把小班的常规活动分为盥洗、就餐和点心前、就餐和点心时、喝水、午休、其他、集体活动
张雨虹	关于幼儿园班级的区域（区角）创设情况的评价	分为区域整体、材料投放、规则设置三个方面，并各自又包括不同的内容。1. 区域整体：主要从空间布局、区域类型、色彩装饰、活动面积四方面进行评价。2. 材料投放：主要从材料丰富性、安全性、材料更换、材料摆放四方面进行评价。3. 规则设置：主要从进区规则牌、进区凭证、物品取放、作品展示四方面进行评价
徐波	苗苗9班美工区材料投放的评价	分为材料投放来源、材料投放的类型、材料投放的数量、材料投放的管理、材料投放的考量、投放材料的使用这6项
张子翼	幼儿园班级室内环境创设的评价	分为区域环境、主题墙、家园联系栏、大环境这4项
王姝雅	大班幼儿加减运算能力现状评价	从运算策略的选择、运算成绩的稳定性、配合使用其他数学能力的水平这三个方面进行评价
张娇艳	幼儿园中班区域环境创设评价	评价的内容主要包括三大块，分别是区域设置、材料提供和规则要求
俞欣晨	中班幼儿美工区教师指导评价	从教师在美工区提供必要的物质基础、活动过程中的指导行为、活动后的成果评价这三个方面进行研究

续　表

姓名	评价问题	细化后的评价内容
何泽男	关于幼儿园中班班级环境创设情况的评价	对幼儿园中班班级环境创设的评价包括主题墙、区域创设、自然角、家园联系栏、整体环境这五个部分
万思聪	幼儿园班级主题墙创设的评价	分为五个方面的评价，分别为：教育理念、创设主体、内容设计、表现形式、整体呈现
潘铭涛	中班幼儿交往能力发展的评价	评价内容是中班幼儿交往能力发展情况，评价项目分为幼儿的交往水平、交往技巧和交往地点
江宝云	关于幼儿园安全教育的现状评价	分为幼儿园环境安全和幼儿园安全教育活动两大方面。环境安全又分为物质环境和心理环境两个方面
董佳璐	中三班墙面环创评价报告	评价内容分为五个具体项目：教育理念、创设主体、内容设计、表现形式、整体感受
缪雯星	中五班美工区活动的评价	评价内容分成了环境创设、材料投放、组织与观察指导和幼儿表达与表现四个方面
吴晓蓓	大一班墙面环境创设评价	评价内容分成了如下五个方面：教育理念、创设主体、内容设计、表现形式、整体感受
胡燕楠	小班幼儿空间概念发展评价	对小班幼儿空间概念从位置和方向、图形、视觉图像与空间推理 3 个方面进行评价
楼珂	大班幼儿计数能力与数运算发展的评价	计数能力包括唱数、数物对应、数目守恒；数运算包括加法运算和减法运算
胡超男	关于大班幼儿解决问题能力的评价	具体分为：态度、情绪、行为举止和口语表达四个方面
章诗雨	中六班美工区活动的评价	评价项目分为环境创设、材料投放、组织与观察指导以及幼儿表达与表现四大方面
龚瑶绮	中班安全教育的实施评价	把安全教育具体分为：教师对幼儿安全教育的认识、安全教育的时间、安全教育的内容、安全教育的途径四个方面
应梦倩	关于中四班室内环境创设的评价	从区域环境、主题墙、整体环境三大部分来评价。 区域环境包括区域布局、区域材料的选择和投放。主题墙主要从墙面内容、墙面装饰、幼儿参与及教育价值四个方面进行考虑。整体环境主要从物品摆放、班级风格、班级环境、材料利用进行考虑
唐芷萌	小四班区域材料的评价	评价项目为材料的设计、材料的投放、材料的制作、材料的摆放这四个方面

续 表

姓名	评价问题	细化后的评价内容
黄倩	小班幼儿社会交往情况的评价	具体内容包括：同伴交往情况、亲社会行为、师幼关系
董佳楠	小班美工区物质材料投放评价	评价项目分为：美工区物质材料投放的类型、美工区物质材料投放的更换、美工区物质材料投放的依据和美工区物质材料投放的来源
谢奇巧	小班美工区材料投放情况的评价	评价项目分为材料的类型、材料种类、材料的数量、材料的发展适宜性、材料的经济性、材料的安全性这6项
薛文怡	关于小班班级环境创设的评价	评价项目分为了以下5个方面：活动区；主题墙；家园联系栏；自然角；整体环境
黄梦雅	豆豆五班班级环境创设的评价	从物理环境与空间环境、班级活动材料的投放、心理环境即班级心理社会环境三个方面评价
梁心怡	临海市机关幼儿园大洋分园中一班幼儿同伴交往能力的评价	把同伴交往能力的评价项目分为交往态度、交往能力、友好的行为3项
张佳玲	中六班美工区中材料投放的评价	评价项目分为材料投放种类、材料投放的数量、材料投放的目的性、材料投放的经济性、材料投放的安全性、材料投放的启发性和材料投放的新旧比例这七项
包如意	中班幼儿同伴冲突现状及解决对策的评价	评价项目分为活动类型、性别分布、冲突类型、解决策略、教师态度这5项
王佳依	小班美工区材料投放的现状调查	从材料投放的类型、来源、安全性、动态性、丰富性、经济性、教育性七大方面进行分析评价
许胡沁	古城中心幼儿园苗苗5班美工区材料投放评价	从材料的安全性、目的性、自主性、动态性、开放性五个方面进行评价
王文诗	大洋中心幼儿园中三班教师对结构游戏指导评价	教师对结构游戏的指导，我主要分为了三个方面进行评价：游戏前材料投放、游戏中教师指导和游戏后材料整理
张哲宇	中班幼儿生活常规评价	将幼儿的生活常规分成四个方面：卫生常规、就餐常规、午休常规以及入园、离园常规

续　表

姓名	评价问题	细化后的评价内容
王予汝	关于幼儿园集体教学活动中教师管理行为的评价	评价项目主要分为教师言语和教师行为两个方面，又将其分为负向和正向。其中，教师的正向言语行为有互动式语言、正面表扬、强调规则和倒计时；教师的负向言语行为有个别批评、威胁控制、直接训斥和疑问式批评。而教师的正向动作行为有突然停顿、眼神暗示、走近幼儿和弹钢琴；教师的负向动作行为有动作威慑、停止教学、忽视不顾、个别惩罚
陈哲宇	大洋中心幼儿园第一分园中三班益智区材料投放评价	将评价项目分为以下 5 个方面进行评价：益智区材料投放的类型；益智区材料投放的数量；益智区材料投放的安全性；益智区材料投放的层次性；益智区材料投放的发展适宜性
童航	关于豆豆 2 班区域活动开展情况的评价	选择了环境创设、活动指导、幼儿活动以及教育效果四个方面进行评价
俞小青	临海市大洋中心幼儿园第一分园大班户外活动材料投放现状与建议	对户外活动材料的分析主要分为：材料的安全性，材料的灵活性，材料的趣味性，材料的丰富性和材料的目标性
靳梦南	大洋中心幼儿园大（三）班建构区材料投放情况评价	评价内容具体分为材料的丰富性、材料的可创造性、材料的适宜性、材料的层次性和材料的安全性五个方面
姜艳萍	实验幼儿园小六班日常生活中常规教育的评价	评价内容分为：1. 常规的制定；2. 常规的实施；3. 常规的维持
李漫慧	中班幼儿分类能力评价	评价的项目分为两个部分：对于几何图形图片分类的能力评价和对于实物图片分类的能力评价
刘静	古城中心幼儿园中班美工区材料投放现状评价	评价内容分为：1、材料的属性；2、材料的来源；3、材料所遵循的原则（安全性原则、经济性原则、目标性原则、发展适宜性原则、丰富多样性原则、创造性原则）
钱蕾英	大洋中心幼儿园小（三）班户外活动评价	评价项目主要分为户外活动准备、教师素质、幼儿表现、户外活动常规这四大部分。1. 户外活动准备：对活动场地、大型器械、活动材料进行评价。2. 教师素质：对教师的热身放松活动的组织、活动中的反应能力、活动安排、积极性、指导等进行分析。3. 幼儿表现：从幼儿的认知、情感、技能方面进行评析。4. 户外常规：对幼儿的穿脱衣服、喝水、整理器械能力进行评析

二、制订评价标准

有两种制订评价标准的方案：概括性问题和指标体系，下面对这两种方案的设计方法介绍如下。[①]

（一）概括性问题

概括性问题是就评价者所关心的方面，将被评对象分解为一系列比较抽象的概括问题，而不是具体化到行为层面的指标，使用的是内隐性和概括性的词语，比如，目标是否明确？效果是否明显？积极性是否高？制度是否健全？

概括性问题比较好设计，但评价者做出判断的具体标准不明确，并且特别依赖判断者的专业水平。但适应性较好，不受具体事物的影响。内涵更丰富，弹性更大。

概括性问题的特点有：

1. 直接反映目标，评价的有效性高

概括性问题不针对具体的行为，而是强调整体感知，直接反映目标。人们在观察和分析问题的时候，往往会从整体上把握对象。概括性问题的方式是对评价对象的抽象和概括，强调的正是整体感知。一方面，通过设计概括性问题规范和细化评价内容，告诉评价者应该去关注哪些方面的信息，避免丢失目标。另一方面，又不需要将目标转换成具体的、行为化的评价项目，而是通过一系列的抽象问题直接反映目标的本质属性，避免了分解目标时因多次转化而使得某些末级的指标对目标反映不贴切的现象。

2. 简练而明确，突出主要因素

利用指标体系进行评价，要求指标体系全面具体，用次级指标说明上一级指标，用小问题说明大问题，因而，一般情况下，指标系统的指标数量繁多、庞杂。而概括性问题不同于指标系统，它强调对大的方面、典型的问题的总体判断，而不是面面俱到的具体问题。因而，概括性问题简练明确，突出重要因素。

---

① 王景英．教育评价 [M]. 北京：中央广播电视大学出版社，2004：48-56.

3. 信度较低

利用指标体系进行评价的最大特点是评价结果精确性高，便于量化和综合。而依据概括性问题进行的评价，评价结果笼统，评价者对被评对象从整体上进行感知和认识的空间较大、自由度较大，在实际评价活动中，不同评价者对问题理解的角度及程度不同，因此会影响评价的信度。

表 5–2　学生设计的概括性问题的评价标准

<table>
<tr><th colspan="8">幼儿园班级室内环境创设评价表</th></tr>
<tr><th rowspan="2">评价项目</th><th rowspan="2">评价要点</th><th colspan="5">等级（分数）</th><th rowspan="2">备注</th></tr>
<tr><th>1</th><th>2</th><th>3</th><th>4</th><th>5</th></tr>
<tr><td rowspan="5">1. 区域环境</td><td>1.1 区域布局合理，动静分区、干湿分区</td><td></td><td></td><td></td><td></td><td></td><td></td></tr>
<tr><td>1.2 材料的选择与投放符合本班幼儿年龄特点</td><td></td><td></td><td></td><td></td><td></td><td></td></tr>
<tr><td>1.3 材料投放符合区域计划</td><td></td><td></td><td></td><td></td><td></td><td></td></tr>
<tr><td>1.4 区域整洁美观，安全卫生</td><td></td><td></td><td></td><td></td><td></td><td></td></tr>
<tr><td>1.5 材料摆放有序，便于幼儿取放</td><td></td><td></td><td></td><td></td><td></td><td></td></tr>
<tr><td rowspan="4">2. 主题墙</td><td>2.1 能根据不同的季节特征和园课程进度情况调整变化</td><td></td><td></td><td></td><td></td><td></td><td></td></tr>
<tr><td>2.2 有创造性、童趣性，色彩运用美观、协调</td><td></td><td></td><td></td><td></td><td></td><td></td></tr>
<tr><td>2.3 幼儿参与创设，能产生对话</td><td></td><td></td><td></td><td></td><td></td><td></td></tr>
<tr><td>2.4 蕴含教育价值</td><td></td><td></td><td></td><td></td><td></td><td></td></tr>
<tr><td rowspan="4">3. 整体环境</td><td>3.1 各类物品摆放整齐有序、整洁干净</td><td></td><td></td><td></td><td></td><td></td><td></td></tr>
<tr><td>3.2 有独特的班级风格，看起来舒服</td><td></td><td></td><td></td><td></td><td></td><td></td></tr>
<tr><td>3.3 班级卫生环境好</td><td></td><td></td><td></td><td></td><td></td><td></td></tr>
<tr><td>3.4 合理利用材料，经济环保</td><td></td><td></td><td></td><td></td><td></td><td></td></tr>
</table>

（二）指标系统

指标系统是把评价内容分解到行为化、可观测的进一步的评价项目，是最直接具体的评价内容。评价内容进行分解时，第一次分解后的指标称为一级指标，再进行细分称为二级指标、三级指标，直到指标具有直接可测的行为属性，指标系统即建成。

表 5-3　学生设计的指标系统的评价标准

苗苗二班幼儿生活常规评价表					
一级指标	二级指标	评价准则	分数等第		
			2	1	0
卫生常规	洗手常规	饭前便后及手脏时及时洗手	2	1	0
		会正确的洗手方式，洗完手后及时擦干	2	2	0
	如厕常规	大小便能自理，便后及时冲水	2	1	0
		会拉好裤子，注意腹部保暖	2	1	0
	自理常规	能保持手脸干净和衣服整洁	2	1	0
		会用纸巾擦汗擦鼻涕	2	1	0
就餐常规	餐前常规	自觉地排队取餐	2	1	0
		取餐过程不跑，不弄洒饭菜汤	2	1	0
	进餐常规	吃饭时不发出响声，不用手抓饭抓菜，不挑食，不剩菜	2	1	0
		安静愉快的进餐，坐姿自然	2	1	0
	餐后常规	进餐后，桌面干净、地面干净、身上干净、碗内干净	2	1	0
		正确的使进餐具，会自己收拾碗筷，餐具轻拿轻放，餐后及时漱口	2	1	0
	喝水常规	能自己取杯子喝水	2	1	0
午休常规	睡前常规	不带玩具、皮筋等物品上床睡觉	2	1	0
		能将脱下的衣裤、鞋袜放在固定地方	2	1	0
	入睡常规	能及时入睡，睡姿正确，不蒙头睡觉	2	1	0
		能自觉起床如厕，不尿床	2	1	0
	起床常规	起床铃向后及时起床并正确地穿好衣裤鞋袜	2	1	0
		独立、有序的穿脱衣服、鞋袜	2	1	0
来园、离园常规	入园常规	衣着整齐、主动接受晨检、拿好晨检牌	2	1	0
		热情地和老师、小朋友说早上好	2	1	0
	进班后常规	进班后及时地放好水壶、书包	2	1	0
		能自主选择自己喜欢的区域活动	2	1	0
	离园前常规	离园前收拾好玩具，整理场地，整理自己的东西	2	1	0
		主动地和老师、小朋友说再见	2	1	0

概括性问题和指标体系，是评价标准的不同表现形式，虽有不同，但联系密切，实际上，指标系统是概括性问题分解和筛选后的具体评价项目群，在设计指标体系时，目标分解的过程体现了从概括性问题到具体指标的过程；而概括性问题则是指标系统的抽象与概括。

(三) 概括性问题和指标系统的判定准则

在评价标准中，不仅有把具体内容细化为概括性问题和指标系统的内容维度，还有对这些内容维度进行判定的准则维度。准则维度主要有强度和频率两种类型。

强度是指在评价项目上表现的程度如何，一般有二分法、三分法、四分法、五分法，既可以用不同的文字表述强度，也可以用不同的数字表述强度，也可以用字母来表述强调，既可以从强到弱排列，也可以从弱到强排列。比如，是否(有无)；优秀、良好、较差；完全符合、比较符合、不太符合、完全不符合；A 等、B 等、C 等、D 等、E 等；1、2、3 分等等表现形式。一般不会使用六七个以上的强度准则。为了准确说明每个强度的边界或指向，一般也建议在设计评价标准时对不同的强度进行文字界定，或者通过备注来说明为什么采取相应强度的判定。

频率是指在评价项目上达成的次数如何，除了通过强度的判断来说明具体的水平，在具体评价时也可以通过对相应评价项目进行计算出现的次数来说明达成的具体情况，作为对水平判断的直接基础。

为了让学生很好地理解概括性问题和指标体系的关系，在案例教学的基础上，让学生对自己的所学进行自我评价，任务如下：请用自己的话表述指标体系和概括性问题的共同点和区别。

表 5-3　学生自陈的指标系统和概括性问题的区别和共同点

姓名	文本内容
王晓涵	指标体系和概括性问题都是评价活动中的主要工具，这两种不同形式的评价准则在一定意义上是相辅相成的，可以把指标体系看成是概括性问题的具体化，把概括性问题看成指标体系的抽象和概括。指标体系着重于具体的行为，强调具体性和可测性，而概括性问题着重于整体的感知，强调把握全局

续 表

姓名	文本内容
唐明利	共同点：基于自己的标准进行评价的，概括性问题中也包含了评价者自身的更具体的标准 区别：概括性问题更加抽象，指标体系更具体，可量化但是太具体，评价体系就会变得很多很繁杂。我觉得某种程度上，指标体系是概括性问题的一部分
孙智超	相同点：两者都是评价准则，都指向评价目的 区别：概括性问题更加抽象，而指标体系更加具体形象；概括性问题的指标稳定性强，而指标体系稳定性会随时代的发展有一定的变化；概括性问题易于设计，而指标体系的问题较难设计精确；概括性问题要专业性高的人做出来可信度更高，而指标体系不需要专业水平很高的人做
林紫嫣	共同点：两者都是评价准则，研究者都可以运用两者完整的对问题进行评价 区别：指标体系要对一个问题有具体化的评价，相对来说难以设计，通过这样的框架评价出来的东西指标相同，客观性比较强。而概括性问题表达要明确简练，主观性比较强，它的指标可以因人而异，相对来说比较容易设计
金舒婷	区别：1. 指标体系制订起来较难，比较具体，很难全方面考虑，概括性问题制订起来较为简单，比较笼统抽象 2. 指标体系得出的结论还需经过概括化，概括性问题可以直接运用作为结论 3. 指标体系测量起来比较简单可行，概括性问题可测性较差，误差较大 共同点：他们都是表示评价内容的一种形式，可以作为评价标准
黄佳丽	共同点：都是围绕着评价目标而设计的。有明确的评价框架 区别：1. 指标体系着重于具体的行为，而概括性问题着重于整体的感知 2. 指标体系可测得，指标具有行为化特点，但是很少能完全反映评价内容；概括性问题能够把握全局，具有抽象性
曹丽娜	共同点是它们都是一项评价标准，研究评价者都可以根据指标体系或者概括性问题进行评价分析 不同点是指标体系更具体形象，研究者可以客观的对被评价者加以分析；而概括性问题就比较抽象，不同研究者会因为个人水平、环境等方面做出不同的评价标准，比较主观
刘志鹏	共同点：二者都是作为一种评价活动的主要工具 区别：指标体系相对来说更加的具体，能更完整地反映目标的本质要求。概括性问题则较为抽象，专业程度相对更高
张佳慧	两者的共同点在于都是一种评价工具，是评价者用来对评价对象实施评价的衡量尺度，根据该尺度从各方面对评价对象系统地进行评价 不同点在于指标体系相对更具体、具象，可以更客观的进行评价，适用性和稳定性较差；而概括性问题较为全面、需要较高的专业水平，适用性、稳定性较好，但更为主观，且难于设计

续　表

姓名	文本内容
冯行华	共同点：指标体系和概括性问题都是为了评价设定的标准，各个标准必须能全面、充分地反应目标的本质属性，不能与目标相脱节、相偏离、相矛盾 区别：指标体系符合实际且简明可行，非常具体直观。但是缺乏稳定性，容易因评价内容而改变 概括性问题抓主要、大的、核心的因素，强调可测性，重于整体的感知，强调把握全局
张雨虹	共同点：两者都是评价者用来对评价对象实施评价的衡量尺度，都可以作为评价准则 区别：概括性问题是比较抽象的，但是其具体标准易于设计。对评价者的专业水平要求更高 指标体系是比较具体可测的，可以量化，但是其具体标准较难设定。对评价者的专业化水平要求不高
徐波	共同点：都是评价准则的形式之一，都有明确的评价框架，都供分析结果和得出结论所用。 区别：概括性问题易于设计，便于制订和改进，但其可测性差，定量处理起来比较困难；指标体系设计起来比较困难，可测性强，其定量处理起来比较容易，但它制订和改进比较困难
张子翼	共同点：都是专业的，有根据的。都是为了进行评价 不同点：指标体系是单个的指标组合在一起的，指向非常明确，没有似是而非的答案。更加客观。概括性问题则是一系列抽象的问题，没有一个清楚的界限。主要依靠主观意识
王姝雅	共同点：都能为我们的评价提供一个框架体系 区别：概括性问题抽象一些，更容易设计，相比较指标体系更为主观，且操作时需要一定的专业素养。那么指标体系是将概括性问题具体化、行为化，在操作中更有参考性
张娇艳	共同点：都是评价的指标，都是围绕评价目标制订，反应评价内容的多个方面 区别：概括性问题的重点比较突出，考虑主要因素，概括比较全面，但是难处理，会有误差。而指标体系比较具体，考虑的层面较多，每个指标都是均衡的，有可比性，容易实施
俞欣晨	共同点：都是目标的具体化，目标是这两者的根据与基础 区别：指标体系是行为化的，可测的，着重于具体的行为；概括性问题着重于整体，是概括性的抽象概念，强调把握全局，它不容易测量，并不针对某一个具体的行为

续 表

姓名	文本内容
何泽男	指标体系和概括性问题都是评价内容的一种形式，概括性问题不针对某一个具体的行为，无需作目标向指标的转化，容易设计。而指标体系着重于具体行为，强调具体性与可测性，可以把指标体系看成是概括性问题的具体化，行为化，而概括性问题则是指标体系的抽象和概括
万思聪	共同点：均有可供参考的较明确的标准，得分点评价 区别：概括性问题是比较笼统概括的，评价者在标准的基础上会有自己对于已设定的标准的主观评价；而另外一个则是明确清晰，评价者只是收集数据进行分析，不能加入自己的看法和主观感受进行打分
潘铭涛	共同点：两者都是评价内容的一种方式 区别：1. 概括性问题更主观，指标体系更客观 2. 概括性问题较指标体系更难操作 3. 概括性问题对研究者的水平要求更高
江宝云	不同点：指标体系对于评价的内容更加具体形象，会具体到某个行为或者某个物体，但是可能换了评价的环境之后就不适应，相对于概括性问题来说更加客观。而概括性问题更加概括、抽象，更易于设计，适应性也更好，但是主观性更强。 共同点：都是实施评价活动重要的工具，有同等的地位。
董佳璐	指标与概括性问题是评价准则的两种形式。指标是一种具体的、可测量的、行为化的评价准则，是根据可测或可观察的要求而确定的评价内容。作为一种评价的准则，指标用外在的行为反映内在的思想，用具体的项目反映抽象的内容，用小问题说明大问题。概括性问题是针对评价者所关心的方面，不针对具体的行为，强调整体认知，用一系列较为抽象和概括的问题作为评价准则
缪雯星	共同点：表述指标体系和概括性问题都是一种评价形式，且都存在优缺点。 区别：表述指标体系便于测量，便于定量处理并得出结论，但设计较难，效度较低 概括性问题效度较高，实用性强，易于制定，但不便于定量处理并得出结论，且存在较大误差

续　表

姓名	文本内容
吴晓蓓	共同点：指标体系和概括性问题都可以作为评价标准、评价工具。他们之间是相互关联的，指标体系可以看作是概括性问题的分解和具体化，而概括性问题可以看作是指标体系的概括和抽象，他们在一定条件下可以相互转换 区别：指标体系：更具体、针对性更强、简单明了、突出重点。概括性问题：更加抽象，针对性没有那么强，更为主观一些
胡燕楠	共同点：都是一种评价的方式，都能评价出一个东西 区别：指标体系更加具体形象，可以直接观察到是或不是，更加客观。概括性问题则比较的主观，很难去评价是或不是，还需要另一个标准，但在设计上以及最后的总结上比较方便
楼珂	两者都是实施评价活动的工具；但指标体系更为具体化，行为化。概括性问题则侧重于整体的感知，比较抽象化。指标体系可以看成是概括性问题的具体化
胡超男	共同点：都指明了某个研究内容的教育评价的方向 不同点：概括性问题的设定内容更加的抽象化、概括化，偏主观，对能力要求高，但是设计起来比较清晰，总结起来也比较容易；指标性问题设定的内容就很具体，在具体的判断操作上更容易客观地实施，对能力要求相对低一些，但是在具体设计问题时就比较困难，而且总结起来会比较麻烦
章诗雨	共同点：都可以作为评价的依据和标准 不同点：概括性问题是概括的，抽象的，专业水平高，指标稳定性较好 指标体系更明确，是具象的，但是稳定性较差，实用性较差。比较容易理解，更加容易判断。
龚瑶绮	共同点：两者都是对评价内容进行进一步测定 区别：1. 指标体系可测性强；概括性问题可测性不强 2. 指标体系不容易得出结论；概括性问题容易得出结论 3. 指标体系不容易制定；概括性问题容易制定 4. 指标体系不容易随着时间的变化而变化，适应性强；概括性问题适应性不强，容易过时
应梦倩	共同点：指标体系可以看成是概括性问题的分解和具体化，两者有一定的互通性，在一定条件下可以相互转化 区别：1. 概括性问题易于设计，有较强的适宜性；指标体系难于设计，并不是所以评价都适合这个指标 2. 概括性问题更加主观，具有极强的概括性和抽象性；指标体系比较客观，具有具体性和具象性

续 表

姓名	文本内容
唐芷萌	指标体系是一种反映目标本质属性的、具体的、可测的、行为化的评价指标。指标容易比较，定量处理较为容易。概括性问题是将抽象的问题作为评价准则，评价的针对性很强。可测性比较差，定量处理较难，易产生误差。 共同点：都需要借助评价标准
黄倩	一、共同点：1. 指标体系和概括性问题都是评价准则的形式 2. 指标和概括性的问题都是对评价目标的具体化，为之后得出结果、结论服务。我认为，有些指标可以当作概括性问题的具化 二、区别：1. 指标体系更加具体具象，概括性问题更加概括抽象 2. 指标体系专业水平低，概括性问题专业水平高 3. 指标体系更客观、便于实地观察记录，概括性问题更带有主观性 4. 指标体系相比概括性问题更难于设计，适用性低，稳定性低，难以得出结论
董佳楠	共同点：指标体系和概括性问题的共同点主要是都要设置评价标准，而且有评分机制和标准 不同点：概括性问题的问题设置比较概括、抽象，需要专业水平高的人来评价，可行度高，总体评价比较主观，但是它的问题更好设计。指标体系比较具体具象，容易操作，专业水平较低，因为有实质性的标准在，评价过程比较客观，但是指标体系的问题制定较难。
谢奇巧	共同点：都是一种评价准则的设计体系。都是在文献参考上得出的 区别：指标体系，评价标准具体、但是局限性较大。有较强的客观性，适用范围较小。对于评价者的要求较低。概括性问题，评价标准抽象，包括内容范围广。有较强的主观性，适用范围较大。对于评价者的要求较高
薛文怡	共同点：都是评价的标准，能为评价提供较为客观的参考。 区别： 指标体系： 1. 更易操作，专业水平较低的人员也能操作 2. 制定较困难 3. 较难下结论 4. 标准制定较死，易过时 概括性问题： 1. 操作具有一定的主观性，需要专业水平较高的人员进行操作 2. 制定较方便 3. 更容易下结论 4. 标准适应性较强

续　表

姓名	文本内容
黄梦雅	指标体系和概括性问题的共同点是都是评价的指标系统的设计，各有千秋。 区别：指标体系，具体、形象，符合实际且简明可行。专业水平较低，问题比较客观，难于设计，稳定性比较差 概括性问题，概括抽象，充分突出重点，表达也比较明确简练，专业水平较高，比较主观，易于设计，稳定性较好。可测性较差，定量处理较难，可能产生的误差有时较大
梁心怡	共同点：都是一种用于评价的方法，类型是差不多的 区别：指标体系要求反应的更多的是本质要求，概括性问题要求突出重点
卢俏妮	一套完整的评价指标体系除包括评价指标、概括性问题外，还应包括反映每一指标相对重要程度的数量化标志。指标体系是指由若干个反映社会经济现象总体数量特征的相对独立又相互联系的统计指标所组成的有机整体
张佳玲	共同点：都是对一项事物的评价形式 不同点：指标体系会将目标具体化，面面俱到，表达详细，利于观察。概括性问题会将一系列复杂问题抽象化，抓住主要因素，表达明确简练
包如意	指标可以看作是概括性问题的分解和具体化、行为化。概括性问题和评价指标是两种不同形式的准则，概括性问题不针对具体的行为，比较抽象，强调整体认知
王佳依	都是表示评价内容的一种形式。不同的是，指标体系比较具体形象，更加的客观、可操作。概括性问题则是比较抽象的，在表达上比较明确简练，并不针对某一具体的行为，可测性比较差，容易产生的误差也比较大
许胡沁	共同点：都是设计者根据已有的知识经验体系设计的对某个事物进行评价的标准，都具有一定的操作性和具体性 不同点：概括性问题更加抽象，需要评价主体有较高的专业知识体系。评价标准的适用性强，稳定性强。对于设计者来说，这类标准较易设计和修改。指标体系的评价标准比较具象，评价主体不需要有很高的专业水平，操作起来比较容易。但是指标体系的适用性不强，稳定性差，同样的标准换一个环境就可能不适用。对于设计者来说，这类标准设计与修改都较为困难
王文诗	区别：指标体系更加具体、客观，易实施，但难下结论；概括性问题比较抽象，主观，因此难于实施，但容易下结论 共同点：都是用一种衡量标准来评价对象。在设计时都是努力涉及多个维度使之成为上一级标题的充分必要条件
张哲宇	共同点：都是评价准则的形式，帮助评价者做出评价并提供一定的评价标准 区别：指标体系的可比性与可测性强，概括性问题的可比性与可测性弱，概括性问题着重于整体的感知，强调把握全局；指标体系易于定量处理与综合评价得出结论，概括性问题易制定易进行改进工作而指标体系较难

续　表

姓名	文本内容
王予汝	共同点：它们都是对评价对象实施评价的衡量尺度，都是指向评价对象的核心特点，且有许多维度 区别： 指标系统： 1. 不易设计，设计过程较困难 2. 易于测量，专业水平较低 3. 不易于得出结论，评价结论必须是比指标更加上位的概括性更强的内容 4. 指标内容不可尽数，且具有较大流动性。未必能说明问题 概括性问题： 1. 易于设计，设计过程较简单 2. 不易于测量，适用于专业水平较高的评价者 3. 易于得出概括性结论 4. 稳定性较好，易于说明问题
陈哲宇	共同点：都是为了评价对象而设置的评价尺度 不同点：概念性问题更抽象概括，主观性比较强，评价产生误差的可能性比较大。指标体系会更具体一些，对于评价者来说定量处理比较方便，但在设定时，会比较困难
童航	共同点：两者都具有主观性和客观性，都需要经过评价者的思考，指标不是非黑即白的 区别：概括性问题比较专业，专业度高的人参与才更有价值，而指标体系比较直观，具体的“是”或者“不是”可以明确选择。概括性问题能保存比较长久，而指标体系针对性比较强，只针对当下的情况。概括性问题易于设计，而指标体系难于设计
余小青	它们都可以对评价对象做出科学合理的评价，它们问题的设计都简单明了。但是我认为概括性问题更加人性，带有评价者的主观看法，像语文；指标性评价比较机械，像数学，对就对错就错
靳梦南	共同点：两者都是一种用于评价的方法和框架，都有一定的评价意义和效果。 区别：指标体系所描述的问题更加具体、客观和具象化，所评价的内容是有比较明确的指向性的，操作性也比较好，但这种评价问题的设计可能不适用于长时间的评价，设计起来比较复杂，问题比较固定；概括性问题比较抽象、概括和主观，所描述的问题比较系统和抽象，针对性比较强，处理起来比较灵活，对于一些不易量化的问题比较适用

续　表

姓名	文本内容
马艳	共同点：都是一个评价准则，都是对评价目标的细化，规定了评价活动评价什么，是评价者用来对评价对象实施评价的衡量尺度 区别：概括性问题比较抽象，不易测量，比较容易设计，强调把握全局；而指标体系着重于具体的行为，强调具体性和可测性，便于设计
姜艳萍	区别：指标体系更加具体明确，评价更加客观，简明可行，容易打分。概括性问题更加专业，抓核心问题，不抓所有，评价更加主观，容易出现误差 共同点：都是评价者用来对评价对象实施评价的衡量尺度，都要有一定的框架
李漫慧	共同点：无论是指标体系还是概括性问题，都是一种评价的标准，我们可以用他们来对一些事物或者现象进行评价 不同点：指标体系，更为概括也更容易制定，能描述大部分的问题，但是，主观性较强，评价的结果受限于评价人员。概括性问题，更为具象也更为客观，但是如此细致的评价标准不容易制定，也无法描述全部的问题
刘静	共同点：两者都是实施评价活动的测量工具 区别：1. 指标它是具体的，是一种动态的，可以浮现出画面，但是它具有不稳定性，因为它在当下可用，但在以后可能会用不到 2. 概括性问题，它是一种概括的、具有主观性的评价标准，而且有一定的稳定性，因为它的概括性，所以不仅可以适用于当下，那以后可能也会用到
钱蕾英	共同点：1. 两者都涉及评价标准，都可以根据它们进行评价观察。 区分：指标体系比较具体客观，易于观察和评价，可测性高，与人的行为是密切相关的 概括性问题比较抽象主观，需要较高的专业素养，与观察者的水平、想法密切相关

第二节　关于细化评价内容与制定评价标准的学生实践

本节呈现关于细化评价内容与制定评价标准的学生实践。

一、通过访谈进行最美女生的第二次评选

为了让同学们在自己开发评价标准之前有一个前期的信息输入以及他

人标准的参照，同时为了让同学们理解评价内容、评价标准、评判准则这几个方面的关系，也特别是让同学们理解到标准的多样性，教师发布了让学生通过访谈别人的方法来选出最美女生的活动，任务如下：亲爱的同学们，周末好！今天玩一个小活动。请今天就寝之前在此页面上传 1 个内容，可以是文档也可以直接在页面上填：请以访谈的方法找一位同学问一下他 / 她的关于美女的标准是什么？这些标准是如何衡量的？如果对方能够透露他 / 她心目中的 16 级学前教育专业最美女生是谁最好。请记录下来访谈对象、访谈结果，手写或电子稿都可以，发在这个页面。科代表可以不用做这个任务，科代表直接发上次布置过的对几位老师们的访谈结果和访谈对象。即老师们认为哪位姑娘最美，使用了什么标准。谢谢配合！

表 5–4　学生通过访谈得到的 16 级美女结果

姓名	访谈对象	美女标准	最美女生
王晓涵	17 学前的学妹	标准：高高的瘦瘦的五官和谐 衡量标准：身高 160 ＋体重 100 以内	
唐明利	陈镕	长相极具特色，五官精致，高级脸。穿着打扮很有自己的个性。整个人也很有自信。	卢俏妮
孙智超	马艳	性格开朗、大方得体	
林紫嫣	王姝雅	体重 100 以上，爱笑，单眼皮，人品好，气质好	曹丽娜
金舒婷	黄佳丽	1. 该同学认为美女的标准是身材好，容貌端正；气质佳；品行端正；社交能力强 2. 她对这些标准是这样衡量的：容貌占 25%，社交能力占 20%，身材占 20%，气质占 20%，品行占 15%	
黄佳丽	16 学前 1 班金舒婷	1. 该同学认为美女的标准是：容貌佳、身材比例好、气质佳、有才华、道德素养较好 2. 她对这些标准的衡量：道德素养占 30%，容貌占 20%，身材占 20%，气质 20%，才华 10%	
曹丽娜	冯行华	Q：请问你关于对美女的标准是什么？ A：外貌、才华，还有一个性格。Q：请问你如何衡量这些标准？ A：整体干净整洁，清新脱俗，对于才华我认为有特长比较好，关于性格文静我认为更符合最美女生的标准	薛文怡

续　表

姓名	访谈对象	美女标准	最美女生
刘志鹏	潘铭涛	五官端正、身高155以上体重120以下、乐观开朗、温文尔雅	
张佳慧	16小教李同学	她心目中的16级学前专业最美女生是评价标准是：心灵美是根据和她相处时的感受以及生活中的点点滴滴来衡量的	曹丽娜
冯行华	曹丽娜	1. 提问：请问你认为关于美女的标准是什么？ 回答：我认为我心目中美女的标准有颜值，身材和才华这三方面。 2. 提问：请问这些标准是如何衡量的？ 回答：颜值要五官清秀，整体协调，身材凹凸有致，才华要有特长，有出众的地方	薛文怡
张雨虹	徐波	Q：请问你认为美女的标准有什么？ A：外在和内在兼备。 Q：具体怎么衡量呢？ A：肤白貌美，性格温和，成绩中上吧。	
徐波	张雨虹	Q：请问你认为的美女标准有哪些？ A：成绩、性格，还有外貌吧 Q：那这些标准你是怎么衡量的呢？ A：成绩年级前二十，性格温柔大方、友善、有自信，中发、可爱	
张子翼	章诗雨	对美女的标准：有气质，温柔，好看（详细标准：皮肤好，眼睛大，鼻子高挺，身高适中） 衡量方法：通过观察，走路姿势，坐姿等，还有见面的第一感觉	
王姝雅	林紫嫣	标准：肤色头发性格气质生活与学习态度 如何衡量：皮肤白、头发长、爱帮助他人，气质佳、爱笑、爱学习、爱生活	张佳慧
张娇艳	董佳璐	标准：颜值即正义，身材要好。 如何衡量：皮肤是否白皙，看着是否舒服，身材是否匀称	徐雅思
俞欣晨	17级某女生	该女生认为美女的标准：1. 外貌美 2. 心灵美 如何衡量： 1. 外貌美：（1）五官端正（2）身高160以上（3）体重正常（4）穿着有气质 2. 心灵美：（1）对人温柔，说话轻声细语（2）乐于助人（3）积极向上，开朗乐观	无法说出16级学前教育专业最美的女生是谁，因为不怎么认识16级的学姐

续　表

姓名	访谈对象	美女标准	最美女生
何泽男	潘铭涛	1. 五官端正 2. 身高 155 以上体重 120 以下 3. 乐观开朗，温文尔雅	
万思聪	张娇艳	标准：品格良好，学习认真，身材匀称，落落大方 如何衡量：是否乐意帮助他人，为人和善	
潘铭涛	何泽男	1. 五官端正。 2. 身高高于 155，体重不超过 115。 3. 举止优雅。 4. 学习成绩前 60%	王姝雅
江宝云	胡超男	标准：1. 五官精致不精致，表现出来的气质和行为举止是不是比较文明优雅，有礼貌。 2. 性格是不是良好、开朗，待人是否真诚友善，对待事情是不是够耐心热情。 3. 专业素质较高，包括技能和知识两个方面，技能包括弹唱跳说课等，知识就是专业知识的掌握水平，综合考评年级中等以上	童航
董佳璐	万思聪	关于美女的标准：1. 气质好，2. 颜美，3. 身材匀称 标准如何衡量：气质要端庄优雅，脸要鹅蛋脸	没有完全符合的
缪雯星	胡燕楠	标准 1.外表五官身材 2.品德 3.谈吐有文化，皮肤白又好，眼睛大，鼻子挺，嘴巴小，脸小，林黛玉外表那样的。文明有礼貌，有文化，爱看书	
吴晓蓓	楼珂	标准：1. 人美（脸圆、眼睛大、皮肤白）2. 脾气好（好相处、乐于助人、心地善良）	
胡燕楠	缪雯星	1.外表 2.心灵 3.学识 外表的标准是身材好，长得好看；心灵的标准是品德好、修养好、心地善良、积极乐观；学识的标准是成绩好、知识渊博	
楼珂	吴晓蓓	她关于美女的标准是：美女肯定是心地善良，衡量的标准是她会乐于助人，会站在别人的角度考虑问题，但善良并不是一味的忍让，而是明辨是非	
胡超男	江宝云	标准：1. 成绩：综合考评年级前 20。2. 社交：是否参加过社团活动。3. 性格：活泼开朗。4. 外表：身高 165 及以上，长发	
章诗雨	徐丹丹	标准：善良；颜值过得去；有气质 衡量标准：不做亏心事，保护好自己，爱家人，气质包涵很多，从长相、人生阅历、整体精神状态都能看出来	

续　表

姓名	访谈对象	美女标准	最美女生
龚瑶绮	陈羽佳	标准：漂亮有气质	卢俏妮
应梦倩	张灵	标准：看着舒服；惊艳，让人眼前一亮；有气质 衡量：有气质最重要	吴博斌
唐芷萌	唐雅婷	美女的标准是长得好看，身材比例好 衡量标准：脸型和五官	
黄倩	17学前陆小雅	1. 关于美女的标准：外在美加上内在美，性格和气质 2. 标准的衡量：(1) 外在美：看着舒心，不会太过艳丽，笑得像阳光一样温暖。(2) 内在美：就是要从平常小事看细节，看上去简单大方温和的小姐姐	
董佳楠	谢奇巧	问题：你觉得你心目中美女的标准是什么？回答：我觉得可以从两个方面来讲，首先外貌上五官端正，身材匀称；大眼睛。其次，内在气质好，有个性；有内涵，有能力	童航
谢奇巧	董佳楠	问：你心目中美女的标准是什么 答：我觉得美女的标准要从外在和内在两方面来看 问：外在是什么标准呢 答：外在表现，身材比例好不能太瘦长得干净皮肤白 问：内在呢 答：内在表现，有气质待，人真诚礼貌，做事细心认真负责	王晓涵。因为她长得好看、身材好、比较温柔，符合我的标准。
薛文怡	黄梦雅	外在：身材比例协调、皮肤白皙有光泽、大眼睛双眼皮、高鼻梁、樱桃嘴 内在：心地善良、有责任心、上进心、信心，有素养，乐于分享	王晓涵
黄梦雅	薛文怡	1. 外在：让人看得很舒服，不会觉得很奇怪，干净清爽，不能过胖发型无所谓 2. 内在：谈吐文雅有礼貌有责任心	童航
梁心怡	校园内陌生的女同学	我：请问你心目中的美女是什么样的？同学：美丽大方 我：你是如何衡量的？同学：长相身高性格处事 我：能具体讲一下哪些方面的吗 同学：长得舒服好看，不做作 我：那身高要求是怎么样呢 同学：身高的话，在165 ~ 170厘米之间是女神的标准 我：那性格呢？同学：我觉得美女应该是温柔的，做事有主见的，为人大方，做事心细的女生	

续 表

姓名	访谈对象	美女标准	最美女生
卢俏妮	校园内陌生的女同学	外表和心灵，个人标准为主。	
张佳玲	姜艳萍	1. 标准：才貌兼备 2. 如何衡量：身高 160 ~ 170，体重 100 斤左右，五官端正，成绩优良，各项技能优秀	王佳依
包如意	孙智超	首先要善良（50%），三观正（40%），有自己的爱好（10%）	
王佳依	五位老师	A 老师：姜雯萱理由：有着上善若水的美 B 老师：孙智超理由：有礼貌，学习认真，悟性好 C 老师：吴博斌理由：做事认真，学习努力，能力好 D 老师：王佳依理由：勤奋，上进，责任，担当和优雅气质 E 老师：胡艺译理由：美丽大方，学习努力，性格开朗	姜雯萱 孙智超 吴博斌 王佳依 胡艺译
许胡沁	张哲宇	标准：五官端正（10 分）；人际关系好（10 分）；有气质、有内涵（10 分）；乐观积极、有正能量（10 分）；体质指数（BMI）（10 分），共计 50 分。 注：$19 \leq BMI < 23$（10 分）$18.5 \leq BMI < 19$ 或 $23 \leq BMI < 24$（8 分）；$BMI<18.5$ 或 $BMI \geq 24$（6 分） 总分：合计 30 分即为美女。	
王文诗	王某某	标准：1. 五官立体精致；2. 体质指数（BMI）符合标准；3. 腰细；4. 腿长；5. 有气质；6. 面容惊艳；7. 有内涵 衡量标准：每个维度按 A\B\C 打分，分别为 1、0、-1 分，总分大于 5 分即是美女	
张哲宇	许胡沁	标准：1. 有爱心、同情心；2. 人际关系好；3. 长相符合大众审美；4. 生活习惯良好；5. 生活态度积极；6. 体质指数（BMI）；7. 综合成绩排名 衡量标准：每个维度按 A\B\C 打分，分别为 1、0、-1 分，其中综合排名在全专业前 30% 为 A 档，30% ~ 70% 为 B 档，后 30% 为 C 档 总分 5 分以上（含 5 分）者为Ⅰ级美女，2（含 2 分）~ 5 分者为Ⅱ级美女，低于 2 分的小姐姐要努力啦	

续　表

姓名	访谈对象	美女标准	最美女生
王予汝	陈哲宇	1. 长相清秀；2. 身高 160cm 以上；3. 喜欢小动物；4. 尊老爱幼；5. 独立性强；6. 生活态度积极向上；7. 有健康的兴趣爱好；8. 自律性强；9. 成绩在班级前 5 名 2. 衡量标准：分成三个等级，完全符合，一般符合和不符合。我的美女标准很高，最终结果是所有标准都完全符合，只要有一个是一般符合或者不符合，她就不是我心中的最美美女	
陈哲宇	王文诗	标准：1. 五官端正；2. 体质指数标准；3. 有气质；4. 爱阅读；5. 本专业内综合排名靠前；6. 性格开朗大方；7. 乐于助人；8. 尊老爱幼。 衡量标准：分为完全符合、较为符合、不太符合三个等级，分别为 3、2、1 分，总分达到 20 分以上即为美女。其中综合排名一项前 20% 是 3 分，前 20% ~ 60% 是 2 分，后 40% 是 1 分。	
童航	范某	标准：1. 长相好（五官好看、腰细、腿长、发型好）；2. 性格好（不急躁、不发脾气、温柔）	童航
余小青	一个朋友	美女的标准：答：美，德，才兼备 问：何为美，何为德，何为才 答：美：外貌，身高等；德，品德，道德；才，有内涵，文化	
靳梦南	某女性朋友	第一标准：外貌。气质干净，眉眼温柔俏丽，也不需要太漂亮，有灵气，五官整体看起来很舒服；身材匀称 第二标准：内在。性格要好，不一定要内敛或者活泼，只要能够尊重人，会为别人着想，相处起来要让人很舒服 附：该朋友认为，如果性格不好，那么外貌再好看也会被降分	
马艳	孙智超	美女标准主要是内在标准：善良，心灵美，性格好	
姜艳萍	张佳玲	她对美女的标准：长相好，气质好，品行端正衡量标准：五官端正，三观正直，正能量，性格阳光。成绩好，年年班级第一，身高 155 ~ 170 厘米，体重 90 ~ 110 斤。	王予汝

续　表

姓名	访谈对象	美女标准	最美女生
李漫慧	17级某学妹	美女的标准：五官端正，心地善良，能力强，有气质 标准如何衡量：这个主要看感觉，美应该没有固定的一个标准，有的人眼睛大，有的人眼睛虽然小，但是五官很和谐让人感觉很舒服也是很美的。而且主要看她性格，我不会觉得一个尖酸刻薄的人是美的，五官长得再好看也不是真正的美。所以，我看美女，就是凭感觉的	
刘静	黄倩	问：你觉得你评价美女的标准有哪些 答：我觉得我是从外貌、性格、气质三方面综合来看 问：那这几个标准是如何衡量的呢 答：我觉得如果是外貌的话，首先脸，娃娃脸和瓜子脸，大眼睛，樱桃小嘴，其次还有身材；性格的话就是善良、人际交往好，能友好相处；气质就是会让人觉得修养挺好的，待人也挺不错的；将三者有效的结合来衡量	还没有
钱蕾英	唐芷萌	①标准：性格温柔长得好看通情达理身材好 ②衡量：性格好：温柔，有自己的主见，有爱好有梦想，有自己的人生追求	

同学们评选完，通过云班课平台进行公开和讨论，大家很好地理解到评价的具体维度不一样，评判的标准不一样，会直接影响到评价结果。同学们在这种前提下，特别能理解到评价标准在评价活动中所占的重要地位。

二、通过自行建构标准进行最美女生的第三次评选

在理论学习的基础上以及在对别人访谈的基础上，要求学生自己建构美女标准，并再次进行选择，让同学们体会使用评价标准和不使用评价标准的不同，并理解自己的评价标准和别人评价标准的不同，期望这样的练习对学生后续开发评价报告的评价工具有直接的帮助作用，任务如下：根据评价标准设计的教学，开发你的关于美女的评价标准，要用表格的形式，要素要完整，要有一级维度、二级维度、评价准则。并按照你开发的标准重新选择一位16级学前最美女生。

表 5–5　学生通过自己建构的美女标准进行的第三次评选

<table>
<tr><th>姓名</th><th>评价标准及评价结果</th></tr>
<tr><td>唐明利</td><td>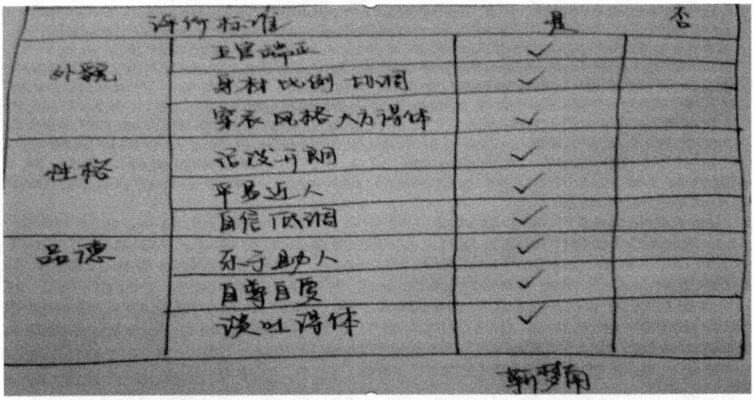
<table>
<tr><th colspan="2">评价标准</th><th>是</th><th>否</th></tr>
<tr><td>外貌</td><td>五官端正</td><td>✓</td><td></td></tr>
<tr><td></td><td>身材比例协调</td><td>✓</td><td></td></tr>
<tr><td></td><td>穿衣风格大方得体</td><td>✓</td><td></td></tr>
<tr><td>性格</td><td>活泼开朗</td><td>✓</td><td></td></tr>
<tr><td></td><td>平易近人</td><td>✓</td><td></td></tr>
<tr><td></td><td>自信低调</td><td>✓</td><td></td></tr>
<tr><td>品德</td><td>乐于助人</td><td>✓</td><td></td></tr>
<tr><td></td><td>自尊自爱</td><td>✓</td><td></td></tr>
<tr><td></td><td>谈吐得体</td><td>✓</td><td></td></tr>
</table>
靳梦南</td></tr>
<tr><td>林紫嫣</td><td>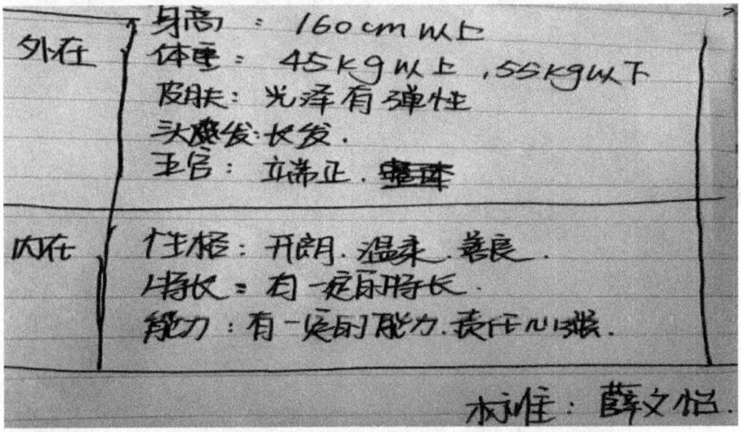
外在
身高：160cm以上
体重：45kg以上，55kg以下
皮肤：光泽有弹性
头发：长发.
五官：端正.
内在
性格：开朗.温柔.善良.
特长：有一定的特长.
能力：有一定的能力.责任心强.
标准：薛文怡.</td></tr>
<tr><td>张佳慧</td><td>
<table>
<tr><th colspan="2">标准</th><th>非常符合</th><th>比较符合</th><th>基本符合</th><th>不符合</th></tr>
<tr><td>性格</td><td>活泼开朗，积极乐观</td><td>✓</td><td></td><td></td><td></td></tr>
<tr><td></td><td>坚强，不易被挫折</td><td>✓</td><td></td><td></td><td></td></tr>
<tr><td></td><td>容易相处，亲切.</td><td>✓</td><td></td><td></td><td></td></tr>
<tr><td>外表</td><td>穿着自然、得体</td><td>✓</td><td></td><td></td><td></td></tr>
<tr><td></td><td>五官端正</td><td>✓</td><td></td><td></td><td></td></tr>
<tr><td></td><td>皮肤较白</td><td>✓</td><td></td><td></td><td></td></tr>
<tr><td>能力</td><td>善于人际交往.</td><td>✓</td><td></td><td></td><td></td></tr>
<tr><td></td><td>学习能力、适应能力强</td><td>✓</td><td></td><td></td><td></td></tr>
<tr><td></td><td>敢于突破自我</td><td>✓</td><td></td><td></td><td></td></tr>
</table>
16位候选最美女生 ⇒ 曹明娜</td></tr>
</table>

续 表

姓名	评价标准及评价结果
冯行华	 完全符合 / 较符合 / 一般符合 / 不符合 外貌：身高：160以上 ✓；体重：100斤以下 ✓；五官端正 ✓；皮肤白皙 ✓；胖瘦匀称 ✓ 能力：特长，有一项及以上 ✓；成绩 前60% ✓；有担任职位 ✓ 性格：温柔善良 ✓；活泼开朗 ✓；独立性强 ✓；责任心强 ✓；积极向上 ✓
张雨虹	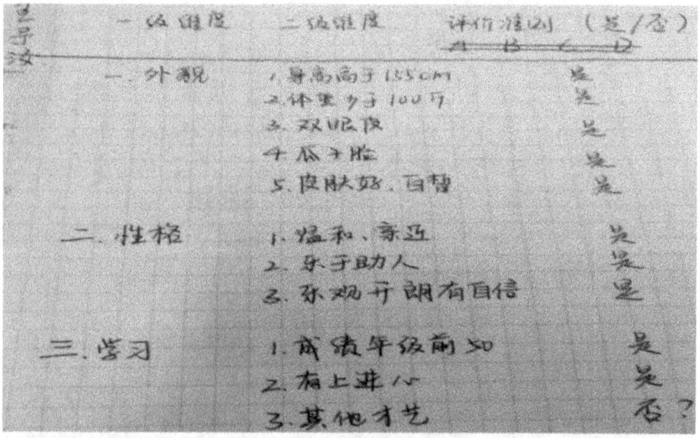 一级维度 / 二级维度 / 评价准则（是/否） 一、外貌：1.身高高于155cm 是；2.体重少于100斤 是；3.双眼皮 是；4.瓜子脸 是；5.皮肤好、白皙 是 二、性格：1.温和、亲近 是；2.乐于助人 是；3.乐观开朗有自信 是 三、学习：1.成绩年级前50 是；2.有上进心 是；3.其他才艺 否？
徐波	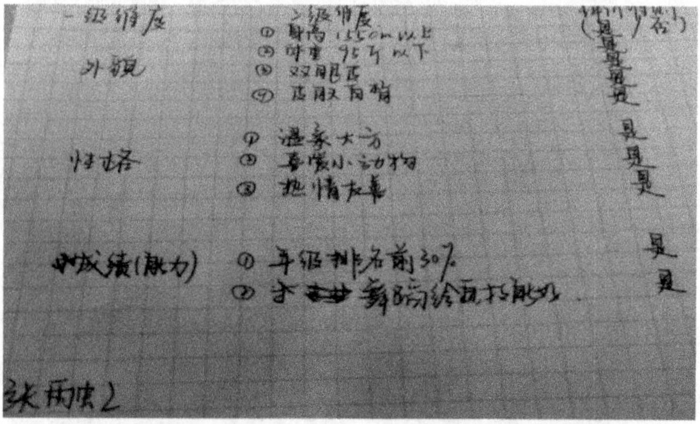 一级维度 / 二级维度 / 评价准则（是/否） 外貌：①身高155cm以上 是；②体重95斤以下 是；③双眼皮 是；④皮肤白皙 是 性格：①温柔大方 是；②喜欢小动物 是；③热情友善 是 成绩(能力)：①年级排名前30% 是；②舞蹈绘画书法能力 是

续　表

姓名	评价标准及评价结果
张子翼	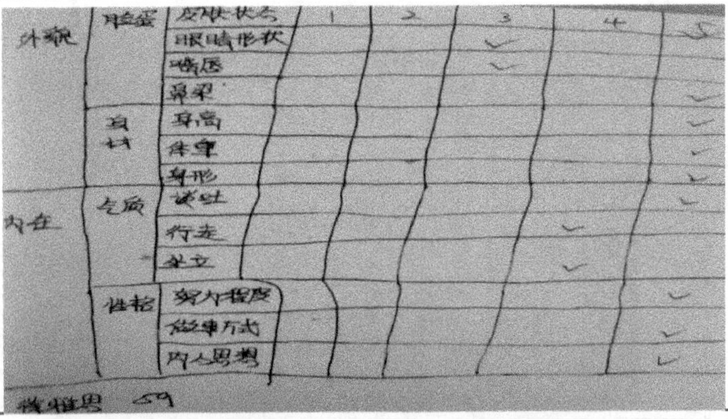 外貌：脸蛋（皮肤状态、眼睛形状、嘴唇、鼻梁）；身材（身高、体重、身形） 内在：气质（谈吐、行走、站立）；性格（努力程度、做事方式、内心思想） 1　2　3　4　5
王姝雅	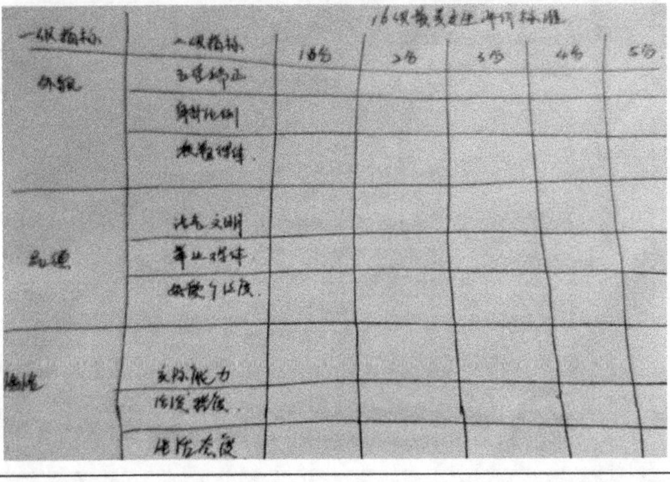 16级播音主持评价标准 一级指标｜二级指标｜1分｜2分｜3分｜4分｜5分 外貌：五官端正、身材比例 品德：礼貌文明、举止得体 能力：交际能力
俞欣晨	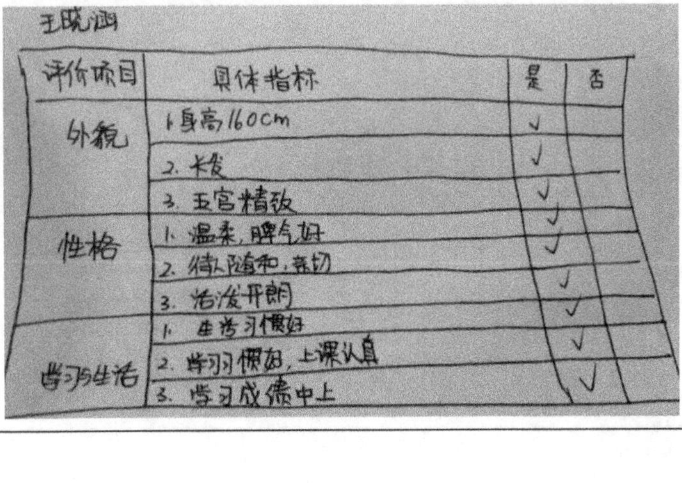 王晓涵 评价项目｜具体指标｜是｜否 外貌：1.身高160cm ✓；2.长发 ✓；3.五官精致 ✓ 性格：1.温柔，脾气好 ✓；2.待人随和，亲切 ✓；3.活泼开朗 ✓ 学习生活：1.生活习惯好 ✓；2.学习习惯好，上课认真 ✓；3.学习成绩中上 ✓

续 表

<table>
<tr><th>姓名</th><th>评价标准及评价结果</th></tr>
<tr><td>何泽男</td><td>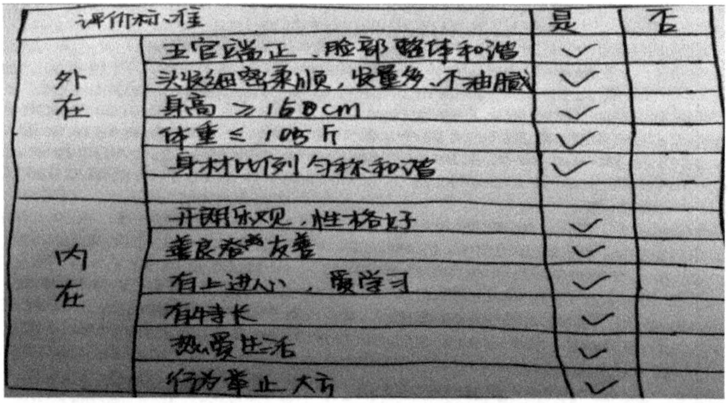
<table>
<tr><th colspan="2">评价标准</th><th>是</th><th>否</th></tr>
<tr><td rowspan="6">外在</td><td>五官端正，脸部整体和谐</td><td>✓</td><td></td></tr>
<tr><td>头发细密柔顺，发量多，不油腻</td><td>✓</td><td></td></tr>
<tr><td>身高≥158 cm</td><td>✓</td><td></td></tr>
<tr><td>体重≤105斤</td><td>✓</td><td></td></tr>
<tr><td>身材比例匀称和谐</td><td>✓</td><td></td></tr>
<tr><td></td><td></td><td></td></tr>
<tr><td rowspan="6">内在</td><td>开朗乐观，性格好</td><td>✓</td><td></td></tr>
<tr><td>善良谦逊友善</td><td>✓</td><td></td></tr>
<tr><td>有上进心，爱学习</td><td>✓</td><td></td></tr>
<tr><td>有特长</td><td>✓</td><td></td></tr>
<tr><td>热爱生活</td><td>✓</td><td></td></tr>
<tr><td>行为举止大方</td><td>✓</td><td></td></tr>
</table>
</td></tr>
<tr><td>吴晓蓓</td><td>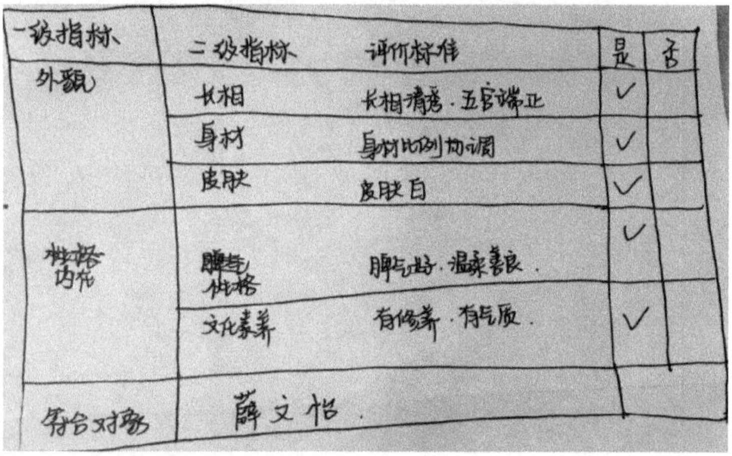
<table>
<tr><th>一级指标</th><th>二级指标</th><th>评价标准</th><th>是</th><th>否</th></tr>
<tr><td rowspan="3">外貌</td><td>长相</td><td>长相清秀，五官端正</td><td>✓</td><td></td></tr>
<tr><td>身材</td><td>身材比例协调</td><td>✓</td><td></td></tr>
<tr><td>皮肤</td><td>皮肤白</td><td>✓</td><td></td></tr>
<tr><td rowspan="2">性格 内在</td><td>脾气 性格</td><td>脾气好，温柔善良。</td><td>✓</td><td></td></tr>
<tr><td>文化素养</td><td>有修养，有气质。</td><td>✓</td><td></td></tr>
<tr><td>符合对象</td><td colspan="2">薛文怡。</td><td></td><td></td></tr>
</table>
</td></tr>
<tr><td>章诗雨</td><td>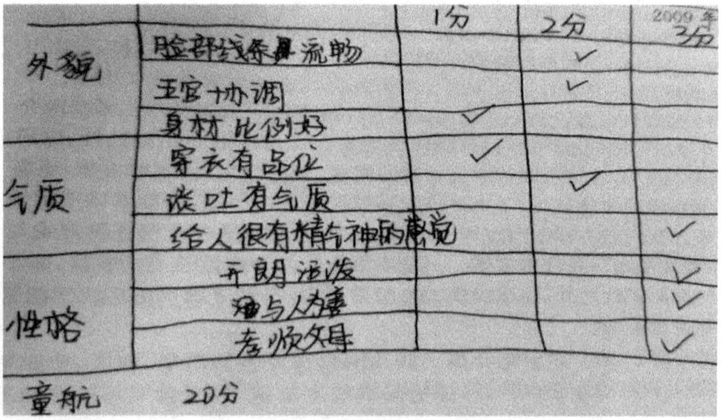
<table>
<tr><th></th><th></th><th>1分</th><th>2分</th><th>3分</th></tr>
<tr><td rowspan="3">外貌</td><td>脸部线条流畅</td><td></td><td>✓</td><td></td></tr>
<tr><td>五官协调</td><td></td><td>✓</td><td></td></tr>
<tr><td>身材比例好</td><td>✓</td><td></td><td></td></tr>
<tr><td rowspan="3">气质</td><td>穿衣有品位</td><td>✓</td><td></td><td></td></tr>
<tr><td>谈吐有气质</td><td></td><td>✓</td><td></td></tr>
<tr><td>给人很有精气神的感觉</td><td></td><td></td><td>✓</td></tr>
<tr><td rowspan="3">性格</td><td>开朗活泼</td><td></td><td></td><td>✓</td></tr>
<tr><td>乐于与人为善</td><td></td><td></td><td>✓</td></tr>
<tr><td>孝顺父母</td><td></td><td></td><td>✓</td></tr>
<tr><td>童航</td><td colspan="4">20分</td></tr>
</table>
</td></tr>
</table>

续　表

<table>
<tr><th>姓名</th><th>评价标准及评价结果</th></tr>
<tr><td>董佳楠</td><td>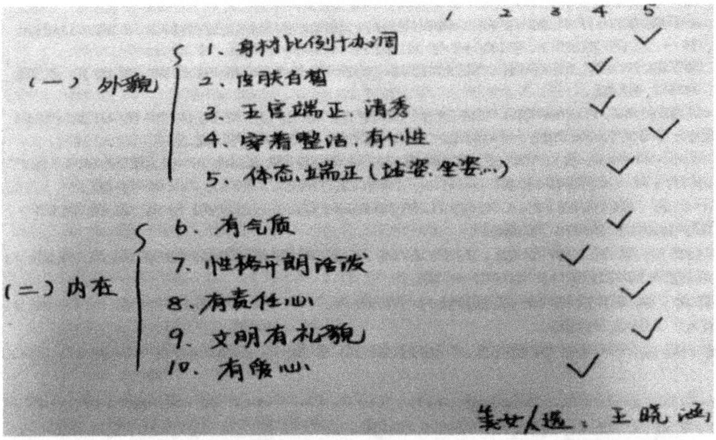
1 2 3 4 5
（一）外貌
1、身材比例协调 ✓(5)
2、皮肤白皙 ✓(4)
3、五官端正、清秀 ✓(4)
4、穿着整洁、有个性 ✓(5)
5、体态端正（站姿、坐姿…）✓(4)
（二）内在
6、有气质 ✓(4)
7、性格开朗活泼 ✓(4)
8、有责任心 ✓(5)
9、文明有礼貌 ✓(5)
10、有爱心 ✓(4)
美女人选：王晓涵</td></tr>
<tr><td>谢奇巧</td><td>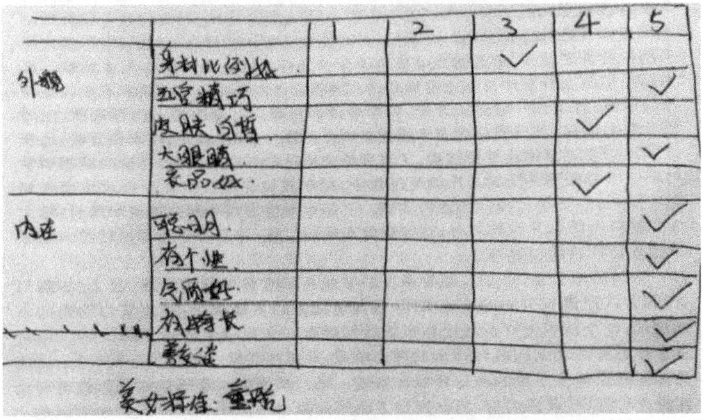
| | | 1 | 2 | 3 | 4 | 5 |
外貌：身材比例好 ✓(3)；五官精巧 ✓(5)；皮肤白皙 ✓(4)；大眼睛 ✓(5)；衣品好 ✓(4)
内在：聪明 ✓(5)；有个性 ✓(5)；气质好 ✓(5)；有特长 ✓(5)；善良 ✓(5)
美女标准：董晓</td></tr>
<tr><td>黄梦雅</td><td>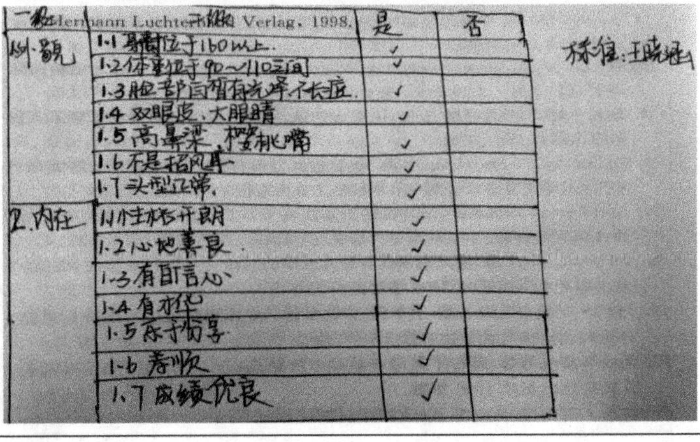
一级 | 二级 | 是 | 否
外貌：1.1 身高位于160以上 ✓；1.2 体重位于90~110之间 ✓；1.3 脸部白皙有光泽不长痘 ✓；1.4 双眼皮、大眼睛 ✓；1.5 高鼻梁、樱桃嘴 ✓；1.6 不是招风耳 ✓；1.7 头型正常 ✓
2.内在：1.1 性格开朗 ✓；1.2 心地善良 ✓；1.3 有自信心 ✓；1.4 有礼貌 ✓；1.5 乐于分享 ✓；1.6 孝顺 ✓；1.7 成绩优良 ✓
标准：王晓涵</td></tr>
</table>

续 表

姓名	评价标准及评价结果
王文诗	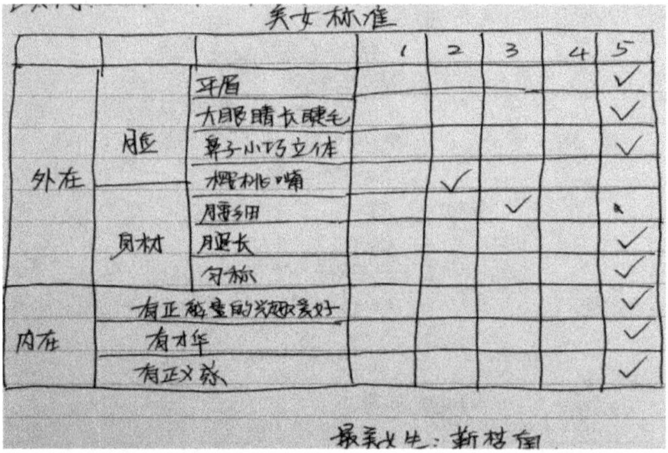

美女标准

			1	2	3	4	5
外在	脸	平眉					✓
		大眼睛长睫毛					✓
		鼻子小巧立体					✓
		樱桃小嘴		✓			
	身材	腰细			✓		
		腿长					✓
		匀称					✓
内在		有正能量的兴趣爱好					✓
		有才华					✓
		有正义感					✓

最美女生：靳梦菡

姓名	评价标准及评价结果
张哲宇	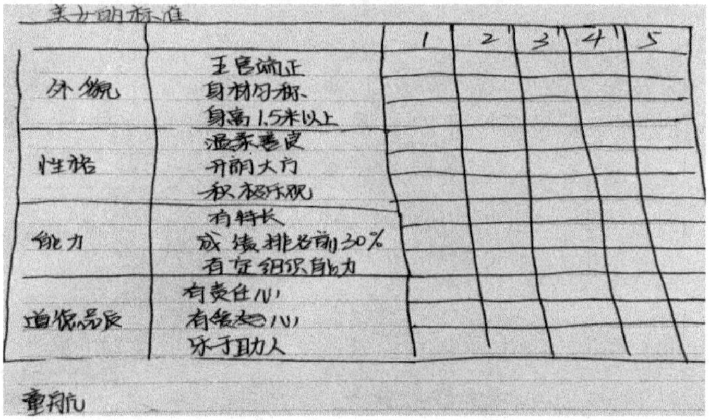

美女的标准

		1	2	3	4	5
外貌	五官端正					
	身材匀称					
	身高1.5米以上					
性格	温柔善良					
	开朗大方					
	积极乐观					
能力	有特长					
	成绩排名前30%					
	有组织能力					
道德品质	有责任心					
	有爱心					
	乐于助人					

童航

姓名	评价标准及评价结果
陈哲宇	

		3分	2分	1分
外貌	1. 五官清秀	✓		
	2. 皮肤白皙	✓		
	3. 身材比例协调（155cm以上，55kg以下）	✓		
性格	1. 活泼大方	✓		
	2. 乐于助人	✓		
	3. 尊老爱幼	✓		
习惯	爱阅读	✓		
	讲卫生	✓		
	爱运动		✓	

美女：靳梦菡

续　表

<table>
<tr><th>姓名</th><th>评价标准及评价结果</th></tr>
<tr><td>梁心怡</td><td>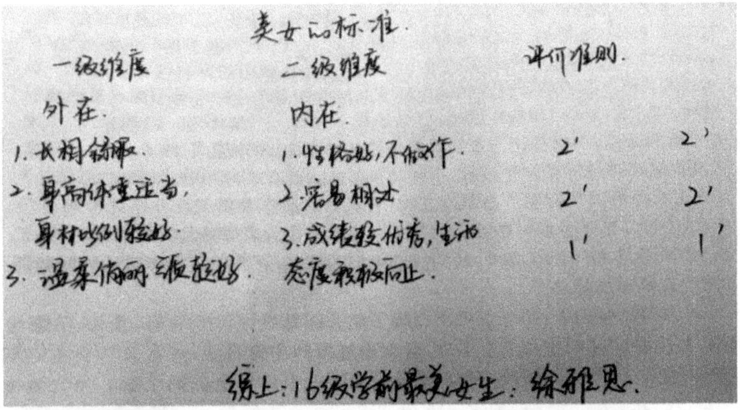
美女的标准
一级维度　二级维度　评价准则
外在　内在
1.长相舒服.　1.性格好,不做作.　2'　2'
2.身高体重适当,身材比例较好.　2.容易相处　2'　2'
3.温柔体贴 言行举止较好.　3.成绩较优秀,生活态度积极向上.　1'　1'
综上:16级学前最美女生:徐雅思.</td></tr>
<tr><td>王佳依</td><td>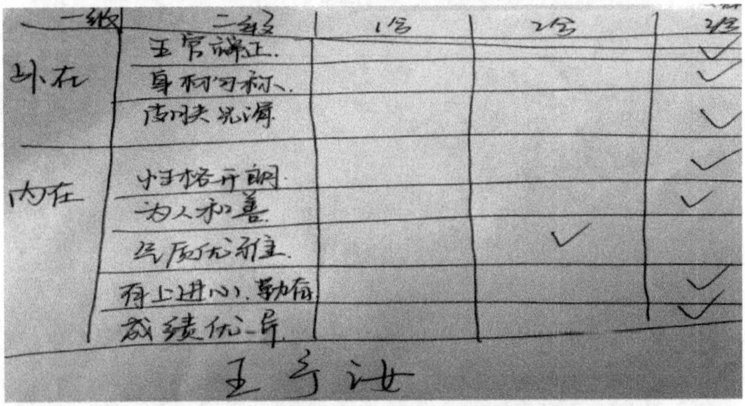
一级　二级　1分　2分　3分
外在　五官端正.　✓
身材匀称.　✓
皮肤光滑　✓
内在　性格开朗　✓
为人和善.　✓
气质优雅.　2分 ✓
有上进心、勤奋　✓
成绩优异.　✓
王予汝</td></tr>
<tr><td>许胡沁</td><td>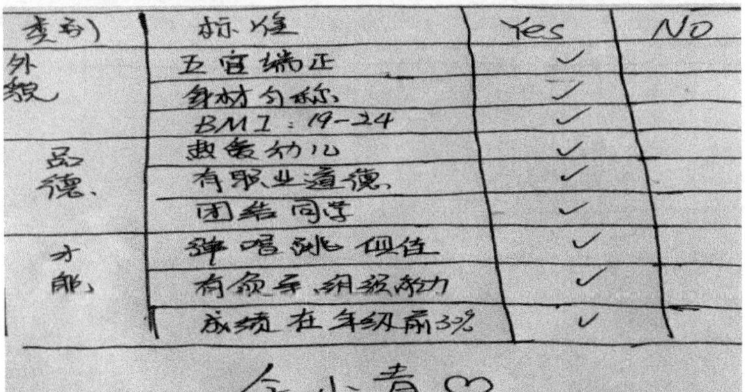
类别　标准　Yes　NO
外貌　五官端正　✓
身材匀称　✓
BMI:19-24　✓
品德、　热爱幼儿　✓
有职业道德、　✓
团结同学　✓
才能、　弹唱跳俱佳　✓
有亲和、组织能力　✓
成绩在年级前3%　✓
余小青</td></tr>
</table>

续 表

姓名	评价标准及评价结果
童航	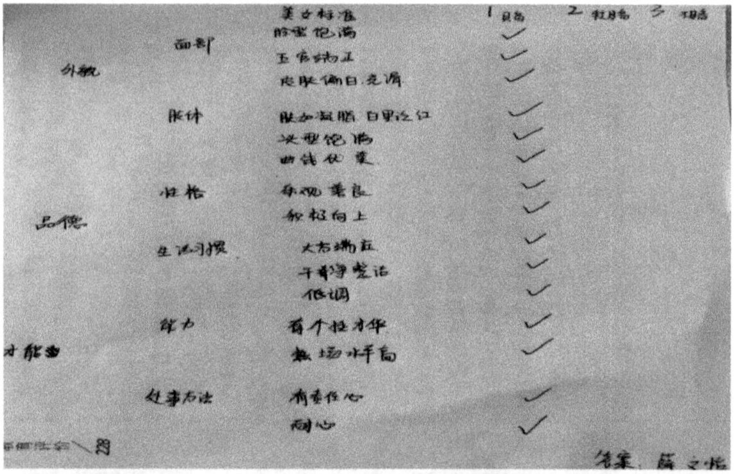 美女标准 外貌：面部——脸蛋饱满、五官端正、皮肤偏白光滑；形体——肤如凝脂 白里透红、发型饱满、曲线优美 品德：性格——乐观善良、积极向上；生活习惯——大方端庄、干净整洁、低调 才能：能力——有个性才华、职场水平高；处事方法——有责任心、耐心
靳梦南	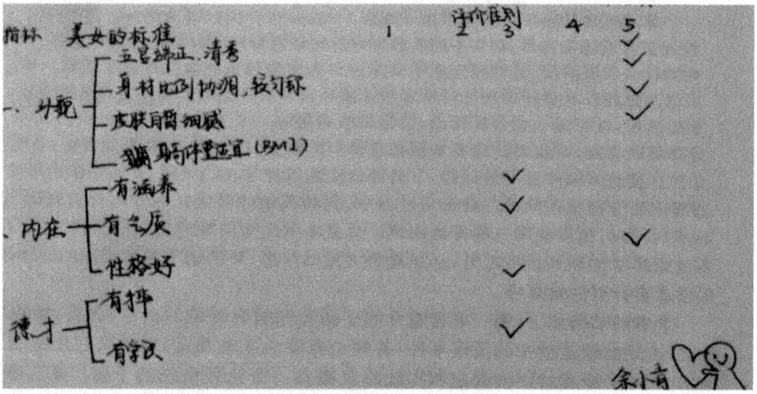 指标 美女的标准 评价区别 1 2 3 4 5 外貌——五官端正、清秀；身材比例协调，较匀称；皮肤白皙细腻；身高体重适宜（BMI） 内在——有涵养；有气质；性格好 德才——有才华；有学识 余情
马艳	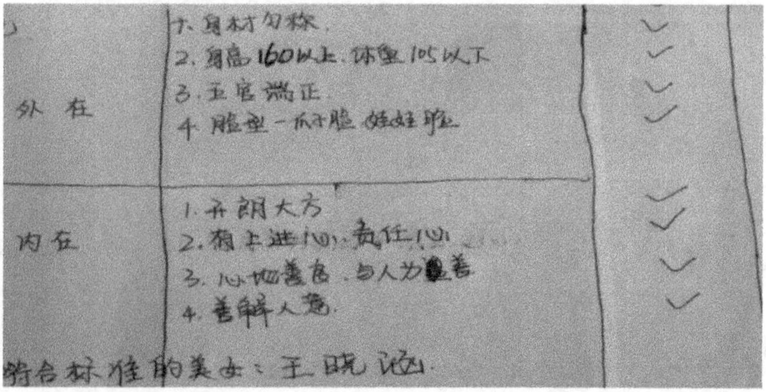 外在：1. 身材匀称；2. 身高160以上、体重105以下；3. 五官端正；4. 脸型——瓜子脸、娃娃脸 内在：1. 开朗大方；2. 有上进心、责任心；3. 心地善良、与人为善；4. 善解人意 符合标准的美女：王晓涵

1、2 班按多标准评出来的美女结果，如图 5–1 所示。

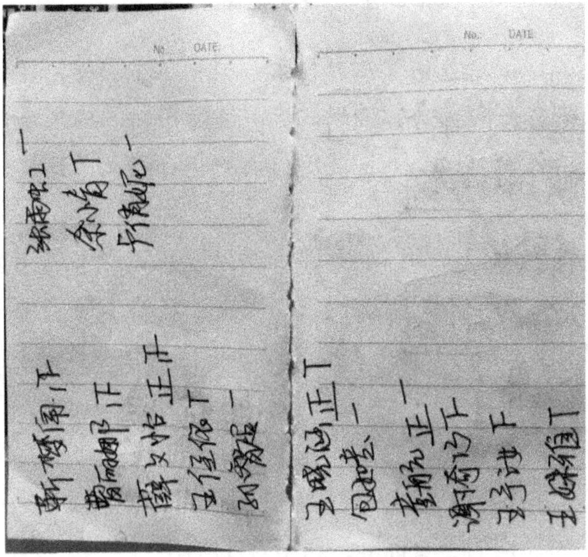

图 5–1　美女结果

3、4 班按多标准评出来的美女结果，如图 5–2 所示。

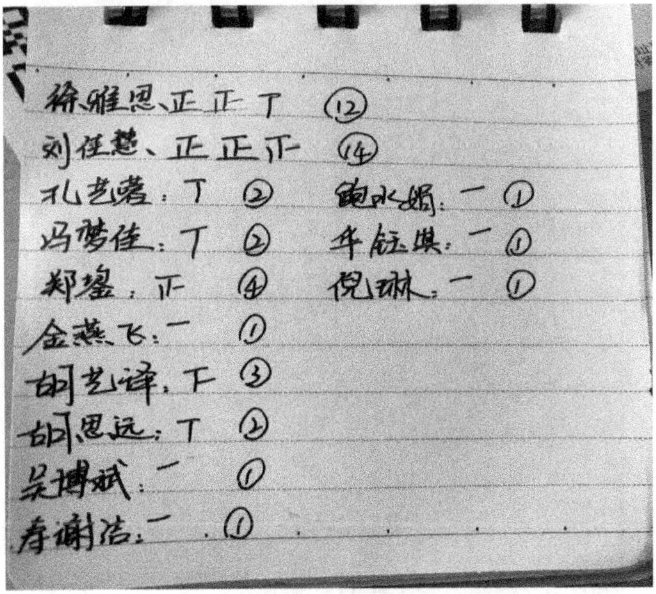

图 5–2　美女结果

三、通过全班建构标准进行最美女生的第四次评选

在同学们完成前期评价实践基础上，引导学生思考，作为一个共同体来说，每个人都用一套美女标准来评选，这样得出的结果是公平的吗？人手一套标准进行评价，这是不是评价活动的应有之义？这样的评价结果是否应该受到认同？

经过讨论，同学们认为，如果评价结果没有高利害的用途，也可以使用多重标准，但如果评价结果会用于高利害的场合，使用单一标准会更公平，在这种情况下，教师又发布了让每个班形成一个评价标准的任务，这种时候，评价活动的社会性、学术性，以及对民主性的要求就凸显出来了，而且，因为评价标准的变化，会造成评价结果的不同。即使评价结果是相同的，评价的解释和评判也是不一样的，特别是评价的有效性是不一样的。

1、2 班共同建构的美女标准，如图 5-3 所示。

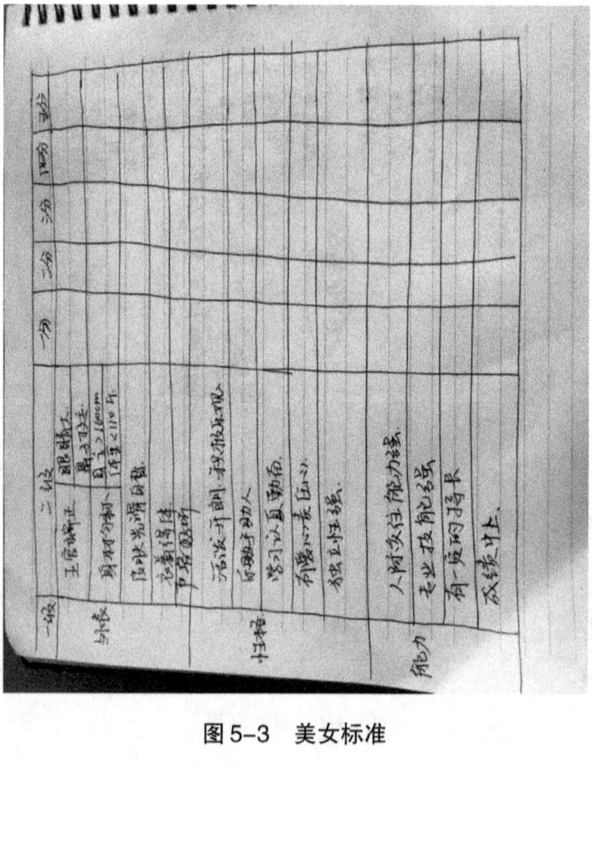

图 5-3　美女标准

3、4 班共同建构的美女标准，如图 5–4 所示。

一级指标	二级指标	1分	2分	3分	4分	5分
外貌	五官端正、协调					
	身材匀称					
	气质佳					
	皮肤白皙					
	衣着得体、有品位					
性格	活泼、乐观、开朗					
	与人为善、平易近人					
	乐于助人					
	积极进取					
	处事大方					
专业能力	专业知识较好					
	专业技能较好					
	成绩中等以上					
	学习态度端正					
	拥有一技之长					

图 5–4　美女标准

1、2 班按照一个标准投出来的美女结果，如图 5-5 所示。

图 5–5　美女结果

3、4 班按一个标准投出来的美女结果，如图 5–6 所示。

图 5–6　美女结果

四、学生开发出的评价报告的评价工具

在前期的理论学习、自我反思，特别是开展最美女孩的标准制定和评选活动的基础上，同学们对评价标准有了比较深刻的理解，比较好地完成了自己评价工具的设计，也体现了评价标准的多样性。以下是学生设计的对幼儿的评价标准案例。

1. 王晓涵

表 5-6　小班幼儿生活自理能力研究评价表

评价项目	评价要点	等级（分数）				
		完全不	很少	有时	经常	每次
进餐	1. 吃饭时能保持安静					
	2. 能在半小时左右完成进餐					
	3. 吃饭时不撒饭、不剩饭					
	4. 不挑食					
盥洗	1. 饭前便后有洗手的习惯					
	2. 洗手后能用自己毛巾擦干					
	3. 洗手洗脸时不湿衣袖，不玩水					
如厕	1. 能用语言表示大小便的需要					
	2. 大小便后能整理好衣服					
	3. 大便后会自己擦屁股					
午睡	1. 能在成人的提醒下按时午睡和起床					
	2. 能用正确姿势入睡					
	3. 能独立、安静地入睡					
穿衣	1. 会正确穿脱衣服					
	2. 能区分衣服、袜子的正反					
	3. 睡前能收拾整理自己的衣服鞋子					

2. 唐明利

表 5-7　古城中心幼儿园豆豆 2 班幼儿常规教育评价表

评价内容	评价指标	等级				
		1	2	3	4	5
常规教育的现状	1. 在成人提醒下，按时睡觉和起床，并能坚持午睡					
	2. 在成人引导下，不偏食、挑食，喜欢吃瓜果、蔬菜等新鲜食品					
	3. 愿意饮用白开水，不贪喝饮料					
	4. 在提醒下，每天坚持早晚刷牙、饭前便后洗手					
	5. 在帮助下能自己穿脱衣服或鞋袜					
常规教育的方法	1. 榜样示范法：建立明确清晰的准则，教师言行一致					
	2. 情景游戏法：在游戏中落实常规					
	3. 故事引导法：利用绘本故事和图画讲解落实常规					
	4. 奖励机制法：给予表现好的幼儿小红花奖励					
常规教育的方法	5. 语言提示法：言语上的提醒与提示					
常规教育的影响因素	1. 重视管理规范，轻视个体差异					
	2. 重视安全，限制幼儿行为					
	3. 教师面对压力产生倦怠，失去耐心					
	4. 家园合作契合度，是否协调一致					
	5. 幼儿自身年龄、气质特点					

3. 孙智超

表 5-8　幼儿教师集体教学质量的评价表

评价标准	具体问题	完全符合	基本符合	完全不符合
教学目标	教学目标具体适宜吗			
	教学目标体现了认知、情感、技能三者的整合吗			
教师素养	教师语言规范吗			
	教师选择的教学内容符合幼儿最近发展区吗			
	教师体态自然吗			
	活动中体现教师以幼儿为主体吗			
	教学环节流畅吗			
	活动重难点突出吗			
	教师对幼儿的回应及时有效吗			
	活动目标达成度高吗			
	教师讲、演、练的时间分配合理吗			
	幼儿对活动感兴趣吗			
	活动中幼儿与同伴交流合作时间合理吗			
	大部分幼儿积极主动参与活动吗			

4. 林紫嫣

表 5-9　小班幼儿基本常规的评价

评价项目	具体问题	评定					备注
		每次	经常	有时	偶尔	从不	
1. 集体教学	认真听讲，发言前先举手						
	上课时尽量不去厕所						
	上课时尽量不乱跑，屁股坐在椅子上						

续　表

评价项目	具体问题	评定					备注
		每次	经常	有时	偶尔	从不	
2. 盥洗活动	知道洗手的一定顺序方法						
	不玩水、不浪费水						
	洗手之后自觉擦手						
3. 如厕	大小便自觉排队						
	能自己穿脱裤子，处理大小便						
	知道便后洗手						
4. 就餐、吃点心	进餐时不说笑打闹，安静进餐						
	饭后能自觉擦嘴、擦手						
	用正确的姿势使用勺子						
	不挑食、偏食						
5. 午休	自己穿脱衣物						
	分清左右鞋						
	睡前上厕所						
	不讲话打闹，安静入睡						
6. 区域、户外游戏	能正确使用器械、区域材料，注意爱护玩具						
	用完后帮助老师将玩具、器械、材料放回原处并摆放整齐						
	主动遵守游戏规则						
7. 其他	来园、离园能够礼貌的和老师、小朋友打招呼						
	能够听音乐节奏，跟随教师的动作认真愉快的做早操						
	每天喝一定量的水						

5 金舒婷

表 5–10 临海市大洋机关幼儿园小三班班级环境创设调查评价表

评价内容		评价指标	评价等级			备注
			1	2	3	
空间环境	物质环境	1. 活动空间充足，不拥挤				
		2. 室内采光较好，通风，空气新鲜，温度适宜				
		3. 房间维护状态较好，无安全隐患，装修适当				
		4. 空间结构布局合理，有明显的区域划分，区域之间有适当的“封闭性”，动静分离				
		5. 整体环境色彩协调，室内环境优美，儿童化，符合幼儿年龄特点				
心理环境		1. 以幼儿为主体，有宽松自由的氛围				
		2. 教师提供适当的心理关怀，善于倾听鼓励				
游戏材料投放		1. 材料投放具有层次性（考虑到不同幼儿的发展水平）				
		2. 材料清洁卫生，无毒无害，具有安全性				
		3. 材料丰富多样				
		4. 材料具有趣味性，吸引幼儿				
		5. 能够根据幼儿需要经常变更材料				
		6. 材料分类存放，且存放方式便于幼儿独立取放，有适宜的标签标记				
墙面布置与幼儿作品展示		1. 墙面布置与展示反映幼儿当前活动，幼儿参与墙面布置的计划和过程				
		2. 展示的材料或作品内容丰富，供幼儿欣赏的成人作品和幼儿自己的作品比例恰当；引导幼儿利用作品展示和伙伴交流、分相自己的经验与想法				
		3. 材料摆放的高度和方式适宜幼儿观看				

续　表

评价内容	评价指标	评价等级			备注
		1	2	3	
规则	1. 幼儿参与制定区角活动的规则				
	2. 不争抢玩具，爱惜材料				
	3. 结束铃声响起要收拾自己的玩具和材料，并快速地进行整理				
	4. 具有一定的合作、分配意识				

6. 黄佳丽

表 5–11　幼儿园班级教育环境创设评价标准

评价项目	评价标准	等级（分数）					备注
		5	4	3	2	1	
主题墙面	1. 蕴含教育价值，拓宽幼儿对当前主题内容的视野						
	2. 根据幼儿园课程的进度和季节的变化及时调整、更换						
	3. 幼儿参与主题创设，与墙面内容产生对话、互动						
	4. 内容选择突出主题，作品呈现方式多样，符合本班教育目标与内容						
区域环境	1. 提供与区域计划相符合的操作材料且数量充足						
	2. 区域规则图设计新颖，易被幼儿理解						
	3. 区域材料投放体现出层次性、操作性、有效性和趣味性						
	4. 区域设置符合小班年龄特点，且布局合理，动静分离						
家长园地	1. 家园共育栏特色鲜明，设计美观合理，标题醒目						
	2. 内容全面，及时更新（如：周计划、教学内容、温馨提示等）						
	3. 富有新意，能与家长形成互动，互动内容多样						
	4. 格式正确、布局合理、字迹工整清晰、无错别字						

续　表

评价项目	评价标准	等级（分数）					备注
		5	4	3	2	1	
整体环境	1. 悬挂吊饰安全美观、有趣味性和一定的教育价值						
	2 色彩协调，室内环境美化、净化、儿童化						
	3. 合理利用班级有效空间，符合本班幼儿年龄发展特点						
	4. 自然角物种丰富，动植物生长良好，便于幼儿照顾、观察						
总分							

（注：此表格评价为等级（分数）评价模式，等级 5 为最高等级，依次递减。总分为 100 分，总分 <=60 为不合格，>60 且 <=69 为合格，>70 且 <=79 为中等，>79 且 <=89 为良好，>89 为优秀。）

7. 曹丽娜

表 5–12　豆豆 8 班环境创设情况的观察量表

评价项目	评价要点	等级					备注
		1	2	3	4	5	
区角布置	各区角布局规划合理（大小有别、动静分离），有机组合、隔断						
	活动区数量适宜（4 ~ 5 个为佳）						
	植物角提供多种类的植物并细心栽培						
	制定幼儿易懂的区域活动规则						
材料投放	各区域投放的材料具有操作性、启发性						
	各区域投放的材料种类适宜、数量多						
	投放材料安全、定期进行清洁						
	及时更新各区域材料，新旧材料比例适度						
生活区环境	班级卫生良好，物品摆放整齐干净						
	保育员定时进行桌面消毒、地面清洁						
	盥洗室无异味，环境整洁						

续　表

评价项目	评价要点	等级					备注
		1	2	3	4	5	
墙饰装饰布置	教室整体墙面的设计风格统一，与常规墙饰的装饰相呼应和协调						
	墙面图案美观形象，装饰手法与材料运用多样。具有创新精神或本地特色						
	主题墙饰设计主题鲜明，能体现各阶段相关教育内容，利于幼儿获得主题相关知识						
	以幼儿的视角为中心，幼儿参与墙饰设计						
家园联系栏	家庭栏设计美观、合理，内容丰富齐全						
	内容有利于家园合作，对家庭教育有辅助作用						
	内容选材恰当，字迹工整，定期更换						

注释：此表格为等级评价模式，等级1为最低等级，依次递增。总分为90分，40～54分为合格，54～68分为中等，68～82分为良好，82分以上为优秀。

8. 刘志鹏

表5–12　幼儿园班级室内环境创设评价表

评价项目	评价要点	等级（分数）					备注
		5	4	3	2	1	
区域	1. 提供与区域计划相符合的操作材料且数量充足						
	2. 所设区域够本班幼儿游戏，要求空间分隔合理，动静分离						
	3. 活动材料丰富多样，体现层次性、操作性和趣味性						
	4. 材料投放符合本班幼儿的年龄特点						
主题墙	1. 墙面布置美观得体，蕴含一定的教育价值						
	2. 主题墙内容能呈现幼儿在主题中的学习过程和经验积累						
	3. 幼儿积极参与主题墙的创设						
	4. 主题墙内容符合本次主题并及时更换						

续 表

评价项目	评价要点	等级（分数）					备注
		5	4	3	2	1	
家园联系栏	1. 在固定形式的家园联系栏上有附加的设计，富有独特性						
	2. 栏目美观，标题醒目，内容齐全（如周计划，育儿知识）						
	3. 联系内容选材适当，字迹工整，定期更换						
整体环境（盥洗室）	1. 整体环境整洁干净，无卫生死角						
	2. 盥洗室工具摆放有序、统一归类						
	3. 环境布置新颖，氛围温馨，符合幼儿的年龄特点						

9. 张佳慧

表 5–13 大班幼儿阅读能力的评价量表

评价内容	评价指标	表现			备注
		良好	一般	需努力	
阅读习惯	有每天固定的阅读时间				
	在一周时间内能主动翻阅图书三次以上				
	有序拿取图书，保持书架整洁，珍惜图书				
	懂得在看书时不大声喧哗，不随便打扰别人				
阅读方法	喜欢参与阅读活动，喜欢去书店、图书馆				
	能够按页码顺序翻阅图书				
	能够按从左向右，自上而下的顺序看书				
	能够仔细观察画面上的内容				
阅读技能	能借助已识得的汉字，连贯地朗读诗文				
	能用想象、模仿、表演、绘画等方式对内容进行创造表现				
	能观察到画面的细致变化，根据内容进行创编				
	能够理解儿童文学作品的内容				
	对看过的图书、听过的故事能说出自己的看法				

10. 冯行华

表 5–14　临海市实验幼儿园小一班区域活动开展情况调查评价表

一级指标	二级指标	评价要素	分数等级		
			1	2	3
活动目标	发展目标	围绕主题目标创设活动区，根据小班幼儿的年龄特点呈现各活动区具体教育目标，并具有层次性			
	能力目标	据幼儿的水平，在活动中设置相应的能力要求			
	情感目标	体验自主游戏的乐趣，喜欢参加区域活动			
环境创设	区域布置	有明显的区域划分，区域之间有适当的“封闭性”			
		空间结构合理，能动静分离			
	材料提供	材料隐含教育目标和内容			
		材料符合幼儿的实际水平，满足幼儿兴趣需要，并体现领域特色			
		材料体现层次性，能满足不同发展水平幼儿的需要			
		尽可能以废旧物品为材料，幼儿参与材料的收集与简单制作			
		材料种类、数量丰富			
		材料安全、卫生（没有尖锐、有毒、易破碎的材料）			
	规则要求	幼儿根据自己的兴趣、意愿与能力按照规则进区活动			
		设置“进区活动卡”与区域活动规则			
		物品取放处以符号或图一一对应的形式，幼儿能进行适当的整理。			

续　表

一级指标	二级指标	评价要素	分数等级		
			1	2	3
活动的指导与调控	活动指导的范围和有效程度	能细致观察幼儿的活动，了解幼儿的需要和发展水平			
		创设恰当的问题情景，在活动过程中给予适时适度的指导			
		能因人施教，进行个别教育，善于鼓励、启发、引导			
		及时采用积极、多样的评价方式			
	调控的有效程度	能根据幼儿操作情况及时调整指导策略			
		能有效处理临时出现的各种情况			
幼儿活动	参与活动的态度	喜爱区域活动，能积极主动参与，活动中幼儿能相互交流。			
	参与活动的广度	区域中内容多样，能满足幼儿开展多种活动的需要，时间充分			
	参与活动的深度	大胆表现自己获取的经验，能体验到活动快乐与成就			
		个别幼儿能灵活解决活动中的难题			
教育效果	目标达成度	基本实现教育目标			
		每个幼儿都有不同程度的收获			
		幼儿有进一步活动的愿望			
		活动区作品具有新颖性、独创性			
总分					

（注释：此表格评价采用等级制度方式，等级 3 最高，依次递减。总分 <=30 为不合格，>30 且 <=60 为合格，>36 且 <=41 为中等，>41 且 <=46 为良好，>46 且 <=51 为优秀。）

11. 张雨虹

表 5-15　幼儿园班级区域环境评价表

评价内容	评价指标	评分					备注
		1	2	3	4	5	
区域整体	1. 空间布局合理，能“动静分离”						
	2. 区域类型多样，满足幼儿多方面发展的要求						
	3. 与班级环境主题色彩、装饰和谐统一，富有美感						
	4. 各区域活动面积充足，能满足幼儿的需求						
材料投放	1. 材料投放丰富多样，具有层次性、操作性、趣味性，有一定数量的半成品材料						
	2. 利用废旧物品制作材料，并保证卫生、安全问题						
	3. 能随活动开展及时更换所投放的材料						
	4. 材料摆放整齐有序，便于拿取						
规则设置	1. 进区规则牌具有儿童化特点，幼儿可以看懂理解						
	2. 对各区域人数进行限制，幼儿进区有凭证（手环、牌、夹等）						
	3. 物品取放处有符号或图，用一一对应的方式排放，便于整理						
	4. 区域中规定合适的空间展示陈列幼儿作品						
		得分：					

注：该表总分 60 分，得分 54 ~ 60 为优秀，48 ~ 54 为良好，36 ~ 48 为合格，36 分以下为不合格。

12. 徐波

表 5–16 幼儿园美工区材料投放的评价标准

评价项目	评价内容	评价等级				备注
		1	2	3	4	
1. 投放材料的来源	1. 幼儿园为各班美工区提供了材料					
	2. 教师根据幼儿需要和实际情况自制材料					
	3. 家长能将材料投放至美工区					
2. 投放材料的类型	1. 美工区有绘画材料（蜡笔、纸、水笔等）					
	2. 美工区有手工材料（剪刀、胶水、装饰品等）					
	3. 美工区有欣赏材料（照片、作品等）					
	4. 提供开放性、低结构化材料					
3. 投放材料的数量	1. 投放材料的总数量可以满足幼儿的需要					
	2. 同种类型材料准备多份					
	3. 不同种材料的数量多					
4. 投放材料的管理	1. 经常更换美工区材料					
	2. 美工材料归类整理、摆放有序，便于幼儿取放					
	3. 能根据幼儿兴趣和实际需要增加或变换活动材料					
	4. 损坏的材料能被及时修补或更换					
5. 投放材料的考量	1. 根据幼儿的兴趣投放活动材料					
	2. 根据材料暗含的教育目标和内容投放					
	3. 依据不同水平的幼儿提供不同层次的材料					
	4. 投放的材料能够重复使用					
6. 投放材料的使用	1. 幼儿能自己选择美工区材料					
	2. 幼儿会主动探究材料的使用方法					
	3. 活动结束时，幼儿能主动收拾材料					
等级界定：1 从不；2 偶尔；3 有时；4 经常						

13. 张子翼

表 5–16　幼儿园班级室内环境创设评价表

评价项目	评价要点	等级（分数）					备注
		5	4	3	2	1	
区域	1. 提供与区域计划相符合的操作材料且数量充足						
	2. 材料的投放符合本班幼儿的年龄特点						
	3. 各区域之间动静分开、干湿分区，设置合理						
	4. 区域的种类多于 4 种						
主题墙	1. 主题墙的创设蕴含教育价值，利于幼儿获得与主题相关的知识						
	2. 主题墙及时更换，符合本周的主题						
	3. 幼儿参与主题墙的创设						
家园联系栏	1. 在固定形式的家园联系栏上有附加的设计，富有独特性						
	2. 栏目美观，标题醒目，内容齐全（如周计划，育儿知识）						
	3. 内容选材适当，字迹工整，定期更换						
大环境	1. 班级整体环境整洁，卫生，安全						
	2. 班级里有专门展示幼儿作品的区域						
	3. 集体活动的区域满足每一位幼儿有一定的活动区域						

注释：此表格评价为等级（分数）评价模式，等级 5 为最高等级，依次递减。总分为 65 分，39 ~ 52 分为合格，52 分及以上为良好，58 分及以上为优秀。

14. 楼珂

表 5-17　关于大班幼儿数概念与运算的发展的调查标准

评价方法：直接观察法、测验法

评价项目	评价内容	评价表现			备注
		完全符合	部分符合	不符合	
计数	能进行 100 以内的唱数				
	能进行 20 以内的顺数、倒数、接着数、跳数				
	能进行按群计数：2 个 2 个数，5 个 5 个数，10 个 10 个数				
数字符号	能描画和书写 10 以内的数				
	感知 0 的实际意义和在生活中的应用				
	能发现生活中数字的不同含义，用所学数概念知识解决生活中的实际问题				
	认识加号、减号、等号，初步认识加减算式并知道算式表示的含义				
数的运算	理解和掌握 10 以内数的分解和组成				
	感知 10 以内数的合成与加法、分解与减法的关系，能进行简单的加减法计算活动				
	能解答生活和游戏中简单的加减问题，理解加减的含义				

注：部分符合是指幼儿在测验的过程中出现过失误，但是在教师的提示下，他能自己发现错误并改正

15. 章诗雨

表 5–18　实验幼儿园中六班美工区教师指导情况调查表

评价内容	评价指标	表现		
		优秀	一般	努力
激发幼儿参与游戏的兴趣	1. 用各种构造造型吸引幼儿			
	2. 及时关注、把握幼儿的兴趣点			
	3. 帮助幼儿在游戏中维持兴趣			
引导幼儿对物体进行观察	1. 引导幼儿多渠道、多方位、多角度的观察			
	2. 指导幼儿学会分析结构特征（说出物体各部分名称、形状，掌握结构物组合关系）			
	3. 指导幼儿进行对比性观察			
提供必要的物质条件	1. 提供充足的时间			
	2. 提供较固定、宽敞的场地			
	3. 材料符合幼儿年龄特点并方便整理			
帮助幼儿掌握建构基本知识和技能	1. 帮助幼儿掌握识别材料的能力			
	2. 指导幼儿的操作技能和进行构思			
	3. 鼓励幼儿进行分工合作			
引导和鼓励幼儿挑战有难度的新方法	1. 引导和鼓励幼儿创新			
	2. 及时表扬尝试有难度方法的幼儿			
培养幼儿良好的行为习惯	1. 融入全面的教育，建立游戏的常规和规则			
	2. 把握适度的指导			
	3. 重视差异的存在，分层次指导			
对建构成果进行评价	1. 指导幼儿培养珍惜建构成果的情感			
	2. 尊重和爱护幼儿的建构成果			
	3. 在肯定幼儿作品的基础上提出建议			

16. 龚瑶绮

表 5–19　幼儿园安全教育的实施评价

<table>
<tr><th rowspan="2">项目</th><th rowspan="2" colspan="2">具体内容</th><th colspan="3">等级</th></tr>
<tr><th>1</th><th>2</th><th>3</th></tr>
<tr><td rowspan="2">教师对安全教育的认识</td><td colspan="2">1. 教师对幼儿安全教育的理解</td><td>重视幼儿智力的发展，极少进行安全教育</td><td>只讲述最容易发生意外事故的应对方法</td><td>考虑幼儿的实际情况和地区特点，根据现实需要丰富安全教育内容</td></tr>
<tr><td colspan="2">2. 教师对幼儿安全教育必要性的认识</td><td>不重要</td><td>中等</td><td>非常必要</td></tr>
<tr><td rowspan="2">幼儿园安全教育的时间</td><td colspan="2">1. 固定时间的安全教育</td><td>无</td><td>偶尔</td><td>经常</td></tr>
<tr><td colspan="2">2. 见缝插针的安全教育</td><td>无</td><td>偶尔</td><td>经常</td></tr>
<tr><td rowspan="8">幼儿园安全教育的内容</td><td rowspan="3">1. 生活安全教育</td><td>生活细节安全</td><td rowspan="8">很少开展</td><td rowspan="8">涉及但不全</td><td rowspan="8">经常开展安全教育且内容丰富</td></tr>
<tr><td>食品卫生安全</td></tr>
<tr><td>交通安全教育</td></tr>
<tr><td rowspan="2">2. 活动安全教育</td><td>游戏活动中的安全教育</td></tr>
<tr><td>活动场地的安全</td></tr>
<tr><td colspan="2">3. 社会安全教育</td></tr>
<tr><td rowspan="2">4. 应对灾难教育</td><td>消防安全教育</td></tr>
<tr><td>地震逃生演习</td></tr>
<tr><td rowspan="4">幼儿园安全教育的途径</td><td colspan="2">1. 集体教学活动中的安全教育</td><td rowspan="4">很少几乎没有</td><td rowspan="4">偶尔</td><td rowspan="4">经常</td></tr>
<tr><td colspan="2">2. 一日生活中的安全教育</td></tr>
<tr><td colspan="2">3. 环境创设中的安全教育</td></tr>
<tr><td colspan="2">4. 家庭、幼儿园、社区合作开展的安全教育</td></tr>
</table>

第六章

选择评价方法和得出评价结果

收集教育评价信息是教育评价中具有基础意义的重要阶段，只有收集和把握了必要的信息和资料才能对教育对象开展相应的价值判断。为了获取有效的资料，必须选取科学有效的评价方法。选取何种方法或哪几种方法是由评价内容直接决定的。常用的评价方法有观察法问卷法、访谈法、测试法。而每种评价方法基础上都内在地规定了数据处理的方式，即得出怎样的评价结果。

第一节　观察法

一、观察法的含义和特点

观察法是教育评价获取信息的重要方法。观察法是评价者通过自身的感官或借助于一定的科学仪器，有目的、有计划地对教育评价对象进行系统深入的观察，以获取评价对象准确客观资料的方法。

观察法的特征有：第一，观察的目的性和计划性。观察法不同于日常的自由观察，其核心是根据评价目的和内容的需要，观察并收集有关评价对象的相关资料，回答特定范围的问题。因此它的最大特点是事先进行计划和设计，体现目的性和计划性。第二，观察的自然性和真实性。是指观察者在无须和评价对象沟通的条件下，对评价对象进行观察和记录，获得观察资料的过程。第三，观察的重复性。由于观察往往受到个人的感情色彩和先入为主的心理定式的影响，需要多次观察才能保证有效性。第四，观察的能动性。观察法是在一定的教育理念和评价理念指导下，依据预先制定的评价目的和评价指标，按照观察计划和方案有步骤的进行。即选定观察对象和范围，明确观察的核心内容，选择可以作为证据的信息，从这个意义上，观察法又是一个能动的过程。

二、观察法的类型

(一) 直接观察法和间接观察法

根据观察时评价者是否借助仪器，可分为直接观察法和间接观察法。

直接观察法是指不借助仪器，靠自身眼耳等感觉器官去直接感知对象，从而获取资料的方法。比如，观察者不带任何仪器进行现场观察，边听边看边做记录。直接观察法的优势是身临其境，感受真切，能获得生动具体的印象，形成对评价对象整体性的认识。直接观察法的局限是受观察者自身感官的限制，被观察的现象不易完整地保存，又无法进行重复观察。

间接观察法是指借助各种仪器进行观察，获取感性材料的方法。适用于客观记录和多角度的观察。比如，通过观察屏，或者在专门的观察室用仪器进行观察，或者把某一观察对象及内容进行录像再进行观察。间接观察法具有不受感官限制，不被观察对象获知，可以重复观察等特点。

（二）参与性观察法和非参与性观察法

根据评价者是否直接参与观察对象从事的活动可分为参与性观察法和非参与性观察法。参与性观察法是参与到观察对象的活动之中进行观察的方法。参与有两种方式：一种是评价者向评价对象说明自己的研究身份，要求参加他们的活动，经同意后在共同的活动中进行观察。另一种是评价者不暴露自己的身份，以隐蔽的方式参与观察，其目的在于不影响研究对象的行为。

非参与性观察法是不介入评价对象的活动，评价者作为一个旁观者置于他所观察的情境之外。非参与性观察有利于观察到观察对象在自然状态下的真实可靠的情况。

（三）有结构观察法和无结构观察法

有结构观察法是有明确的评价目标、对象和范围，有详细的观察计划、步骤和合理设计，并在观察时基本按照设计的步骤进行的可控性观察，它具有较强的目的性、计划性和系统性。一般而言，有结构观察能获得大量确定的翔实的评价信息。有结构观察要注意设计好观察表格和记录方法。

无结构观察法是对研究问题的具体范围采取弹性态度，观察内容项目和观察步骤不预先确定，事先没有严格的设计，比较灵活机动，观察者只有一个总的观察目的和要求，或者一个大致的观察内容和范围，但没有详细的观察项目和内容，更谈不上有记录表格等工具。但完全没有结构的观察方法并不适用，后面的评价结果和评价结论很难有框架。一般来说，确定评价问题的初期，可以使用无结构观察，以便进一步确定评价项目，但真正开展研究时，应设计一定的观察结构。

（四）自然观察和实验观察

在教育评价中，研究者一般在自然条件下对观察对象不加控制和干预的状态下进行观察和记录，即自然观察；相应的，在人为控制和干预研究对象的条件下进行的观察和记录则为实验观察。

三、观察法的具体策略

观察法的具体策略有：实况详录法、日记描述法、轶事纪录法、事件取样法、时间取样法、行为检核法。

（一）实况详录法

实况详录也称连续记录法，是指在某段时间内，连续而详细地把自然状态下的行为表现记录下来的观察方法。一般适用于有研究主题但无清晰的观察框架的研究，即正式的非结构观察。

比如，想要探查学生之间的交往模式或者学生注意力分散的问题，或者研究教师提问学生的分布状况，就可以选定一定的课时进行详细记录，然后再根据具体情况抽象出有意义的模式。实况详录法一般需要借助摄像、录音等现代手段。

（二）日记描述法

日记描述法是以日记的方式记录观察对象行为表现或教育现象的一种观察方法。一种是综合日记描述，即全面观察，比如，研究各年龄幼儿的发展特点；一种是主题日记描述，即片段描述，比如，研究儿童的攻击行为的主题。

日记描述法的主体一般是父母或主班教师，实况详录法的主体一般是外来研究者。使用日记描述法进行研究的著名教育家有：瑞士教育家裴斯泰洛齐，观察其子三年，出版《一个父亲的日记》；德国心理学家皮亚杰，也是通过观察的方法研究自己的孩子，从而提出广受认同的心理学规律；我国教育家陈鹤琴，通过对自己长子的跟踪观察，成书《儿童心理学》。

（三）轶事纪录法

轶事纪录法又称记事法，轶事是指独特的事件。这种方法以记事为主，即将研究者认为有价值的，有意义的，比较突出的事件完整地记录下来。与日记法的连续记录不同，这是一种选择记录的方法。轶事记录简单方便，无须编制观察记录表格，任课教师常常使用，常常是事后记录，不够准确，研究者很少有机会做这种观察。

（四）事件取样法

事件取样法是指以特定的行为为取样标准，记录某些预先确定的行为表现或事件完整过程的观察方法。事件取样法与轶事记录不同之处在于前者是实施的正式观察，而不是事后观察。观察前，应确定所要研究的行为或事件，并确定记录的形式和表格等。观察时，只要预定的行为或事件一出现，就要立刻记录。事件取样法、时间取样法、行为检核法和实况详录法的区别在于是否有结构化的观察工具。

表 6-1　表学生争执时间记录表

学生姓名	年龄	性别	争执持续的时间	发生背景	行为性质	做了什么，说了什么	结果	影响

（五）时间取样法

时间取样法是指研究者在特定的时间内观察和记录所发生的特定行为的方法，这种方法是把观察对象在某一时间段内的行为表现或教育现象看作一个样本。这种方法的具体做法是：第一，确定观察的总时间，例如，持续观察两周。第二，确定若干观察时段，例如，每天上午 8 ~ 10 时，对每位学生观察 10 分钟。第三，做出所要观察的行为或现象的操作定义，制定观察表格；第四，实施观察，做好记录；第五，整理观察资料，并提出研究结论。

表 6-2 儿童社会参与性活动观察记录表

时间	代号	活动类型				
		无所事事	旁观	单独游戏	平行游戏	合作游戏

事件取样法和时间取样法的不同体现在：第一，事件取样法不受时间间隔和时段规定的限制，而时间取样法必须严格按照事先规定的观察时间进行；第二，事件取样法侧重特定行为或事件的全过程，而时间取样法则注重在规定时间内看事件是否出现，出现的次数、持续的时间等。

有些宏观的研究也可以取样更长阶段的时间，比如，不同时期内出现的新词汇的特点研究。

(六) 行为检核表

行为检核表也称清单法，这种观察是把要观察的行为排列成清单式的表格，在这些行为项目旁边表明是否选项，然后通过现场观察，核对这些事件是否出现。

表 6-3 儿童行为检核表

儿童 姓名 性别 记录者			
观察内容		能	否
按名称指出	圆形		
	正方形		
	菱形		
	椭圆形		
能正确数数	从 1 数到 100		
	从 10 倒数到 1		
	从 0 数偶数到 20		
	从 0 数奇数到 19		

四、观察法应注意的问题

第一，要有确定的观察范围，锁定观察目标，从而可以在观察现场以关注的目标为主，集中注意力在于关注的评价内容上，比如，同为课堂情境中的观察，可以观察评价教师的行为也可以观察和评价学生的行为，以及师生互动的模式等；第二，要有正确的指导思想和研究意识，这要求研究者有比较好的理论功底；第三，选择确定的观察方法和观察工具。

五、观察法的优缺点

(一) 观察法的优点

第一，可以在现场或行为发生的当时进行现场观察记录，既可以把握全盘现象，又能主导到特殊的氛围和情境，这是访谈法和问卷法无法做到的。第二，能够得到不能直接通过被评价者报告或被评价者报告无法反应出的材料，比如，对低龄儿童的评价或精神疾病患者的评价。第三，在被评价者不配合访谈、问卷等方法时，可以用观察法收集资料。第四，其他的评价方法多是以被研究者自陈的方式进行，收集的资料可能会受到被研究者本身的偏见影响。第五，观察法可在相对自然的状态下观察被评价对象，资料较为真实。

(二) 观察法的缺点

第一，观察资料的质量很大程度上受到观察者本人的能力水平、心理因素的影响；第二，许多教育研究所期望观察的行为经常是不能完全预知的，观察难以奏效；第三，有些观察会影响到被研究者的正常活动，导致结果失真；第四，观察法的运用，包括训练观察人员、购置观察仪器，需要花费较多人力物力；第五，观察设计的要求较高。

观察法的案例 1(此案例来自高凌飚教授《教育研究方法》课程的课程案例，特此感谢高老师和案例的作者)

案例 1　课程改革前后初中历史课堂提问技巧的变化与分析

摘要：课堂提问技巧的改变是课程改革后课堂交往方式改变的重要表现。本文对课程改革前后历史课堂提问技巧的改变做了一个对比分析。分析后发现经过了课程改革，教师教学观发生了改变，课堂提问的技巧提高了，更加注重培养学生的创新能力和批判精神，课堂的民主气氛逐步显现出来。并通过科学的统计和分析，发现还存在欠缺，希望能引起广大历史教师的重视。

关键词：课堂提问技巧变化、创新能力

一、研究综述

2001 年以深圳南山区为试点开动了新一轮的课程改革。较之以往历次改革，这是最为彻底和全面的。它不仅强调基础知识和基本能力，还强调培养学生的创新能力和实践能力。因此，在目标体系当中，正式将过程与方法提高到和基础知识与能力相提并重的位置。毫无疑问，课堂教学随之会有重大的改变。师生交往方式是课堂教学的重要组成部分，而其中“提问——回答”的方式是课堂上师生交往的主要途径。因此，课堂提问技巧的提高可以反映课程改革的落实情况。尽管有不少文章[1]从理论上提出了优化历史课堂提问的方法，但要真正提高提问技巧，使课堂提问在培养学生创新能力和实践能力方面发挥应有的作用，还需要利用实证的方法做个比较分析。

在人们的传统观念里，历史是一门记忆的学科，课堂教学沉闷无聊，教学方式单一枯燥，课堂提问无需技巧。真实的情况是如何呢？全莉娟、郑强写的《中学教师课堂提问的现状与分析》[2]告诉我们：1. 课堂提问这一技术的应用有流于形式之嫌；2. 在教师的课堂教学中，教师的问题多属“低水平”认知的问题，而缺少高水平认知，尤其是创造性思维的问题；3. 中学教师的课堂教学侧重于知识的了解与理解，而对创造性思维能力的培养没有给予足够的关注或注意。他们研究框架是教师课堂提问行为登记表（见附录 1），对提问的内容分析得较为透彻。

为了全面地研究课堂提问技巧，本文采用了流行的《提问行为类别频次统计表》(见附录 2)，分别从“提出问题的质量”“让学生回答问题的方

式”“教师答理方式”“学生回答类型”和“提问与回答之间的停顿”五个方面探讨。由于问题的质量的五个方面容易给读者产生含糊不清的印象，现做个说明。

常规管理性问题，是指上课期间，为了抓住学生注意力，防止他们上课不专心，开小差而向他们提问的方法。主要目的是控制课堂，迫使学生集中精神。例如：“小明，我刚才说到哪里了？哦，请你说说唐朝为什么能够强大?”

记忆性问题，就是教师对已经学过的定论、事实发问，目的是让学生强化记忆。

推理性问题，是指根据基本的事实，做简单的分析和归纳、总结，得出结论。例如：“我们从中可以知道……”“大家想想，这告诉我们……”“这是一种……现象啊?”等等。

创造性问题，主要特征是引起学生发散性思考，不期望得出定论。例如：“学完本课之后，可以做什么课题呢？请大家想想……”“你们可以结合自己的经历，说说对这个问题的看法……”

批判性问题，是指教师启发学生质疑的问题。例如：“你们认为……？有什么自己的想法?”……

二、观察的工具、对象和方法

本文以同是深圳地区的a中学和b中学以及南山区的c中学的分别在1991年、1994年和2003年的三节历史课作为研究的对象，再利用比较的方法，以前两者为参照物，采用《提问行为类别频次统计表》做统计的工具，(见附录2)，然后逐项分析课程改革后课堂提问技巧的改变。

三节样本课都经过了录像。课堂录像的优点是可以无限制地重复，能够清楚、精确地记录问题以及问题的性质和师生对问题的处理情况，一般不会遗漏重要内容。局限在于容易有高度的选择性，看到教师的同时，一般看不到学生，但因为本文只对提问技巧进行观察，由于摄下的一般都是全班情况，所以基本能保证观察结果的准确、客观。

三、记录的结果和对结果的对比分析

以下是记录的结果：

A 班提问行为类别频次统计表

	行为类别	频次	百分比
(a) 提出问题的质量	①常规管理性问题	0	0
	②记忆性问题	33	78.6
	③推理性问题	7	16.7
	④创造性问题	2	4.7
	⑤批判性问题	0	0
(b) 让学生回答问题的方式	①提问前先点名	0	0
	②提问后让学生齐答	25	59.5
	③提问后让举手者回答	16	38.1
	④提问后让未举手者回答	1	2
	⑤提问后让学生讨论！ 自愿回答	0	0
(c) 教师答理方式	①打断学生回答或自己说出答案	0	0
	②对学生的回答不评价！ 答完坐下	0	0
	③对学生的回答仅用对或不对作评价	9	21.4
	④让学生说出答案！ 并说自己的理由或思路	0	0
	⑤重复自己的问题或学生的答案	12	28.6
	⑥对学生的回答鼓励、称赞	21	50.0
	⑦鼓励学生提出问题	0	0
(d) 学生回答类型	①不回答	3	7.1
	②机械判断是否	9	21.4
	③认知记忆性回答	18	42.9
	④重复或念课本参考书上的答案	8	19.1
	⑤推理性回答	4	9.5
	⑥创造性评价回答	0	0
	⑦对老师提出的问题产生质疑，重新提出问题并回答	0	0

续 表

	行为类别	频次	百分比
(e)提问与回答之间的停顿	①提问后未停顿或停顿不足	30	71.4
	②停顿过长	0	0
	③适当停顿 3～5 秒	12	28.6
	④学生答不上来！耐心鼓励等待几秒	0	0
	⑤对特殊需要的学生！适当多等几秒	0	0
	⑥答错了，给学生几秒钟的思考更正	0	0

B 班提问行为类别频次统计表

	行为类别	频次	百分比
(a)提出问题的质量	①常规管理性问题	0	0
	②记忆性问题	53	64.6
	③推理性问题	22	26.8
	④创造性问题	6	7.3
	⑤批判性问题	1	1.3
(b)让学生回答问题的方式	①提问前先点名	0	0
	②提问后让学生齐答	68	82.9
	③提问后让举手者回答	9	11.0
	④提问后让未举手者回答	5	6.1
	⑤提问后让学生讨论！自愿回答	0	0
(c)教师管理方式	①打断学生回答或自己说出答案	8	9.8
	②对学生的回答不评价！答完坐下	0	0
	③对学生的回答仅用对或不对作评价	0	0
	④让学生说出答案！并说自己的理由或思路	0	0
	⑤重复自己的问题或学生的答案	18	22.0
	⑥对学生的回答鼓励、称赞	56	68.2
	⑦鼓励学生提出问题	0	0

续　表

	行为类别	频次	百分比
(d)学生回答类型	①不回答	0	0
	②机械判断是否	10	12.2
	③认知记忆性回答	34	41.5
	④重复或念课本参考书上的答案	17	20.7
	⑤推理性回答	18	22.0
	⑥创造性评价回答	3	3.6
	⑦对老师提出的问题产生质疑，重新提出问题并回答	0	0
(e)提问与回答之间的停顿	①提问后未停顿或停顿不足	59	72.0
	②停顿过长	2	2.4
	③适当停顿3～5秒	21	25.6
	④学生答不上来！耐心鼓励等待几秒	0	0
	⑤对特殊需要的学生！适当多等几秒	0	0
	⑥答错了，给学生几秒钟的思考更正	0	0

C班提问行为类别频次统计表

	行为类别	频次	百分比
(a)提出问题的质量	①常规管理性问题	0	0
	②记忆性问题	13	25
	③推理性问题	20	38.5
	④创造性问题	16	30.7
	⑤批判性问题	3	5.8
(b)让学生回答问题的方式	①提问前先点名	4	7.7
	②提问后让学生齐答	24	46.2
	③提问后让举手者回答	22	42.3
	④提问后让未举手者回答	2	3.8
	⑤提问后让学生讨论！自愿回答	0	0

续 表

	行为类别	频次	百分比
(c) 教师管理方式	①打断学生回答或自己说出答案	0	0
	②对学生的回答不评价！答完坐下	0	0
	③对学生的回答仅用对或不对作评价	0	0
	④让学生说出答案！并说自己的理由或思路	8	15.4
	⑤重复自己的问题或学生的答案	4	7.7
	⑥对学生的回答鼓励、称赞	30	57.7
	⑦鼓励学生提出问题	10	19.2
(d) 学生回答类型	①不回答	0	0
	②机械判断是否	3	5.8
	③认知记忆性回答	18	34.6
	④重复或念课本参考书上的答案	2	3.8
	⑤推理性回答	21	40.3
	⑥创造性评价回答	8	15.5
	⑦对老师提出的问题产生质疑，重新提出问题并回答	0	0
(e) 提问与回答之间的停顿	①提问后未停顿或停顿不足	33	63.5
	②停顿过长	0	0
	③适当停顿 3 ~ 5 秒	16	30.7
	④学生答不上来！耐心鼓励等待几秒	3	5.8
	⑤对特殊需要的学生！适当多等几秒	0	0
	⑥答错了，给学生几秒钟的思考更正	0	0

（前两节都是优秀课例，后一节是示范课。只选择三节课，虽然从表面上看是有失全面，但由于它们都是经过权威审评的，所以代表了该时代主流的教学观和教学方式，具有典型性）

三节课都是 45 分钟，问题的总数分别是：42、82 和 52。提问的频率约是 62 秒 / 个、32 秒 / 个、52 秒 / 个。边讲边问取代了灌溉式的讲授。提问自从在 90 年代初提倡主体性教学后就成为关注的焦点。就问题的总数来说，这几堂课都没有出现高密度的提问，应该说问题的数量是合适的。

下面对重要的几个问题做分析：

在问题的质量方面和学生回答类型

	行为类别	频次	百分比
A（a）提出问题的质量	①常规管理性问题	0	0
	②记忆性问题	33	78.6
	③推理性问题	7	16.7
	④创造性问题	2	4.7
	⑤批判性问题	0	0
B（a）提出问题的质量	①常规管理性问题	0	0
	②记忆性问题	53	64.6
	③推理性问题	22	26.8
	④创造性问题	6	7.3
	⑤批判性问题	1	1.3
C（a）提出问题的质量	①常规管理性问题	0	0
	②记忆性问题	13	25
	③推理性问题	20	38.5
	④创造性问题	16	30.7
	⑤批判性问题	3	5.8
A（d）学生回答类型	①不回答	3	7.1
	②机械判断是否	9	21.4
	③认知记忆性回答	18	42.9
	④重复或念课本参考书上的答案	8	19.1
	⑤推理性回答	4	9.5
	⑥创造性评价回答	0	0
	⑦对老师提出的问题产生质疑，重新提出问题并回答	0	0
B（d）学生回答类型	①不回答	0	0
	②机械判断是否	10	12.2
	③认知记忆性回答	34	41.5
	④重复或念课本参考书上的答案	17	20.7

续 表

	行为类别	频次	百分比
	⑤推理性回答	18	22.0
	⑥创造性评价回答	3	3.6
	⑦对老师提出的问题产生质疑，重新提出问题并回答	0	0
C（d）学生回答类型	①不回答	0	0
	②机械判断是否	3	5.8
	③认知记忆性回答	18	34.6
	④重复或念课本参考书上的答案	2	3.8
	⑤推理性回答	21	40.3
	⑥创造性评价回答	8	15.5
	⑦对老师提出的问题产生质疑，重新提出问题并回答	0	0

可见，三节课都是以推理性和记忆性问题为主。从问题的质量来看，A班是93.3%，b班是91.4%，c班是63.5%，从学生回答的类型看，其中A班是86.1%，B班是74.4%，C班是44.2%。这两方面的问题都是水平较低的认知问题，说明三节课问题都不偏重高水平认知和创造性思维方面。从三节课的变化看，首先，创造性问题和批判性问题在逐步地增加，在第三节课上的问题分布较为平衡。其次，学生回答的类型看，课程改革前基本都是认知记忆性的回答，重复课本上的内容就行了，尤其以91年的课例最是明显。往后，推理性和创造评价性的问题增多，突显教师正通过课堂提问激发学生的创造力。

一般来说，认知记忆性的问题，特别是可以重复课本或相关参考书的问题都是让学生强化记忆，或者运用于课堂的管理方面。由于这几次的课都是优秀课或者示范课，所以常规管理性问题不明显。这方面可以忽略。在三节课中，教师牢牢控制了课堂，他们是课堂的灵魂人物，具有权威性，看下表，它归纳了学生回答问题的方式：

续　表

A（b）让学生回答问题的方式	①提问前先点名	0	0
	②提问后让学生齐答	25	59.5
	③提问后让举手者回答	16	38.1
	④提问后让未举手者回答	1	2
	⑤提问后让学生讨论！自愿回答	0	0
B（b）让学生回答问题的方式	①提问前先点名	0	0
	②提问后让学生齐答	68	82.9
	③提问后让举手者回答	9	11.0
	④提问后让未举手者回答	5	6.1
	⑤提问后让学生讨论！自愿回答	0	0
C（b）让学生回答问题的方式	①提问前先点名	4	7.7
	②提问后让学生齐答	24	46.2
	③提问后让举手者回答	22	42.3
	④提问后让未举手者回答	2	3.8
	⑤提问后让学生讨论！自愿回答	0	0

三节课的提问以齐答的方式为主（b 班的高达 82.9%），最大的优势是控制课堂。但从另一个角度分析，就是因为提问的主要是事实、结论性的问题才可以大量使用这种方法。这种方法明显不利于学生的发散性思维。不过这种现象在第三节课有所改善。除了齐答的比例下降外，回答问题方式显然比前两节课多，不再单一、枯燥。

学生完成问题后，教师的反映是：

A（c）教师管理方式	①打断学生回答或自己说出答案	0	0
	②对学生的回答不评价！答完坐下	0	0
	③对学生的回答仅用对或不对作评价	9	21.4
	④让学生说出答案！并说自己的理由或思路	0	0
	⑤重复自己的问题或学生的答案	12	28.6
	⑥对学生的回答鼓励、称赞	21	50.0
	⑦鼓励学生提出问题	0	0

续　表

B（c）教师管理方式	①打断学生回答或自己说出答案	8	9.8
	②对学生的回答不评价！答完坐下	0	0
	③对学生的回答仅用对或不对作评价	0	0
	④让学生说出答案！并说自己的理由或思路	0	0
	⑤重复自己的问题或学生的答案	18	22.0
	⑥对学生的回答鼓励、称赞	56	68.2
C（c）教师管理方式	①打断学生回答或自己说出答案	0	0
	②对学生的回答不评价！答完坐下	0	0
	③对学生的回答仅用对或不对作评价	0	0
	④让学生说出答案！并说自己的理由或思路	8	15.4
	⑤重复自己的问题或学生的答案	4	7.7
	⑥对学生的回答鼓励’称赞	30	57.7
	⑦鼓励学生提出问题	10	19.2

从上表看出，三节课的教师都注重对学生鼓励、称赞。对学生问题的反馈可以增加他们的信心和激发他们的学习动机。在第三节课中，出现了两个很好的现象，那就是学生除了回答问题，还要说出思路或者理由，并且还鼓励学生提出问题。思路，也就是思考问题的方法，既可以引起回答者对自己思维的原认知，也可以让非回答者学到方法。关于鼓励学生提出的问题方面，通过观察，主要是生—生的互动。

课堂提问技巧还有一个方面就是提问后的停顿：

A（e）提问与回答之间的停顿	①提问后未停顿或停顿不足	30	71.4
	②停顿过长	0	0
	③适当停顿 3～5 秒	12	28.6
	④学生答不上来！耐心鼓励等待几秒	0	0
	⑤对特殊需要的学生！适当多等几秒	0	0
	⑥答错了，给学生几秒钟的思考更正	0	0
B（e）提问与回答之间的停顿	①提问后未停顿或停顿不足	59	72.0

续　表

	②停顿过长	2	2.4
	③适当停顿 3 ~ 5 秒	21	25.6
	④学生答不上来！耐心鼓励等待几秒	0	0
	⑤对特殊需要的学生！适当多等几秒	0	0
	⑥答错了，给学生几秒钟的思考更正	0	0
C（e）提问与回答之间的停顿	①提问后未停顿或停顿不足	33	63.5
	②停顿过长	0	0
	③适当停顿 3 ~ 5 秒	16	30.7
	④学生答不上来！耐心鼓励等待几秒	3	5.8
	⑤对特殊需要的学生！适当多等几秒	0	0
	⑥答错了，给学生几秒钟的思考更正	0	0

三节课的提问大部分都是停顿不足的。但结合前面问题的分析，由于课改前的问题记忆性的东西很多，学生一齐答的比例高，基本上提问之后学生不用深思熟虑就可以回答，可以说不是老师没有提供思考的时间，而是没必要提供如此多的时间。而在第三节课中，由于创造性问题的出现和增加，所以需要预留时间给学生思考。这与问题的类型是密切相关的。

四、启示

课堂提问只是课堂教学的一个组成部分，而课堂提问的技巧更加是万千课堂现象中的冰山一角。也可以说，它是一种形式。内容决定了形式，但形式表现了和反映了内容。所以我们可以透过观察新一轮课程改革后历史课堂的提问技巧的变化，得到一些启示。

第一，课程改革的开动使教师的教学观发生了变化。以前的中学历史课强调的是历史知识的记忆，特别是初中。知识量积累的多寡就是衡量学生是否成材的准则。所以课堂上教师就利用各手段，比如说让学生朗读课文，一遍又一遍地叫学生背诵课文中的结论，甚至上课画重点来让学生加强记忆。历史教师的教学观基本上都是传授知识、应付能力的灌输式的教学取向。[3] 所提问题集中在认知记忆性方面。课改后，认知记忆性问题的减少，创造性问题的增加，说明了教师正在大力开发能激起学生发散性思维的途径，正在想方设法培养学生的创新能力。这固然符合了新课程改革所提倡的理念。但从实质上来说，教师更加注重学生的能力和思维的发展，注重培养他们适应现代社会的生存能力，成为合格的现代公民。发展能力、端正态度、教书育人的培育式的教学观就是这次课程改革中的新生的事物。

第二，民主平等的课堂作风慢慢地取代教师权威的课堂作风。课堂提问的模式主要有三种：师→生、生→生和生→师[4]。课改前的初中历史课堂提问的模式只是，或者大部分是师→生。这种课堂提问模式其中一个很重要的作用就是为教师管理课堂提供了一个很好的手段。教师提出已经有标准答案的问题，又采用齐答的方式。这种做法在某种程度上讲是维护了教师作为知识掌握者的权威。课改后，由于探究性、合作性学习方式的应用，课堂上就不能只是由教师完全掌控学生学习的内容了。学生自己可以选择学习的内容。课堂上展示学生的探究性成果（探究性课题是学生依据自己的兴趣和爱好自由选择的），全班同学针对发言内容提出问题而后必定会引起大规模的讨论。学生在这个过程当中肯定会学到教师没有预计的内容。这些内容可以不是某本教材知识系统中的有机组成部分，而是学生自己建构的知识体系中的组成部分。那么，教师作为知识权威方面的影响肯定比以前减弱了。

但是，从实验区的课堂教学来看，还没有出现第三种的提问方式。有学者研究过中国课堂难以出现这种模式的原因。[5]其中起重要作用的是教师的权威。不破除教师知识掌控的权威，不仅难以实现“教师主体、学生主导”，而且不利于学生发散性思维的发展，更不用说可以将他们培育成具有现代平等观念的公民了。但这种模式的应用确实涉及大量难以控制的因素，这要靠广大教育工作者的共同努力。

本文研究的是实验区在新一轮课程改革后初中历史课堂提问技巧的变化。变化是较大的。实验区的实践为我们提供了涉及历史课程其他方面的很多宝贵经验。如果都能总结出来，这对2004年在全省全面铺开的课程改革具有重要的参考意义。

参考文献：

[1] 杨平，张文英．如何进行中学历史课堂提问[J]. 苏州铁道师范学院学报（社会科学版），2002(6)．

[2] 邱成富．历史课堂提问的优化设计[J]. 成都教育学院学报，2003(2)．

[3] 全莉娟，郗强．中学教师课堂提问的现状与分析[J]. 现代中小学教育，

2002(10).

[4] 高凌飚．新课程国家实验区教师教学观调查 [J]. 环球教育展望，2002(6).

[5] 宋振韶．课堂提问基本模式以及学生提问的研究现状（下）[J]. 学科教育，2003(2).

[6] 郁小萍．中西方学生课堂提问对比分析 [J]. 江西社会科学，2003(5).

[7] 宋振韶．课堂提问基本模式以及学生提问的研究现状（上）[J]. 学科教育，2003(1).

[8] 陈瑶．课堂观察指导 [M]. 北京：教育科学出版社，2002.

[9] 顾泠沅．从一堂几何课看数学教育改革行动——在上海“中美数学教育高级研讨会”上的演讲提纲 [J]. 上海教育科研，1999(6).

附录 1

教师课堂提问行为登记表

问题		性质						内容（水平）						方式			
		启发诱导		教学程序		强调		方法		结论		事实		开放式		封闭式	
班级	总计	次数	%	次数	%	次数	%	次数	%	次数	%	次数	%	次数	%	次数	%

附录 2

	行为类别	频次	百分比
(a) 提出问题的质量	①常规管理性问题		
	②记忆性问题		
	③推理性问题		
	④创造性问题		
	⑤批判性问题		
(b) 让学生回答问题的方式	①提问前先点名		
	②提问后让学生齐答		
	③提问后让举手者回答		
	④提问后让未举手者回答		
	⑤提问后让学生讨论！ 自愿回答		

续 表

	行为类别	频次	百分比
(c) 教师答理方式	①打断学生回答或自己说出答案		
	②对学生的回答不评价！答完坐下		
	③对学生的回答仅用对或不对作评价		
	④让学生说出答案！并说自己的理由或思路		
	⑤重复自己的问题或学生的答案		
	⑥对学生的回答鼓励、称赞		
	⑦鼓励学生提出问题		
(d) 学生回答类型	①不回答		
	②机械判断是否		
	③认知记忆性回答		
	④重复或念课本参考书上的答案		
	⑤推理性回答		
	⑥创造性评价回答		
	⑦对老师提出的问题产生质疑，重新提出问题并回答		
(e) 提问与回答之间的停顿	①提问后未停顿或停顿不足		
	②停顿过长		
	③适当停顿 3 ~ 5 秒		
	④学生答不上来！耐心鼓励等待几秒		
	⑤对特殊需要的学生！适当多等几秒		
	⑥答错了，给学生几秒钟的思考更正		

（注：此表是采用了全莉娟、郗强和王保全在《中学教师课堂提问的现状与分析》和《初中物理课堂提问的调查研究》(《山东教育》，2003 年 7 月) 中两个稍有差别的统计表后根据本文的需要修改而成的）

第二节　访谈法

一、访谈的含义和特点

（一）访谈法的含义

访谈法是通过直接和被评价对象交流来获取评价资料的一种方法。这种方法，是在观察学生外在表现的基础上，就有关事项直接对话而用的，能收集被评价对象有关心理特征和行为数据的研究方法。访谈话是直接接触学生的方法，既便于实施又便于互动，能达到收集评价资料的目的。访谈法对了解人们的态度、情感、思想观念和主观感受等方面的信息有独特作用，常常和观察法、问卷法等结合使用。

（二）访谈法的特点

访谈法的最大特点在于，整个访谈过程是访谈者与被访谈者相互影响、相互作用的过程。在观察法中，观察者基本上是单方面进行观察活动，被观察者常常是被动的，在观察时，观察者应尽量减少对观察者的影响以免被观察者产生反应性心理和行为。访谈法则相反，整个访谈过程不仅是访谈者通过提问方式作用于被访谈者的过程，而且是被访谈者通过回答等方式反作用于访谈者的过程。因此，访谈者应努力掌握访谈过程中的主动权，尽可能按照预定的访谈计划开展。

访谈法的另一个显著特点是它具有特定的科学目的和一整套的设计、编制和实施的原则。一方面，访谈是为了解决一定的问题进行的，其目的在于直接获取有关访谈对象心理和行为方面的数据资料；另一方面，访谈计划的编制、访谈问题的设计、访谈过程的实施、访谈活动的记录、访谈结果的整理和分析都需要按照一定的科学原则来进行，才可保证访谈法的科学性、有效性和客观性，使访谈法有别于日常的聊天。

二、访谈法的类型

(一) 结构访谈和非结构访谈

结构访谈又称标准化访谈，指按统一的设计要求，按照一定的结构进行的访谈。结构访谈对选择访谈对象的标准和方法、访谈中提到的问题、提问的方式和顺序、被访谈者回答的方式、访谈记录的方式等都有统一的要求。结构访谈的最大好处在于，访谈结果便于统计分析，对于不同的访谈对象的回答易于进行对比分析。但这种方法对每个被访谈者提供的刺激相同，因此，缺乏弹性，不利于发挥访谈者和被访谈者的积极性和主动性。

非结构性访谈又称非标准化访谈，指只按照一个粗线条的访谈提纲而进行的访谈。该方法对访谈对象的条件、所要询问的问题等只有一个粗略的基本要求，访谈者可以根据访谈时的实际情况灵活性地做出必要调整。提问方式和顺序、访谈对象回答的方式、访谈记录的方式等，都没有统一要求。非结构访谈有利于访谈者和被访谈者的主动性、创造性，有利于适应被访谈者的具体情况，有利于拓宽或加深对问题的研究，也有利于处理原来访谈设计方案中没有考虑的新情况和新问题。但是，非结构访谈的结果难以进行定量分析，对不同被访谈者的回答难以进行对比分析。

结构性访谈和非结构性访谈常常结合使用，除这两种访谈形式外，还有半结构访谈。

(二) 直接访谈和间接访谈

直接访谈又称面对面访谈，可以广泛、深度地探讨问题，而且可以观察到被访谈者的有关特征和许多非言语信息。间接访谈是通过一定的中介进行的非面对面的交流，主要方式是电话访谈。访谈问题应少而精，时间应尽量简短。

(三) 一般访谈和特殊访谈

一般访谈是指对一般的访谈对象（如一般的工人、农民、知识分子、干部、军人、市民等）或正常的访谈对象进行的访谈。特殊访谈是指对某些特殊访谈对象（如某些知名度很多的人，重要的领导人、突发事件的当事人、儿童、聋哑人和罪犯等）或有身心疾病的非正常访谈对象所进行的访谈。

（四）个人访谈和集体访谈

个人访谈是指访谈者对每位访谈对象逐一进行的单独访谈的方法。双方易于沟通，也便于灵活处理。所需时间精力较大。集体访谈是指一名或多名访谈者同时对一组访谈对象进行访谈的方法。虽然更为高效，或更能激发多元化的信息，但也可能出现冷场和部分人做陪衬的情况。

三、访谈法的设计

（一）明确访谈目的与变量

访谈首先要明确访谈的目的，并将其进一步具体化，即确定访谈研究的各种具体变量。

（二）设计访谈问题的形式

访谈问题有两种形式：封闭性问题和开放性问题。开放性问题的优点是有利于访谈对象充分表达自己的思想、情感，有利于访谈者了解额外新的内容，对不明确的问题进行追问等，缺点是计分困难，主观性大。封闭性问题易于计分，能更好地保证反应形式的标准化和结果的客观性，但很难反映访谈对象的其他情况，缺乏灵活性。

（三）具体访谈问题的编制

拟定具体访谈问题时，要紧密围绕具体研究变量进行，每一问题都应满足某一变量操作定义的有关要求，成为某一变量的具体度量指标之一。

特别注意的是：问题要明确不含糊；问题表述要适合访谈对象的文化程度和经验水平；避免访谈问题不能回答的问题；每一具体的问题不要涉及多重子问题；避免引导性问题，比如：你是不是想说……？你是不是认为……？

（四）访谈问题反应的选择

拟定具体访谈问题的同时，还要考虑让访谈对象以何种方式对问题进行反应。包括：填空式、量表式、等级排列式、核对式。

（五）访谈设计的修改

完成问题的初步编制后，应通过实际访谈来检验提问措辞是否妥当、提问顺序是否安排合理、整个的访谈问卷是否符合研究目的等。试谈是发展和完善访谈计划工作不可或缺的、重要的组成部分。在访谈结果的基础上，应能对访谈计划进行修订，形成正式的访谈计划。

（六）访谈人员的选择

对于小样本且比较简单的访谈研究，研究者既可以是研究的设计者，又是收集数据资料的访谈者。但是，如果一项访谈研究设计的范围比较大，还必须选择一些人作为访谈人员。要慎重考虑访谈人员的选取，以及如何对他们进行培训的问题。

四、访谈资料的整理

（一）首先界定资料的含义

这涉及都如下步骤：如实整理访谈记录、找出与访谈主题相关的内容、明确被访问者每句话的确切含义是什么并找出关键词。

（二）其次进行资料的归类

把初步整理的资料按以下两个方面进行归类：第一，内容层面的归类，即按照调查的问题进行归类；第二，观点层面的归类，即按照所反映出来的不同观点进行归类。

（三）找出有代表性的典型说法

在归类后的资料中找出有代表性的典型说法，这应该是能反映问题和观点的被访谈对象的原话。

(四)明确资料的背景范围

这包括资料所指的问题背景；获得资料时的情境，包括访谈时的情境，被访谈者的具体身份等。

五、访谈法的优点和缺点

(一)访谈法的优点

访谈法的优点体现在：能深入广泛地研究问题、可以灵活地有针对性地开展资料收集工作、可以保证研究资料较高的可靠性、适应性广。

(二)访谈法的缺点

访谈法的缺点体现在：访谈结果的准确性可靠性可能受到研究者素质的影响、某些问题不宜进行访谈、比较费时费力、获得的资料难以量化。

访谈案例1(此案例中最初用了问卷法，但结果和预期不一样，所以，补充了访谈法说明问题，此案例来自高凌飚老师《教育研究方法》课程的案例，谢谢高老师和案例作者)

访谈案例1　初中生自尊心和自信心的现状调查及其分析

一.问题的提出

所谓自尊心就是青少年在集体生活中发展起来的一种心理状态或个性特点。它是个人在一定的班级或社会群体中希望受到别人尊重并取得合格成员的资格与地位的一种意识表现[1]。W.James（1890～1963）也在给自尊下定义时用了一个著名公式，即自尊＝成功／抱负水平，所谓自信是指相信自己[2]。而自信心是自信的心理和观念。就是相信自己所追求的目标是正确的，也相信自己有力量与能力去实现所追求的那个正确目标。它包含着三个方面：自信认识、自信体验、自信行为。自尊心是成功的起点，自信心是成功的秘诀，这两心是孪生姐妹或兄弟，它们在人生成功的道路上都扮演着各自独立又互相推进的重要角色[3]。著名心理学家林崇德说：“中学阶段是一个过渡时期，这个年龄阶段的心理变化很不稳定，可塑性很大，这是心理成熟前动荡不稳的时期。青少年阶段的中学生的教育和培养工作在整个国民经济中起着关键性的作用。”[4]

我们在平时的学校教育教学过程中时常发现学业成绩好的中学生往往比较自信和从容，学业成绩差的中学生则显得拘谨、慌张。鉴于此，我们初步设想，中学生由于学业成绩落后，会使他们的自尊心和自信心受到伤害。为了解这种状况是否具有普遍性，我们做了一次针对性的问卷调查。

二、问卷调查

此次调查，主要方式是发放问卷表格和访谈。表内共九个问题，这九个问题按五级测量级进行测量，即完全不赞成得1分，不赞成得2分，依次类推，完全赞成得5分。由于问题的内容具有否定性程度越高则自尊心和自信心越低和肯定性程度越高则自尊心和自信心越高的特点，所以，我们依据得分多少进行分析研究.

（一）问卷调查表内问题的产生

我们的问卷表格采用许放明的自制自尊心和自信心量表[5]。这份量表在设计测量自尊心和自信心这样的抽象概念问题时，首先采用了“分立的理性策略”[6]的办法，即把自尊心自信心分成若干层面，每个层面都引申出问题。中学生的自尊心和自信心主要表现在学习、交往、自身在教师心目中的形象、自身能力认知、对竞争的态度、平日对有关自尊心的体验和自己对未来前途的看法等方面，表内的问题都是从这些方面引申出来的；其次这份调查表的内容不涉及敏感性和威胁性的问题，可以在问卷上要求被调查者填上学校、班级、学号。这样，拿到学生的成绩材料，就可以做比较研究了。为了使调查结果具有客观性和真实性，消除被测试者的心理顾虑，在问卷表上方的前言中说明了此次调查只是对群体心理状况进行研究，不对个体心理状况做任何评论，希望同学们客观地填写表格。最后问卷表制好后作了实验性调查，依据实验性调查结果，删除了几个辨别力不强的问题，最后确定表内的九个问题。这九个问题分别是：(1) 我经常想过如何来维护自己的自尊心；(2) 我在学校生活中很少经历被人瞧不起的心理感受；(3) 我在学校生活中没有印象特别深刻的自尊心遭受伤害的经历；(4) 学校生活十分快乐；(5) 教师眼中的我是一个十分聪明的人；(6) 只要花时间，培养某方面特长不难；(7)

坚信自己今后走上社会一定能创一番事业;(8) 只要花相同的时间，一定能取得与别人一样的成绩;(9) 充满竞争的环境有劲[7]。

我们首先将以上九个问题分为自尊心和自信心两个维度，然后采用SPSS11.5对这两个维度的信度和内部一致性系数进行了统计分析，结果如下:

维度	问题	内部一致性系数
自尊心	第一题至第三题	0.7716
自信心	第四题至第九题	0.7132

从上表可以看出，自尊心和自信心这两个维度都具有较高的可靠性。

(二)问卷调查表的发放以及调查对象的基本情况

此次调查我们首先选定调查学校，然后选定调查年级，再在选定的调查年级内随机抽取四个班作为调查对象。问卷填完后当场收回。本次调查共发放问卷表214份，回收有效问卷表188份。调查对象为中山市古镇二中初二年级四个班的同学。其中，二(1) 班是竞赛班(包括全年级前30名尖子，其他28位同学成绩一般)，二(5)、二(7)、二(8) 三个班均为平行班。

(三)调查结果

调查结果见下表(采用SPSS11.5计算)，发放的问卷数与有效问卷数有一个差额，原因是有些同学没有上交问卷或没有按问卷的要求作答，故没有把这类问卷列入有效问卷之列。由于此次调查涉及上学期的期末考试成绩，所以我们把本学期转学进来的同学的问卷也视为无效问卷。表内“成绩前20%的调查对象”和“成绩后20%调查对象”分别指以班级为单位，以上学期期末成绩和本学期期中考试成绩相加之和为依据的成绩最靠前的20%的学生与成绩最靠后的20%的学生。

问卷数和指标 调查对象	发放问卷数	有效问卷数	得分	平均值	标准差
调查总体	214	188	6129	32.6	4.778
成绩前20%的调查对象	42	39	1321	33.87	4.764
成绩后20%的调查对象	42	38	1136	29.89	5.321
二(1)班	57	53	1738	32.79	6.476

续 表

问卷数和指标 调查对象	发放问卷数	有效问卷数	得分	平均值	标准差
成绩前 20% 的调查对象	11	10	330	33.00	6.749
成绩后 20% 的调查对象	11	11	327	29.73	7.444
二 (5) 班	52	46	1457	31.67	3.688
成绩前 20% 的调查对象	10	10	328	32.80	4.315
成绩后 20% 的调查对象	10	10	293	29.3	3.199
二 (7) 班	53	45	1503	33.4	3.997
成绩前 20% 的调查对象	11	11	380	34.55	3.417
成绩后 20% 的调查对象	11	7	216	30.86	6.309
二 (8) 班	52	44	1431	32.52	4.043
成绩前 20% 的调查对象	10	8	283	35.38	4.241
成绩后 20% 的调查对象	10	10	300	30.00	4.11

（四）调查结果分析

从调查结果来看，初中生群体的自尊心和自信心现状有如下特征：

1. 中学生群体的自尊心和自信心的总体状况是良好的。

从统计表的数据分析可知，初中生群体得分的平均值为 32.6 分，高于 27 分的基本值，总体状况是良好的。

2. 学业成绩对初中生群体的自尊心和自信心影响很大，但不是绝对的。

从此次调查结果来看，各类测试者中成绩前 20% 的被调查者的平均值均大于成绩后 20% 的被调查者，学业成绩好的学生自尊心和自信心在总体水平上高于学业成绩差的学生，可见学业成绩对初中生群体的自尊心和自信心影响很大。

但这种影响不是绝对的。因为从上表可以看出：

(1) 四个班问卷得分的平均值都介于 31 ~ 34 分之间，竞赛班和平行班相差较小，甚至有一个平行班的平均值超过竞赛班；

(2) 这四个班中后 20% 的调查对象的平均值均高于 27 分的基本值，他们的成绩虽然落后，而自尊心与自信心并非十分低；

(3) 竞赛班处在后 30 名的同学学业成绩与其他三个平行班前 30 名的同

学学业成绩相当，但问卷得分数从总体上来看却低于普通班前30名的同学。通过与学生访谈得知：竞赛班平均值不高的原因在于竞争对手如林，尽管自己成绩比较好，但名次较后，因而自尊心和自信心水平不是十分高。平行班的平均值高的原因在于竞争对手相对较弱，和本班其他学业成绩差的同学相比，学业成绩好的同学具有相当的心理优越性，因而自尊心和自信心水平偏高。这就说明学业成绩虽然对学生的自尊心和自信心有很大影响，但并不是绝对的。学生之间相互比较的对象和范围在一定程度上对他们的自尊心和自信心也是有重要影响的。

3. 本研究对结果材料作了进一步个案研究发现：除学业成绩外，影响初中生自尊心和自信心的还有其他一些因素，如性格、同学关系、师生关系、自我认知的程度、家庭环境、对社会的认知方式等。

在调查问卷中我们发现存在两种特殊现象，一种是学业成绩很好，自尊心和自信心问卷得分却很低。另一种现象是学业成绩落后，但问卷得分却很高。为对这些现象做进一步的分析，我们对分别属于这两种情况的陈翠贤和李慧珍同学进行了访谈，并与任课教师也进行了交流（与学生的访谈笔录请见附页）。通过访谈，我们了解到陈翠贤同学虽然学业成绩非常优秀（入中学以来一直处在第一位），但自尊心和自信心却很低的主要原因在于（1）性格较内向。她除了有一两个好朋友外，很少与其他同学交往；（2）竞争的压力。学业上的竞争对手不局限于本班，把重点中学名列前茅的学生作为主要竞争对手，认为自己的成绩还不够好。此外，很担心在班级考试中不能每次拿第一。（3）家庭环境的因素。姐妹8人无一男丁，心理影响较大。家中姐妹个个学业成绩优秀，姐姐们经常嘲笑她是家里最差的，导致她信心的丢失。而学习优秀的几位姐姐却未能在社会上取得成功更给她带来了心理上的阴影。（4）社会环境。从姐姐身上她意识到当前在社会上要取得成功除文凭外还需凭借自身的综合素质，而自己只是学习好，其他能力不强，因此对今后的前途很担心。

与之相反的李慧珍同学学业成绩不理想（居班级倒数第三位），自尊心和自信心却很高，主要原因在于（1）性格外向，爱与同学交朋友，和同学相处融洽。（2）能摆正心态，正确看待自己的学业成绩。认为自己并不笨，只要再认真点，成绩是可以赶上去的。（3）家庭条件比较优越，父母亲很少因为她的学业成绩差而责骂孩子，只是教育孩子要摆正学习心态。并承诺万一考不上好学校，可以买学位进重点学校。使得孩子对自己学业成绩差没有过重的压力。(4) 尽管成绩不好，但她觉得无论是在课堂上还是课后，任课教师对她的印象都不错。师生之间人际交往关系良好。(5) 对未来前途较为乐观，认为自己胆子大，不怕丑，再加上能吃苦，坚信自己今后走上社会一定能创一番事业。

三、结论

前人所做的相关研究都普遍认为，学业成绩与学生的自尊心和自信心呈高度正相关。在《自尊对学生学业成绩有影响吗？——美国研究结果概述》(姚云编译) 一文中，作者指出学业自尊至少部分决定于学业成绩，尤其是基础教育初期的学生更是如此。我国心理学家章志光也谈到中学生所达到的自尊心的水平首先是与活动的成败相适应的，如果他们在活动中不断获得优异的成绩，得到集体的好评，并产生胜利感和成就感，自尊心也会相应地得到提高；反之，若是在活动中常常不能胜任或落后于别人，在集体生活中经常受到责备，自尊心就会降低。其次自尊心也是和自信心相联系的，学生在学校的各项活动中，不断取得成功，就会增强活动的信心。因而也会使自尊心得到提高和加强。[8]

通过此次调查，我们发现学业成绩对初中生群体的自尊心和自信心影响很大，学业成绩好的学生自尊心和自信心在总体水平上高于学业成绩差的学生，但这种影响不是绝对的，学生的性格、同学关系、师生关系、自我认知的程度、家庭环境、对社会的认知方式和程度也是影响初中生自尊心和自信心的重要因素。同时也正是如此，学业成绩差的中学生自尊心和自信心普遍较低的现象也在一定程度上有所改善。

参考文献：

[1][8] 章志光 . 心理学 [M]. 人民教育出版社，1992：457.

[2] 中国社科院语言研究所 . 现代汉语词典 [M]. 商务印书馆，1996：1669.

[3] 燕国材 . 论自信心及其教育 [J]. 中学教育，1998(4)：3.

[4] 林崇德 . 教育的智慧—写给中小学教师 [M]. 开明出版社 ，1999：96.

[5][7] 许放明 . 中学生自尊心和自信心的现状调查及对策思考 [J]. 浙江师大学报，1999(3) .

[6] 宋林飞主编 . 社会调查研究方法 [M]. 上海人民出版社，1990：119.

附:《个案访谈笔录》

个案访谈笔录（1）

访谈对象：古镇二中二（1）班李慧珍

访谈原因：李慧珍同学学习成绩属于班级后20%之列，但自尊心和自信心调查问卷得分却很高，获37分（问卷总分45分）。

访谈过程：

熊（X)：老师今天找你访谈主要是为了了解当前中学生自尊心和自信心的现状，你的这份问卷得分还是很高的，老师想了解一下你的自尊心和自信心高的真实原因，希望你能怎么想就怎么答，好吗?

陈（C)：好的。

X：你对这个学期的成绩满不满意？有进步还是退步?

L：成绩不满意，名次满意，名次进步了。

X：你父母对此有没有骂你?

L：没有，只是说了几句，说学习心态方面还要加强。

X：那你对你的成绩担不担心?

L：有点担心，怕考不上重点中学。但初一放暑假时爸爸说买学位去那里。

X：要多少钱?

L：不知道，大约要二万多。

X：那你家应该很看重你的，是吗?

L：不是，我爸爸本来说考不上的话一个都不理，但后来有对我和弟弟说买学位。

X：你现在的成绩算是不理想，有没有想过放弃?

L：没有，认真点，还是应该能赶上的。

X：你课余是不是和很多同学一起玩?

L：谢楚雯她们。

X：你们不是有十几个吗?

L：不是十几个，而是差不多十个。

X：除她们之外，班上其他的同学喜欢你吗？

L：有些一起玩，有些没有。

X：那不和你玩的人多不多？

L：不多，有几个。

X：你喜不喜欢现在的老师？

L：有的喜欢，有的不喜欢。

X：你喜欢你们班主任吗？

L：以前不喜欢，现在喜欢。我感觉她对我很好。

X：那英语老师对你满不满意？

L：应该满意吧。

X：课后你是不是经常主动和老师交谈呢？

L：没有。不过老师经常问我一些有关班级的事情。

X：那看来老师对你的印象都不错。

L：应该是。

X：那你觉得你在老师的眼中是一个聪明的学生吗？

L：不能确定，但我觉得成绩好并不代表聪明。

X：为什么会这样认为？

L：可能别人成绩好是因为花了很多的时间，但不一定聪明。

X：你的家庭条件怎么样？父母是干什么的？

L：还可以啦。爸爸妈妈是开厂的。

X：他们平时对你和弟弟十分重视吗？

L：重视。经常叫我们用心学习。

X：虽然现在的学业成绩比小学差很多，但自身总是有优点，你觉得你的优点或优势是什么？

L：不知道。

X：例如你觉得你的画画怎么样？

L：以前小学就参加过培训，来中学后就没有参加过。虽然现在的美术课人物画得不是很好，但风景画还是比较拿手。

X：有没有想过中考考特长班？

L：有想过，但怕考不上。

X：如果请美术老师培训你，有没有信心或把握？

L：有，应该可以考上。

X：除这些外，你觉得你还有没有其他的优点或优势？

L：我比较喜欢打篮球。

X：性格上的优点呢？

L：沉默（没有作答）。

X：比如说你交的朋友较多，爱交朋友可不可以算是你的一大优点？

L：可以算。

X：你觉得你有哪些缺点呢？

L；有很多。

X：可以列举几个吗？

L：上课容易开小差，不专心。听到别人讲话，自己也想讲。

X：你感觉班上的同学之间竞争厉害吗？

L：很少。

X：你自己有没有和班上的同学进行竞争？或者说看到别人比你学习好，你要追上他们？

L：心里一直都有这个想法，但行动上坚持不了。

X：在问卷的第七题"坚信自己今后走上社会一定能创一番事业"，你选择的是完全赞成，为什么这么有信心？

L：我胆子大，不怕丑。

X：你觉得你有毅力吗？

L：一般啦。

X：你觉得你能吃苦吗？

L：如果是自己喜欢的事情就能吃苦，自己不喜欢的事情就一点苦都不能吃。

X：谢谢你今天接受我的访谈。

个案访谈笔录（2）

访谈对象：古镇二中二(1)班陈翠贤

访谈原因：陈翠贤同学学习成绩属于班级前列(成绩总分居第一位)，但自尊心和自信心调查问卷得分却偏低(26分)

访谈过程：

熊(X)：老师今天找你访谈主要是为了了解当前中学生自尊心和自信心的现状，在你的这份问卷中得分不是很高，老师想了解一下真实原因，希望你能怎么想就怎么答，好吗？

陈(C)：好的。

X：你从小学到现在，成绩是不是一直排第一？

C：不是，五年级才开始是。

X：为什么？

C：因为我有两个好朋友很厉害，所以我的成绩也慢慢好了起来。就想和她们比。

X：也就是说你看到她们好，不甘落后，所以开始认真学习。在我的印象中，你在中学这一年半中一直是排名第一的，是吗？

C：是的。

X：你对你现在的成绩满意吗？

C：不满意。

X：为什么？

C：那是对手的问题。

X：但是你已经压过所有的同学。

C：不是，因为我的两个好朋友读书很厉害。她们一个在三鑫，一个在侨中，尤其是侨中那个，以前一直排第一，现在都有第二、三名。

X：那是你把目光放得更长远一些，把她们当作竞争对手。是吗？

C：是的。

X：你觉得现在班上其他同学对你构成威胁？

C：我也不知道。

X：这几次考试排在你后面的是谁？

C：朱瑞欢。

X：你觉得她是不是也很厉害？有没有可能超过你？

C：不知道。

X：要是她超过你，你担不担心？

C：不担心。这样可能比较好，又有新的竞争对手、竞争动力。

X：我觉得你在学习上还是非常上进的。总是向成绩好的同学看齐。你觉得现在成绩好与不好对你将来会有什么影响吗？或者说你认为学习很重要吗？

C：学习有一点重要，但不是最重要的。

X：为什么？

C：因为以后出去找工作，学习好就可以有文凭。但是有文凭不一定能把工作做好。

X：你觉得以自己找工作，要具备什么条件？

C：能力。

X：你觉得你的能力强吗？

C：应该不强。

X：为什么？

C：因为我的几个姐姐学习成绩都比我好，但是她们出到社会情况都不太好，担心自己以后也会这样。

X：你和你姐姐她们读书都很好，你爸妈平时对你们的要求是不是很严格？

C：没有。

X：你爸妈平时和你谈学习和其他方面的情况吗？

C：很少。通常都是我们几个姐妹谈。

X：你父母支持你们读书吗？有没有要求你们一定要考上什么学校？

C：很支持。但没有要求我们一定要考上什么学校，没有压力给我们。

X：你父亲是干什么的？你妈妈呢？

C：父亲耕地，妈妈在工厂做工。

X：会不会因为父母都比较辛苦，所以觉得应该好好读书来报答他们？

C：不会，因为我几个姐姐读书都很厉害，她们总是说我不如她们，所以我想努力读书超过她们。

X：你的成绩总是排第一，班上同学有没有把你看成竞争对手？

C：有，李宗亮。

X：你觉得他有没有实力超过你？

C：应该有，他在很多方面都很优秀。

X：你有没有想过一定不能被他超过。

C：有。

X：现在你在班上有几个好朋友？

C：有两个。

X：除了这两个以外，你觉得其他同学都喜欢你吗？

C：感觉不是很喜欢。我和其他同学交往得较少，因为她们觉得我少说话（一般情况下只和同桌说话），很多时候她们搞活动都不叫我参加。

X：为什么？

C：因为她们觉得那些活动不适合我。

X：你觉得是不是每个老师都很喜欢你？

C：我也不知道，没感觉。

X：你觉得你在老师心目中是不是一个好学生？

C：应该是，但不是最好的学生。

X：为什么？

C：因为我只是学习好。

X：那你其他方面也应该有优点或优势呀？

C：好像没有。

X：你觉得自己的缺点是什么或者说还有什么地方需要进一步完善、改进的？

C：不是很爱劳动。

X：还有其他的吗？

C：不知道。

X：你觉得学校生活快乐吗？

C：不是很快乐。有时有很多作业和考试会觉得很烦。

X：我觉得你的成绩很好，你也怕考试吗？

C：要是考不到第一，就会觉得很烦。

X：除了这些外，你认为学校里还有没有其他的事情让你觉得很开心？

C：和好朋友一起玩。

X：你经常和她们一起玩吗？

C：嗯，大家一起放学回家，在路上聊天。

X：按照你现在的学习成绩，或者说你今后一直这样学下去，你认为你今后在事业上会成功吗？

C：不一定会。因为我都不知道我自己今后要干什么。没有明确的目标。我比较怕吃苦，受到挫折就会半途而废。

X：如果定好目标，你觉得你会成功吗？

C：应该会。可是我定好目标之后跟姐姐说，姐姐总是说不好。

X：你有没有想过姐姐说的对还是不对？

C：没有。

X：你父母平时有没有鼓励你们不要害怕困难。

C：有，但是这完之后又忘了。

X：你姐姐学习很好，但没考上大学，你感觉你以后会不会超过他们？

C：没有信心，因为她们一直比我好。

X：父母平时有没有经常骂你们？

C：很少。如果我们说了考试时没看清楚题目，他们就会批评我们。

X：你觉得科任老师都很欣赏你吗？

C：应该不是。

X：语文老师呢？

C：不是，因为她总是在班上说成绩不代表一切。

X：问卷第一题“我经常想过如何来维护自己的自尊心”你填了“完全不赞成”，为什么？

C：因为很少有人伤害我的自尊心。

X：第6题“只要花时间，培养某方面的特长并不难”，你选了“不确定”，为什么？

C：还要看自己有没有天分。

X：你觉得自己有没有天分？

C：没有。

X：你觉得你的生活丰富多彩吗？

C：没有。因为每天都是做差不多的事情。主要是上学。

X：你觉得你的性格是内向还是外向？

C：比较内向。

X：谢谢你接受我的访谈。

访谈案例 2（此案例是研究者研究之前即准备采用问卷和访谈法结合使用，访谈法体现了问卷法所不能提供的资料类型，此案例来自高凌飚老师的《教育研究方法》课程的案例，感谢高老师和案例作者，此处仅截取访谈的部分）：

访谈案例 2　学生性别差异与学科爱好小型调查研究报告

访谈：

通过对广州某普通中学初中二年级其中的三个班的学生进行问卷调查之后，我们掌握了一些有关初二学生对学科爱好与性别差异的相关程度的资料。为了进一步支持我们先前所做的数据调查。我们计划对这三个班的男女生进行抽样访谈。我们从三个班选取 12 名学生（男生 6 人，女生 6 人）。按学习成绩排列，他们是班级中的优层、中层、低层生。我们分别对每一位学生进行访谈。从访谈的结果上看男生普遍对理科感兴趣，特别是物理。他们普遍的回答是物理较其他科目的内容新颖，与现实生活联系紧密。有学生反映，物理课上教师讲得生动、有趣，平时学生还会主动地去找一些有关物理方面的书籍来看。有的学生解释因为物理可有许多的实验做，强调动手的能力所以他们喜欢物理科。而对于文科方面如语文、政治、英语则不感兴趣觉得这些科目是需要去记去背诵的，很枯燥。而语文是属于形象思维占主导地位的学科。

与女生的访谈中得知，女生（这里是指六位女生）最喜欢的学科是英语、历史等。对英语感兴趣的女生会主动地去参加英语口头表达的活动。有的女生觉得历史好记忆，还有历史故事很有吸引力，并希望进一步深入对历史知识的了解。有的女生对美术很感兴趣很喜欢画画。有的对音乐和生物课感兴趣，他们说："喜欢唱歌和生物老师上的课生动有趣。"根据我们统计数据的结果，男生在其他不喜欢的科目一览中选政治的人数最多，从谈话中了解到，是因为政治的内容难记、难懂、考试的难度大。女生在其他不喜欢的科目一览中最多人选信息技术，她们说计算机知识太难懂、太深奥。

从访谈中我们得出，男生偏爱理科男生的思维偏向于逻辑思维，擅长于推理。女生偏爱文科，形象思维占优，擅长记忆、背诵。男生热爱运动和手工活动，他们的实践操作能力较强于女生。访谈中还发现男女生对教师的上课特点有偏向如：上课生动有趣的教师，他们都喜欢；单调、乏味的课他们都不喜欢。也许这种现象在这所学校较为明显，有待我们进一步扩大调查范围。

第三节　问卷法

一、问卷法的含义

问卷法是以书面的形式提出问题，由评价对象作答的方式来收集资料的方法，是一种常用的调查方法和评价方法。问卷法不是由调查者直接向被试发问或直接进行观察，而是调查者或评价者根据评价目的和评价内容，编制相应的问题，然后选取被试进行回答，最后对问卷进行收集整理的方法。又被认为是一种间接的评价方法。问卷法能收集研究对象的心理特征和行为数据的资料，经常和访谈法话结合使用。

问卷法是社会调查的支柱，除了单独的问卷研究外，问卷法还广泛应用于实验法、行动研究法等其他研究方式中。

二、问卷法的主要特征

第一，标准化程度高。问卷法是严格按照统一设计和固定结构的问卷进行的研究。就整个的过程来讲，问卷的设计、问题的选择、问卷的实施、结果的处理和分析都非常严格。第二，比较经济高效，能在较短时间内收集大量的资料。

三、问卷的设计

所谓的问卷设计就是围绕研究问题提出一堆小问题。

(一) 问卷的结构

问卷一般包括标题、封面信、指导语、问题和答案、结束语等几个部分。

标题是对整个问题的概括性表述，应用精炼准确的语言反映问卷的目的和内容。

封面信是一封致被调查者的短信，向被调查者介绍和说明调查者的身份、调查的内容和目的等。被调查者是否愿意填写问卷、填写问卷的态度、问卷的回收情况等都受到封面信的影响。

指导语是用来教被调查者如何正确填写问卷的一组陈述。有卷头指导语与卷中指导语之别。前者一般以“填表说明”的形式出现在正式问题之前。比如：“如无特别说明，每一问题都只选择一个答案”；后者一般是针对某些较为特殊的问题所做出的特殊指示，比如：“请把此题的选项按重要性程度排列”“此题可多选”。

问卷的正文是问卷的中心部分，包括问卷设计的所有问题，其中包括调查对象必要的基本情况，其余题目是直接和研究问题相关的题目。

最后还应有结束语致谢被研究对象，并告知被研究对象问卷的结束。

(二) 问卷的设计步骤

编写问题既不是问卷设计的第一步，也不是最后一步。问卷的设计步骤如下：

1. 理论准备

这是指要进行文献综述，一方面，要获知现有的研究基础，从而确定具体的研究问题；另一方面，是借鉴对研究问题的理解，确定研究的框架；最后，理论准备也包括直接对现有问卷的借鉴或直接使用。

其中，问卷法理论准备的核心任务是确定问卷的理论结构。问卷中提问的依据是调查的内容和目的，但比较概括，必须把调查内容和目的具体化为问卷的理论结构，才能据此确定问题。理论结构中应包括几个概念，每个概念各包括不同数目的变量，而每一个变量都需要一个或几个指标来衡量，指标即问卷中的问题。

2. 实践探索

通过一定的非结构访谈或非结构问卷向各类对象征询意见。目的一是确定问题的表述，避免出现含糊不清或逻辑有误的问题：比如，你觉得我校图书馆的纸质资源和电子资源足够吗？就出现了一个题干出现两层意义的问题。二是确定具体的问题答案，避免出现不符合客观实际的答案。

3. 设计初稿

根据收集的资料，按照一定的原则设计问卷初稿，主要包括形式和内容两个方面。形式是指确定问卷的结构，并设计出标题、前言和指导语。内容是指确定问题和相应的答案，这是最重要的工作。确定问题和答案主要包括题量、问题类型、问题的表述方式和排列方式，以及回答方式的设计等，最终形成问卷初稿。

4. 试用和修改

初稿设计出后，应经过预试，以弄清存在问题并进行修改，预试样本30～60人为宜。在问卷调查中，正式使用的问卷已无法纠正缺陷或遗漏，试用这一步对研究质量至关重要。可以通过检验回收率、有效回收率、对未答问题或错答问题的分析、访谈等方法进行检验和修改。

此阶段并不关注研究问题本身的结果，而是关注问卷质量。

（三）问题的概括性类型

一般来说，按问题的性质来看，比较正规的问卷包括两类问题：第一，事实性问题；第二，态度性问题。

1. 事实性问题

事实性问题可分为人口学资料和一些有关实际行为的问题。通常，在一份问卷开头，要求被试填写的性别、年龄、文化程度、职业、婚姻状况、住址等基本资料，这就是人口学资料。这些资料与问卷内容本身关系不大，但对进一步的资料分析不可缺少。可单独汇报，但多数是和问卷相关联。实际行为类问题主要询问被试的一些实际情况，如你这学期听过几个讲座？这些问题是为了了解实际行为而设计的。可以进行一题一题的单独分析。

2. 态度性问题

态度性问题分为两类：一类是有关意见、情感、动机方面的暂时性问题，是对外的观点；一类是有关观念、价值观和人格方面的稳定的问题，是对内的观点。

第一类问题主要了解被试对某些事物或行为的评判，因而可能时间性较强，随着时间的推移可能发生变化，比如，你对食堂的菜的口味满意吗？问题可以单独分析。第二类问题对被试来说比较问题，也是一题一题的出现，但结果不能单独分析。即常是几个题目完成一个方面的考察。比如，用如下 4 个题目考察“对教师职业的满意度”：你喜欢教师这个职业吗？这份工作有助于实现你自己的理想吗？你对教师工作感到乏味吗？如果你可以再次选择职业，你仍会选择教书吗？这种时候，不能一题一题地分析，应用平均分或总分来衡量整体的分值。

事实性问题一般要设计成一般的选择题，态度性问题要设计成量表题。

（四）问题的具体化类型

1. 开放题

开放题用于较为复杂的事实和过程，获得对问题的描述、感受或一般看法。通常作为编制问卷前的摸底，或配合质性研究作为一种获取资料的方式，正式问卷中也可以有较少开放题。不受问卷设计者的诱导，获得的资料范围广，给调查对象较大的空间与自由度。但资料整理非常困难。比如，你认为我校图书馆在哪些方面还需要改进？

2. 填空题

这种形式常用于对回答者来说既容易回答，又方便填写的问题，比如，你来自哪个城市？但因为统计的原因，并不提倡设置填空题，应尽可能地设计成选择题，除非是研究者很难预定问题的答案。

3. 是否式选择题

用于确认较为简单的事实和过程，获得对某种看法的态度或反应。通常作为大规模调查的工具，资料整理比较简单，但问卷设计者对调查对象可能会有诱导作用，获得的资料范围有限，调查对象几乎没有的空间与自由度。这种题型适用于互相排斥的二选一的问题，不能获得层次性的信息。

表 6–4　关于学生自主性情况的调查

自己决定的事，别人很难让我改变主意	是	否
我的行为不受班里舆论的影响	是	否
学习上，我总有自己的目标和计划	是	否
当我做事情不顺利的时候，我从不轻易放下	是	否
我每天坚持写日记，从没有间断过	是	否
生活上我能自理，从不要别人帮忙	是	否
学习中遇到挫折，我常常会半途而废	是	否

4. 多选一式选择题

这种选择题可以设置成不同程度型答案的题目和不同事实型答案的题目。适用于有几个互不排斥的答案的问题，最为常用，信息量较好。

表 6–5　关于儿童性格特点调查

多一些物体总爱观察、摆弄、拆开来玩	从不这样	偶尔这样	有时这样	常常这样	总爱这样
与别的孩子发生争执时经常能谦让	不能	偶尔能	有时能	比较能	常常能
经常表现很任性	很任性	不很任性	一般	不太任性	不任性
能按要求认真完成作业	不能	不大能	有时能	比较能	能

表 6–6　大学生消费调查

你每月的手机通讯花费多少	A.50 元以下	B.51 ~ 100 元	C.101 ~ 150 元	D.151 ~ 120 元	E.200 元以上
你平均每月购买日用品的花费多少	A.50 元以下	B.51 ~ 100 元	C.101 ~ 150 元	E.151 ~ 120 元	E.200 元以上
当你在某项消费的时候，考虑做到的因素是	A. 钱够不够用	B. 商品实用性	C. 商品档次	D. 具他	
当您想要买某样东西时，却发现钱不够，那么你会	A. 向父母要钱	B. 自己存钱	C. 向同学朋友借了再说	D. 放弃购买	

5. 多选式选择题

例：你认为本课程最重要解决的问题是什么？（最多选三项）

A. 加强理论性 B. 加强实践性 C. 减少课程内容 D. 注重可接受性 E. 便于自学 F. 注重综合性 G. 增强弹性

这种时候，选项不宜过少，一般要五六个以上。

6. 排序题

排序题适用于要表示先后顺序或轻重缓急的问题。

例：你认为体育课程的主要问题是：

A. 领导不重视 B. 教学方法不适合 C. 教师水平不高 D. 没有教室 E. 没有教材 F. 说不清楚

请按你认为的顺序选择两项：(　　)

7. 量表题

用于了解调查对象对某种观点和看法的认可程度；对调查对象的某方面态度或特质予以评估。通常作为大规模调查或评估的工具，可以获得量化数据，可以得出相关以及因果关系的推断。

表 6-1　量表型问题的例

	完全否定	基本否定	不置可否	基本肯定	完全肯定
1. 要上好课，关键的是能给学生提供大量的、充足的知识					
2. 上好课的关键在于采取多样的方法让学生得到多方面的体验					
3. 将教师比喻为知识的宝库是最恰当的					
4. 我最喜欢的是好奇心强、会提问题的学生					
5. 要成为一名好老师，最重要的是有扎实的专业知识					
6. 要成为一名好老师，重要的是要懂得学生怎么思考问题					
7. 备课的最主要问题，是熟悉教学内容					
8. 备课时我最多考虑的是如何让学生经历思想与方法的锻炼					

8. 相倚题目

有些问题只适合于样本中的部分对象。而且，这些对象的确定需要依据对某个问题的回答。则决定填答对象的问题叫过滤问题，填答对象加填的问题叫相倚问题。

例：您是特级教师吗？（　）

A. 是（如果选 A，请问您评为特级教师几年了？）B. 不是

例：您是独生子女吗？ A. 是　B. 否（填否的话，请跳过 4 ~ 7 题）

9. 反向题目

有时为了监控问卷的质量，可以设置一定的反向题目或配对题目，如果答案完全矛盾，应作废问卷。

比如，问就业保障的问题：

(1) 我的职位很有保障。

(2) 我总是担心会失业。

(五) 问题排列方式的设计

在问卷问题的排列问题上，应注意如下几个方面：在时间顺序上，应依次排列，有连续性；在内容顺序上，应由浅入深，由易到难；在类别顺序上，应依次是人口学资料、行为问题和态度问题；在配对问题上，应放在不同的位置；在问题性质上，敏感性问题和开放性问题应放在问卷的后面；在具体程度上，应先提大的一般性问题，再提小的具体问题。

(六) 问卷设计应注意

第一，应尽量用简练的语言，问题越短，意义含糊不清的可能就越小，要惜字如金，不断推敲；第二，避免使用模棱两可的词语；三，不要超出应答者的知识范围来提问题；第四，避免出现一题两意或一题多意；第五，不应提出对应答者有导向作用的问题；第六，避免让应答者感到唐突或敏感的问题。

四、问卷法的优点和局限

（一）问卷法的优点

第一，时间上的灵活性。在收集评价信息的过程中，观察、访谈等方法对时间的要求都比较严格。比如，观察法只能在既定的时间内观察，访谈也要求时间不宜过长。而问卷法对时间要求不是很严格。

第二，问卷法的取样不受限制。观察法和访谈法在一定时间内，取样的数量均受到限制，而问卷法完全可以根据抽样的科学要求确定样本的容量，保证信息对数量的需求。

（二）问卷法的局限

第一，问卷调查往往样本比较大，且无法控制被试回答的情况，如果回收率低，会影响其代表性。

第二，问卷法收集到的资料往往是表面化的，还需要与其他方法结合做进一步的分析。

问卷案例1(此案例来自温忠麟老师的《教育研究方法基础》，97—98页，2004版。

问卷案例1 小学教师的工作回报与满意度调查

亲爱的老师：

您好！

这是一份有关小学教师的工作回报与满意状况的问卷。您的意见相当宝贵，请根据您的个人情况和感受，就一般状况填答。此问卷不记姓名，调查结果仅供学术研究使用，绝对保密，请您放心填答，谢谢您的协助。

顺颂

教学愉快

华南师范大学教育科学学院

“教师发展课题组”

第一部分：基本资料

一、性别：1. 男 2. 女

二、年龄：1. 30 岁或以下 2. 31～40 岁 3. 41～50 岁 4. 51 岁或以上

三、学历：1. 中师 2. 专科 3. 本科 4. 研究生 5. 其他（请说明）______

四、教龄：1. 2 年或以下 2. 3～5 年 3. 6～10 年 4. 11～20 年 5. 21 年或以上

五、任教学校：1. 公立学校 2. 民办学校 3. 其他（请说明）________

六、健康状况：1. 良好 2. 一般 3. 不太好

第二部分：工作回报与满意状况

以下每一个题目都是一个陈述句，请根据您的同意程度在该题右侧选择一个数字画圈。如果要更改答案，可以将不要的答案打叉，另选一个数字。各数字代表的含义如下：1——完全不同意，2——基本上不同意，3——不同意多于同意，4——同意多于不同意，5——基本上同意，6——完全同意。

1. 教师没有足够的专业成长机会。	1 2 3 4 5 6
2. 您的收入已能使生活过得舒适。	1 2 3 4 5 6
3. 学校所提供的各项福利措施很好。	1 2 3 4 5 6
4. 教师工作岗位稳定。	1 2 3 4 5 6
5. 您喜欢教师这个职业。	1 2 3 4 5 6
6. 您不喜欢本校的工作环境，希望调离。	1 2 3 4 5 6
7. 教师工作没有足够的晋升机会。	1 2 3 4 5 6
8. 教师的待遇与实际付出的工作量比较偏低。	1 2 3 4 5 6
9. 学校未能提供完善的退休制度。	1 2 3 4 5 6
10. 教师聘任制度不完善。	1 2 3 4 5 6
11. 这份工作有助您实现自己的理想。	1 2 3 4 5 6
12. 您不满意学校的薪酬和福利待遇。	1 2 3 4 5 6
13. 学校鼓励教师进修并能在行政措施上予以配合。	1 2 3 4 5 6
14. 教师在薪资待遇上比其他职业差。	1 2 3 4 5 6
15. 学校对教师有医疗保障。	1 2 3 4 5 6
16. 对学校的发展前景很有信心。	1 2 3 4 5 6

17. 您感到教师工作乏味。 1 2 3 4 5 6

18. 您觉得在本校工作不能发挥您的才能。 1 2 3 4 5 6

19. 学校经常自办各种教师进修研习活动。 123456

20. 学校会考虑教师的工作量与贡献而给予合理的奖金。 123456

21. 学校未能提供舒适的休憩环境。 123456

22. 您经常感到会有被解雇的可能。 123456

23. 如果您可以再次选择职业，您仍会选择教书。 123456

24. 您喜欢任教的学校，并以身为学校一分子为荣。 123456

本问卷到此结束，谢谢您的协助！

表 6–8 该问卷的框架

<table>
<tr><th>问题</th><th>一级变量</th><th>二级变量</th><th>对应题号</th></tr>
<tr><td rowspan="6">小学教师的工作回报与满意度调查</td><td rowspan="4">工作回报</td><td>成长机会</td><td>1、7、13、19</td></tr>
<tr><td>收入</td><td>2、8、14、20</td></tr>
<tr><td>福利</td><td>3、9、15、21</td></tr>
<tr><td>工作稳定性</td><td>4、10、16、22</td></tr>
<tr><td rowspan="2">工作满意度</td><td>对职业满意</td><td>5、11、17、23</td></tr>
<tr><td>对学校满意</td><td>6、12、18、24</td></tr>
</table>

问卷案例 2(此案例来自高凌飚教师的研究团队的研究，特此感谢！)

问题案例 2：小学科学教学情况调查（教师问卷）

尊敬的老师：

你好！感谢你参加这次问卷调查。

我们受教育部基础教育质量监测中心的委托进行小学科学教育情况的调查，目的在于全面了解小学科学教育课的开设情况和质量水平，促进小学科学教育水平的提高。

问卷共有 3 部分，36 个问题。所有问题都经过精心的挑选，都很重要，请你认真地思考并作答。对各个问题的回答无所谓正确或错误，因此不必考虑你的回答是否“正确”。你是怎么想的，就怎么回答。

调查的目的纯属科研，不会对你产生任何不良的影响，请放心按照你实际的想法和情况进行回答。对每一个问题都要依照自己的看法独立回答，不需与其他人交换意见。

谢谢！

问卷正式开始

第一部分：基本情况

1.性别	①男	②女		
2.年龄	① 20 岁或以下	② 21 ~ 30 岁	③ 31 ~ 45 岁	④ 45 或以上
3.最高学历	①高中以下	②高中 / 中专 / 中师	③大专	④本科
	⑤硕士	⑥博士		
4.第一学历的专业	①物理	②化学	③地理	④生物
	⑤数学或理科	⑥其他		
5.岗位性质	①在编正式教师	②代课教师	③其他	
6.现在任教的年级	①跨 2 个以上年级	②跨 2 个年级	③单一年级	
7.是否专职科学教师	①是	②否		
8.教龄	① 3 年或以下	② 4 ~ 10 年	③ 11 ~ 20 年	④ 21 年或以上
9.任教科学 / 自然的教龄	① 0 ~ 3 年	② 4 ~ 10 年	③ 11 ~ 0 年	④ 21 年或以上
10.所教班级学生人数	①不足 30 人	② 31 ~ 50 人	③ 51 ~ 60 人	④ 61 或以上
11.学校教学班总数	① 12 个班或以下	② 13 ~ 18	③ 19 ~ 24 个	④ 24 个以上
12.你工作的学校位于	①农村	②县城或镇	③地级以上市郊	④地级以上市城区

第二部分：科学课程

13.你认为现在的科学课程的目标	①不恰当	②较不恰当	③一般	④较恰当	⑤恰当
14.你认为现在的科学课程内容的容量	①过少	②较少	③适中	④较多	⑤过多
15.你认为现在的科学课程内容难易度	①过易	②较易	③适中	④较难	⑤过难

续 表

16.你认为现在的科学课程内容时代气息	①淡薄	②较淡薄	③一般	④较浓厚	⑤浓厚
17.你认为现在的科学课程内容与学生生活的联系	①不密切	②较不密切	③一般	④较密切	⑤密切
18.你认为现在提供的教学资源	①不充足	②较不充足	③一般	④较充足	⑤充足
19.你认为现在的科学教材在考虑学生年龄特征方面做得	①不充分	②较不充分	③一般	④较充分	⑤充分

第三部分：教师

20.下列各项陈述与你的观点、态度或实际情况是否符合？

(1) 我对教师的职业感到满意	①完全不符合	②不太符合	③一般	④比较符合	⑤完全符合
(2) 看到学生的进步我会感到高兴	①完全不符合	②不太符合	③一般	④比较符合	⑤完全符合
(3) 我认为教师的职业受到多数人的尊重	①完全不符合	②不太符合	③一般	④比较符合	⑤完全符合
(4) 我觉得自己适合当教师	①完全不符合	②不太符合	③一般	④比较符合	⑤完全符合
(5) 我总是要求自己花足够时间进行备课	①完全不符合	②不太符合	③一般	④比较符合	⑤完全符合
(6) 上课后我总会对自己的教学情况进行反思	①完全不符合	②不太符合	③一般	④比较符合	⑤完全符合
(7) 我愿意花力气准备各种多媒体 / 实验素材	①完全不符合	②不太符合	③一般	④比较符合	⑤完全符合
(8) 我愿意花时间设计和指导学生的探究活动	①完全不符合	②不太符合	③一般	④比较符合	⑤完全符合
(9) 我总是乐意回答学生提出的问题	①完全不符合	②不太符合	③一般	④比较符合	⑤完全符合
(10) 我愿意多花时间为有学习困难的学生提供帮助	①完全不符合	②不太符合	③一般	④比较符合	⑤完全符合
(11) 当学生提出的问题自己一时不清楚时，我愿意花时间去搞清楚	①完全不符合	②不太符合	③一般	④比较符合	⑤完全符合

续　表

(12) 学生在课堂上指出我的错误，我能够接受	①完全不符合	②不太符合	③一般	④比较符合	⑤完全符合
(13) 学生经常在下课后找我交流	①完全不符合	②不太符合	③一般	④比较符合	⑤完全符合
(14) 我的课堂气氛总是非常活跃	①完全不符合	②不太符合	③一般	④比较符合	⑤完全符合
(15) 课后我经常和学生一起参加文娱 / 体育活动	①完全不符合	②不太符合	③一般	④比较符合	⑤完全符合
(16) 我总是非常关注学生的情绪变化	①完全不符合	②不太符合	③一般	④比较符合	⑤完全符合
(17) 我总是对教学研究活动非常投入	①完全不符合	②不太符合	③一般	④比较符合	⑤完全符合
(18) 我总是愿意尝试不同的教学方法	①完全不符合	②不太符合	③一般	④比较符合	⑤完全符合
(19) 我总是非常关注教学改革的进展	①完全不符合	②不太符合	③一般	④比较符合	⑤完全符合
(20) 我会主动阅读任何可以拓展专业知识的书籍、杂志等	①完全不符合	②不太符合	③一般	④比较符合	⑤完全符合
(21) 我总是希望参加各种教学交流和比赛	①完全不符合	②不太符合	③一般	④比较符合	⑤完全符合
(22) 我努力追求各种奖励	①完全不符合	②不太符合	③一般	④比较符合	⑤完全符合

第四部分：教学

21. 你是否同意下列看法？

(1) 要上好课，关键的是能给学生提供大量、充足的知识。	① 很 不同意	② 不 太同意	③ 很 难说	④ 比 较同意	⑤ 完 全同意
(2) 上好课的关键在于采取多样的方法让学生得到多方面的体验。	① 很 不同意	② 不 太同意	③ 很 难说	④ 比 较同意	⑤ 完 全同意
(2) 将教师比喻为知识的宝库是最恰当的。	① 很 不同意	② 不 太同意	③ 很 难说	④ 比 较同意	⑤ 完 全同意
(4) 我最喜欢的是好奇心强、会提问题的学生。	① 很 不同意	② 不 太同意	③ 很 难说	④ 比 较同意	⑤ 完 全同意

续 表

(5) 要成为一名好教师，最重要的是有扎实的专业知识。	① 很不同意	② 不太同意	③ 很难说	④ 比较同意	⑤ 完全同意
(6) 要成为一名好教师，重要的是要懂得学生怎样思考 问题。	① 很不同意	② 不太同意	③ 很难说	④ 比较同意	⑤ 完全同意
(7) 备课的最主要问题，是熟悉教学内容。	① 很不同意	② 不太同意	③ 很难说	④ 比较同意	完全同意⑤
(8) 备课时我更多考虑的是如何让学生经历思想与方法的锻炼。	① 很不同意	② 不太同意	③ 很难说	④ 比较同意	⑤ 完全同意

22. 在你的课堂中是否经常运用下列教学方法？

(1) 教师讲授	①从不	②较少	③一般	④较多	⑤很多
(2) 学生提问 / 教师回应	①从不	②较少	③一般	④较多	⑤很多
(3) 小组活动和讨论	①从不	②较少	③一般	④较多	⑤很多
(4) 教师演示 / 学生观察	①从不	②较少	③一般	④较多	⑤很多
(5) 学生动手做实验	①从不	②较少	③一般	④较多	⑤很多
(6) 自学 / 阅读科学课本及其他资料	①从不	②较少	③一般	④较多	⑤很多
(7) 学生表达自己的看法、观点	①从不	②较少	③一般	④较多	⑤很多
(8) 学生做习题	①从不	②较少	③一般	④较多	⑤很多

23. 你有否组织下列课外活动？

(1) 组织学生参观各种科技展览	①从不	②较少	③一般	④较多	⑤很多
(2) 组织学生开展科学小调查	①从不	②较少	③一般	④较多	⑤很多
(3) 组织学生饲养小动物 / 种植植物	①从不	②较少	③一般	④较多	⑤很多
(4) 组织学生进行科普宣传	①从不	②较少	③一般	④较多	⑤很多
(5) 指导学生系统观察各种自然现象	①从不	②较少	③一般	④较多	⑤很多
(6) 指导学生进行科学小制作	①从不	②较少	③一般	④较多	⑤很多
(7) 指导学生的科技竞赛	①从不	②较少	③一般	④较多	⑤很多

24. 你们现在考评学生科学课的学习的方式主要是：

①基本上只看考试和测验的成绩 ②基本上只看平时的表现

③兼顾考试测验成绩和平时表现 ④没有考评 ⑤其他

第五部分：教学环境与资源

25. 下列陈述是否符合你所教的学生和他们的家长的情况？

(1) 学生对科学课的学习很感兴趣	①完全不符合	②不太符合	③一般	④比较符合	⑤完全符合
(2) 学生在小组讨论中非常投入	①完全不符合	②不太符合	③一般	④比较符合	⑤完全符合
(3) 学生在课堂上回答老师提问的积极性非常高	①完全不符合	②不太符合	③一般	④比较符合	⑤完全符合
(4) 学生喜欢互相交流与科学相关的信息	①完全不符合	②不太符合	③一般	④比较符合	⑤完全符合
(5) 家长支持学生参加科技活动	①完全不符合	②不太符合	③一般	④比较符合	⑤完全符合
(6) 家长愿意参与和配合科学教学	①完全不符合	②不太符合	③一般	④比较符合	⑤完全符合
(7) 家长经常过问子女学习科学的情况。	①完全不符合	②不太符合	③一般	④比较符合	⑤完全符合
(8) 家长喜欢和子女谈论与科学有关的问题。	①完全不符合	②不太符合	③一般	④比较符合	⑤完全符合

26. 贵校的电脑和多媒体设备配备情况如何？

(1) 电脑投影设备	①没有	②少部分教室有	③大部分教室有	④全部教室都有
(2) 投影幻灯或数码实物展台	①没有	②少部分教室有	③大部分教室有	④全部教室都有
(3) 电视播放设备	①没有	②少部分教室有	③大部分教室有	④全部教室都有

27. 贵校的网络连接情况如何？

(1) 教师办公室	①不能上网	②小部分可以上网	③大部分可以上网	④全部能上网
(2) 教室	①不能上网	②小部分可以上网	③大部分可以上网	④全部能上网
(3) 实验室	①不能上网	②小部分可以上网	③大部分可以上网	④全部能上网

28.下列描述是否符合贵校的实际情况？

(1) 有专用的科学实验室	①不符合	②符合	③很难说
(2) 学校基本上能提供学生实验所需的材料	①不符合	②符合	③很难说
(3) 学校有充足的科技图书供学生阅读	①不符合	②符合	③很难说
(4) 学校专设有诸如生物园、科技活动室之类的科技活动园区或场所	①不符合	②符合	③很难说

29.你对各种教学资源的使用情况如何？

(1) 在科学实验室上课	①从不	②每学期 1～2 次	③每学期 3～6 次	④每学期 6 次以上
(2) 使用多媒体设备	①从不	②每学期 1～2 次	③每学期 3～6 次	④每学期 6 次以上
(3) 使用实验器材	①从不	②每学期 1～2 次	③每学期 3～6 次	④每学期 6 次以上
(4) 使用课本之外的书籍或杂志供学生参考	①从不	②每学期 1～2 次	③每学期 3～6 次	④每学期 6 次以上
(5) 播放音像资料	①从不	②每学期 1～2 次	③每学期 3～6 次	④每学期 6 次以上
(6) 利用网络资源	①从不	②每学期 1～2 次	③每学期 3～6 次	④每学期 6 次以上

问卷到此结束，再次感谢你的支持！

问卷的结构为：

表 6-9　问卷结构

一级指标	二级指标	三级指标	对应题号
背景		性别，年龄，教龄，学历，岗位性质，专、兼职，班级，学校	1～12
课程	课程目标适切性		13
	课程内容	容量，难易度，时代性 / 与学生生活的联系，与现有条件的匹配度	14～18
	与学生年龄的匹配度		19

续　表

一级指标	二级指标	三级指标	对应题号
教师	学科专业素养	学历（在基本信息），专业（在基本信息）	
	教育专业态度	对教师职业的态度，工作态度（责任心），对学生的态度，对自身专业发展的态度	20
教学	教学观念	知识传授，能力发展	21
	教学方法	课内，课后	22～23
	学生考评方法		24
环境资源	软环境	学校学习的氛围，家庭氛围	25
	资源	硬、软件资源	26～28
	资源利用状况	硬、软件资源利用	29

第四节　测验法

一、测验概念

测验就是通过一套标准化的题目，按规定程度，通过测量的方法来收集数据资料的研究方法。与前面介绍的问卷法不同，测验法也是通过事先设计好的问题来研究被试，但不同的是，测验法是一种更加标准化的问卷形式。

二、理解测验法应注意的问题

第一，测验是遵循一定的标准和程序进行的，而不是凭主观经验进行的。例如，测量人的智力，就应该根据智力理论特别是智力结构理论来编制测验，根据被试在测验上的得分来判断其智力水平。教育研究中的测验无论是编制、施测还是评分、解释，都应该依据一套系统的程序。

第二，测验测量的是人的行为，即根据客观的标准化了的程序来测量个体的某种行为。因此，各种测验都是由一系列能引起个体反应的项目所组成，只有测量出一个人对测验题目所进行的反应，才能达到测验的目的。

第三，一个测验测量的一般是人的一部分行为，而不能测出人的全部行为。因此，测验题目的取样必须具有代表性。

第四，以测量为工具的测量都必须具备以下要素：

1. 单位。即计算数量的单位。比如，长度是米、厘米等计算单位。单位有两个要求，一是有确定的意义，比如，一尺，一斤；二是单位要有相等的价值，比如，两斤就是两个一斤，十米就是十个一米。教育测量中的单位尚有缺陷，比如，我们不能说一份测验中选择题的一分和作文题中的一分是等值的。我们也很难说得清楚教育上测试单位的确定意义。

2. 参照点。要确定事物的量必须有一个计算的起点，这个起点叫作参照点。参照点不同，测量的结果就不能直接比较。参照点有两种，其一是绝对零点，比如，测量物体的轻重和长度，都是以零点为参照点。其二是人定的参照点，比如，把海平面作为测量陆地高度的起点，把冰点作为测量温度的起点。教育上的参照点，都是人定的参照点。因为学生的智力、成绩、品德的零点很难确定或者说根本无法确定。另外，教育上使用的参照点还有一个限制，即按照参照点计算的分数，并没有倍数的关系，比如，智商 120 和智商 60，考试 100 分和考试 50 分，都不是两倍的关系。

3. 量表。要测量某种事物，就需要先有一个具有单位和参照点的连续体，这个连续体就叫作量表，它是测量的工具。比如，尺子是度量长度的量表，天平是衡量重量的量表。测验中使用的量表多以文字试题的形式出现，也有以图形、符号、操作要求的形式出现的。

三、测验的种类

(一) 按照测验的功能来分

1. 能力测验

能力测验分为一般能力测验和特殊能力测验。一般能力测验即通常所说的智力测验，特殊能力测验多用于测量一个人在音乐、美术、体育、飞行等具体领域的特殊才能。

2. 学绩测验

主要用于测试个人经过某种正式教育或训练之后对知识和技能掌握的程度。由于所测量的主要是学习成绩，所以又称为学绩测验，或者叫成就测验。

3. 人格测验

主要用于测量个性中除了能力以外的性格、气质、兴趣、态度、动机等心理特征。

(二) 按测验的方式来分

1. 个别测验

个别测验是指在一定时间内单独测量每一个被试的方法。优点是对被试的观察机会比较多，分析问题及时，能有效地控制被试的情绪和反应。

2. 团体测验

团体测试是指在同一时间内对多个被试进行施测的方法。优点是节省人力物力，在短时间内能收集到大量资料。

(三) 按测验的材料分类

1. 文字测验

又称纸笔测验，指测验内容是文字材料，被试也用文字回答。施测方便，便于回答和统计。但受教育程度和文化背景影响。

2. 非文字测验

又称操作测验，其测验内容不涉及文字，而是以实物、模型、图形、工具等来呈现，被试只需要动手操作就可完成测验，适合不同文化背景的比较研究。

(四) 按测验的参照系分类

1. 常模参照测验

这类测试是以某个被试的分数与其他人的分数（常模）加以比较对照，从而决定该被试分数在某个总体中的相对地位。用来与被试个体分数进行比较对照的那个组称为常模组。

2. 标准参照测验

这类测验是将被试分数与预先制定好的标准进行对照，旨在证实该被试是否达到一定的预期水平，而不是与其他人的分数加以比较。

四、测验的编制

(一) 拟定测验编制计划

1. 确定测验的目的和目标

任何测验在编制前都要明确测量对象，也就是该测验编制后要用于哪些团体。其次是所编制的测验是用来测量什么的，是测能力、人格还是其他，是预测用的，还是诊断用的。

这些目标不但要明确，而且还要分析这些测验目标所包含的心理过程或心理特征，弄清这些过程或特性由哪些因素构成。只有明确了这些目的和目标，才能知道测什么，怎么测。

2. 制定编题计划——双向细目表

双向细目表是编制测验的蓝图，它详细说明了测验内容、测验目标及其权重，对试题数量、考试时间安排、测验分数分配都起到重要的作用，是测验编制的重要一环。

例：

表 6-10　双向细目标

测试内容	目标层次						合计
	知识	理解	应用	分析	综合	评价	
生物世界	3	5	6	3	2	1	20
资源利用	2	3	3	1	1	0	10
动力和机械	2	3	4	2	0	1	12
物理性质和能量	5	6	8	3	2	1	25
气象	2	4	3	2	2	0	13
宇宙	2	5	4	1	0	0	12
地球	2	2	2	1	1	0	8
合计	18	28	30	13	8	3	100

(二) 编选测验题目

测验计划编制好后，就要收集有关资料作为命题取材的依据，并选择题目形式，编写题目。在编制测验题目时，还要考虑测验的时间、测验题的数量、计分方法等因素。一般来说，测验题的范围要和双向细目表一致，但数量应更多，以备筛选和编制副本。

(三) 试测与分析

编选题目时虽然已经遵循了测验的原理，但题目是否具有适当的难度和鉴别力，还需进行试测。试测是为测验的修改和定稿提供依据的关键步骤。试测一般选择与预计研究对象相近的团体并在类似的情形下进行。分析是指通过试测对题目的质与量的分析。

(四) 修改和使用

试测后对题目的分析，既包括评价内容的代表性、题目的思想性和清晰性等方面，也包括对试测结果进行统计分析，确定题目的难度、区分度和备选方案的适切性以及确定整体试卷的信度和效度等。经过分析，对不适当的题目进行修改或删除，确定最后的正式题目使用。

五、测验的品质

测验的效度和信度对研究质量至关重要。信度是前提，效度是目的。

(一) 效度

效度是指有效性或准确性，即一个测验只有当测验的目的得到满足的时候，测验才是具有效度的。测验是否有效是根据测验目的来确定的。例如，直尺对于长度的测量是有效的，对于体积的测量是无效的。效度的类型有：

1. 内容效度

内容效度是指测验题目对要测量的内容范围内样本的代表性程度。比如，教师要了解学生对某门课的掌握情况，若时间允许，可以对某门课所包括的所有知识内容进行全面检查，但事实上是行不通的。只能选择部分内容或题目进行测查，用测查的结果推论总体情况。很显然，所选内容的代表性或典型性如何，会直接影响到对总体情况推论的准确性，这就是内容效度的重要价值。

目前对内容效度还没有恰当的计算方法，尚不能用一个简单的数字来描述测验题目与全部学习内容之间的关系。现在判断内容效度，一般依赖资深教师或专家对测量内容适当性的判断。

2. 结构效度

结构效度是指测验分数能够说明心理学理论的某种结构或特征的程度，也可以理解为在实际测验中所欲测量的结构和特征所达到的程度。

确定测验的结构效度的方法一般是由果索因。即先从某一理论构想出发，导出与构想概念有关的各种假设，然后根据假设编制测验，最后分析测验结果与理论构想的吻合程度。若二者比较吻合，则说明测验具有较高的构想效度，否则，可能是理论假设的错误，也可能是测验的结构效度低的原因。但我们一般都假定理论假设是没有问题的。

以智力测验为例，先要建立关于智力的一套理论，如智力的定义、结构、与遗传的关系、与环境的关系、与年龄的关系、与性别的关系等等。根据这些理论，提出有关智力测验的若干假设：比如，测验分数在16岁之前随年龄的增长而增长；一种智力测验的分数与其他智力测验的分数有正相关关系；测验分数能区分智力水平；测验分数受教学的直接影响不大等。然后就可以收集材料（即通过智力测验获得结果）来验证假设，如果假设得到支持，则认为所编制的智力测验的结果与智力的理论结构相符合，即有结构效度。

3. 效标效度

效标效度是指测验分数和效标之间的相关程度。评价工具的测量结果是与其他的测量相关的。效标是对一个测验进行判断和评价的标准，包括预测效度和一致性效度两个类型。

（1）预测效度

预测效度是指测验能在多大程度上预测被试的表现。比如，我们以设计一份预测员工职业成就的职业测验为例，简述如何获得预测效度。首先，我们用这份测验对获得某个职位的全部新员工进行测试，保留测验结果。六个月后，我们请这些新员工的主管对他们的工作表现做出等级评价，即给出员工职业成就的效标分数。最后，我们把测验分数与效标分数进行比较。如果测验成绩与效标分数表现出比较高的一致性，那么，我们就可以说这份测验具有良好的预测效度。

(2) 一致性效度

一致性效度是指一个测量工具与其他测量工具相比较、两者一致性的程度。研究者可以将一个测验与某个已被证明具有效度的测验进行比较，进而证明该测验是否具有一致性效度。

例如，我们设计了一项采用多项选择检验个人阅读能力的测验，通过测验我们获得了学生在这项测验上的得分。同时，我们还能获得教师对学生阅读能力的等级评定，再将这个等级评定分数与测验分数进行比较就可以得到关于测验的效度评价。在这项测验中，教师对学生阅读能力的等级评定就是效标。

(二) 信度

信度又称可靠性，具有信度的测验所测量的结果应该具有时间和空间上的一致性。比如，用橡皮制成的尺子可能是靠不住的尺子，因为它伸缩不定，得出的测量结果不同。包括再测信度、复本信度、分半信度、评分者信度。

1. 再测信度

再测信度是指使用同一测验进行多次施测所得结果的一致性程度。如果一份测验是可靠的，那么同一名学生使用这份测验先后进行两次测验，其结果应该是基本一致的。

再测信度的一个问题是记忆效应。如果两次测验间隔太短，被试可能仍记得第一次的作答，因而，第二次可能只是重复，那么信度就被高估了。但间隔时间过长，各种因素又会影响到被试本身，则信度也是不可靠的。

2. 复本信度

一种可以避免记忆效应对研究结果造成影响的方法是：采用一个测验做前测，再选择另一个等价的测验做后测。在这种方法中，对同一结构的测量需要用到两个不同的测验，因此，这两个测验必须在内容上是等价的。

即如果我们用两套等价的试题进行测试，然后计算这两套试题的得分相关系数，如果得分结果高度相关，即说明测验具备复本信度。

3. 分半信度

在测验没有复本且只能试测一次的情况下，将测验题目分成对等的两半，根据个人在这两半测验上的分数，计算其相关系数，作为信度的指标。也叫作内部一致性程度。

4. 评分者信度

即两个试题阅卷人或评分者对同一组试卷分别评分，然后根据每一试卷的两份得分求相关系数。

六、测验的优缺点

(一) 测验的优点

第一，测验法的量表编制十分严谨，效果准确可靠。测验法是以量表方式进行研究的，这些量表相比问卷中的量表来讲，结构更为合理、结果更为有效。

第二，测验法定量化程度很高。施测容易控制，结果处理方便。有很多可以采用计算机处理。

第三，方便省力，相比观察法、问卷法和访谈法而言，测验法可以借用的现有成果较多。而不是完全依靠自己编制。

第四，测验法有设立好的常模，可以直接进行对比研究。

(二) 测验的缺点

第一，测验法难以定性分析。无论对于能力测验还是人格测验，结果分析大多采用定量，只能是静止的描述和阐释。

第二，测验法难以揭示变量之间的因果关系，使用灵活性差。

第三，测验法对研究者有较高要求。要具备一定专业知识、了解测验的有关情况，熟悉有关测验技能。

第四，测验法也难以排除一些人为因素的影响。

测验案例（本案例来自高凌飚老师的《教育研究方法》课程的案例，感谢高老师和案例作者）

高一学生部分核心化学概念相异构想的探查

摘要：本研究采用团体测查的方法，对已经经过初三一学年和高一上学期化学学习的157名高一学生进行了部分核心化学概念相异构想的探查。研究结果表明，学生在这些核心化学概念的理解上存在突出的相异构想，为实施学生的概念转变提供了参考。

关键词：相异构想核心化学概念微观概念

1. 前言

许多研究表明学生在学习科学概念以前，存在着个人概念。学生头脑中与科学概念不相一致的概念称为相异构想（alternative concepts）[1]。类似的称谓有“错误概念”“前概念”又叫“自然概念”“日常概念”。根据戴克斯特拉等人（D.I.Dykstra et al.）1992年的观点，相异概念不同于错误概念，所谓相异概念应该是针对具体领域专家所持有的科学概念、理论概念而言的[2]。为了统计的方便，笔者对上述概念作如下辨别：在针对具体领域专家所持有的科学概念、理论概念的范围内时，相异构想与“错误概念”有交叉的地方，但是相异构想既包括学生对科学概念完全错误的理解，也包括正确但不全面的理解[1]；在探讨它们的产生的根源时，相异构想与前概念有交叉的地方，“前概念”主要来源于学生的日常生活经验直观的影响，一般指学生在学习科学课程以前形成的有关概念，又称为“日常概念”或“自然概念”，其中有错误的也有正确的，但是相异构想产生的根源除了日常生活的直观经验的影响外，还可能是教师教授方法不当，或者媒体的误导等等因素所引起的。本调查统计中，把学生对科学概念理解错误的或者有偏差的或者不全面的都归为相异构想。

调查学生相异构想的意义在于：(1) 许多研究表明，处于入门化学学习的学生有相当多一系列的相异构想。有些整体上是正确的，但不完整；另外一些根本上是错误的[1](2) 学生头脑中的相异构想不仅影响学生对概念的掌握，而且影响学生对问题的解决[1]。如 Herron 所强调的：“如果学生在解决问题时遇到困难，首先应该检查的是学生对问题中的概念是否理解了。”[3]而且他们对概念的理解不应该只是能简单地用课本的词语来描述概念。(3)已有的相异构想会影响学生以后概念的学习，原有的相异构想会产生更多的相异构想。(4)要使学生接受科学概念以修正个人的相异构想是不容易的，即概念的转变是困难的，尤其是类别间的概念的转变[4]。(5)探查学生的相异构想可以使教学有的放矢。学生原有的相异构想不但是概念教学要改变的对象，而且可以成为概念教学的起点。

国外关于相异构想的文献涉及以下主题：物质的微粒性质、原子的性质、化学键、气体、液体和溶液、质量和原子守恒、模型、反应式和计量化学、化学反应、热和温度、相变、宏观相对于原子和分子的性质[1]等。但国内外相关方面的研究还是极少，尚处于起步阶段。

本调查主要选取的核心化学概念是：学生关于分子、原子的一些微观上的理解以及对质量守恒定律的理解。这些概念贯穿于学生初、高中化学的学习，在学生未来的化学学习中也起着同样的核心和纽带作用。

2. 问卷设计的说明

2.1 问卷试题测查目的的说明

本问卷共有12道题目，全都是选择题，每道题目提供四到五个选项，要求学生选出他们认为最合适的唯一答案。其中第1、3、6、7、10、11是考查学生对质量守恒定律的理解。第2、5、8、9、12是探查学生一些微观上的理解。第4题是结合质量守恒定律探查学生对于分子前面的系数，以及分子中的原子的下标的理解与区分。见表1和附录。

表6-9　问卷考查的内容与对应的题号

考查的内容	题号
质量守恒定律定义	1
运用	3　4　6　7
微观上的理解	10　11（铁的生锈）
蒸发	5
溶液的稀释	9
分子式中原子的系数和下标	4

续　表

考查的内容	题号
微粒大小（碳原子大小）概念的感知	8
物质宏观性质与微粒微观性质的区分	12

2.2 问卷设计的科学性与有效性

本调查问卷主要来源于网络版的《美国化学教育》(JCE) 的 CCI（Chemical Concepts Inventory）问卷。原问卷共有 22 道题目。Douglas R. Mulford 与 Wlllian R. Robinson 就是根据 CCI 问卷重新设计后的问卷调查学生部分核心化学概念的相异构想的 [1]。

本问卷是把原问卷译成中文后，去掉原问卷中与物理关系比较大的题目，再经过预测试修改后而成。为了保证问卷的科学性与有效性，分别让一位化学课程与教学论专业的研究生和一位物理化学专业的研究生作了测试。修改了其中的错别字和说明不清晰的部分并根据他们的反馈，去掉了两道与研究的目的相关不大的题目，最后剩下 12 道题目。然后用修改后的问卷，选取华南师范大学附中不同水平的 9 名学生做了预测试。要求学生说明完成本问卷所需要的时间，并在问卷中标出其中他们感觉不清晰或感觉产生歧义的图或语言。根据学生的意见，将少数表达不科学的字词做了修改：第 1 题的选项 A 将“质量”改为“总质量”；第 2 题题目原来的“纯净水”改为“蒸馏水”；第 4 题题目原来的“完全反应”改为“充分反应”；第 7 题的选项 A 中的“轻”改为“轻得多”；第 8 题的选项 C 改为以科学记数法的形式表示。根据反馈的结果，学生完成本问卷的平均时间是 5.4 分钟，问卷的图和语言清晰，不影响学生的正常作答。

3. 问卷实施的情况

按照问卷的指导语进行，只对学生关于图或语言不清晰的问题做回答。被试为广州某 B 类的省一级中学高一年级三个普通班的 157 名学生，他们的化学老师是同一个老师，被试经过初三一学年和高一一学期的化学学习，高一第一学期期末考试后一星期进行本测试。

4. 实施的结果与数据分析

表 6–10　高一学生部分核心化学概念的相异构想的调查

题号	A		B		C		D		E	
	人数	%	人数	%	人数	%	人数	%	人数	%
1	5	3.5	0	0	14	9.1	123	80.4(36)	11	7.2
2	16	10.5	19	12.4	13	8.5	100	65.4(40)	5	3.2
3	3	20	3	2.0	68	44.4	77	50.3(73)	2	1.3
4	17	11.1	21	13.7	45	29.5	34	22.2(11)	36	23.5
5	13	8.5	24	15.7	9	5.8	18	11.8	89	58.2(39)
6	12	7.8	7	4.6	124	81.0(68)	9	5.9	1	0.7
7	2	1.3	136	88.9(71)	8	5.2	2	1.3	5	3.3
8	0	0	6	3.9	38	24.8	109	71.3	109	71.3
9	7	4.6	58	37.9	53	34.6	24	15.7	11	7.2
10	22	14.4	6	3.9	79.1(50)	0	4	2.6	4	2.6
11	1	0.7	132	86.3(61)	0	0	18	11.7	2	1.3
12	11	7.2	27	17.7	68	44.4(19)	28	18.3	19	12.4

说明：黑色斜体表示答对人数及百分率，括号内为 Douglas R. Mulford 与 WIllian R. Robinson *调查的答对百分率。

表 6–11　高一学生核心化学概念的相异构想的调查分类统计

考查内容	题号	正确率（%）	相异率（%）
质量守恒定律	1	80.4（36）	7.2（E）
定义运用	6	81.0（68）	19.0（A/B/D/E）
	7	88.9（71）	9.8（A/C/E）
	10	79.1（50）	18.3（A/B）
	11	86.3（61）	13.7（A/C/D/E）
	3	50.3（73）	49.7（A/B/C/E）

续 表

考查内容	题号	正确率(%)	相异率(%)
分子式中的系数和下标	4	22.2(11)	11.1(A)37.2(B/E) 64.1(A/C/E)
沸腾	2	65.4(40)	21(B/C)
蒸发	5	58.2(39)	27.5(B/D)
碳原子大小	8	24.8(25)	75.2(A/B/D)
溶液的稀释	9	37.9	62.1(A/C/D/E)
宏观物质性质与微观微粒性质的区分	12	44.4(19)	25.5(A/D)36(B/D)

说明：正确率这列括号内为 Douglas R. Mulford 与 Wlllian R. Robinson *调查的答对率。

本次调查共发放问卷157份，收回157份，有效问卷153份。调查的原始统计结果见表2，分类统计结果见表3。

由表3可看到，总的看来，学生掌握质量守恒定律的概念比较好(见第1，6，7，10，11题的统计结果，答对率都在80 %左右)，而掌握化学符号和微观方面则较差(见2，4，5，8，9，12题的统计结果，答对率在22—65 %)。

第1题是直接考查学生对质量守恒定律定义的把握，有80.4 %的学生能准确选出“化学反应前后参加反应的所有物质的总质量和反应的前后的原子总数不变”，即D。这可能和学生平时的练习中出现得较多有关。

第6，7，10，11题是考查质量守恒定律得运用。答对率都在80 %以上。第7、11题分别是要求学生选出对第6、10题自己选项的解释。比较后发现，解释的题目都比前一道题的答对率要高。这种情况也存在Douglas R. Mulford 与 Wlllian R. Robinson *所作的调查中。这和前人的调查结果显示“学生能选出某一题的正确答案，不一定理解其中的原理”似乎有矛盾。这一矛盾的解释是：学生在选择选项时，倾向于选择一些专门的概念术语(如质量守恒定律)，尽管学生同样不一定理解其中的原理。第8题的解答情况就是一个佐证：有71.3 %的学生选择了他们熟悉的“阿伏加德罗常数”(6.02×10^{23})，但这个选项是错误的。另有国外的调查也显示：越是高年级的学生越是更多地使用一些专门的概念术语来解释，但是进一步的访谈追问发现，大部分学生也和低年级的学生一样不明白其中的原理。

第3题也是考查学生运用质量守恒定律的，答对率只有一半。和Douglas R. Mulford与Wlllian R. Robinson*的调查比较，这道题的答对率是唯一明显偏低的。其中最大干扰项是C，有44.4 %的学生选择了该项。笔者猜想学生的干扰在于不知道1g的食盐能否完全溶解于20g的水中，因而选择了“在20g与21g之间”，即C。这反映了学生对食盐的溶解度毫无印象。由于条件的限制，没有进一步做个案访谈。

第4题考查化学反应前后参加反应的原子种类和个数是守恒的(质量守恒定律的一个方面)，以及对于分子式前面的系数和分子式中原子的下标的理解。虽然题目中硫和氧气的反应学生还没有学过，但是解答本题需要用到的知识学生已经学过，根据题目给出的信息，学生可以正确作答。但是答对率只有22.2 %，有11.1 %选择A，表明这部分学生认为$2SO_3$中2和3含义是一样的，即$2SO_3$等同于S_2O_3；有13.7 %选B，23.5 %选E，共37.2 %，表明他们认为$2SO_3$等同于S_2O_6。这都表明学生不理解分子式前面的系数和分子式中原子的下标，存在相异构想。也印证了前人的调查结果：学生在掌握符号方面感觉困难[5]。此外，选A、C、E的学生共有64.1 %（Douglas R. Mulford与Wlllian R. Robinson*的调查65 %），而A、C、E选项表示的都是反应前后原子个数不守恒。这表明学生虽然记住质量守恒定律的定义，但是在新的情景和给定的信息中运用仍是一个难点。

本调查的第2、5、8、9、12题考查的是关于学生微观方面的理解，也证实了学生对于微观方面的理解感觉困难。第2题中，认为沸水中冒出的气泡是氧气和氢气(即B)或氧气(即C)共占21 %。而第5题中选A的有8.5 %，即认为水蒸发后分解成氧气和氢气；选B、D的共27.5 %，即认为水蒸发后部分或全部分解成氢原子和氧原子。第2和5题的这些回答反映学生存在共同的相异构想：水分子在蒸发或沸腾时发生了分解，发生了化学变化。此相异构想的实质时没有掌握“物理变化”与“化学变化”两个概念的区分。

第8题是考查学生对碳原子大小的感知和12g碳标准的理解。只有24.8 %的学生能选出合乎实际的选项，有71.3 %的学生选择了他们熟悉的“阿伏加德罗常数”(即D选项6.02×10^{23})。“阿伏加德罗常数”在化学计算上是沟通宏观与微观的桥梁，从这道题的解答情况来看，学生并没有真正理解其中的含义。这也是为什么学生对物质的量的计算感觉困难的一个重要的原因。

第9题是考查学生能否从分子个数变化的角度理解溶液浓度的变化，答对率只有34.6 %。和第2、5题反映的问题一样，学生从微观角度理解宏观现象感觉困难。

第12题考查学生对宏观硫样品和单个硫原子的物理性质与化学性质的区分。有25.5 %的学生认为：单个硫原子易碎、晶体，熔点是113℃（A、D）；有36 %认为：单个硫原子密度是2.1g/cm^3（B、D）。相当部分学生存在以上的相异构想，表明相当部分学生没有掌握宏观物质与微观微粒常见物理性质和化学性质方面的差别。

5．结论

归纳起来，本次调查结果有以下几点：

(1) 本调查的结果和国外相似的调查——Douglas R. Mulford与Wlllian R. Robinson *的调查比较后发现：共同题目的答对率的趋势基本一致，但本调查的答对率普遍偏高。

(2) 学生倾向于使用专门的概念、术语来掩饰他们的含糊之处；学生使用某一化学概念，并不表明他们真正理解；学生记住某一化学概念、定律，并不一定能实际运用，尤其是在新的情景中，如质量守恒定律，学生虽然能背诵其定义，但不一定理解其中丰富的含义，在实际运用中往往产生错误的理解。因此为了揭示学生头脑中存在的相异构想，并加以修正，需要设计有针对性的专门的题目，有必要加强相关方面的研究。

(3) 相当部分学生在理解分子式、物理变化与化学变化、宏观物质与微观粒子的物理性质和化学性质的不同时存在突出的相异构想。本调查结果支持了学生在学习化学符号（如NaCl）和微观性质（如电子）时，不如学习宏观的性质（如白色、晶状粉末）容易，学生容易产生相异构想[4]。学生从微观的角度理解宏观现象的能力较差，反映学生倾向于用静态的、宏观的观点分析问题。这属于与科学概念类别间的差异，即学生头脑的知识与所要学的知识没有共享的属性，概念的转变是困难的。因此，有必要加强学生对于分子、原子、电子等微粒微观上的理解的调查。

(4) 学生缺乏对微粒大小的感知和丰富想象，没能真正理解阿伏加德罗常数的意义，这是学生普遍感觉有关物质的量的化学计算困难的一个重要原因。此外，学生缺乏化学知识与日常生活基本常识联系起来的意识和能力。

仅仅理解学生相异构想的范围和性质还不能有效地指导学生。因为相异构想是学生为解释他们周围的世界而构建起来的知识。简单地告诉学生他们的相异构想是错误的，并不能收到持久效果[6]。关于转变学生的相异构想的方法有演示讨论、小组讨论、合作性学习、使用概念图、使用V形图以及指导下的探究性学习等等。Gable[7]、Weaver[8]、Johnstone[9]讨论了各种方法的有效性。

如何更有效地探查学生头脑中存在的关于核心化学概念的相异构想，尤其是从学生学习的心理学角度去探讨相异构想形成的原因，如何有效地矫正学生已有的相异构想，实现概念的转变，这是以后需要努力的方向。

参考文献

[1] Douglas R. Mulford & Wlllian R. Robinson. An Inventory for Alternate Conceptions among First-Semester General Chemistry Students[J].JChem.Educ, 2002, 79(6): 739-743.

[2] 袁维新 . 概念转变学习：一种基于建构主义的科学教学模式 [J]. 外国教育研究 .2003，30(6)：22.

[3] Herron, J. D. The Chemistry Classroom[M].American Chemical Society: Washington, DC, 1996: 103-104.

[4] 王磊 . 初中生化学前科学概念的探查——科学学习心理的研究 [J]. 心理发展与教育 .2000(1)：37-42.

[5] Gayle Nicoll .A Qualitative Investigation of Undergraduate Chemistry Students' Macroscopic Interpretation of the Submicroscopic Structure of Molecules [J].J. Chem. Educ.2003，80(2)：205-213.

[6] Duit, R.In The Psychology of Learning Science[M].op.cit: 65-85.

[7] Gabel, D.J.Chem[J].Educ.1999(76)：548-554.

[8] Weaver, G.C. Sci[J].Educ.1998(82)：455-472.

[9] Johnstone, A.H. J.Chem[J].Educ.1997(74)：262-268.

附录：高一学生部分核心化学概念相异构想的调查问卷

请认真阅读下面的说明：

你好！本调查问卷完全是为了教学研究的目的，不会对同学们产生任何不良的影响，请放心按照你的想法进行回答。请仔细阅读每道题目，选出你认为最合适的唯一的答案，并在15分钟内完成本问卷。你如实认真的回答，将为我们的分析提供客观真实的资料。谢谢你的合作！

班级：						学号：						
题号	1	2	3	4	5	6	7	8	9	10	11	12
选项												

(1) 在化学变化前后，那些是保持不变的？

A 参加反应的所有物质的总质量　B 参加反应的所有物质的分子总数

C 参加反应的原子总数　D A和C　E　A，B和C

(2) 如果某容器中的蒸馏水沸腾了10分钟后，沸水中冒出的气泡是什么？

A 空气　B 氧气和氢气

C 氧气　D 水蒸气　E 热气

(3)1g的食盐溶解于20g的水中，溶液的质量是多少？

A 19g　B 20g

C 在20与21g之间　D 21g　E 多于21g

(4) 下图表示的是密闭容器中硫原子和氧分子。

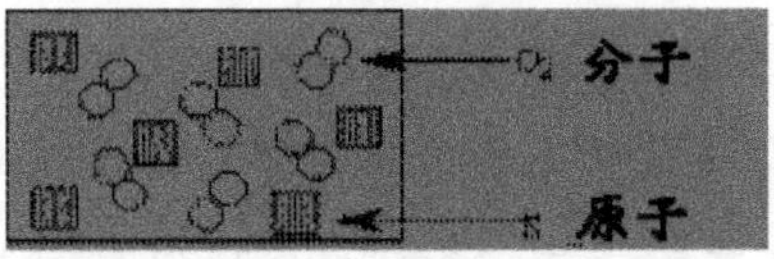

根据反应：$2S + 3O_2 \rightarrow 2SO_3$，下面哪个图表示的是密闭容器中硫原子与氧分子充分反应后的结果？

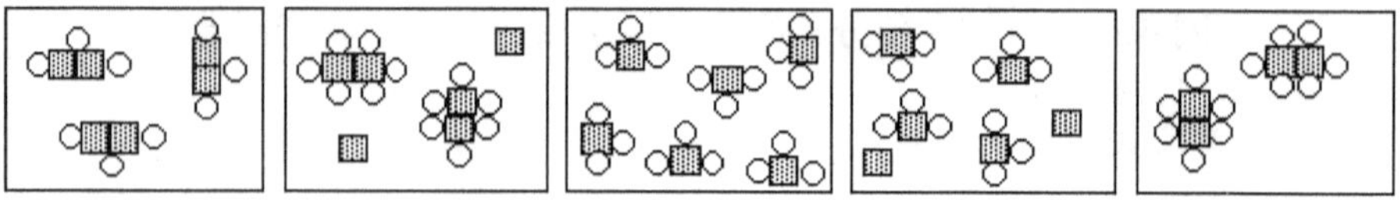

A B C D E

(5) 左图圆圈中表示的是密闭容器中部分水分子的放大图

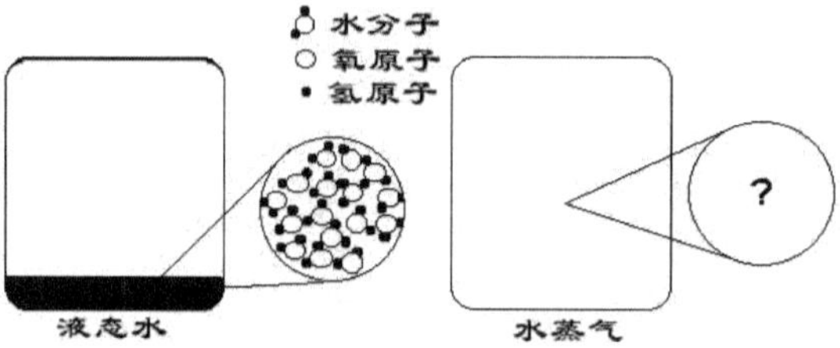

当水分蒸发后，下列哪个图表示的是该密闭容器中水分子的放大图？

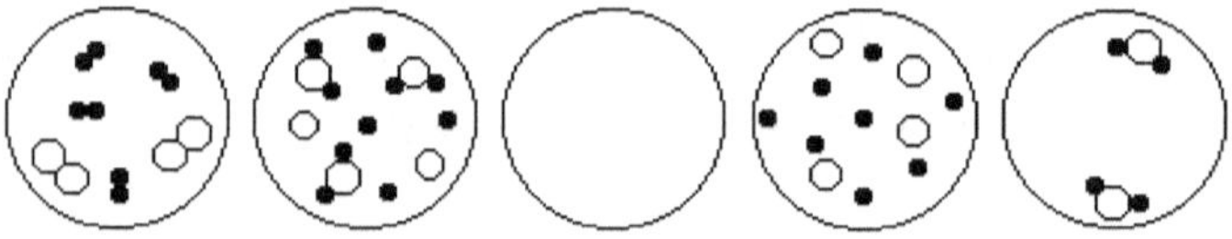

(A) (B) (C) (D) (E)

(6) 1.0g 固体碘放在一个试管里，把试管里的空气抽走，将试管密封，试管与固体碘的总质量是 27.0g。然后将试管加热到所有的碘固体变成碘蒸气，重量变为多少？

A 少于 26.0g　B 26.0g　C 27.0g　D 28.0g　E 超过 28.0g

(7) 第(6)题你所选答案的解释是：

A 气体比固体的质量轻得多　B 质量守恒

C 碘蒸气比碘固体密度小　D 气体跑掉　E 碘蒸气比空气轻

(8) 如果把碳原子一个挨一个排列成像这个点（.）这么大，那么大概需要多少个碳原子？

A 4　B 200　C 3.0×10^7　D 6.02×10^{23}

(9) 图 1 表示的是 10mL 的糖水溶液，左图圆圈里表示的是糖分子，为了表示简单，没有将水分子表示出来。加入 10mL 水进去，如图 2。

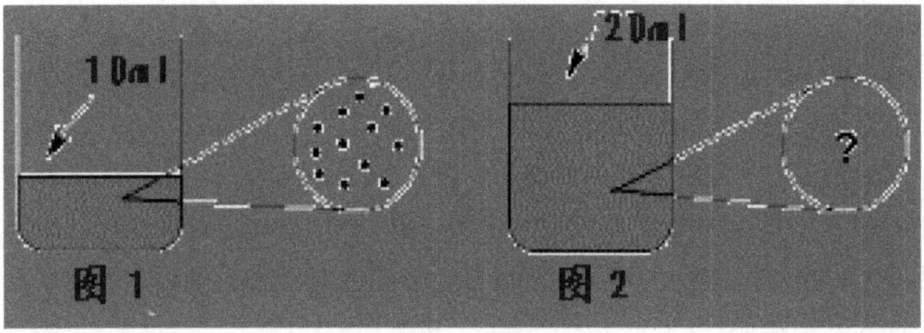

上面哪一个图正确表示糖分子的情况？

(10) 铁和空气中的氧气和水蒸气形成铁锈。如果一枚铁钉完全生锈后，其总质量是：

A 少于原来的铁的质量　　　B 与原来的铁的质量相等

C 大于原来的铁的质量　　　D 无法估计

(11) 第 (10) 题你所选答案的解释是：

A 生锈使铁钉的质量减少　　　B 铁锈包括铁元素和氧元素

C 铁钉中的铁剥落了　　　D 铁钉中的铁被损耗了

E 鳞状的铁锈比铁的重量小

(12) 下列是硫黄固体的性质：

i 易碎　　　ii 熔点是 113℃

iii 密度是 $2.1 g/cm^3$　　　iv 与氧结合生成二氧化硫

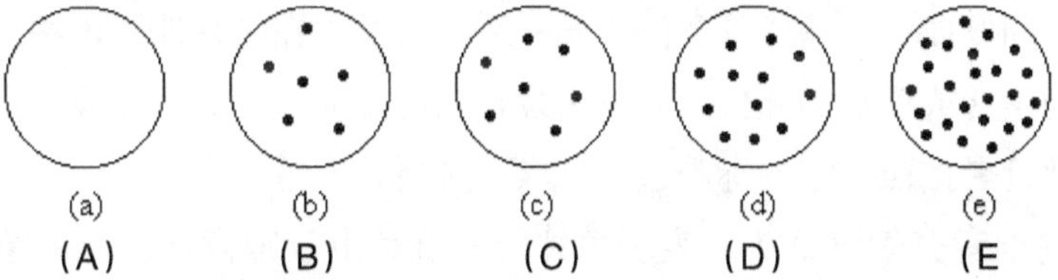

那么一个硫原子，可能存在上列的哪些性质呢？

A 只有 i 和 ii　　　B 只有 iii 和 iv

C 只有 iv　　　D 所有

E 所有上列性质都没有

第五节　表现性评价

表现性评价现在作为一种新兴的评价方法受到认可。本节对这种方法的含义、特征和流程进行呈现。就案例来说，学生在本门课完成的课程作业就是表现性评价本身，学生也会得到原来的学生接受表现性评价的案例。

一、表现性评价的含义

马扎诺等人将表现性评价定义为：第一，与各种任务情境有关，学生在这些情境中获得机会，表达他们的理解，在各种情境中创造性地运用他们的知识、技能和方法；第二，经常随着时间的推移而进行，会产生切实的结果或可见的成就；第三，鼓励自我评定和自我改正；第四，有时包括合作；第五，需要用分数判断；第六，用已经确立的标准来判断熟练程度；第七，公开评分标准。

波帕姆认为：表现性评价通过让学生学会完成某一特定任务来测量学生的状态，在这一过程中，要求学生建构一种原创的反应，除此之外，评价人员还要观察这一建构的过程，不仅要观察学生的表现，还要对学生的表现作出评判。

斯蒂金斯认为：表现性评价是为了测量学习者运用先前所获得的知识解决新异问题或完成具体任务能力的一系列尝试。在表现性评价中，常常运用真实的生活或模拟的评价练习来引发最初的反应，而这些反应可直接由高水平的评价者按照一定的标准进行观察、判断。

国内学者张敏雪认为：表现性评价，就是由教师设计相应的情景，由此情境，针对学生所应达到的学习成果，设计一些问题，让学生在情景中或实际参与实验操作或观察之后，以分组活动或个别思考的形式，进行问题的解决，同时针对学生在过程中的表现，以客观的标准加以评分的一种评量方式。

国内学者周文叶认为：表现评价是在尽量合乎真实的情境中，运用评分规则对学生完成复杂任务的过程表现或结果做出判断。这一定义包括的内涵有：第一，真实情境中知识和技能的运用；第二，学生必须自己创造出问题解决方法或通过自己的行为表现来证明自己的学习过程和学习结果；第三，评价者根据事先设计好的评分规则进行判断。

二、表现性评价的特征

研究者指出，表现性评价的一般特征包括：需要建构反应、包含检测历程和结果并重的复杂任务、能够直接检测表现、接近真实情境、需要专业判断。

三、表现性评价的流程

实施表现性评价，主要的流程，或关键的步骤有：制定评价目标、创设表现性任务、开发评分规则。

(一) 制定评价目标

表现性评价强调真实情境中知识和技能的运用，要求学生必须自己创造出问题的解决方法或通过自己的行为表现来证明自己的学习过程和结果。因此，与表现性评价相匹配的学习结果也必然是那些具有情境性、复杂性和目标性。

1. 复杂的学习领域的目标

表现性评价的一个主要优势是能对涉及校内外自然情景中的复杂表现和教学目标实现情况进行评价。它可以检测其他方法无法检验的复杂的学习结果。比如，推理能力、表现性技能、创建成果的能力、情感倾向等。

即能够并需要使用表现性评价的学习结果，都是不能简单地使用客观纸笔测验进行检测的复杂性学习结果。这些复杂的学习目标只有通过表现性评价才能取得学生表现的有效证据。

2. 需要持久理解的目标

什么样的目标是需要持久理解的目标？威金斯在《理解力培养和课程设计：一种教学和评价的新实践》中将理解定义为：学生拥有超越教科书知识和技能的某种东西：那就是学生真正得到的，它是指一种在具体环境中灵活运用知识和技能的能力，而不是像在考试中以一种照本宣科的方式输出知识。

那么，我们需要确定哪些具体的目标是值得学生去持久理解，需要通过设置表现性任务去验证学生是否达到要求？威金斯提出了理解的六个维度，来阐述对理解程度的把握：第一，解意。能对现象、事实和数据进行全面的、可靠的和合理的解释说明；第二，释译。能够解释故事的意义、进行恰当的翻译，对于所涉及的观点发表自己的看法，通过想象、轶事、例证和模型使观点个人化并易于人接受；第三，运用。能将所学的知识有效地运用到不同的环境之中；第四，洞察。能用批判的眼光看待事物，并顾全大局；第五，移情。能从别人可能认为陌生或悖于常理的东西中体会到其价值所在，具备敏锐的洞察力；第六，自我认识。个人身上的某些特征，如个人风格、偏见、构想及思维习惯等。他们对理解的实现可能起促进作用，也可能起阻碍作用。对此，个人应该能够明确地认识到，在哪些方面自己还未理解并知道原因之所在。

3. 整合多种智能的目标

每一种评价都有自己的特征和特定的内容。从多元智能理论的角度看，也是如此，传统评价主要针对的是语言智能、数理逻辑智能，虽然有时也会涉及空间视觉智能。传统评价的内容是课堂练习、家庭作业等。而表现性评价关注的是对学生平时表现的直接观察，视觉空间智能、语言智能、数理逻辑智能、身体运动智能、音乐智能和人际交往智能都是表现性评价的组成要素。

也正是由于表现性评价的特点，能够有效地评价多种智能，因此，在探讨多元智能的文章中，都特别强调采用表现性评价来促进学生的学习。

（二）创设表现性任务

表现性任务是表现性评价的核心要素，是紧扣学习目标而设计的特定作业，旨在引发学生的表现行为，从而收集学生表现的证据，作为评价学生的依据。

1. 开发与目标匹配的表现性任务

由于表现性评价常常用于评价比较高级的思维过程和学习目标，其复杂性决定了开发表现性任务是很难有固定的模式、套路可循，它需要根据特定的评价目的和评价目标，以及可利用的时间资源等因素综合考虑。但表现性评价的开发还是有一些一般性的原则和步骤的。

(1) 表现性任务开发的原则

作为表现性评价的核心要素，表现性任务的开发自然要体现出表现性评价的特点，也意味着设置者需要理解与表现性评价相关的某些关于深层学习的假设。这些关于深层学习的假设是所有表现性任务开发都必须遵循的。设置表现性任务时，应遵循如下五个原则：第一，与目标相匹配。表现性任务的设计必须与学习目标紧密相连，能够让学生展示目标中界定的要求。相反，表现性任务不应该涉及与学习目标没有联系的知识和技能。第二，进行知识的建构。表现性评价的初衷是要求学生应用已有的知识来解决问题，从而展现出某种实作或表现的能力，这就要求表现性任务能为学生获取、建构新知识提供一种学习机会。第三，综合各种知识技能。表现性评价往往需要学生进行问题解决，问题解决则要求学生具备策略思维与知能。即，表现性任务必须使得学生综合应用各种知识和策略。如陈述性知识和程序性知识，或者一般和具体的问题解决策略。第四，展现出所要考察的表现过程和结果。表现性评价不但关注学生的表现过程，也关注学生表现的结果。表现性任务则是对学生提出完成任务过程与结果的约定，这些表现过程和结果就是评价的证据所在。第五，任务应尽量真实。相对纸笔测试试题，表现性任务要尽量真实。这要求表现性任务的背景、活动来自生活。

(2) 表现性任务开发的步骤

当清楚地理解了要评价的学习目标之后，接下来要做的就是开发特定的表现性任务。并且，表现性任务的特性就取决于所确定的学习目标，有的学习目标需要开发结构良好的任务，而有的却要求结构不良的任务，不管怎样，在开发表现性任务的时候，以下问题需要明确：第一，学习目标要求的任务范围是什么？第二，任务应该是结构化还是非结构化？任务的哪个部分需要得到结构化，需要达到什么程度？第四，每个任务是否要求学生表现出学习目标要求的所有重要元素？第五，制定的任务是否能评价需要评价的具体目标？第六，为了让学生指导他们需要表现什么，必须告诉学生关于任务以及评分的哪些内容？第七，不同种族和背景的学生是否能够正确地解决任务？

开发表现性任务的步骤一般有：第一，选择你要评价的目标来确定任务的范围；第二，以所选的目标为导向，选择其中一个与目标紧密相关的复杂思维目标，这一目标将是任务中的主要关注点；第三，围绕内容范围和思维目标，完成表现性目标的草稿。制定任务，使学生知道他们需要应用合适的思维技能来学习这些内容并达到目标；第四，选择一个合适的信息处理维度，与你选择的内容、思维技能维度一致，并与你的任务相一致，使之包括关于你对学生应用信息处理维度期望的建议；第五，如果任务是一个小组任务，那么选择合作或协作的维度并综合你已经选定的那些维度进行评价；第六，如果你决定要评价更多的目标维度，那么就要重写你的表现性任务；第七，选择你认为在使用任务来进行评价中最重要的有效交流的维度；第八，重写你的表现性任务，使之适应有效交流的维度；第九，重写并编辑你的任务；对每个维度，都要明确一些表现能力的质量水平。

2. 开发表现性任务需要考虑的因素

虽然开发表现性任务的步骤为我们提供了大致的程序和要求，但真正编制高质量的表现性任务还需要考虑很多因素。

(1) 完成任务的时间

有些学习目标在较短的时间内就可进行评价，比如，写一篇短文或做一幅画，或者进行简单的实验。但是，许多学习目标需要学生完成一个长期的评价，例如，做一个观点调查并写成文章，建立一个城镇模型，为一个社区行动开发综合性的改进计划。这需要几个月的时间，而且很多工作需要在课后完成。教师需要注意，任务时间的限制是要与学习目标相匹配，而不是与教师的便利相匹配。

(2) 任务数量

总的来说，任务数量越少，能评价的学习目标就越少。教师应该考虑如下问题来确定任务的合适数量：评价的目的；评价的范围；多种评价形式的综合；学习目标的复合体；完成每项任务的时间；所拥有的时间；需要的诊断性信息；可用的人力资源。

(3) 任务结构

事实上，讨论结构性和非结构性的问题是有误导性的。因为我们可以使用很多方法来构建一个任务，包括定义问题的方法、搭建脚手架进行教学、使用替代性策略等。在一个极端上，任务可能定义为一个问题让学生来解决（结构化的），但在另一个极端，也可能要让学生自己来明确问题是什么（非结构的）。

(4) 小组参与

学习目标指引着任务的构建。如果学习目标需要合作或协作学习，就应该建立一个至少有部分需要使用小组活动的任务。

(5) 结果和过程

如果教师想要评价过程，那就需要在学生表现的过程中进行评价。当然，教师实际上是不能直接评价认知过程或心理活动的，只能通过一些中介或部分作品来间接评价。如，让他们写出来完成任务时的想法，或者让他们记录下他们最初的一些草稿。

(6) 表现形式

有的学习目标具体说明了学生应该以多种方式交流他们的知识，用多种方法来解决一个问题，或者用许多方式来表达自己的思维。但是，不能随意地决定采用什么样式，而是要把表现形式和学习目标联系起来，匹配起来。

（三）开发评分规则

评分规则是实施表现性评价所需要的一种关键评分工具，它清晰地界定了达到某种特定直播的学生处于何种水平。

1. 评分规则的定义

在表现性评价中，研究者对评分规则的界定很多，主要的有："评分规则是由教师或评价者开发出的一种描述性的评分量表，其目的是为了分析学生的学习结果，包括学习作品和学习过程"；"评分规则是由教师或其他评价者协同设计和开发的描述性评分方案，是指导评价的工具"；"评分规则是一种评分工具，它包括了作品的标准或期望，详细地列出了等级质量的标准。"

2. 评分规则的构成

一般来说，评分规则由三个部分组成：等级、描述符和表现样例。等级是指描述表现在质量上由差到好的序列。描述符描述了各个等级上表现质量的各个具体指标。而表现样例是与每一个等级相符的表现实例。

3. 评分规则的类型

评分规则多种多样，可以依据不同的标准来进行分类。按照评价的方式，评分规则可分为整体评分规则和分项评分规则；按照评分规则的适用范围分，评分规则可分为通用评分规则和特定任务的评分规则。

(1) 整体评分规则和分项评分规则

整体评分规则是对整体行为表现不同水平的描述，实际上就是把学生表现的重要因素综合起来，并描述出不同的水平，然后给出一个总分，下面是整体性规则的例子。

表 6–12　口头表达的整体评分规则

分数或等级	评分维度及标准
5= 非常好	学生能清晰地陈述研究的问题，充分说明该课题的重要性；有重组具体的信息来支撑其结论；报告很精彩且句子结构准确无误；口头陈述的过程中一直都有眼神的交流；从陈述中清楚地表明对课题做了充分的准备、合理的安排，抱着极大的热情；有效利用视听工具来辅助其陈述；能用具体适当的信息清楚地回答听众的提问
4= 很好	学生能陈述研究的问题并证明其重要性；有足够的信息来支撑结论；报告及其句子结构基本正确；从陈述中看出对该课题有所准备、有所安排，抱着一定的热情；提到和使用了有关的视听工具；能清楚地回答听众的提问
3= 好	学生能陈述其研究的问题并作出自己的结论，但论据没有 4 或 5 分等级的口头表达充分；报告及其句子结构基本正确；有一定的准确和安排；提及了辅助的视听工具；能回答听众的提问
2= 欠缺	学生提出了研究的问题但不能完整地陈述；没有得出解决问题的结论；报告及其句子结构能够让人理解，但存在一些错误；没有做很好的准备和安排；或许提到了辅助的视听工具；基本能回答听众的提问
1= 差	学生做了陈述，但没能概括研究的问题或提及重要性；研究的课题不明确，也没有得出重组的结论；报告令人费解；没有做相应的准备和组织工作；不能或只能结结巴巴地回答听众的提问
0	无任何口头表达的尝试

使用这种整体评分规则，评价者要综合考虑规则中的各因素，对这些因素进行总体的权衡，最后再给出一个最能概括整体表现水平的总分。

分项评分规则是要将进行评价的表现分解成几个要素或维度，对它们分别进行评价，对每一项进行单独评分。比如，一篇文学评论可以在组织能力上得3分，在表达的清晰度上得5分等等，这样就容易发现更具体的强弱的地方。下表是一个分项评分规则的例子。

表6-13　口头表达的分项评分规则

任务： 在某个课堂活动中，要求学生在同学面前做一个规定内容的口头沟通（比如，演讲）
评估标准： 每次口头沟通根据四个标准进行评价：即表达、组织、内容和语言
表达： 口头沟通表达方式的评定根据三个因素：即音量、音速和发音。 优秀演讲（3分）：所有三个因素至少合格，并有两到三个因素为优秀。 熟练演讲（2分）：三个因素至少都合格。 部分熟练演讲（1分）：三个因素不是都合格
组织： 口头沟通的组织评定依据两个因素，即交流中多个观点间的顺序和相互关系是否清楚。 优秀演讲（3分）：两个因素都为优秀。 熟练演讲（2分）：两个因素至少都合格。 部分熟练演讲（1分）：只有一个因素合格
内容： 口头沟通内容评定根据三个因素，即内容的量、内容与指定主题的相关性，以及内容对听众和情境的适应性。 优秀演讲（3分）：三个因素至少合格，并有两到三个因素为优秀。 熟练演讲（2分）：三个因素至少都合格。 部分熟练演讲（1分）：三个因素不是都合格
语言： 口头沟通语言评定依据两个因素，即语法和词语选择： 优秀演讲（3分）：两个三个因素都为优秀。 熟练演讲（2分）：两个因素都合格。 部分熟练演讲（1分）：只有一个因素合格

整体评分规则和分享评分规则都有自己的优点和不足，我们要根据表现性任务和实际面临的问题进行选择和使用。

（2）通用评分规则和特定任务的评分规则

通用评分规则是在不同的任务中都可以使用的评分规则，特定任务的评分规则是为特定任务开发的专门的评分规则，离开了特定的任务情境，该评分规则无用武之地。

第六节　学生对研究方法的看法

本节呈现学生对研究方法的看法。可以看出，学生对评价方法与评价问题的匹配性，对评价方法的优势和劣势是清楚的。

表 6-14　学生自陈的对访谈、问卷、观察法的学习感受

姓名	文本内容
王晓涵	我学到了运用访谈法时要给被访谈者足够的机会来展开述说，访谈问题要聚焦，要和被访谈者有互动
唐明利	访谈有魅力，但并没有学会相关技巧。在问卷调查不能满足结果时，访谈可以补救
孙智超	做访谈需要极强的专业性，问问题需要有针对性且深入
林紫嫣	这节课我学到了利用访谈法去获取自己想要得到的信息，要有明确的主题，有脉络，围绕主题进行提问，深入挖掘
金舒婷	这节课我学习到了如何灵活运用访谈法，在进行访谈的时候要有明确的主线和主题，要让访谈者有机会述说，由内入深
黄佳丽	访谈法需要有一个主题，访谈者要充分了解访谈对象的特点，用适当的语言、方法进行提问，同时要给被访谈对象充足的分享交流时间，并对访谈结果进行回应
曹丽娜	学到了进行访谈法的一些注意要求，比如访谈要有一个中心和主题，问题不能太直接，等等
刘志鹏	我学到了访谈法问的问题要尽量简洁明了，要让访谈对象尽可能多地去倾诉，去回答你的问题。同时访谈本身需要很强的专业性
张佳慧	问卷法和访谈法的进行都需要提前做足功课，并且问题的设置也需要一定的技巧
冯行华	在这节课，我学到了：1. 问卷法注意的要点。2. 访谈法的要求：访谈法的提问非常关键，提问决定了此次访谈的质量和深度，此外，要留给被访谈对象足够的时间，访谈者要倾听并给予良好的反馈，使访谈过程更加流畅自然
张雨虹	问卷法要简洁明了，注意避免隐私等；访谈法要让被访谈的人多说，主题清晰
徐波	知道了要做好访谈是不容易的，为什么问，问什么，怎么问是很重要，又比较难把控的
张子翼	填写问卷要提反向问题，不要超出回答者水平等等。访谈是找出特殊的对象，带着明确主题和目的去倾听
王姝雅	在访谈时要有主线，所谈论的话题要围绕研究题目，同时要考虑以被访谈者为中心，让她多讲述，访谈者要以被访谈者讲述的内容，进行抛接球

续　表

姓名	文本内容
张娇艳	访谈是个很有深度很有技术含量的东西，要在有限的时间里提出有深度有价值的问题，并且紧扣主题，对于提问者有一定的信息掌握基础
俞欣晨	访谈法需要充分的准备，要确定自己的目标按照这样一个主题设定好针对性的问题，然后给被访谈者充分的回答问题的空间
何泽男	访谈较问卷好玩
万思聪	访谈要找准要点提出问题，回答者可以深入回答，同时，提出的问题要体现尊重
潘铭涛	访谈法需要大量信息基础
江宝云	访谈法，需要很充分的准备。有一个明确的主线，并且在访谈的时候要多让访谈对象说
董佳璐	学到了访谈中，访谈者和被访谈者应该是有来有回，要让访谈者有话可讲，同时问题需要有深度，要体现主题
缪雯星	访谈法的一些要点，很重要的一点就是给访谈者足够的时间发表自己的想法
吴晓蓓	访谈要有一个明确的主题，切不可提问混乱，同时，在访谈过程中，要给被访谈者说话的机会，提问的问题一般是那种简单的问卷无法替代的问题
胡燕楠	有关访谈的一些内容和重点，访谈是一门技术活，要委婉又直接
楼珂	访谈需要技巧和充分的准备。在问题的设置上能让对方说出你想知道的事
胡超男	访谈是对访谈对象更深入的了解，用恰当的语言挖掘访谈对象的内心
章诗雨	访谈的几个问题看着虽少但是每个问题都是访谈的人做了大量的功课而得出来的，访谈是门艺术，是门语言的艺术
龚瑶绮	学到了进行访谈时，问题不应过多，要给对方诉说的时间，问题是有内容的，是被访谈者可以聊的
应梦倩	访谈法能够看到更加深入的本质。访谈法问题要聚焦，让被访谈者感受到互动，访谈者需要学会倾听
唐芷萌	学到了关于访谈法，问的少，让对方回答的多，问题要聚焦，要和被访谈者有互动。委婉和直接并存
黄倩	关于访谈法：进行访谈时应该问的少，让对方回答的多。问题要聚焦，有主线。要有互动，让被访谈者感到舒适，回答要点
董佳楠	感受到了访谈法的不易，也学到了访谈法在设置问题的时候要有主题，并且要让被访谈者有话可谈，而且访谈法在研究调查中起到了很大的作用
谢奇巧	访谈法要进行的好，需要高水平的提问。并且如果没有一个明确的主题，很难得到有效的价值。所以还是问卷调查法清晰明确
薛文怡	1. 问卷调查的结果可能与预期结果不完全符合 2. 访谈法是可以进行深入了解的一种方法，但是访谈问题比问卷的问题需要更深入

续 表

姓名	文本内容
黄梦雅	我们在访谈的时候要学会抛出球并能接住球。问卷调查的结果不一定是你想象中的，所以我们对于一些特殊的现象需要进行访谈进一步地了解。访谈是要有水平的，需要我们好好准备
梁心怡	这节课知道了什么是访谈法了解了访谈法具体应该怎么弄还知道了16级学前最美女大学生。哈哈哈，冯老师讲课真是太可爱了
卢俏妮	访谈法运用面广，能够简单而迅速地收集多方面的工作分析资料，尤其是在研究比较复杂的问题时需要向不同类型的人了解不同类型的材料。因而深受人们的青睐
张佳玲	我感受到了访谈法的魅力，采用访谈法可以更好的了解答案背后的原因，在访谈的时候需要很大的技巧
包如意	学到了做访谈需要注意的一些要素，中心思想要明确，要注意倾听
王佳依	访谈法应该注意哪些事项，因为我们组打算地就是使用访谈法，这节课下来对于访谈的要点有了更清楚的认识。要体现一个主题，问题要少但要深入，要给被访谈者江湖的机会，相互之间需要互动而不是只是单纯的抛出问题
许胡沁	在进行访谈前要对受访者进行一定了解。进行访谈时要尽量多给受访者说话的机会，问题不要过于密集。要注意提问的艺术
王文诗	访谈法要让被访谈的人有充分的表达机会问题不要太多问的问题要进行斟酌主线要明确
张哲宇	我学到了设计问卷的问题要严谨，要专业；运用访谈法时要注意问题的核心
王予汝	访谈法和问卷法相比的不可或缺性，以及访问者访问的水平要求很高
陈哲宇	问卷法问题的设置需要仔细考虑，访谈法和问卷法的使用需要根据研究进行选择
童航	我学到了访谈法看似简单，其实是一个需要经过背景知识经验积累之后经过思考的过程。如果你想要问出有效的结果，需要斟酌
余小青	知道了什么是访谈法，访谈需要技巧，至于访谈对象的尴尬问题，提问者要考虑很多，问题要委婉，但却能达到实际效果
靳梦南	初步学到了访谈法该如何灵活使用，了解到访谈法在调查研究中的作用，但还没有掌握访谈法的关键要点和必备的技巧
马艳	要根据研究的问题的性质，选择最适合、最能出结果的方法
姜艳萍	问卷要简洁明了，访谈目的要明确，不能太散
李漫慧	访谈法作为一种特殊的方法，需要访谈者高超的语言，技巧。问卷法所得的结果又有可能过于主观。以后评价的方法，要根据需要，慎重选择
刘静	问卷不一定能得到你想要的结果，有时访谈可能会更直接，但需要大量准备
钱蕾英	我学到了访谈法应该少问多说，问题要有针对性和互动性，多给访谈者诉说的机会

第七节　得出评价结果

在确定了评价标准，选定了评价方法后，作为一项评价活动，接下来的环节就是确定被评价的对象，并开展评价。如何使用评价标准记录评价信息，决定了评价数据的处理方式，决定了评价结果的形式。

无论是质性数据，还是量化数据，评价结果都是比较直接和客观地来自被评价对象的第一手数据。

第七章

提出评价结论和给出评价建议

在得出评价结果后，还有两个环节需要开展，即提出评价结论和给出评价建议。理解评价结果、评价结论、评价建议之间的关系非常重要。理解了这三者之间的关系，就更能理解评价标准在评价活动中起到的核心引擎作用。

第一节　提出评价结论和给出评价建议的理论讨论

评价结论是对评价结果的进一步处理，是基于评价结果提出的概括性看法，是在客观的评价结果基础上提出的主观性看法，而这种看法是否具有可信性，依赖于评价者对该领域的理论涵养。此部分参考了美国评价专家阿莱希的讨论①。

一、评级：合理性与难点

(一) 为什么需要等级

对于为什么需要给出学生等级，对授课教师来说，最简单也是最强烈的理由就是他们不得不这么做。所有的教师都给学生评等级，评级是正式评价的形式之一。实际上，所有学校都要去教师对学生做出阶段性的等级评价。

给学生的等级会有不同的表现形式，比如，字母（A、B、C 等），文字（优秀、良好、一般等）、数字（比如，100-90，90-80 等），有些用通过 / 未通过表示。有些还要求教师写出描述性的反馈。不管形式如何，最终，教师总要提供学生的学习等级。

分出等级的目的在于通报学生的学业成绩。评级的目的是给学生、家长及其他人提供有关学习的有意义的信息。在这个一般性的目的之内，有四个具体的目的：管理的目的、信息的目的、动机的目的和指导的目的。从管理上讲，等级有助于判断教学生在班内的排名、学分获得情况，是否通过等信息。从信息上讲，等级可以把有关学生的学业成绩告诉家长、学生及其他人。等级代表教师在特定学期或课程阶段对学生的一种判断，及判断学生对教师所教授的内容和过程的掌握情况。虽然，等级所传递的信息是有限的，也很少能提供对学生学习的诊断性信息，但这并不会降低等级的重要性。

① [美]Peter W.Airasian 著，徐士强等译 . 课堂评估：理论与实践 [M]. 上海：华东师范大学出版社，2008：306-346.

等级也被用来激发学生的动机。高的等级对学习是一种奖赏。然而，要清楚的是，等级的这种激发作用是一种双刃剑。等级提高时，学生的动机可能会提高，但是，当等级低于学生的预期水平或当一个学生持续获得低等级时，学生的动机可能遭到破坏。除此之外，让学生仅仅为了获得好的等级而学习，这种做法也不可取。因此，教师应该平衡等级奖励和其他形式的奖励。最后，等级还被作为一种指南。可以帮助学生、家长、教师等选择合适的课程内容及课程难度。

学校有很多理由给学生评定等级，尽管不时有废除等级的声音，但如果教师不对学生的成绩予以判断，也不把学生的成绩告知诸多感兴趣的人群，这样的学校很难想象会是什么样子的。教师赖以判断学生成绩的基础或许会变，成绩报告的格式或许会变，对成绩的判断或许不再称为“等级”，但是，教师判断、通过学生成绩的基本过程，也就是“评级”，将会持续。

不管何种形式的等级，都是我们社会的潜在符号，教师、学生、家长、以及更广泛的公众对“符号”都十分谨慎。不管教师个人对等级或评级的价值和用途持有何种看法，谨慎对待评级过程都是必要的。这意味着教师应该为学生设计一个评价体系：它对所有学生都是公平的；它传达了教师想要传递给学生的学习成绩信息。教师有责任公平、客观地评定学生的等级，永远不应当用等级惩罚或奖励教师讨厌或喜欢的学生。

（二）评级的难点

评级是教师一项极为困难的工作，因为：第一，很少有教师接受过如何给学生评级的正式教育；第二，校长没有给教师具体的评级政策和预期结果方面的指导；第三，教师知道家长和学生十分看重等级，一名学生的等级将会被详细审查，并常常会受到家长和学生的质疑；第四，当人们呼吁教师要公正、客观地评定学生的等级的时候，教师对学生的需要和特点的了解是很难被排除在外的。

教师评定等级时不可避免地面临着公平因素的两难困境。一名教师必须一直坚守那些能够无私评定等级的标准吗，还是公平地考虑学生的独特需要、学习情境和问题？哪一种是对权力的更严重的滥用？评定等级时应该忽略还是考虑学生的个体情况？

二、评级即判断

评级过程的唯一重大特点就是：它依赖于教师的判断。最终，所有的等级都以教师的判断为基础。教师的判断取决于两大特征：第一，被评判者的信息（如考试分数、读书报告、行为评估等）；第二，比较的基础，即能够把成绩转化为级别判断的基础（如，何种成绩可以得 A、B、C 等）。被评判者的信息提供了判断的基础，但是请注意判断不等于猜想。在没有信息或证据为判断提供帮助的时候，判断等级就是猜想。因此，教师判断学生的学习成绩时，需要收集各种类型的证据。没有证据，教师给出的等级就是猜出来的，而不是判断出来的。

但是，判断也具有不确定性。如果有百分百的确定性的话，教师就没有必要费力去判断了。例如："小明是一个男生""小丽现在读高一"，这样的语句是陈述事实，不是在做判断。因而，判断是介于猜想和确定之间。它以证据为基础，但是证据很少是结论性的或者完整的，正是因为这种不确定性，教师才需要做出判断。也因为评价数据总是不完整的，所以，教师必须要关注基于证据所做出的判断的信度和效度。

概括地讲，评级的目的在于获得足够的学生学业成绩的证据，使得评级的结果是公正的，能够真实反映学生的成绩水平，使得等级决定能够获得证据的支持。因为等级是重要的公开判断，它们主要应当依赖考试、计划、成绩评估等正式的证据。各类证据的完整性不仅帮助教师客观地评定等级，而且能够帮助教师解释或者维持引发争议的等级评定。教师制定评级体系时必须要正视的三大问题：第一，我应该以何种标准比较学生的成绩；第二，我的等级应该包括学生成绩的哪些方面；第三，评定等级时，各种证据应该如何权衡。

三、评级：四个比较标准

等级就是对学生成绩质量的一种判断。像前面指出的那样，不可能抽象地判断学生的成绩，比较是必要的。但如果教师掌握的信息是有限的，那么做出判断是很难的。教师总是需要一些信息为做出学生表现与一定标准之间的比较提供条件，因此，没有比较就没有等级评定。

有很多基本的比较标准可以给学生的成绩确定等级。在课堂教学中常用到的比较标准有：第一，其他学生的成绩；第二，事先确定的好成绩和差成绩的标准；第三，学生个人的能力水平；第四，学生先前的成绩。

(一) 与其他学生比较

以其他学生的成绩为比较基础，给学生评定等级，被称作常模参照评价。在常模参照评级里，不是所有的学生都能得到高的等级，不管他们做得有多么好。注意在常模参照评价里，一个学生得到的等级并不说明这个学生做得好还是不好。学生比其他学生做得好，就可以得到好的等级。比如，有同学 100 道题里答对了 40 道，但答对比例是全班最高的，那么就应该得 A 档，但在其他的情况下，100 道题答对了 97 道，也可能只是 C 档，因为其他的同学都是答对 98 道、99 道，甚至 100 道。

常模参照评价以成绩曲线为基础，教师建立一道成绩曲线，这道曲线说明了 A 等、B 等和 C 等同学的百分比例，这道曲线因教师而异，在考试评估开始之前就已经设定好了，为每个等级设定名额。比如，有的老师定的曲线可能是：A 档 20% 的学生、B 档 30% 的学生、C 档 30% 的学生、D 档 10% 的学生、F 档 10% 的学生；有的老师可能是：A 档 10% 的学生、B 档 40% 的学生、C 档 45% 的学生、D 档 5% 的学生。

没有一个万能的曲线可以用在任何一个常模参照的评级里。有些教师基本上给的都是 A 档和 B 档，而另外一些教师可能给的都是 C 档，有些教师不愿意给 F 档，有些教师可能给了很多 F 档。教师的看法决定了等级曲线的性质。然而，如果教师的曲线给成绩一般的学生太多的高等级，学生将不太会重视这种等级曲线。如果太难，让那些努力学习的学生也得不到 A 档，那么学生就会泄气、没劲。最后，教师应当建立一种对所有的学生而言都是公正的曲线，能够代表学生的学习成绩标准的曲线，教师应该确保曲线对学生而言是恰当的、合乎事实的。

等级比较标准的类型能够影响学生的努力程度和态度。例如，常模参照评级不利于那些等级垫底的学生的学习和努力，因为他们每次得到的都是垫底的等级。常模参照评级对高等级的学生几乎没有什么威胁，即使它也能激发高等级学生之间的竞争。竞争性的、常模参照的方法使得一个学生的成功或未来依赖于其他同学的表现，这也能减少学生的合作性和相互依赖意识，因为一个学生的成功减少了其他学生成功的机会。

(二) 与事先确定的标准比较

除了常模参照评级以外，教师还可以把学生的成绩和事先确定的成绩标准做比较。成绩标准确定学生得到特定等级必须具备的分数或水平。所有学生，只要他们得到了一定的分数就能得到某个等级，而不管有多少学生得到这样的分数。驾驶证考试就是一个简单的例子，只要合格就能通过，不合格则不能通过。驾驶证考试对课堂评价而言是个很好的启发例子。

把学生的成绩与事先确定的标准做比较，这种评级方式被称作标准参照评级，或者绝对评级。和驾驶证考试一样，对每个学生的判断都根据他们自己的考试表现进行。既然学生之间不相互比较，也不与特定比例的标准比较，那所有学生在每次考试中得高等级或者低等级都是可能的。标准参照评级应该成为学校等级评定系统中被使用的方法。

1. 以成绩为基础的标准

在标准参照评级中，可以运用两种以成绩为基础的标准。一种列出许多具体的细节，学生要想获得某个等级的话必须展示他们对这些细节的获得。例如，在某些班级里，教师采用合同等级，评级时，教师和学生谈判，内容是学生要获得特定的等级必须完成的学习质量和学习数量。如果学生在期末达到了双方谈定的标准，他们就会获得教师允诺的等级。即学生获得的等级取决于他们的成绩与标准比较的结果，而不是与其他学生比较的结果。

2. 以百分比为基础的标准

另外一个常用的平等分数等级的标准是百分比例标准，即正确答对题目的比例。学生的等级实际上是对学生先前各个评估结果的结合。比如，90%-100% 正确，A 档；80%-90% 正确，B 档；70%-80% 正确，C 档；60%-70% 正确，D 档；低于 60%，F 档。任何一个学生，只要其正确率位于某个等级内，他就可以直接获得相应的等级。这种标准不限制学生获得某个等级的数量，教师直到评级结束后，才知道等级的分布情况。这和常模参照评价并不一样。

许多教师运用的百分比标准不是上述标准，有些教师以 85% 或者更高的比例作为A档标准，然后依次调整其他等级的百分比要求。有的老师拒绝让学生不及格，除非他们正确答题的比例不到50%。像常模参照中的曲线一样，这种评级体系以教师对学生的判断为基础，即判断何种比例对班内学生而言是合适的、公平的。考虑到班级内的学生能力和学科特性，标准应当合理，而且标准应当反映成绩的真实性，并给学生一定的挑战。

（三）比较学生的能力

教师经常会这样说："小明没有尽到最大努力"，"小丽其实可以做得比这更好"等等，当教师这样评价时，他们正是以自己对学生的能力判断为基础，把学生的实际成绩同预期成绩相比较。许多教师通过比较学生的实际成绩和对学生能力水平的认知结果给学生评定等级。

在这种评级方法中，能力高且学习努力的学生将能够得到高的等级，而那些能力不高的学生，只要教师认为这些学生已经尽力发挥了他们的潜能，也可以得到高的等级。即使能力低的学生的实际成绩低于高能力、高成绩学生的成绩，但是如果教师认为两组学生都尽力了，那么他们都能得到相同的等级。相反，如果教师认为高能力的学生没有尽力，即他们的实际成绩高于教师的预期成绩，那么，这些高能力的学生也只能得到低的等级。关于这种做法的理由在于，它能够激发学生努力学习，充分发挥其能力。这种做法还能够惩罚那些懒惰而不尽力学习的学生。

然而，有很多理由否定根据学生的能力评级。第一，这种方法取决于教师对学生的精确了解。实际上，教师很少对学生的了解如此充分，极少能对学生的能力给出有效的、精确的判断。教师根据起点评估对学生的能力和成绩会有一个总体认知，但是这些信息还不足以精确到能够作为评级的基点。测量学生能力的正规考试，也无法精确到可以预计学生的学习能力。即便对专家而言，他们也不可能有效地预测学生某种一般能力能够在具体学科领域中达到何种水平。第二，教师很难区分学生的能力和其他诸如自信、动机反应水平等特征。根据近期的建构主义者的观点，学生有各种类型的能力和智力，教师判断起来就更加困难了。考虑到如此众多的能力和智力帮助学生在不同情形下学习，教师应该聚焦于那一个来判断学生的能力呢？第三，用教师的预期来判断学生的等级会使课堂之外的人，特别是家长感到困惑。比如，一个能力高的学生，他掌握了80%左右的教学内容，但教师如果认为他进步不大，是否可以给他C档？对于一个能力低的学生，他掌握了60%左右的教学内容，但如果教师认为他进步很大，是否可以给他A档？这样最后的结果让更多的利益相关者如何理解和接受？

这些理由强烈反对把学生的预期成绩和实际成绩相对照。有些成绩报告单允许把学生的成绩和能力分开。教师可以根据学生的实际成绩记录学生的学科成绩等级，然后，在另外的地方放上教师对学生的成绩等级预期。

（四）比较学生的进步程度

以学生的进步程度为基础评定等级，会引发类似于以能力预期为基础评定等级的问题。学生的进步取决于学生前后成绩的对比。进步最快的学生得到高的等级，而进步慢的学生得到低的等级。这种方法的一个明显困难是：那些在评估之初成绩良好的学生很难有进一步提高的机会，因此很少有机会得到高的等级。反之，那些在评估之初成绩较低的学生就有很多机会提高成绩，因而有机会得到高的等级。学生很快就可以意识到这一点，在初次考试的时候甚至选择做得差一些，他们故意做得很差，后面的进步就会很明显。

还有，如同比较学生的实际成绩和预期成绩一样，以进步为基础评定等级会引发等级的解释问题。一个学生从极低的成绩提高到中等成绩，可能会得A档；而一个开始成绩就很好的学生，可能会因为进步不大而只得B档或C档。但是，后面这个学生对教学内容的掌握可能更多。

有些教师意识到这样做的难度，提出了下列解决办法：如果学生成绩始终很高，就给予A档；但对那些进步很大的学生也给予A档。这个建议解决了上面提到的问题，但是又引发了新的问题。本质上，这些教师意图采用两种不同的评级体系，一个以高成绩为基础，一个以高进步为基础，这种办法为两类学生都提供了奖励和肯定，但是混淆了等级的含义，因为等级意味着成绩或进步两种不同的含义。因此，不主张以成绩和进步为基础评定等级，也不主张把成绩和进步结合起来评定等级。只有采用一种评级方法时，等级才能传达一致性的、可理解的信息。

四、为合作学习评定等级

各个教育阶段的课堂都越来越强调小组学习或合作学习策略。在合作学习中，两到六人组成的小组共同面临一个问题情境，他们必须共同解决这个问题。实际上，任何一个学科领域都可以提出问题，合作学习的主要目的在于让学生学会共同工作，找到一个单一的、小组共创的解决方法。

在给合作学习的成员评定等级时，教师通常关注三大重要评估结果：第一，小组内的互动、合作过程；第二，解决问题的办法的质量如何；第三，小组成员的各自贡献及对问题解决办法的理解。对小组合作过程的评估十分重要，同时，对学科内容知识的评估也同等重要。然而，评估每个成员的贡献是非常困难的，因为小组只完成一个单一的、合作型的成果。问题就在于，教师如何在小组单个成果的基础上评定每个成员的等级。

小组合作最常见的评级方法是给小组的成果评定一个等级，然后把这个等级给予每个成员。这种办法的难点在于：它以小组每个成员的贡献相同、对成果的理解相同为假设前提，结果，贡献多、理解深的成员和贡献少、理解浅的成员获得相同的等级。另一方面，太过注重成员个人解决问题的办法和贡献，可能会破坏合作解决问题的诸多优点。因此，对许多教师而言，评定合作学习小组成员的等级带来了与评定个人成绩等级不同的问题。

对于这些问题没有一个可以接受的解决的办法。许多教师假设小组内学生的贡献相等，以及小组成员相互学习没有什么困难，因此，给所有成员相同的等级。其他的一些教师依赖于他们对学生的观察及与学生的互动，把小组合作过程的评估和小组成果的评估混合起来，以此为自己提供小组每个成员的贡献和对成果之理解的信息，然后教师根据他对学生参与性、贡献及理解的观察，调整个人的等级。还有一些教师让学生自己评估自己的贡献及对成果的理解，然后给他们评级。这种办法也不太理想，因为学生的自我评估常常有赖于他们的自我认知和自信心，也同样依赖于他们的实际贡献和学习。

另外一种策略是把小组等级和个人等级结合起来，它比前面的几种办法多一些优点。以小组为基础的解决问题的方法或成果，使得小组的所有成员都能得到相同的等级。然后，教师要求小组的每一个成员单独回答或执行小组的问题和任务。这些跟踪活动的目的在于，判断每个学生是否理解并能够运用小组的方法解决相似类型的问题。这种方法以一种方式把学生的参与性和贡献与学科内容的学习结合在一起，这种方式有助于教师知道每个学生已经学到了什么。

五、选择学生的表现而评级

一旦确定了评级的比较基础，选择评级所需要的学生的特定表现和作业是必要的。教师所得的评估信息的数量和性质取决于年级水平和学科。每个教师必须判定，在评定学生登记时，要确定使用的信息。关于评级，教师必须要问的两个问题是：第一，我想用等级对学生成绩传递何种信息？第二，我在等级当中实际传递的信息是我想要传递的吗？

(一) 学业成绩

等级一般被看作学生对教学内容掌握情况的指标。正式评估学生完成了多少课程目标、应当是学科等级的主要组成部分。努力情况、行为、兴趣、动机以及与此相似的因素不应当是学科内容等级的主要构成部分。要判断学生的学业，我们对努力学习、动机和兴趣的结果感兴趣，这些都是正式评估的证据。

给一个学习成绩不好但是非常努力、勤奋的学生 A 档成绩，将会使得学生、家长以及其他人感到困惑，因为这些人通常都把好的学业成绩作为档次的指标。每个班级都有努力学习、善于合作、动机和兴趣浓厚的学生，这些学生值得给予奖励，但是学科等级不是好的奖励内容，最后，评级时不应太过看重学生的行为、兴趣和出席情况，也不应当以等级作为惩罚学生问题行为或拖拉作业的工具。

正式的学科内容的评估，如教师编制的考试或教科书、正规考试、小测验、家庭作业、学习项目、作业纸、档案袋等，是汇报学生等级的最好的证据。它们有两个方面的优势：第一，它们提供了学生学业情况的信息，学业是等级力图说明的对象。第二，作为学生学习的可查的资料，它们可以在必要的时候用来解释等级产生的原因，或用来维持原有的等级。

因为对学生成绩的正式评估应该作为等级评定的主要因素，把等级与教学和正式评估同等强调是重要的。作为一个过程，等级评定不可能与教师教学的质量和教师收集到的信息的质量分开。正如好的教学可能会被无效的评估破坏一样，好的等级评定也可能被组织不好、无效的和不可信的评估破坏。

作为评估学生学习成绩的最后步骤，等级评定应当以各种有效的、可信的证据为基础。等级评定的一个通用规则就是，利用多种而不是一种信息，因为这样会给学生更多展示能力的机会。还有，既然绝大多数学科都要学生去记忆、理解和运用知识，运用多种程序评估教学的所有重要结果也是必要的。

（二）情感成绩

尽管情感特征不应该是报告卡的主要内容，但实际上，教师知道学生的情感特征，这意味着情感特征常常进入等级评定决策中。学生的动机、兴趣和努力因素进入等级的常见情形是，教师把这些因素作为对边缘学生的一种补充考虑。当教师给一个成绩介于 B 和 B+ 之间的学生 B+ 时，这位教师考虑的不仅仅是正式考试的成绩，还包括他的动机、参与性。为了提高学生的动机水平，教师常常会稍微提高学生的等级。严格来说，这种改变扭曲了等级的含义，但是大多数教师都是根据他们对特点学生的特点和需要的了解而这么做的。评定等级是一个认知判断过程，实际上，教师不可避免地会调整学生的等级。

这些边缘性的决定通常出于学生的利益和教师的同情心理。然而，教师应当警惕把学生的努力程度、动机水平、兴趣或人格作为等级的主导因素。如果这样的话，等级真的就被扭曲了，不能提供有效的学业成绩信息了。尽管每个教师都不会忽视能力、努力、进步程度等非学业因素，但是绝大多数教师都正确地把这些因素作为调整等级的基础之一，而不是作为决定等级的核心因素。因为等级的主要目的就在于传递学生对学科内容的掌握情况，而不是他们的个人特质，等级应当主要以正式成绩评估为基础。尽管教师的主要认识会不可避免地对等级评定过程产生某种程度的影响，但是这些主观认知不能过分扭曲学科等级评定。

六、综合各种类型的评估

(一) 等级应该包括哪些信息

几乎所有教师都会把单元考试和项目学习结果作为判定等级的因素。因为它们是学生学习成绩的正式指标，应当反应在学生的等级中。绝大多数教师都正确地依据正式信息判定学生的等级。许多教师还把小测验和平时作业结果包括进来，虽然教师对这种做法意见不一。有些教师认为小测验和平时作业是练习活动，同正式评估相比，这些练习活动更像教学。其他教师选择不计入平时作业成绩，因为教师很难确定所有的作业都是学生自己做的。不管有多少关于等级评定的问题，最终，教师需要作出相应的决定。

比如，我们可以假设某位老师最终决定采用三种评估信息：考试、项目学习和小测验。我们也可以假设这位老师决定不考虑学生的努力、参与、兴趣等。由于已经决定采用何种信息，她现在必须决定每种信息是否同等重要，或者这些信息的权重应高于其他信息。

(二) 给评估信息分配权重

综合学生的成绩信息时，应该考虑各种信息的权重问题。总体来说，教师应该给重要的信息，如考试、项目学习和档案袋等更大的权重，而给小测验、平时作业等评估信息较低的权重，因为前面几类的信息提供的信息更加完整、严密和有效。比如，我们可以假设上面所提到的那位老师决定给考试和项目学习同样的权重，但都高于小测验的权重。因为，这位老师是比较清楚的，他所采用的有效考试反映了其教学的重要内容，他所采用的项目学习能够让学生把与主题相关的知识整合起来。因此，她非常自然地把考试信息和项目学习信息作为评估学生学习成绩的主要构成。最后，她还决定把两次小测验视为一次单元考试。

尽管许多教师不直接把平时作业作为等级评定的依据之一，他们还是常常警告学生，如果累计几次不交作业的话，就会扣多少分会降低最后的等级。通过这种方式，平时作业更多地成为学生是否努力学习或合作的指标，而不是学科内容掌握的指标。这降低了等级的效度和清晰度。另外，有些教师实际上没有计算学生平时作业的成绩，相反，依赖的是其对学生行为举动的一种感觉或直觉。尽管这样节省时间，但是这种做法使得主观因素，如学生对学科的兴趣或表现等，影响到教师的判断。一般来说，不建议因平时作业不好而降低最后等级的做法，也不主张以教师对学生成绩的非正式的“感觉”作为等级评定的基础。

不管教师如何给各类信息分配权重，都强烈建议，权衡过程应该从简。多并不意味着好，一般来说，两次权衡所有的因素比这部分信息权衡五六次，那部分信息权衡七八次后得到的结果要有效。

（三）综合不同的评估信息

学生的各种不同的评估常常以不同的方式表现的，也来自不同的信息，比如，有的是做了10个题目，有的是做了一个小项目，有的是参与了一项调查等，但老师必须要对学生的多种学习参与进行选择，并把其结果整合成一个整体的概括性分数。可以综合体现考试、项目学习和小测验的总体情况。但不同类型的信息整合的时候是有困难的，甚至是很难解决的困难，教师至少要清楚这些问题。

比如，所有的成绩指标都应该以同样的标准表示，强调这一点的必要性非常重要，因为按道理说，只有这样的整合才是有意义的，但实际上，这个方面也是很难保障的，因为，如果每一次考核的方式的本质都是不一样的，整合本身就是有问题的。简单举个例子，如果某个老师开展了两项考试，考题分别为50道和100道，而且，该教师希望这两次考试结果对等级评定的权重是一样的。假设有两个学生，小明和小华，都是一次考了满分，一次考了零分。即，小明在50道题的考试中得了满分，另一个考试零分；而小华反过来。那如果不考虑考试的题目数量或难度等问题，如果认为两次考试同等重要，那其实给出这两个学生同等的等级是可以的。但是，如果教师选择算出两次考试中两人的试卷的平均分，那成绩就会不一样，小明的平均分是25分，小华的是50分，如果在考虑分数基础上给出等级，无疑，他们将得到不同的等级；当然，如果再考虑到考试题目的难度等，相应的等级可能还可以变化，甚至是不可比较的。这个例子说明了老师在最后整合信息所面临的难度，这些问题是很难解决的，但却是教师必须做出的决策，到底要怎么整合的问题。

另外，在把评估信息转换成等级之前，必须考虑信息的质量。等级的意义来自其赖以存在的基础：信息的意义。如果主观地评定成绩的等级，教师头脑里没有什么明确的标准，那么等级将不能反映真实的成绩。如果考试内容不能代表教师教授的内容，那学生的得分也不能有效地反映他们的成绩。在利用的考试的信息评定等级时，教师要对这些信息的有效性做出基本的解释，即使是不公开的，也要清楚。

比如，有老师在某单元的考试中，使用的试题是和教科书匹配的试卷，但其实，在教授过程中，教师曾经做出决策，对一部分的内容不教，但他发现，考试中的这部分未教的内容有不少的考题，而且，他在考试的时候也未能让学生将这些题目删掉。这样，考试内容和教学内容就不匹配了，如果使用这样的考试结果作为依据，但学生的成绩就得不到真实的反映，等级也就缺乏效度。

在经过筛选和转换后，不同类型的成绩一般会通过不同的权重再次整合到一个分数，最后教师会据此给出等级。

七、给学生提供评价建议

当评价结果和结论给出以后，一般来说，评价活动就结束了，相应的，一个阶段的教学活动也结束了。但如果是在教学过程中开展的评价，特别是为了教学诊断开展的评价，一般还需要给学生提供直接的建议。即使总结性的评价，或者外部评价，也可以提供评价建议为后续的服务主体提供启发。

第二节　提出评价结论和给出评价建议的学生实践

评价建议是在评价结论的基础上体现评价者自己思考的改进性建议，但所提出的建议不能超出评价结果和评价结论所指向的范畴。

下文提供 15 级学前教育专业学生已完成的两个评价报告案例，用来说明评价结果、评价结论、评价建议的区别和联系，也能让读者通过完整的案例体会评价报告的结构，以及了解同龄人能够完成的情况，对完成评价是非常有帮助的。

幼儿园中班益智区活动材料投放情况调查问卷

尊敬的老师：

[illegible]

幼儿园类别：公办　民办　其他

您的教龄有________年学历为________性别________

本卷包含三部分内容：基本信息 3 题

选择题 19 题

开放题 1 题（第 20 题）

1. 下列哪种情况比较符合你班级益智区的材料投放方式？

A. 大部分都是拼图、分类匹配、棋类等高结构材料，也有如木棒、纸牌类等中低结构材料

B.一半是拼图、分类匹配、棋类等高结构材料，一半是木棒、纸牌类等中低结构材料

C.大部分是棒、纸牌类等中低结构材料，有几样拼图、分类匹配、棋类等高结构材料

2. 在幼儿在益智区活动时，您班里的幼儿更偏向于选择哪种类型材料？

A. 棋牌类　　B. 拼图类　　C. 迷宫类　　D. 分类配对类

3. 如果您投放的益智区材料有相应的教育目标的话，您认为目标应该是怎样生成的？

A.根据幼儿最近感兴趣生成的内容

B.根据幼儿目前应有的发展要求

C.根据让幼儿补差扬长的要求设定

D.即时根据儿童的反应生成

4. 您认为中班益智区材料的种类应该做到?

A. 越丰富越好

B. 量力而行，可以根据主题进行情况逐步添设

C. 不需要特别丰富

5. 幼儿对益智区新投放材料的兴趣能保持多久?

A、玩过一次后不再感兴趣　　B、保持一周左右　　C、玩一周以上

6 . 您主要依据什么对益智区材料的有效性做出评价?

A.集体谈话时幼儿对材料使用规则的了解情况

B.对幼儿使用材料进行游戏时所做的观察记录进行分析

C.介绍新材料时幼儿对材料所表现出的兴趣

7. 对于材料种类，您投放的数量多少是根据?

A.投放的材料数量略少于实际需要

B.投放的材料要大于儿童实际需要

C.投放的材料数量正好和儿童实际需要相吻合

8. 您班级益智区材料的来源是?

A.取材于生活，孩子了解材料特性

B.直接购买，比较高结构

C.购买材料后重新设计

9. 如果您的投放的材料并没有像您想象的那样取得预设的效果，您会?

A. 引导儿童尽量朝着教师预设的结果活动，至少需要掌握教师预设的结果

B. 承认自己在预设时候失败估计并觉得懊恼，让儿童对此物自由使用，并作观察

C.重新按照儿童的活动特点来设定新的目标

10. 您多久更新一次益智区中的材料?

A. 二周左右

B. 一个月左右

C. 二个月左右

D. 一学期

11. 您认为班级里益智区大多数材料____?

A.极易操作，巩固能力

B.具有一定的挑战性，激发兴趣

C.少数幼儿能掌握，带动其他幼儿

12. 您认为幼儿在益智区材料投放过程中应当如何参与才可以保证材料投放的有效性?

A.不参与，按照老师意愿投放材料

B.老师想好材料类型，让幼儿自己收集材料、自制材料

C.幼儿和老师一起参与材料主题的讨论，并收集、自制材料

13. 您每次在投放益智区投放材料与本周主题的联系情况是?

A. 全部与主题有关

B. 大部分与主题有关

C. 少部分与主题有关

D. 无联系

14. 您班级的幼儿在益智区、建构区时是否会对投放的材料进行创新玩法?

A.经常　　B.较多　　C.一般　　D.偶尔　　E.没有

15. 如果您希望能够按照自己的想法进行益智区材料的投放，最需要改进的是?

A. 幼儿园的区角教育管理模式，减少一些不必要的任务，留出工作精力思考规划

B.增加教师的经费，让老师可以自由调配用于购买材料的资金

C.加强幼儿园、玩具供应商、家庭之间的联系，整合多方资源

D.增强教师之间关于材料投放的学习和讨论

16. 幼儿在益智区操作材料时，遇到过哪些问题?

A. 准备的材料幼儿不感兴趣

B. 幼儿将益智区材料与建构区材料混合操作

C. 幼儿喜欢更换材料继续游戏

D. 操作中遇到困难，无法进行下去

17. 您投放的材料更侧重于对幼儿哪种能力的发展？（可多选，不超过3个）

A.注意力

B.记忆力

C.观察力

D.想象力

E.思维能力

F.操作能力

18. 您班里的幼儿在益智区活动结束时的材料整理情况如何？

A.幼儿将做出的成果与同伴和老师分享后再整理

B.听到音乐马上将材料恢复原状分类放好

C.听到音乐再玩一会材料再整理

D.不会整理，随意放到箱子里保持桌面干净即可

19. 您对益智区新材料如何操作使用的说明情况是？

A.提前详细说明

B.提前简单说明

C.不说明，请幼儿自由探索

20.请对您当前幼儿园怎样进行益智区材料投放的模式提出宝贵建议：

⊠⊠⊠⊠⊠⊠⊠⊠⊠⊠⊠⊠⊠⊠⊠⊠⊠⊠⊠⊠⊠⊠⊠⊠⊠】

表1　问卷结构

调查内容	题号
中班益智区材料投放的现状	1、4、7、10、13、16
影响的中班益智区材料投放的各种因素	2、5、8、11、14、17、18
关于更有效地投放材料的看法	6、9、12、15、19、20

一、研究基础

(一) 关于中班幼儿益智区材料投放的研究现状

1. 中班益智区材料投放的价值

徐文指出教师对材料开放性与封闭性程度的设计会直接影响到幼儿对材料玩法的控制程度。且教师对材料反思内容主要是围绕材料的适宜性、可操作性和可探究性、层次性及开放性等角度去反思材料的，无具体的反思策略。[①]叶屏屏指出高宽课程其实是以材料为最主要的媒介促进幼儿主动学习的。材料无论高于幼儿已有操作水平还是低于操作水平都不利于儿童能力的发展，只有材料在幼儿能力与经验的最近发展区内才能促进幼儿不断由低水平向离水平发展[②]。

从以上两位学者论述中可以得出，材料是区域活动的灵魂。活动区材料的选择和教师对材料的反思将直接决定幼儿在区域活动中动脑动手的程度，从而直接影响幼儿在活动中获得的发展。

2. 影响中班益智区材料投放的各种因素

高雯指出，在操作和摆弄的过程中，幼儿进行自主的探索和学习，在进行该主题活动时，教师和幼儿的互动就更加有效。益智区内应为不同能力、不同发展水平的幼儿提供适于其发展的活动材料，让每个孩子都有操作欲望。[③]葛仲蔚指出材料投放时，可以根据主题的开展，逐一添加，要关注幼儿的操作兴趣，及时调整。[④]王丽霞、郭飞指出因为幼儿的兴趣需要、认知水平、行为方式存在明显的个别差异，所以区域活动中益智游戏材料的投放直接影响着幼儿对益智游戏活动的兴趣。应当注重材料的层次性、丰富性、结构性以满足不同发展水平和兴趣需要的幼儿。[⑤]

---

① 徐文．幼儿园科学区活动材料的现状研究 [D]. 福建师范大学，2015.84

② 叶屏屏．幼儿园音乐区域活动材料现状研究 [D]. 南京师范大学，2016.

③ 高雯．浅谈学前幼儿益智区材料投放之我见 [A]. 北京中外软信息技术研究院．第五届世纪之星创新教育论坛论文集 [C]. 北京中外软信息技术研究院，2016.

④ 葛仲蔚．论中班益智区游戏材料的选择与投放 [J]. 才智，2018(12)：79.

⑤ 王丽霞，郭飞．幼儿园区域活动中益智游戏材料投放的反思——以在甘肃省山丹县幼儿园的教学实践为例 [J]. 学周刊，2014(19)：219.

从以上几位学者的论述中可以得出，有学者将益智区材料投放的因素与教师对幼儿的兴趣、发展水平了解程度相联系。亦有学者认为材料对主题的相关性、层次性、丰富性、结构性起着重要作用。

3. 中班益智区材料投放存在的问题

孟孝君指出在小班益智区这一区角的材料投放确实存在着许多问题：益智区里操作材料比较单一；幼儿自己动手组装、展开想象的材料不多；缺乏系统性、层次性。[①] 李小倩、田穗等人对大班益智区材料投放主要问题分析如下：材料投放的层次性不够清晰；高结构化材料占主导地位；投放的材料与主题活动关联性较弱；材料的操作规则不够明确[②]。

从以上几位老师的关于教育实践论述中可以得出，无论是小班还是大班，益智区材料投放均在丰富性、结构性、关联性、系统性、层次性等方面存在诸多问题，没有把教育意图和要求融入材料中，充分挖掘材料的潜在价值，发挥其最大的功效。中班益智区的材料投放情况如何可想而知。也由此凸显出了为中班益智区投放材料做一次实践研究的必要性。

4. 对更有效地投放益智区操作材料的看法

范云英认为，材料投放应该与幼儿的生长发育特点相结合；材料投放要与幼儿园集体教学的规划相符；教师要给幼儿充足的时间来操作投放的材料；投放的材料要注重多样化和引导性[③]。吕娟指出，如果活动材料的投放能尊重幼儿的内在需求和兴趣，会使得材料对幼儿具有吸引力，引发幼儿对材料进行积极的感知觉行为[④]。仇玉兰着重在激发探究兴趣、支持持续探究、凸显科学要素、支持协作交流、伴随动态调整、提高安全系数等方面进行探索，梳理出切实有效的材料提供策略[⑤]。

综上文献所述，学者们对更有效地投放益智区操作材料有各自的见解。有学者强调材料投放应当尊重幼儿的内在需求和兴趣。有学者认为投放材

① 孟孝君．小班益智区操作材料投放的实践研究 [J]. 科学大众（科学教育），2013（04）：109.

② 李小倩，田穗．幼儿园大班益智区材料投放探微 [J]. 才智，2017(06)：178-179.

③ 范云英．试论幼儿园益智区材料投放策略 [J]. 学周刊，2016(30)：197-198.

④ 吕娟．幼儿园区域活动材料的投放 [J]. 北方文学（下半月），2012(05)：249.

⑤ 仇玉兰．幼儿园科学活动区材料提供的策略研究 [J]. 上海课程教学研究，2017（11）：49-53.

料要从两方面入手，包括与幼儿的生长发育特点相结合、注重多样化和引导性。还有学者提出凸显科学要素、支持协作交流的概念，强调了材料的科学性以及多方资源整合的可能性。材料提供如果能考虑以上几个方面，将更有效地支持幼儿对益智区游戏的探究，表现得更自主、更主动。

(二) 对情况现有研究的反思

由以上文献表明，学者们都非常重视幼儿园幼儿益智区材料投放，从多方面阐述了其中所蕴含的教育价值，并且从影响因素、存在问题、提高材料有效性看法等不同方面进行了深入的思考和研究。但少有学者对幼儿园幼儿中班益智区材料投放进行细分和深入的研究，一些潜在的问题没有被发现，不能为教师提供很好的实践指导。联系实际，我们发现近阶段临海实验幼儿园正在大力支持steam主题项目课程的开展，并了解到中班各个班级比较偏重于科学区的观察与发展，对于益智区不是很关注。主要有三个问题：一是材料投放不够丰富，比较单一，且材料与周计划主题的联系性不是特别契合；二是材料投放层次性不突出，不能较好体现幼儿的年龄特点和发展水平；三是材料投放长期不更换。材料是区域活动的灵魂。材料的丰富性和可操作性将直接决定幼儿在区域活动中动脑动手的程度，从而直接影响幼儿在活动中获得的发展。因此，评分将加强中班益智区材料投放研究与实践作为我们研究的方向。

所以笔者决定实地深入幼儿园，利用实习两个月的时间，通过观察、问卷和访谈，从中班益智区材料投放的现状、影响的中班益智区材料投放的各种因素、在职教师关于更有效地投放材料的看法三方面深入了解现状，探索设想与实际效果之间的差距，再结合相关理论，针对中班益智区材料投放还存在的问题提出一些改进建议。

二、研究方法

研究方法分为“研究对象”和“研究工具”两个部分，如下所示。

(一) 研究对象

本次研究对象如下表所示：

表 7-1　问卷对象教龄信息

教龄	人数（人）	比例（%）
0～5年	20	40%
6～10年	12	24%
11～15年	13	26%
16～20年	3	6%
20年以上	2	4%
人数总计	50	100%

本次参与调查的在职中班老师一共50人，0～5年教龄的有20人，占总人数的40%。6～10年教龄的有12人，占总人数的40%。11～15年教龄的有13人，占总人数的26%。16～20年教龄的有3人，占总人数的6%。20年以上教龄的有2人，占总人数4%。

表 7-2　问卷对象学历信息

学历	人数（人）	比例（%）
本科	41	82%
专科	9	18%
人数总计	50	100%

本次参与调查的在职中班老师本科学历有41人，占总人数的82%。专科学历的有9人，占总人数的28%。

表 7-3　问卷对象性别信息

性别	人数（人）	比例（%）
男	2	4%
女	48	96%
人数总计	50	100%

本次参与调查的在职中班老师男性有2人，占总人数的4%。女性有48人，占总人数的96%。

（二）研究工具

问卷调查法是用书面形式间接搜集研究材料的一种调查手段。它最大优点是能突破时空限制，在广阔范围内，对众多调查对象同时进行调查。

综合考虑本次调查使用问卷法。

表 7–4　幼儿园中班益智区活动材料投放情况调查问卷基本框架

调查内容	题号
中班益智区材料投放的现状	1、4、7、10、13、16
影响的中班益智区材料投放的各种因素	2、5、8、11、14、17、18
关于更有效地投放材料的看法	6、9、12、15、19、20

三、研究结果

（一）中班益智区材料投放的现状

1. 益智区的材料投放方式

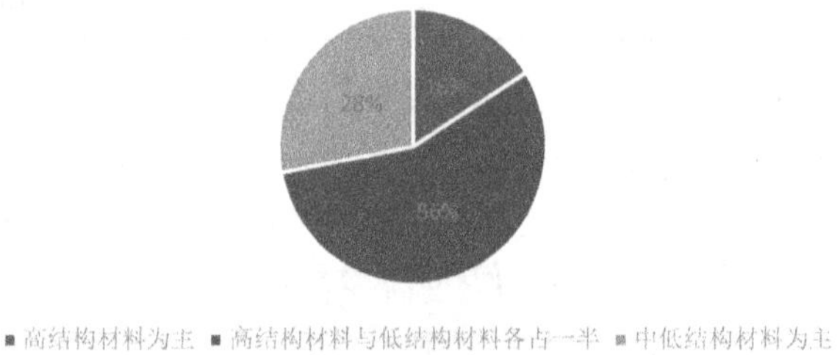

图 7–1　益智区的材料投放方式

调查结果表明：

在安排班级益智区材料投放方式时，56% 的老师投放以高结构为主的材料，但也会适当考虑中低结构材料。28% 的老师选放以低结构为主的材料，16% 的老师安排益智区材料时平等考虑高结构和中低结构材料。说明有很大一部分老师在选择益智区材料时，会比较偏向高结构材料，对低结构材料投放的重视程度不高。

2. 中班益智区材料的种类

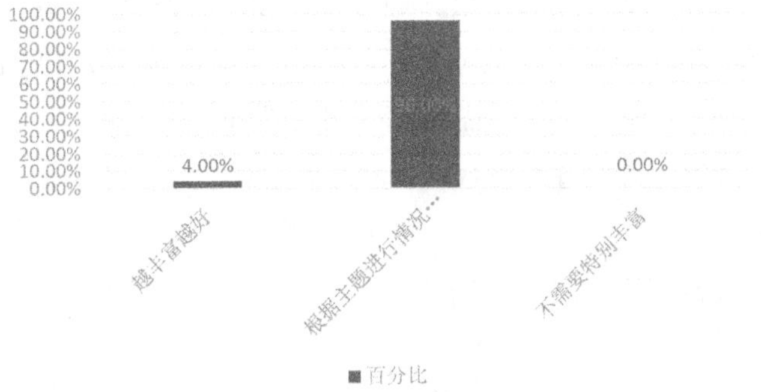

图 7-2　中班益智区材料的种类

调查结果表明：

对于中班益智区材料的种类，96% 的老师是从主题情况出发，结合材料内容，根据主题进行情况逐步添设。也有 4% 的老师认为材料越丰富越好，没有老师觉得益智区材料不需要丰富。说明所有老师非常清楚益智区材料的丰富性对于中班幼儿的发展价值。而且很大一部分老师从材料的内容出发，首要考虑的是与主题的关联性，选择与主题相关的益智区材料。

3. 益智区材料投放的数量

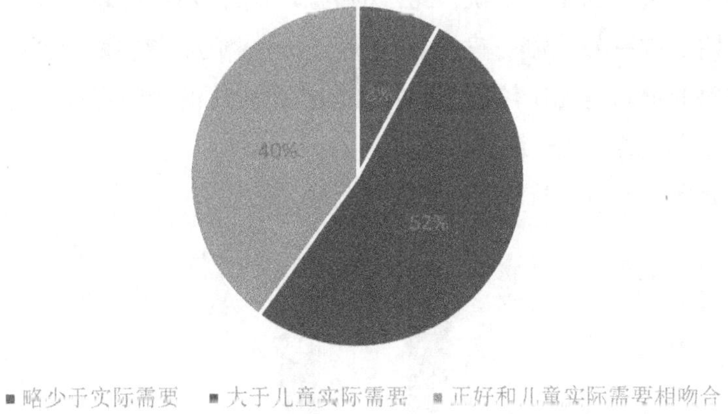

图 7-3　益智区材料投放的数量

调查结果表明：

在益智区材料投放的数量的选择上，52% 的老师投放的材料要略大于儿童实际需要。40% 的老师投放的材料正好和儿童实际需要相吻合，8% 的老师投放的材料数量略少于实际需要。说明大部分老师比较理性，综合考虑各种客观因素，为儿童准备的益智区材料是符合需求的，不会出现材料太多或太少的情况。

4. 更新一次益智区中材料的周期

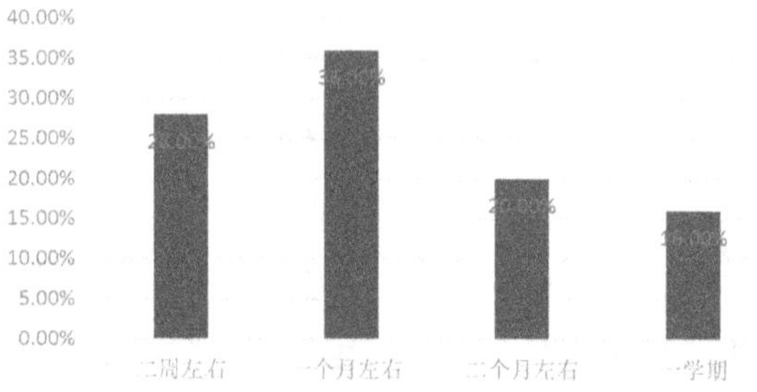

图 7- 4　更新一次益智区中材料的周期

调查结果表明：

面对益智区材料的更新周期，有 36% 的老师一个月左右更新一次，28% 的老师两周左右更新一次，20% 的老师两个月左右更新一次，16% 的老师一学期更新一次。说明有过半的老师更新材料的频率在两周到一个月之间，对材料的更新情况比较关注，但也有将近 40% 的老师超过两个月不更换材料，对材料的更换不是很频繁。

5. 益智区投放材料与一周主题的联系情况

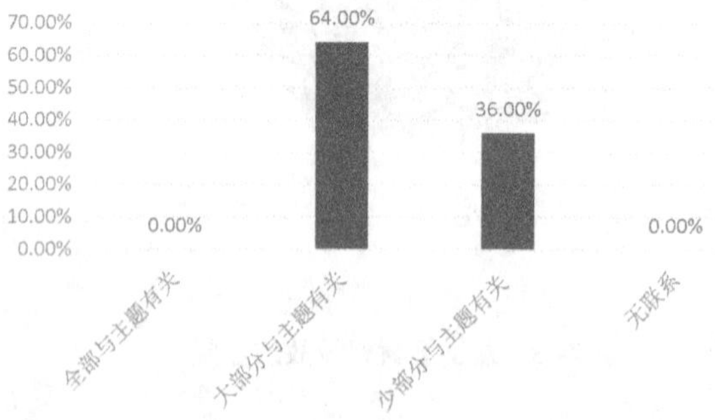

图 7-5　投放益智区投放材料与一周主题的联系情况

调查结果表明:

在投放益智区投放材料与本周主题的联系情况上，64% 老师投放的益智区材料是大部分和主题有关的，36% 老师投放的益智区材料少部分与主题有关，没有老师在投放益智区材料时是全部与主题有关或者无联系的。说明老师们是比较重视主题与益智区材料的联系情况的，合理投放材料，过半的老师结合班级情况投放的益智区材料大部分和主题有关，也没有出现极端情况，如投放的材料全部与主题有关或者完全没关系。

6. 幼儿在益智区操作材料时遇到的问题

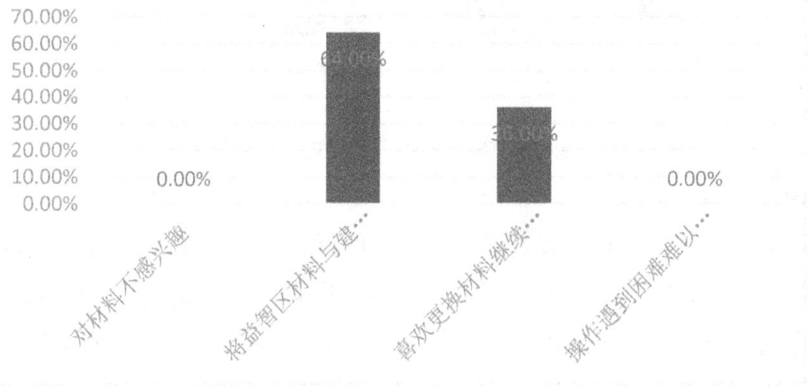

图 7– 6　幼儿在益智区操作材料时遇到的问题

调查结果表明:

老师在观察幼儿在益智区操作材料时，64.00% 的老师认为主要的问题是幼儿将益智区材料与建构区材料混合操作，而 36.00% 的老师认为遇到的问题更多的是幼儿喜欢更换材料继续游戏。没有老师选择“准备的材料幼儿不感兴趣”和“操作中遇到困难，无法进行下去”。说明大部分的幼儿教师对于幼儿益智区的活动较为关注，注意观察，并在发现幼儿遇到问题后，尝试通过询问或观察等方式获取了遇到问题的原因。但没有教师选择第一个和最后一个选项，说明了教师对自己所投放的材料后续跟进和观察、反思工作不够充分。

7. 幼儿在益智区活动结束时的材料整理情况

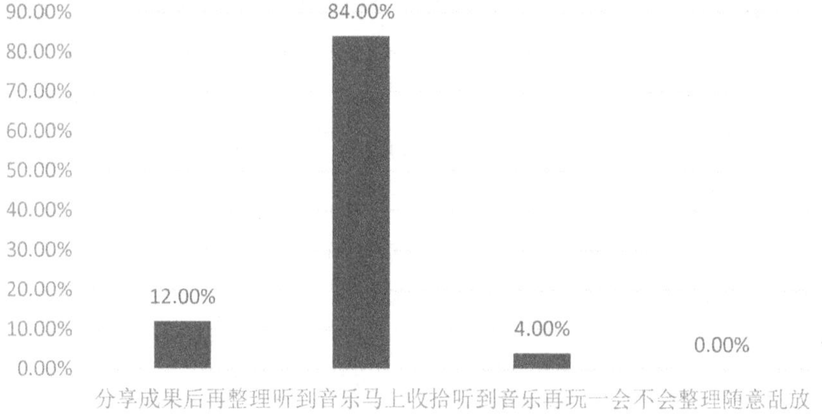

图 7–7　幼儿在益智区活动结束时的材料整理情况

调查结果表明：

针对班里的幼儿在益智区活动结束时的材料整理情况，有 84.00% 的幼教老师发现幼儿听到结束音乐会马上将材料恢复原状分类放好，12.00% 的幼儿将做出的成果与同伴和老师分享后再整理，4.00% 的幼儿听到音乐再玩一会材料再整理，没有幼儿不会整理，随意乱放。说明大部分幼儿教师对于益智区玩具整理的常规强调工作比较好，较少一部分老师在强调整理常规的同时关注幼儿的作品或成果，分享保留理念并重，以便下一次活动的时候继续创作、思考。

小结：综上所述，在准备材料环节，大部分老师在选择益智区材料时，会比较偏向高结构材料，对低结构材料投放的重视程度不高。在选材上，从材料的内容出发，首要考虑的是与主题的关联性；从材料数量出发，大部分老师比较理性，综合考虑各种客观因素，为儿童准备的益智区材料是符合需求的，不会出现材料太多或太少的情况。在活动过程中，大部分的幼儿教师对于幼儿益智区的活动较为关注，重视幼儿的探究过程，对于益智区玩具整理的常规强调工作比较好，注意观察，并在发现幼儿遇到问题后，尝试通过询问或观察等方式获取了遇到问题的原因。观察、反思工作做得比较充分。在活动结束后分享保留理念并重，关注幼儿的作品或成果。问题比较突出的是有很大一部分老师超过两个月也不更换材料，对材料的更换不是很频繁。

（二）影响的中班益智区材料投放的各种因素

8. 幼儿对材料类型的选择

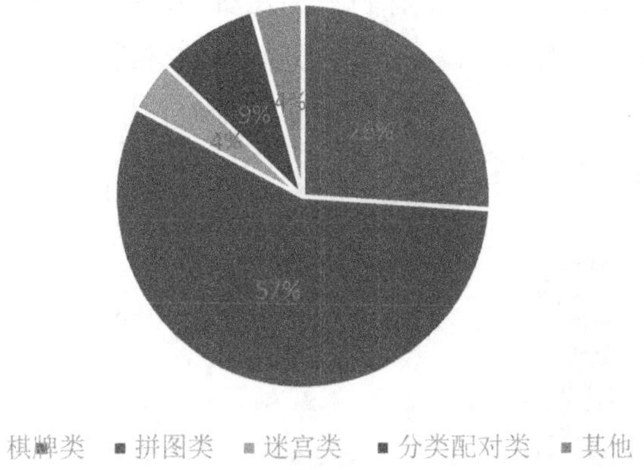

图 7-8　幼儿对材料类型的选择

调查结果表明：

在幼儿园内，有 57% 的幼儿教师会选择偏向于拼图类材料的投放。26% 的幼儿教师选择棋牌类材料，4% 的幼儿教师选择迷宫类材料，9.00% 的幼儿教师选择分类配对类材料，也有 4.00% 的幼儿教师选择投放其他低结构材料。说明超过一半的老师选择拼图类游戏，对棋牌类、迷宫类、分类配对类的游戏选择较少，两大阵营占比差距较大，也有部分老师选择投放其他材料，说明他们有一些自己的想法，可能关注到孩子另类的需要。

9. 幼儿对益智区新投放材料的兴趣保持

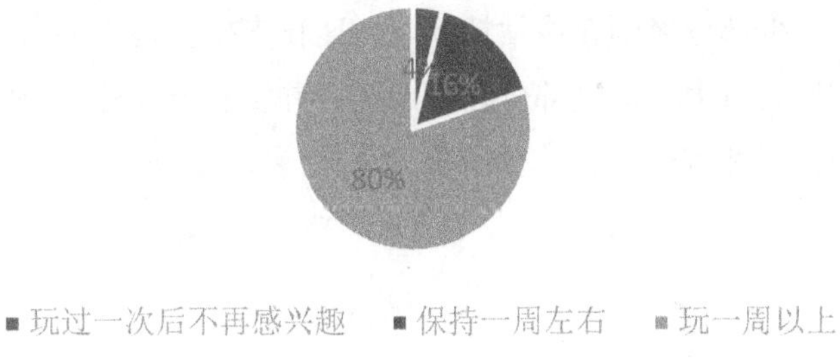

图 7-9　幼儿对益智区新投放材料的兴趣保持程度

调查结果表明:

有 80.00% 的老师认为孩子对益智区新投放材料的兴趣能保持玩一周以上，4.00% 的老师认为孩子玩过一次益智区新投放材料就不再感兴趣，16.00% 的老师认为孩子的兴趣能保持一周左右。说明孩子通常会对“半生不熟”的材料表现出更大的兴趣。对于太过熟悉的材料，随着时间的延长也会失去兴趣。

10. 班级益智区材料的来源

图 7-10　班级益智区材料的来源

调查结果表明:

有 92.00% 的老师在设置班级益智区材料的来源取材于生活。8.00% 的幼儿教师设置班级益智区材料直接购买。没有老师购买材料后根据孩子情况重新设计。说明绝大部分老师注重游戏材料应当取材于生活，而且环保节约，不怕麻烦。少部分老师在通常情况下，比较支持直接购买高结构材料投放到区域中，省时省力。但这部分老师购买后并没有再设计，说明老师对孩子发展水平和材料适宜性是否符合需要思考得再深入一些。

11. 班级里益智区材料的难易程度

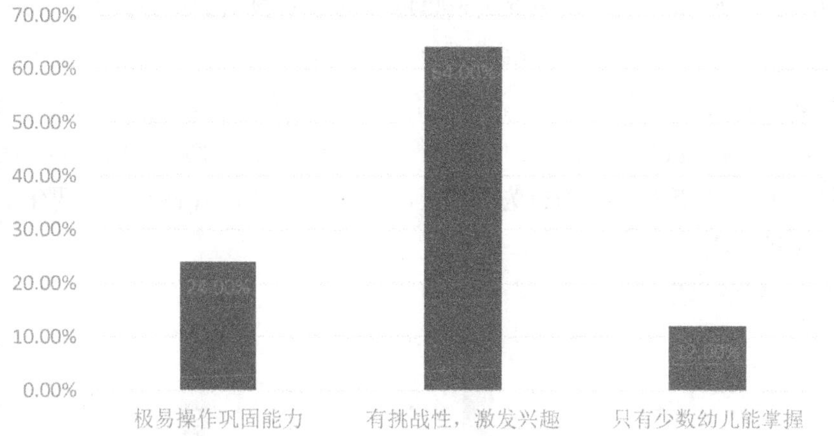

图 7-11　班级里益智区材料的难易程度

调查结果表明：

幼儿园里有 64% 的老师认为班里益智区投放的材料应具有一定的挑战性，说明大部分老师支持稍带难度材料的投放以激发幼儿操作热情和兴趣；有 24% 的老师认为在益智区投放的材料应当易操作，以巩固能力的为主；少部分教师认为益智区应该投放的材料在难度上应难一点，期望当少数幼儿能掌握操作材料的要点时，带动其他幼儿学会操作。

12. 幼儿在益智区对投放的材料进行创新玩法的频率

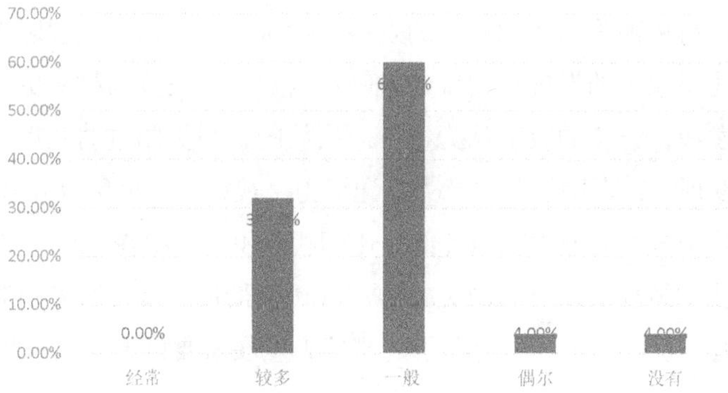

图 7-12　幼儿在益智区对投放的材料进行创新玩法的频率

调查结果表明：

60% 的老师认为在一般情况下班里的幼儿会对投放的材料进行创新玩法；32% 的老师认为较多的幼儿会对材料进行创新玩法，说明绝大多数老师在投放材料后是在持续观察的，关注孩子与材料的互动情况以及创新玩法的频率。而认为在益智区、建构区投放材料后，幼儿能进行创新玩法只是“偶尔”和“没有”出现这种创新行为的情况的老师各占 4%，比例较少，弱化了材料的多种功能。

13. 材料的启发性

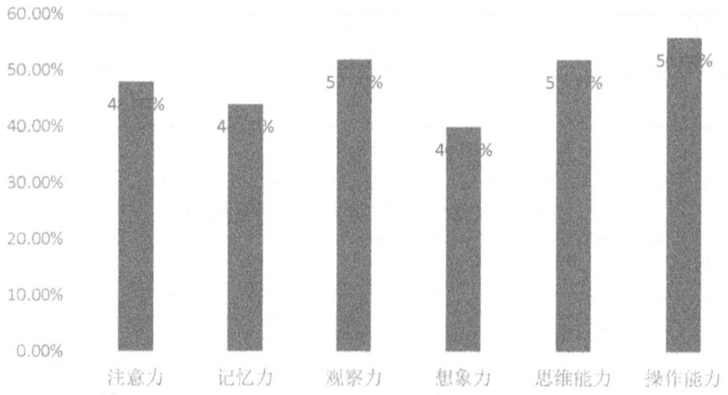

图 7–13　材料的启发性

调查结果表明：

48% 教师的教师认为益智区投放的材料更侧重幼儿注意力的发展；44% 的老师认为益智区投放的材料更侧重幼儿记忆力的发展；52% 的教师认为益智区投放的材料更侧重幼儿观察力的发展；40% 的教师认为益智区投放的材料更侧重幼儿想象力的发展；52% 的教师认为益智区投放的材料更侧重幼儿思维能力的发展；56% 的教师认为益智区投放的材料更侧重幼儿操作能力的发展。可以发现，在发展幼儿注意力、记忆力、观察力、想象力、思维能力、操作能力这几个方面的能力上，各部分比例相差不大，都在 50% 左右，但操作能力占的比例最高，而材料的想象力占的比例最低。这说明老师对于材料的启发性均有自己的见解，但对孩子的想象力发展需要再多关注一些。

14. 教师对益智区新材料操作规则的说明

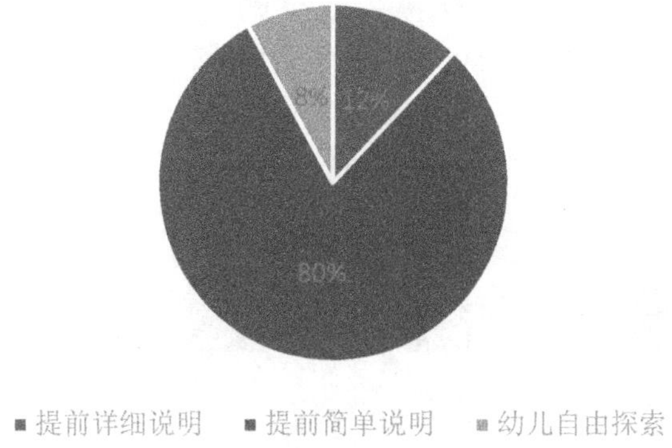

图 7–14　教师对益智区新材料操作规则的说明

调查结果表明：

当班级里投放新材料的时候，有 80% 的老师会提前简单说明一下投放的材料如何玩的，说明大部分老师对孩子的探索能力保持一定的信任度。而提前详细说明和不说明请幼儿自由探索的选择占的比例均较少，说明存在两种极端情况，一是担心幼儿不会操作这种材料，或者怕幼儿损坏材料会提前详细的说明，另一个是太过高估孩子的能力或者没有考虑到少部分能力差的孩子的探索能力。

小结：综上所述，影响的中班益智区材料投放的因素可归为材料来源、数量、更新周期、难度、启发性几个方面。选择材料时，老师们注重游戏材料与生活的联系，要求数量符合幼儿实际需要，具有一定挑战性，但对孩子发展水平和材料适宜性是否符合需要方面，思考欠深入。他们在投放材料后是在持续观察的，对孩子的探索能力保持一定的信任度，关注孩子与材料的互动情况，而且以对于材料的启发性均有自己的见解，只是对孩子的想象力发展需要再多关注一些。

(三) 关于更有效地投放材料的看法

15. 教师对材料投放的目的性的看法

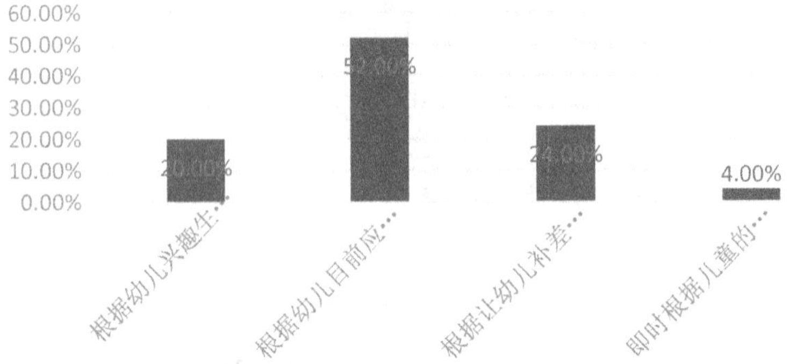

图 7-15　教师对材料投放的目的性的看法

调查结果表明:

对于益智区材料投放的教育目标的生成情况，52% 的教师认为相应的目标应在了解幼儿目前应有的发展要求的情况下预设生成；而认为目标的生成应根据让幼儿补差扬长的要求来设定，和认为要根据幼儿兴趣来设定目标的所占比例差不多，均为 20% 左右。只有 4% 的教师认为教育目标的应即时根据儿童的反应来调整生成。说明大部分老师是在了解幼儿最近发展区后，经过预设生成目标，他们也关注幼儿兴趣和补差扬长的需求，但是像教育专家一直提倡的，即根据儿童的反应来调整生成，很少老师能做到。

16. 对益智区材料的有效性做出评价的依据

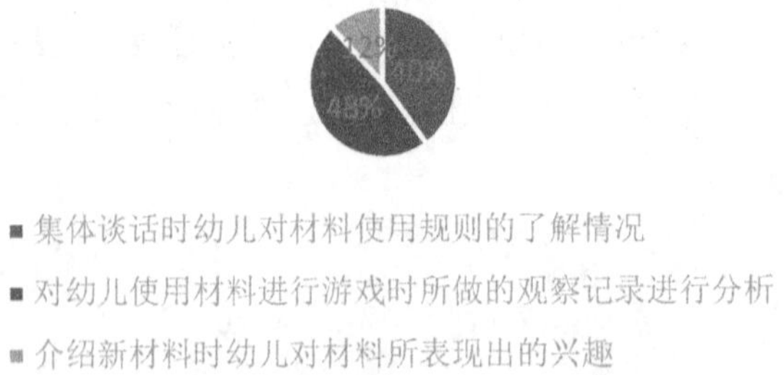

图 7-16　对益智区材料的有效性做出评价的依据

调查结果表明：

48%的教师主要是依据幼儿在使用材料进行游戏时所做的观察记录进行分析评价的。40%的教师会在集体谈话时来了解幼儿对材料使用规则的了解情况。有12%的教师选择在介绍新材料时，根据幼儿对材料所表现出的兴趣来进行评价，如果幼儿表现出较高的兴趣，就说明材料的投放相对来说是有效的。由此可见，多数教师还是选择对幼儿进行观察和谈话的方式来进行区域材料有效性的评价，对幼儿教师来说是了解幼儿的有效手段。老师们较少根据幼儿对材料所表现出的兴趣来进行评价，说明此法存在一些弊端需要适时采用。

17. 个人想法与现实情况的冲突的处理

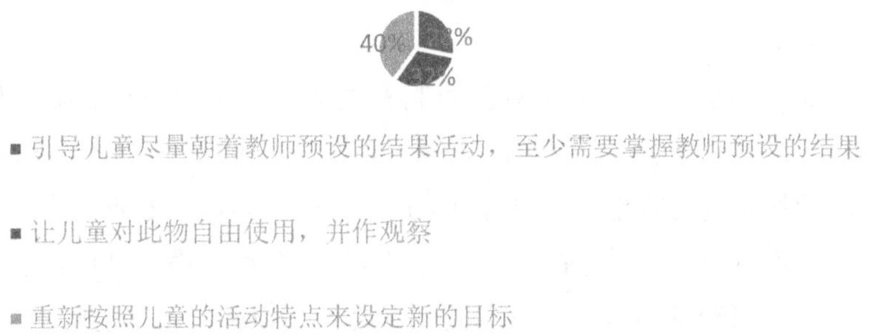

图 7–17　个人想法与现实情况的冲突的处理

调查结果表明：

40%的教师遇到投放的材料没有达到预期的效果这样的情况，会选择重新按照儿童的活动特点来设定新的目标。32%的教师在遇到这样的情况时，会让儿童对此物自由使用，并做观察。28%的教师会选择引导儿童尽量朝着教师预设的结果活动，至少需要掌握教师预设的结果。由此可以看出，多数的教师在遇到这样的情况时，会选择反思、调整自己的行为，观察儿童的活动，由此对材料进行适当的调整。也有少部分老师一定让孩子跟着自己的环节走。

18. 对幼儿在益智区材料投放过程中的参与程度的看法

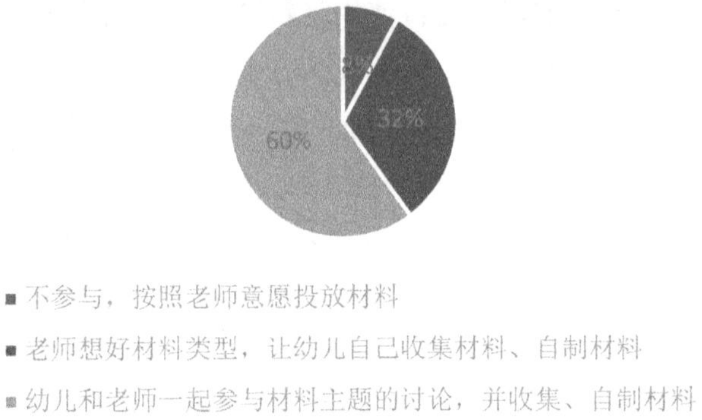

图 7-18　对幼儿在益智区材料投放过程中的参与程度的看法

调查结果表明：

60% 的教师认为幼儿在益智区材料投放的过程中应当和老师一起参与材料的讨论，并收集、自制材料；32% 的教师认为应当老师先想好材料的类型，然后让幼儿自己收集、自制材料，这种方式可能需要家园合作；个别教师认为幼儿不参与，材料的投放应该按照老师的意愿。由此可见，超过一半的老师在投放材料的时候会考虑幼儿的参与性，鼓励幼儿和老师一起收集、制作材料，以幼儿为游戏的主体理念比较符合主流。而个别老师的方式容易忽视幼儿参与游戏的主体性。

19. 对益智区材料投放的改进看法

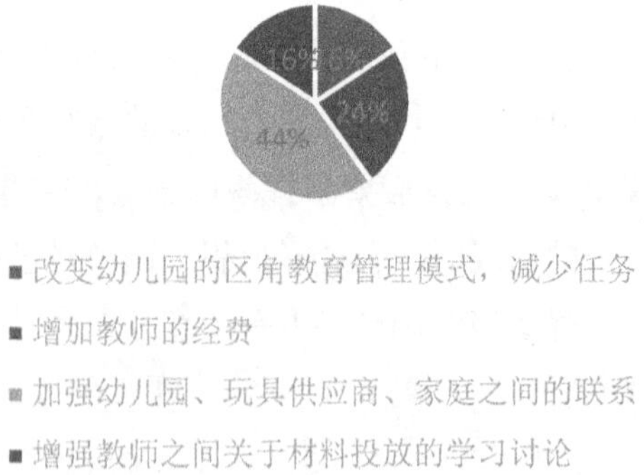

图 7-19　对益智区材料投放的改进看法

调查结果表明:

44% 的教师认为最重要的还是加强幼儿园、玩具供应商、家庭之间的联系，整合多方资源，利用幼儿园、家庭、社会等多方途径来丰富幼儿园区域的材料；同时，希望可以增加教师的经费，增加教师之间关于材料投放的学习和讨论，调整幼儿园的管理模式的老师比例分布平均，均占 20% 左右。说明多方资源的整合与联系是老师第一关心的要素，但是教师之间的学习交流、经费的影响、幼儿园任务的多少也无时无刻影响着老师对于益智区材料投放的投入精力。

小结：老师们对于益智区材料的投放均有自己独到的见解。他们基本认同需要结合目标投放材料，通过预设生成目标，关注幼儿兴趣和补差扬长的需求来关注孩子在益智区的成长，并让孩子充分参与材料投放的整个过程。但是及时根据儿童的反应来调整目标是现在老师还没有完全做到的。对幼儿进行观察和谈话的方式来进行区域材料有效性的评价，对幼儿教师来说是了解材料投放有效性的直接手段。当个人想法与现实情况冲突时，还需要更多的老师选择反思、调整自己的行为，观察儿童的活动以对材料进行适当的调整，尊重幼儿游戏的主体性。多方资源的整合与联系、教师之间的学习交流、经费的影响、幼儿园任务的多少均影响着教师投放材料的行为。

四、研究结论

根据以上的研究结果，我们从中得出了以下几点研究结论:

(一) 中班幼儿益智区材料投放的已有成效

1. 教师已经在思想上认同益智区材料投放的价值

教师普遍认同材料是益智区的灵魂。材料的选择和教师对材料的反思将直接决定幼儿在区域活动中的获得的发展。强调从中班幼儿年龄特点出发，结合班级主题与生活，在适宜性、层次性、操作性等原则的指引下投放操作材料。

2. 益智区材料投放数量合理且有针对性

老师对材料数量的选择比较理性，综合考虑各种客观因素，为幼儿准备的益智区材料是符合需求的，不会出现材料太多或太少的极端情况，从而避免了“争抢玩具”现象：活动中有幼儿看见其他幼儿拿着自己喜欢的玩具便想拥有，益智游戏中常常会发生争抢现象，老师解决争端对幼儿合作商量材料如何使用具有一定的帮助。

3. 益智区材料的内容与主题、生活密切联系

教师在益智区投放的材料与幼儿园开展的主题活动关联性还是比较强的，益智区的材料所发挥的作用应该能够有效地支持本班的主题教育活动。在我所观察到的多所幼儿园中，教师在益智区投放的材料与所开展的主题活动的有一定相关性。例如“小鬼显身手”主题活动，就可以在益智区放上骰子，让幼儿自己创造玩法，利用益智区的材料达到对幼儿教学的目标。

（二）中班幼儿益智区材料投放存在的问题

1. 幼儿在材料投放过程的参与度过低

老师们虽然有较强的“多方资源的整合与联系”的意识，但是经过观察他们并没有落实到行动。对于材料的选择与投放，幼儿处于比较被动的地位。

2. 高结构化材料占主导地位

在准备材料环节，会出现老师们在选择益智区材料时，会比较偏向高结构材料，对低结构材料投放的重视程度不高的现象。高结构化材料虽然方便幼儿操作，但幼儿长时间的操作高结构化材料，会限制幼儿的想象力和创造力。中低结构材料操作规则不固定，幼儿可自主操作。所以在益智区中如何把握高结构材料与低结构投放的比例，是教师要考虑的一大难题。

3. 材料更换周期过长

存在很大一部分老师不定期更换材料的现象，两个月甚至一学期都不换。给予孩子太多的操作时间是不利于个性发展的。

4. 对幼儿是否清楚材料的操作规则与探究过程不够关注

存在教师提供材料之后就觉得大功告成，不注重动态调整的现象。没有对具有一定挑战性材料如何使用进行简单说明，也没有对挑战性较高的材料进行强调说明，即使说明后也没有再去关注孩子的操作过程，这样会导致“无序活动”现象：活动中幼儿满足于操作材料时的体验，但材料摆放混乱，益智活动的根本价值没有得到体现。因此持续关注、分享与保留理念还需老师们进行深层次的认识。

五、建议

（一）提高幼儿在材料投放过程的参与度

皮亚杰的建构主义理论强调幼儿是在与环境，材料的积极互动中获得发展的。现实状况下幼儿的主体性，较多地知识停留在作品展示上，没有被给予选择、搜集、更换材料的权利。建议老师逐渐放手让孩子根据主题、生活的相关性自主选择、搜集、更换材料，如果针对指导有困难，可以发动家长，借助家长的力量与幼儿一同做计划。

（二）根据幼儿发展水平合理设置高结构材料与低结构投放的比例

高结构化材料是指由固定的结构和相对固定的玩法及规则的材料。幼儿一旦掌握了材料的使用规则就能较快地按自己的构思完成作品，容易获得成功感。低结构材料是一些无具体形象特征、没有规定玩法的材料，幼儿可以比较灵活地去操作材料。这样的材料更能激发幼儿探索和想象的潜能。两者兼顾就需要控制投放比例，三七分、四六分、五五分都是比较适当的选择。

（三）定期更换材料，不急不拖

材料更新的时间可以跟主题更换的时间一致，两周至一个月都是比较合理的范围，目前老师更换周期太长，不够频繁。老师应该做到经常更新，只有新的知识才会带来新的发展，新的提高。

（四）持续跟进幼儿的操作过程进行动态调整

幼儿操作材料时，他们的兴趣维持度、难度体验都需要老师观察，或者参与到他们的游戏中进行互动才能了解他们与材料的互动情况。对观察的情况进行记录、分析、反思、调整才是比较完整的动态过程。

（五）帮助幼儿明确操作材料规则

幼儿在益智区使用材料前也应该有一定的规则指导，或简单或详细。

每样材料的用法教师都应该表明，以幼儿能看懂的方式呈现出来。玩完材料后的收拾整理，教师也应该以简单易懂的形式向幼儿展示出来。

六、结语

本研究仅从中班益智区材料投放的现状、影响中班益智区材料投放的各种因素、关于更有效地投放材料的看法这三方面进行了研究，还不够全面，再加上小组成员研究经验不足，还存在很多缺陷，仍需要进一步改进和完善。

幼儿园中班集体教学活动中师幼互动的现状研究及建议

摘要：师幼互动是教师和幼儿之间发生的人际互动，是幼儿园学习生活影响儿童发展的主要方式。大量的研究证明，师幼互动对儿童发展具有促进作用。近年来，随着各国教育改革对教育质量的持续关注，师生互动作为教育过程中的关键因素，受到了研究者的日益重视。集体教学活动中师幼互动研究已成为国际学前教育研究的新趋势。

关键词：师幼互动、集体教学活动

《幼儿园教育指导纲要》中提出“有效的师幼互动能够启发思维，调动学习的积极性和主动性，促进合作探究式的师幼互动的形成，直接影响着教育的效果。”

教师语言作为幼儿园课程实施当中的一个环节具有非常重要的作用与意义，集体教学中教师的讲解、提问、回应以及情感语言是师幼互动的主要反映形式，师幼互动的质量直接影响教育的效果。教师通过与幼儿进行交流，有效的沟通能够促进合作探究式师幼互动的形成，启发幼儿思考，促进幼儿发展。

一、研究基础

随着幼儿教育改革的不断深入，师幼互动是近几年来的一项热门话题。师幼互动是幼儿园中最为重要的一种人际互动，其互动效果直接影响着幼儿园的教学有效性。师幼互动质量的高低影响着师幼主体性的发挥，制约着学前教育质量的发展。教师通过语言与幼儿进行交流，有效的语言沟通能够促进合作探究师幼互动的形成，启发幼儿思考，促进幼儿发展。所以，有效地提高师幼互动是目前的一大重要任务。为此，研究者通过文献查找，对幼儿园集体活动中的师幼互动的现状和影响因素做出了总结。

一、师幼互动的内容

(一) 幼儿园师幼互动的概括

1. 幼儿园师幼互动的概念

刘晶波认为：广义上的师幼互动既包括教师与0—6岁幼儿之间的互动，狭义的师幼互动专指发生在幼儿园的教师与3—6岁幼儿之间的互动。[4]黄娟娟认为：师幼互动是指在幼儿园一日生活各环节中，教师和幼儿之间发生的各种形式、性质、程度的心理交互作用或行为的相互作用和相互影响。[3]原晋霞定义为：在教师有目的、有计划的引导下，全班幼儿在同时学习相同内容的活动中，师幼基于活动内容、操作材料、人际交往而引起的认知、情感及行为上的相互作用的行为。[2]

综上文献所述，学者们对于幼儿园师幼互动的观点有类似也有不同的见解。有学者从广义的角度来界定，师幼互动包括教师与0-6岁幼儿之间的互动等。也有学者提出相对狭义的观点，认为师幼互动是指在幼儿园一日生活各环节中，教师和幼儿之间发生的各种形式、性质、程度的心理交互作用或行为的相互作用和相互影响。

2. 师幼互动的价值

(1) 促进幼儿身心的全面发展；(2) 促进教师专业化发展；(3) 提高教学有效性；(4) 营造良好的教学氛围师幼互动是影响幼儿各方面发展的重要因素，它能促进幼儿社会性的形成和发展，尤其是对情感适应以及人际关系等方面均有重要作用。

综上所述，学者们普遍认为师幼互动对幼儿的身心发展起着非常重要的作用，其次还有学者认为良好的师幼互动对自身发展也有一定的作用，能够提高自身的专业化发展和教学水平，说明师幼互动在教学中是非常重要的。

(二) 幼儿园集体教学中师幼互动的现状

1. 幼儿园集体教学活动中师幼互动的主体

刘晶波发现幼儿园集体活动中的师幼互动存在着一个严重的问题：幼

儿在师幼互动中的主体地位缺失明显。马玲亚指出幼儿园师幼互动中幼儿主体地位缺失、互动模式单一、互动中存在着较大的差异以及教师在互动中具有较强的负向情感特征。项宗萍指出，在我国目前的师幼互动中以教师发起占绝对优势，且以纪律约束偏多，幼儿自由活动的余地很小。

虽然从理论上，幼儿与教师都是师幼互动的主体，但是两者实际活动中主体地位的体现并不相同。通过梳理各种文献发现，目前我国集体活动中的师幼互动大部分是由教师发起的，幼儿发起的互动次数相对较少。

2. 幼儿园集体活动中师幼互动的内容

孔凡云认为：幼儿园集体活动中师幼互动的内容主要有指导帮助、提问、评价、纪律约束、请幼儿展示、提醒与要求，请幼儿帮忙、抚慰幼儿的情绪等。[1] 根据教师发起互动时的行为对象，可以分为师班互动、师组互动、师个互动三种类型。根据师幼行为属性，分为控制型、容许型、拒绝型、接受型四种类型。

通过上述内容可以发现，研究者对于师幼互动的内容分类比较多样，包括从目的上分，从发起对象上分。但是他们都认为师幼互动的内容比较丰富，包括情感、技能、知识等各方面的内容。

（三）教学活动中师幼互动的影响因素

(1) 传统文化：传统文化中弥漫着成人中心主义；(2) 幼儿园教学评价制度：重视活动外显的有形的结果，忽视活动发生的过程;(3) 教师自身的因素：教师的急功近利仍是影响师幼互动质量的一个重要因素，这直接影响到幼儿在活动中的参与。

综上所述，在影响师幼互动的因素有很多，包括教师自身，社会因素等，但是普遍认为教师自身的因素是十分重要的，所以提高教师自身的知识水平和素养可以有效地提高师幼互动。

（四）幼儿园集体教学中师幼互动的研究反思

由以上文献表明，学者们都非常重视幼儿园的师幼互动，从多方面阐述了其中所蕴含的教育价值，并且从不同方面进行了深入的思考和研究。但幼儿园师幼互动涉及内容比较宽泛，少有学者对此进行细分和深入的研究，不能为教师提供很好的实践指导。并且现有的研究大多只停留在静态上，没有对后续教师孩子反馈的实际效果进行追踪研究，一些潜在的问题没有被发现。如今随着幼儿教育事业的不断改革，在新教育念的实施和指导下，人们越来越关注幼儿园教师和孩子的互动，尽管过程中取得了一定的成效，但在现实生活中还存在着师幼互动语言无效、以教师为主带有主观性的高控等问题，笔者认为这些都应该引起我们的高度重视，并且需要我们不断思考和实践。因此笔者决定实地深入幼儿园，利用两个月的时间，通过视频分析法和访谈，对教师和幼儿的对话进行深入了解，并通过 class 评价系统来分析当前师幼互动的情况并进行些许改进。

二、研究方法——视频分析法、访谈法

本研究所采用的研究方法主要有两种：

(一) 访谈法

访谈法是指通过访员与受访人进行面对面的交谈来了解受访人的心理和行为的研究方法。运用访谈法，通过与访谈对象的交谈，可获得较深入的有效资料，简便易行，程序灵活。为了深入了解教育者的创设理念，在本次研究中，我运用了访谈法。在确定了访谈对象后，根据研究目标制定了访谈提纲，对几位新老师进行访谈。

1. 访谈对象

本次访谈的对象是临海市某一所幼儿园 5 位新老教师。

表 7–5　五位新老教师的基本信息

来源	编码	性别	教龄	学历
临海某幼儿园	ZBB	女	9 年	大专
临海某幼儿园	ZX	女	14 年	本科
临海某幼儿园	DAN	女	3 年	本科
临海某幼儿园	LF	女	7 年	大专
临海某幼儿园	CSY	女	3 年	大专

2. 访谈工具

本次研究采用正式访谈方式，在征得受访人的意见后，利用手机录音软件、笔、笔记本、访谈提纲，就围绕师幼互动进行深入的访谈。具体的访谈工具是一份关于幼儿园教师师幼互动的看法的一系列访谈问题，详情见附录。

表 7–6　访谈问题

一级维度	二级维度
个人信息	1. 老师您哪一年开始工作的？（您有编制吗？您有职称吗？）
	2. 老师您是本科毕业还是专科毕业呢？在哪里毕业的？
	3. 老师你有参加过关于师幼互动的讲座或培训吗？有阅读过相关的书籍吗？
师幼互动	1. 老师您对师幼互动有什么看法？
	2. 您觉得在新教师在师幼互动中有哪些共同的问题呢？
	3. 老师您在师幼互动方面对新教师有什么建议吗？

（二）视频分析法

视频分析法，在实习期间到各所幼儿园进行实地拍摄，并将拍摄结果转化为数据资料和文字资料，结合 class 评分表进行总结归纳，从而获得资料的一种方法，所获资料真实可靠。

（三）研究工具

本文采用的研究工具是 CLASS 课堂互动评估系统，下面针对 CLASS 课堂互动评估系统的评价内容和使用方法进行介绍。

CLASS 系统评价内容

CLASS 系统三大领域分别为：情感领域、活动组织、教育支持。三大领域下面包括十大维度，具体如下

表 7-7　CLASS 系统评价内容

师幼互动质量		
情感领域	活动组织	教育支持
积极氛围		
消极氛围	行为管理	认知发展
教师敏感性	活动安排效率	反馈质量
关注儿童看法	教学指导方式	语言示范

每个维度下面又包含一些观察指标，每个观察指标下面又含有若干具体观察线索，以方便观察者进行科学有效地记录观察。

三、研究结果

(一) 集体教学中的师幼互动的概括

在了解“教师是否参加过师幼互动的培训或阅读过相关的书籍”的提问下，5 位老师的答案是：

1. 有　　　　　　　　　　　　——ZBB
2. 有 应彩云《孩子是天我是云》——ZX
3. 无　　　　　　　　　　　　——DAN
4. 有　　　　　　　　　　　　——LF
5. 无 应彩云《孩子是天我是云》——CSY

从教师的回答中可以发现，在访谈的 5 位教师中，大部分教师参加过类似的培训或者是阅读过相关的书籍，其中 3 位教师参加过培训，其中的一位教师阅读过相关的书籍《孩子是天，我是云》，根据访谈的基本信息，这三位教师都是已经工作 5 年以上的老教师。有一位教师没有参加培训，但是阅读过相关的书籍，只有一位教师没有参加过培训，也没有阅读过书籍，这两位教师都是工作三年的新教师。

结合实际观察，大部分教师还是对师幼互动还是比较重视，尤其是老教师，知道幼儿园师幼互动很重要，并考虑自身在这方面是否需要深入研究，通过参加相关培训丰富自己的实践经验，同时阅览相关书籍来丰富自己的理论知识理论结合实践，来提高师幼互动的效率。新教师在提高自己师幼互动上采取的措施比较少，需要提高。

在谈到集体教学活动中师幼互动的价值时，5位老师有以下看法：

“我觉得师幼互动是必不可少的，它能让师幼之间的交往更融洽，更和谐，让孩子感受到他是被重视的、被尊重的。”——ZBB

“作为幼儿园各种人际互动的核心，师幼互动贯穿于幼儿一日生活的各个环节，是幼儿园各项教育目标得以实现的重要保证。如果没有教师和幼儿有效的互动，幼儿园的教育也就没有了意义。”——ZX

“师幼互动存在于幼儿一日生活的各个方面和教育内容的各个领域，对幼儿的发展会产生很大的影响。”——DAN

“师幼互动是教师观察、了解幼儿，增进与幼儿之间情感的沟通途径。在过程中用尊重的态度与幼儿交往，耐心倾听，努力理解幼儿的想法与感受，支持、鼓励他们大胆探索与表达。”——LF

“师幼互动是教师和幼儿在幼儿园生活中最基本的一种交流方式，也是幼儿初入社会的重要组成部分。”——CSY

总结上述5位教师所谈情况，教师普遍都非常重视师幼互动。所有教师认为师幼互动应贯穿于幼儿一日活动的各个环节，重要性表现在三个方面。首先，教师普遍认为师幼互动对幼儿的全面发展起着重要的影响：认为孩子会觉得被尊重，能够发展幼儿的各项能力。其次对幼儿园教育起着非常大的作用：有教师认为如果没有教师和幼儿有效的互动，幼儿园的教育也就没有了意义，有的认为师幼互动是幼儿园各项教育目标得以实现的重要保证。再者师幼互动对教师自身发展起着非常大的作用：有教师认为师幼互动是教师观察、了解幼儿，增进与幼儿之间情感的沟通途径。在过程中要用尊重的态度与幼儿交往，耐心倾听，努力理解幼儿的想法与感受，支持、鼓励他们大胆探索与表达。

确如上述所言，师幼互动是教师与幼儿交流的最基本的方式，教师普遍意识到师幼互动的重要性，在集体教学过程中的师幼互动的价值也是受到教师重视的。教师对如何产生师幼互动都有自己的看法，但是师幼互动是否有效还在于幼儿的回馈。

(二) 师幼互动的现状

1. 师幼互动的主体

在访谈的过程中，关于现在新教师在师幼互动中存在的问题，有教师是这样说：

教师和幼儿都是互动的主体，在整个教学活动中，大部分教师都把很多的时间用在自己的讲述上。只有少部分的游戏把幼儿放在主体位置。——DAN

新教师在师幼互动中最容易碰到的就是幼儿文不答题的问题（教师提问的问题幼儿完全接收不到，沉寂在自己的世界里，要么完全不回答，要么完全不按照问题来回答）——CSY

根据上述访谈的内容，可以看出，虽然教师意识到师幼互动的重要性，但是部分教师，尤其是新教师在师幼互动中会存在以自己为主体，忽略幼儿会出现“大部分教师都把很多的时间用在自己的讲述上，只有少部分的游戏把幼儿放在主体位置”这种现象或是“教师提问的问题幼儿完全接收不到，沉寂在自己的世界里，要么完全不回答，要么完全不按照问题来回答”等情况。

这些都是教师容易在师幼互动时遇到的不可避免的问题，教师容易主导幼儿，忽略幼儿的主体性，在教学活动中会把自己和幼儿放在不平等的位置上，把自己作为教学的权威，而不关注幼儿的兴趣。不能吸引幼儿的注意导致幼儿有时对老师提的问题不能理解等。这些都是师幼互动中易出现的现象。

2. 师幼互动存的内容

表 7-8　样本在三大领域上的平均分分析

指标名称	N	均值
情感氛围	21	5.033
活动组织	21	4.524
教育支持	21	4.287

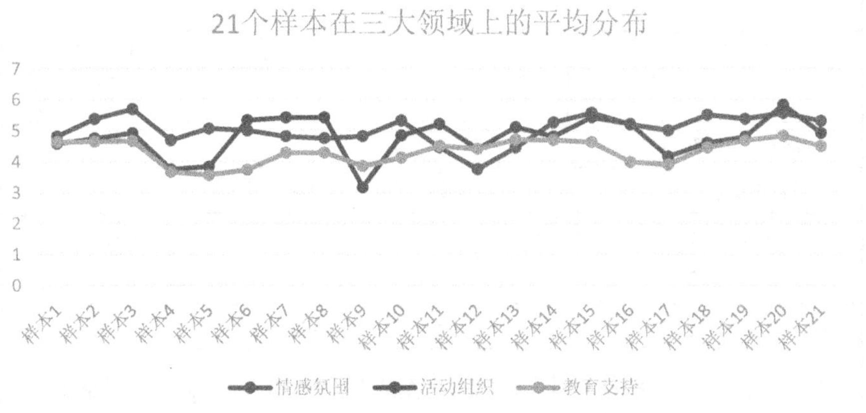

图 7-20　21 个样本在三大领域上的平均分布

从上述图表可知，情感氛围的平均分最高，约为 5.033，属于中等偏高水平，即所观察的样本在情感领域的得分是三大维度中最高的，说明在 21 个集体教学活动中的师幼互动都表现出比较好的情感氛围水平，相较另外两个维度，情感领域在所有样本中变化的幅度最小。其次是活动组织，其平均分为 4.524，为中等水平且波动比较大，最低达到 3.1677。说明在活动组织上，各教师的水平差异相对比较大。最后是教育支持，是三个维度中得分最低的，平均分为 4.287，但样本的变化幅度不大，说明教师在教育支持这一维度的水平相对较集中但水平处于较弱的地位。

根据上述图表分析可知，情感氛围这一块是教师在师幼互动时相比其他几方面做得较好的，说明教师在情感领域的水平比较集中，并且教师重视情感氛围的营造。而在活动组织和教育支持这两方面教师的水平还比较弱，并且教师间也存在着能力的差异，需要教师根据自身情况进一步提高。

表 7-9　样本在十项指标上的平均分和标准差

指标名称	N	均值
积极氛围	21	4.802
消极氛围	21	6.964
教师敏感性	21	4.289
关注幼儿看法	21	4.217

续 表

指标名称	N	均值
行为管理	21	4.588
活动安排效率	21	5.122
教学指导方式	21	4.931
认知发展	21	4.133
反馈质量	21	4.332
语言示范	21	6.140

从上述表格的十项指标中，氛围情绪属于分值越大，消极氛围越少；其余九项与分值成正比，维度得分越高表示在相应维度的师幼互动质量越高。由表可知，在十项指标中，消极氛围的分值最高，是6.946，说明在样本中，师幼互动很少有否定、消极情感、惩罚等消极氛围的出现。其次分别是语言示范和活动安排率，分别为6.140和5.122，这两个维度相比处于较高等的水平，说明教师在师幼互动中，语言参与的行为占绝大多数，同时活动安排较为合理。积极氛围、行为管理、教学指导方式这三个维度属于中等水平，平均分分别为4.802，4.588，4.931；说明教师在这三项中的能力还有提升空间。在教师敏感性、关注幼儿看法、认知发展和反馈看法这四个维度属于中等偏下的水平，平均分分别为：4.289，4.217，4.133，4.332。说明教师在关注幼儿及其发展以及对自身的认知反思等方面有所欠缺，能力还有待进一步提高。

根据上述数据，消极氛围在师幼互动中出现很少，说明在样本中，师幼互动很少有否定、消极情感、惩罚等消极氛围的出现。在语言示范和活动安排两方面教师水平普遍较高。而在其他七个方面，教师都存在不足之处，且能力水平较差，教师还需要自己不断在实践中纠正问题、提升能力。

（三）师幼互动的影响因素

“我觉得存在共同的问题就是对孩子性格特点上的把握不准、缺乏耐心、教学的学习目标与课堂上的内容可能会有所出入、备教案但是不备幼儿，临场发挥不够灵活。加强专业知识，多多实践，不能光纸上谈兵想当然”——ZBB

“在集体教学的师幼互动中，新教师基于幼儿言行表现所作出的回答与反应能否及时、灵活、准确地给予回应，并做进一步的提升，这一能力还需在日积月累的集体活动中不断提炼、成长。”——ZX

“教师要充分考虑到幼儿的认知发展水平和实际生活经验，预想幼儿可能会出现的行为，注重幼儿的个体差异设计适合的互动问题。”——DAN

“欠缺和幼儿的沟通方法。多观察、了解”——LF

“新教师在师幼互动中最容易碰到的就是幼儿文不答题的问题（教师提问的问题幼儿完全接收不到，沉寂在自己的世界里，要么完全不回答，要么完全不按照问题来回答）”——CSY

总结上述5位教师所谈情况，教师认为目前新教师在师幼互动存在的问题多是教师自身的因素，如：1.对孩子的性格把握不准。2.对孩子的回应不够及时准确。3.教师的临场应变能力。通过在实习期间也发现虽然认识到师幼互动在活动中的重要性，可实际结果与教师的观念还存在着一些出入。

根据实际观察，发现新教师在与孩子互动中比较注重情感氛围领域，教师多数注重创设温馨有爱、和谐交流的互动环境。当幼儿提出认知困惑时，教师有效解答的质量偏低，以教师的主导为主且教师的提问成两极化，一方面担心幼儿不能正确回答而将问题具体化，另一方面提出的问题孩子会答但是答案过于宽泛，造成远离教师的目标和引导。

当前，师幼互动受到教师的高度重视，在研究的21个样本中我们可以发现教师都在积极地与幼儿产生有效的师幼互动，但是在实际中不可避免地会出现很多的问题与不足。其中在情感氛围这一块教师做得相对较好，很少有否定、消极情感、惩罚等消极氛围的出现。但是在另外的很多方面，教师的能力水平还有待提高。在师幼互动中，教师更多的还是以自己为主导，且新教师在师幼互动存在的问题多是教师自身的因素，这需要不断地在教育实践中去克服和完善。教师需要有正确的教育观、儿童观和教师观，要把自己和孩子放到平等的位置上，努力去倾听、了解孩子，在教育实践中克服影响有效师幼互动产生的自身因素。

四、研究结论

优点：

（一）教师对师幼互动的重要性认可度比较高

教师对于师幼互动有着很高的认可，他们普遍认为师幼互动应该贯穿于幼儿的一日生活中，认为教师通过师幼互动可以倾听幼儿，了解幼儿的需求，与幼儿保持亲近的关系……让幼儿感受到教师对他们的尊重和重视，同时对幼儿的全面发展起着重要的作用。有效的师幼互动不仅让幼儿园的教育有了意义，更重要的是能够帮助幼儿不断在原有水平上提升自我。在集体教学活动中，教师也很积极地想要创造更多的师幼互动来帮助幼儿发展，这是教师对于师幼互动的重视的表现。

（二）师幼互动的氛围温馨，互动积极

师幼互动中的情感氛围较好，互动积极。教师多数注重创设温馨有爱、和谐交流的互动环境。情感支持这一领域包括四个维度，分别是积极氛围、消极氛围、教师敏感性、关注学生的观点，其中前两项是观察师幼互动情感氛围的直观而有效的标准。积极氛围虽未达到高等水平，但也处在了中等和高等水平的临界点上，说明教师努力营造积极氛围来与幼儿产生有效的师幼互动；消极氛围是需要反向计分。师幼互动中很少有否定、消极情感、惩罚等消极氛围出现，教师对于幼儿是以尊重、肯定为主的。也能直观地感受到师幼互动中教师的热情以及在多数时刻教师能与幼儿保持积极的师幼互动关系。用“请、谢谢”等礼貌用语以及目光接触、触摸等方式表达对幼儿的尊重，经常微笑、语调欢快带着积极的情感，充满热情地参与幼儿的讨论和活动等，这些都会让幼儿觉得教师是一个与他们平等的人，愿意去亲近教师，积极地与教师进行互动。

缺点：

（一）师幼互动中教师对幼儿的需要敏感性不高

在教师敏感性这一维度上，教师对幼儿“出乎意料”脱离主题的言行经

常不予回应；在幼儿提出认知困惑时，教师有效解答的质量偏低；提问时，由于担心幼儿不能正确回答，而将问题设计得过于具体化；有时教师为了追求活动的顺利开展而忽视幼儿的问题或情感需求。幼儿在操作过程中遇到困难和理解难题时，教师的指导往往过于直接，很少考虑幼儿的水平差异来提供适当的个别化帮助，无法有效引导幼儿在原有水平上进一步发展。在关注学生看法上，多数教师能做到鼓励幼儿大胆地表达，有时甚至会追随幼儿的想法，跟着幼儿的想法走在适当地的时候顺势拉回幼儿的思维；研究上述问题产生的根源，研究者认为原因是多方面的。一方面教师在活动中时时受到教学计划的影响，希望能按部就班地按计划层层展开每一个环节，因此无暇顾及幼儿的个人需要；另一方面也和活动人数有关，在集体教育活动中，由于班级幼儿人数较多，对于每一个幼儿多种多样的需要和想法，教师有时也会陷入有心关注却无力应对的境地中，只能被迫忽略或者不回应幼儿。此外，当然还与教师的教学经验和水平息息相关，这些都是需要不断地教学的积累，才能慢慢提高的。

(二) 活动组织重视预设组织有序，但互动过程中教师主导性过强

良好的活动组织是优质师幼互动的保证。观察中，研究者认为本研究中教师具备基本的活动组织能力，教师十分重视活动前的预设，活动大多组织有序。但是这一领域中的行为管理、活动安排效率和教学指导方式三个维度也明显能反映出教师的主导性是否过强。在观察中，研究者发现明显的问题是教师在师幼互动中过强的主导性和控制性。教师在师幼互动中占据主导位置，这个问题的提出并不新颖，以教师为主导的课堂形态似乎一直是我国教育的传统特征。但是在时代不断发展的背景下，新的教育观主张教师和幼儿是处于平等地位的双方，教师是幼儿的支持者、合作者、引导者、鼓励者、帮助者，教师并不是幼儿活动的主导者，教师所需要做的就是在适当的时候帮助幼儿。

教师在组织活动时都要有精心的计划和准备，短短的一节活动就是将静态的计划和教案顺利展开的过程。活动安排效率和教学指导方式这两项维度最能体现教师的主导性，他们分别从学习时间的最大化、教学准备、常规、环节过渡、有效地促进、形式和材料的多样性、幼儿感兴趣和学习目标

的澄清八个观察指标从各方面展现了教师活动前的精心准备和井然有序顺利展开的活动过程，充分显示出教师在活动中的主导地位。一方面，活动是按照教师的想法和预期展开的，幼儿积极按照教师的要求调整自己的行为。另一方面，教师掌握着话语权，话题的开启和走向都是由教师掌握的，幼儿开启话题的数量远远少于教师开启话题的数量。环节的设置、话题的引入都是教师预先计划的。虽然可以直观地感受到教师在选择活动内容、准备材料和设计环节时都力求引起幼儿的兴趣，幼儿在活动中也有操作探索的机会，积极地参与活动，表现出对活动的投入，但是教师却没有提供幼儿充分的思考的机会，不关注幼儿脱离活动主题的言论或想法。在幼儿和教师这两方互动行为主体中，幼儿更多是扮演被动等待的角色。研究者认为教师在师幼互动中处于主导地位与我国传统的师道尊严撇不开关系；此外，与教师的儿童观和对自身角色的认识也都有紧密的联系。这与现代所提倡的科学教育理念是相悖的。

（三）教育支持领域平均分最低且水平差异较大

这一领域含有丰富的考查内容，与前两项领域内容有所区别的是，这一领域的内容对教师的专业水准要求更高，难度更大，而且内容所涉及的能力较为内隐，单纯的通过学习或者培训来提高教师这一方面的能力是比较难的。教育支持领域中认知发展的得分是十个维度中得分最低的一项。这一维度考察的内容不仅是特定概念的发展，而且包括教师如何使用不同的策略鼓励学生理解，提高他们的思维能力。在系统观察记录单上，多数的活动在认知发展里分析和推理观察指标上都记录为“教师偶尔鼓励学生分析推理”在创造、与现实生活联系和融会贯通方面更是存在“没有观察到”的记录。可见，在认知发展这一维度上所有的观察指标情况都不理想。反馈质量和语言示范这两个维度均有个观察指标，分别是提供支架、反馈回路、促进思考、提供信息、鼓励和肯定以及频繁交流、开放式的问题、重复和拓展、自我对话和平行对话、高级语言，其内容丰富，对教师的挑战性很大。根据对活动观察记录单的语言文字描述和回忆可知，在频繁的交流和重复拓展这两个观察指标上基本都达到了中等水平，即活动中有频繁的语言交流，教师经常用语言描述自己的行为。而在其他观察指标上则均不理想，因此总体得分较低。在这一方面还需要教师不断提高自身能力来慢慢提高这一维度的水平。

(四) 忽略高级思维发展，过度关注知识、操作技能

根据认知发展维度的观察结果可知，本研究中的师幼互动过度地关注知识和操作技能的传授，忽略了幼儿高级思维能力的发展。清晰明确的知识目标是活动的必要因素，正确的操作技能是活动顺利开展的保证，但是不能忽视幼儿思维能力的发展。在样本活动视频中，我们观察到所有的教师都提供了幼儿动手操作探究的机会，师幼互动涉及到猜想、操作讲述指导、实验讨论等，但是经过分析，不难发现这些师幼互动的目标明显指向知识传递和正确操作为主。活动中绝大多数教师都会在环节设置上重点突出操作示范、知识总结，在个别指导时注意力也集中在幼儿操作正确性和活动结果上。在重视结果的知识、技能掌握的同时，教师也应该关注幼儿的过程，观察他们是怎么得到这个结果的，他们在过程中遇到了哪些问题，他们又是怎么解决的。过程是我们观察幼儿思维发展的一个很好的途径，教师有时过多关注结果，而忽视了过程带给幼儿以后发展的更大的影响。

(五) 反馈单一机械，教师缺乏反馈能力

1. 提供支架的能力不足

在反馈能提供的支架质量这一观察指标上，观察的结果是教师偶尔给幼儿提供一些支架，但有时只是否定幼儿不正确的反应或者忽略了幼儿在理解中的错误。为集体幼儿提供支架时，教师大多清晰地知道应该在什么地方提供支架，但在提供个别指导时，很少考虑幼儿的个体水平。当幼儿操作不正确时，教师有时提供直接的操作帮助，无形中剥夺了幼儿探索的机会。幼儿回答不正确时，教师有时尝试给予提示，但如果幼儿经过提示后仍然没有做出正确地回答，教师一般会失去耐心直接公布答案，而对幼儿的一些不正确反应教师经常选择忽略不予回应，并且教师很少意识到将提供支架作为促进幼儿学习的机会。

2. 反馈回路缺乏持续性

反馈回路这一观察指标显示出师幼之间的反馈回路经常是单一的，缺乏持续性，有时教师的反馈是简单的、机械的、敷衍的。为了扩展幼儿的参与度，教师提出一个问题时，经常会请多名幼儿回答，但教师很少针对同一个问题和同一幼儿进行持续性的交流，并且很少提出后续问题。教师在得到幼儿的个人答案后往往迅速地寻求下一个幼儿的想法，或者进入下一活动环节，很少对幼儿的想法表现出兴趣而继续提出相应的问题。

3. 对促进幼儿思考缺乏关注

系统中有两条衡量教师促进幼儿思考的观察指标，分别是要求幼儿对自己的思路进行解释以及对幼儿的反应和行为提出质疑。在观察中，鲜少看到教师要求幼儿解释自己的思路或者对幼儿的行为、反应提出质疑以引导幼儿拓展思考。在关于猜测、讨论等问题时，教师一般会认真倾听幼儿的回答，不时以微笑、点头等非言语的动作予以回应。在需要对幼儿的回答给以明确的言语回应时，教师通常只做简单的正确与否的判断，不曾对回答错误的幼儿进行追问、质疑，以促进其进一步思考。

4. 对回答错误的幼儿缺乏鼓励和肯定

观察中，研究者发现幼儿的回答是否是教师预期的答案是教师会不会给幼儿鼓励和肯定的鲜明标准。幼儿回答正确时，教师一般会给予肯定和鼓励，尤其当幼儿的答案吻合了教师当时的预期时，教师给予的鼓励和肯定最富有积极的情感色彩。相反，对回答错误的幼儿则很少给予鼓励和肯定，教师常用反问的语气给以否定，并请另一位幼儿作答。有时幼儿的回答并非是错的，而是和教师预期的答案不一致。通常积极举手、私下里惹教师喜欢的孩子会得到较多的回答问题的机会，而且比较容易得到肯定和鼓励。而性格内向、偏于安静型的幼儿则常处于活动的边缘，得到教师关注和鼓励肯定的机会都比较少。教师良好的反馈能力直接影响到幼儿思维能力的培养和活动参与的积极性，虽然样本数量较少，但反馈质量维度的观察结果或多或少反映了教师在给予幼儿反馈方面能力较为薄弱。所以对于如何给予不同幼儿反馈是需要教师深入思考，不断实践的。

（六）提问类型以封闭性问题为主

语言示范维度中的第二个观察指标“开放式问题”重点考察教师的提问。根据观察可知，教师在提问类型上虽然封闭性问题和开放性问题兼而有之，但封闭性问题的数量远远高于开放性问题。所提问题以明显事实为基础的居多，提问时惯于将问题设计的琐碎具体、在幼儿不能很快说出正确答案时，教师一般会迅速地给出明显的提示或暗示，这在无形中打断了幼儿的思考过程，也影响了他们思维的发展。

五、改进建议

根据 CLASS 系统观察量表的分析结果以及教师的访谈结果，我们提出了一些有关中班集体教学活动中师幼互动的建议。

(一) 前提：创设积极地的情感氛围

情感氛围是集体活动中师幼互动的人际环境，是高质量师幼互动的前提条件。情感氛围的好坏，直接关系到师幼互动质量的高低，因此，营造良好的情感氛围是提高科学教育活动中师幼互动的前提。

1. 活动氛围宽松、师幼关系融洽

教师要建立融洽的师幼关系，积极情感的支持是重要的第一步。教师应该通过调整自己的教育行为，给予幼儿积极情感的支持。如教师要接纳每一个幼儿，认真热情的参与到幼儿的活动中；对幼儿操作的中错误不急于否定，给幼儿出错的权利；学会倾听幼儿的想法，认真对待幼儿的问题；经常对幼儿表示赞许和鼓励，支持幼儿的想法；鼓励幼儿提问和探究，关注幼儿在探究过程中的体验；尊重幼儿的观点，充满耐心和爱心的对待幼儿遇到的问题，公正地对待每一个幼儿。这样就可以提升幼儿活动的积极性和主动性，有助于建立融洽的师幼关系。

2. 积累教学经验，提高教师自身的教育敏感性

营造良好的情感氛围还需要教师善于观察，积累经验，提高自身的教育敏感性。教师能够意识到幼儿的问题并及时作出恰当的回应，这本身给幼儿提供了一个安全可靠支持性的心理氛围。师幼互动这是一个动态的过程，可计划又充满变化。活动中，幼儿“出乎意料”的反应随时都会出现，因此，教师必须具备一定的教育敏感性。迅速地对“出乎意料”事件做出判断，并做出正确、恰当的反应。在观察的过程中，研究者发现教师的敏感性普遍不高，这也在一定程度上拉低了情感氛围领域的平均分。研究者认为，教师要提高自身的教育敏感性可以从两方面做起；首先是观察。集体活动中高质量

的师幼互动离不开教师对幼儿实际水平的准确把握，离不开教师对幼儿“最近发展区”的准确定位。这就需要教师的观察，观察不是泛泛地看，而是动用眼、耳、嘴和大脑等外加一定技巧的细察。观察可以帮助教师把握幼儿的实际情况，找准幼儿的最近发展区，尤其是有利于新入职的教师将理论与实践相结合。其次，教师需要积累经验。研究者经过活动观察并结合系统观察单的记录发现，年长有经验的教师在教育敏感性这一维度上得分相比年轻经验少的教师偏高，这说明教师经验和敏感性是呈正相关。美国学者波斯纳提出这样一个公式；教师成长 = 经验 + 反思。可见，教师的专业成长离不开教师丰富的经验和不断地反思。

3. 面向全体，给予幼儿自由表达的机会

关注幼儿的想法，鼓励幼儿表达；创设机会，锻炼幼儿的自我管理能力也是营造良好情感氛围的重要措施。在有限而宝贵的集体教育活动时间中教师往往难以兼顾每个幼儿的想法，研究者认为可以从两方面入手鼓励幼儿表达。首先是适当设计小组讨论环节，科学活动中，幼儿动手探索操作的机会很多，具体的操作和幼儿的学习讨论也紧密相连，幼儿的自主探究一般是分组进行，分组探究的过程中设置环节鼓励幼儿自由讨论，这样既利于同伴交流合作，又能扩大幼儿表达的范围。其次注意内容选择的适宜性。研究者经观察发现，当教师的问题情境是开放性的而且与幼儿的生活经验紧密相关时，幼儿参与讨论的热情比较高。此外，教师应该创设机会，支持幼儿的自主和管理。在日常生活环节如就餐活动中，教师一般会安排幼儿完成分发餐具等任务，以此锻炼幼儿的责任意识和管理能力。研究者认为，在集体科学教育活动中，教师同样可以让幼儿承担一定的任务，如分发探究材料、组织幼儿讨论、记录小组幼儿的观点等。长此以往，有利于培养幼儿的责任意识和自主管理能力。

(二) 保障：提高活动组织的合理性和有效性

活动组织领域有行为管理、活动安排效率和教学指导方式三个维度。这一领域主要考察教师组织教学、安排活动的能力。科学有效的活动组织是优质师幼互动的保障，这一领域的特点是教师重视活动前的准备和预设，但教师主导性过强，各维度以及领域总体得分均处于中等水平，本节就针对活动领域中的现状特征和问题提出相应的改善建议。

1. 适时地做好角色转变

在这一领域上，一个突出问题就是教师的主导性太强。要想改变这一点，首先，教师要转变教育观念，重新定位自身角色。叶澜指出：“任何教育行为都是不可能离开教育观念的，不管我们是否意识到，但它是实实在在地存在着，并顽强的、无孔不入的渗透在我们的教育行为中。”可见，教师的教育观念引导并决定了教师的教育行为。任何的教育行为都是一定教育观念的产物，教师在科学活动中的教育行为、与幼儿的互动都是对教师内部教育观念的一种展现。传统的科学教育观念受“传道、授业、解惑”传统思想文化的影响，“传、授、解”体现了重视传递的教育过程，“道、业、惑”则关注偏重知识获得的教育结果。因此，教师的传统角色是知识的传递者、行为事务的管理者、指令的发出者，幼儿的上级领导者。在这种教育观念和教师角色的定位下，导致在科学教育活动的师幼互动中，教师牢牢掌控着活动的主导权，形成了非对称相倚型的师幼互动形态，妨碍了幼儿主体性的发展。

建构主义理论的学习观揭示了幼儿的学习是幼儿个体积极主动建构的过程，并不是教师简单的知识传递，而是主体根据已有经验建构新经验的过程。幼儿的科学教育活动是在教师的指导、支持和帮助下自主探究的过程。随着幼教改革的深入，研究者认为教师需要改变传统的科学教育观念，定位新时代的教师角色。结合《幼儿园教育指导纲要（试行）》、《3—6岁儿童学习与发展指南》等纲领性文件，基于科学活动自身的特点，应该尝试总结教师在集体活动师幼互动过程中担当的角色。

教师是材料的提供者，其作用是提供探究的环境和丰富的材料，保障探究的时间和机会；教师是活动的观察者和记录者，观察是指导的基础，记录是深度的观察，观察记录能帮助教师把握幼儿的活动水平，提高自身的教育敏感性，及时发现问题，提供针对性的指导。教师对教育对象认知水平和实际需要的准确定位是良好师幼互动的前提，这就需要教师对幼儿有细致的观察；教师是活动的引导者，教师的重要任务之一是帮助幼儿明确探究的目标，引导幼儿的探究不偏离活动方向。教师是平等的合作者，教师不再是单纯的知识传递者，而是和幼儿共同探究的合作者，创设平等的合作氛围和师幼关系，让幼儿放松，感受到和教师之间的亲密关系，关注师幼互动中幼儿主体的参与。

2. 关注幼儿，提升行为管理能力

清晰一致的行为期望也是优质师幼互动的保证，因此是行为管理中一个观察指标，教师提供清晰一致的行为期望是良好活动组织的一部分。观察中，研究者发现教师能否提供清晰一致的行为期望直接影响到师幼互动过程和有效性。活动组织较好的师幼互动中，教师普遍提供清晰的规则和期望，并且具有一致性。教师以全体幼儿都能理解的语言陈述规则和期望，幼儿清楚地知道班级规则，不良行为和错误行为很少，活动有条不紊地进行，教师无须浪费时间陈述规则或矫正幼儿行为。而在低质量的师幼互动过程中，教师常常是在问题出现时才去陈述规则和期望，澄清规则和下达命令，随之，消极情感增多，师幼互动质量则降低。因此，教师需要锻炼自己提供幼儿清晰行为期望的能力，注意规则的前后一致性，从而提高互动质量。

通过关注积极行为或使用暗示性语言，纠正幼儿的不当行为。在不当行为发生时，研究者观察到有的教师通过关注积极的行为或使用暗示性的语言能够有效纠正幼儿的不当行为。即教师总是使用积极的反馈，比如表扬行为积极的幼儿或使用积极的语言告诉幼儿应该做什么而不是禁止做什么，这种方式往往简单有效，管理行为占据的时间很少，容易增加被期望行为发生的机会。

（三）关键：提升教师的教育支持能力

本研究中，教育支持在三大领域中得分最低，观察中也发现，教师提供教育支持的能力颇为薄弱。因此，科学教育活动师幼互动中应当关注教师教育支持能力的提升。

1. 促进幼儿思考，提高反馈质量

师幼互动中，教师要注意对幼儿的学习品质多加鼓励。教师对幼儿的鼓励要倾向于幼儿学习品质的评价，着眼于幼儿思考或者活动的过程，而不是答案正确与否的简单判断。关注幼儿学习品质的评价，既利于培养幼儿的学习品质又利于提升鼓励的针对性。幼儿最初的评价完全是依从性评价，特别看重教师对他们的评价，这也是他们进行自我评价的主要依据。如果教师能从幼儿学习品质方面着手鼓励幼儿，那么必然会引起幼儿对相应学习品质的重视，并促使幼儿在提高学习品质方面不断努力。这样，不仅有助于培养幼儿的学习品质，提高幼儿的学习能力，而且有助于提升教师评价的针对性和质量，从而提高师幼互动的质量。

2. 提高问题的质量

开放性的问题能够引发幼儿的思考，调动幼儿动用丰富的词汇进行表述，能提升幼儿对语言的概括表达能力。封闭性问题答案固定，指向明确，利于幼儿对知识的记忆，但是封闭性问题容易阻碍幼儿的思维。教育活动中，教师要合理分配开放性问题和封闭性问题所占的数量比例。研究者发现在实际的科学教育活动中开放性问题所占比例甚少，以封闭性问题为主，这些问题往往是对一些事实性现象的描述，幼儿自主思考的空间狭窄，不利于幼儿的积极思维。建议教师增加开放性问题的数量，做到开放性问题和封闭性问题相结合。

参考文献：

[1] 孔凡云 . 幼儿园集体教学活动中师幼互动研究 [D]. 山东师范大学，2011.

[2] 原晋霞 . 幼儿园集体教学活动研究 [D]. 南京师范大学，2008.

[3] 黄娟娟 . 师幼互动类型及成因的社会学分析研究——基于上海 50 所幼儿园活动中师幼互动的观察分析 [J]. 教育研究，2009，30(07)：81-86.

[4] 刘晶波 . 谈师幼互动中教师的权威及其限度——兼作对《升旗手的诞生》一文的回应 [J]. 学前教育研究，2005，(01)：53-55.

[5] 祁小飞. 幼儿园课程改革背景下的集体教学活动研究 [D]. 吉林：东北师范大学，2009(5).

[6] 王雪梅. 课堂提问的有效性及其策略研究 [D]. 甘肃：西北师范大学，2006(5).

第三节　提出评价结论和给出评价建议的教师实践

在课程学习过程中，学生最后的成绩由平时表现和平时作业的分数，以及最终的作业或项目表现的分数两大部分组成。

一、关于平时表现和平时作业的分数

在本人的课程教学中，学生的平时成绩分为两个部分，一是过程性的互动表现，比如，参与考勤、提问、参与讨论、参与头脑风暴等课堂上的小任务，这样的任务虽然也会有质量高低，但教师做出的决策是，这种学习任务参与为主，鼓励学生积极参与，或者说，不参与是不受认可的，但只要参与就会得到相应的经验值，学生不会因为参与质量的好坏影响分数，但参与的好坏情况作为教师平时督促学生参与学习过程，以及引导学生学习深入的重要数据来源，比如，学生在头脑风暴中谈到的收获和困惑，就是后续教学投放的内容的难度和数量的重要依据。借助信息化教学平台，学生在所有的活动中都会得到一定的经验值，这个经验值的累积是学生平时表现的努力程度的重要标志，会转换成相应的分数，占最后等级分数的20%。

第二个方面的平时表现是平时的小作业，比如，一项评价工具的设计、文献综述的撰写等。本人认为，这种和学业要求直接相关的作业应该体现质量的好坏。不管这个作业是不是和最后的期末作业或项目表现紧密相关。按道理说，如果平时小作业和最后的期末作业和项目表现关系不大，当然应该独立评分，比如，一项期中的小测试。但如果平时的小作业和最后的期末作业活项目表现紧密相连，比如，最后的一项研究报告中肯定要有文献综述，但文献综述也可以作为过程性的小作业单独进行提交和评分。因为最后的评分中会包括这个文献综述的部分。那期中进行布置的文献综述的作业是否要进行单独评分需要考虑。笔者认为，如果所有的小作业的质量差异都不体现在最后的等级中的话，即只以最后的报告质量来作为学习质量的等级，一方面，是不能体现学生学习过程中的不同投入，另一方面，也不能支持学生能在最后拿出质量较高的报告。所以，本人的决策是，在布置的研究问题的确定、文献综述的撰写、研究工具的设计等多个小作业以及最后的报告中，首先通过精准的足够的案例来告诉学生好的作业表现是怎样的，不能接受的作业表现是怎样的，让学生自己清楚努力的方向；其次，注重参与的态度和意愿，即这些作业在一定的时间节点，在自己尽力参与的情况下交上来是非常重要的；再次，要选取部分的重要的小作业进行评分和反馈。这种评分和反馈一是承认了学生在学习过程中的学习差异，更重要的是为学生的学习进程提供高质量的保障。所以，本人确定文献综述的撰写和评价工具的设计都进行评分，10 分值，并最终转换成各占最后等级的 10%，即平时的小作业会占到 20%。

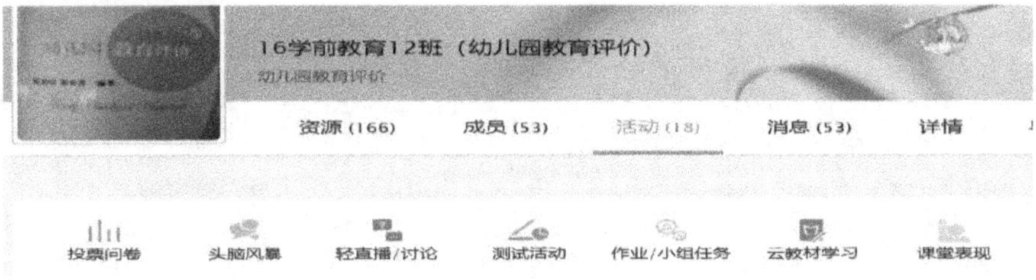

图 7-21

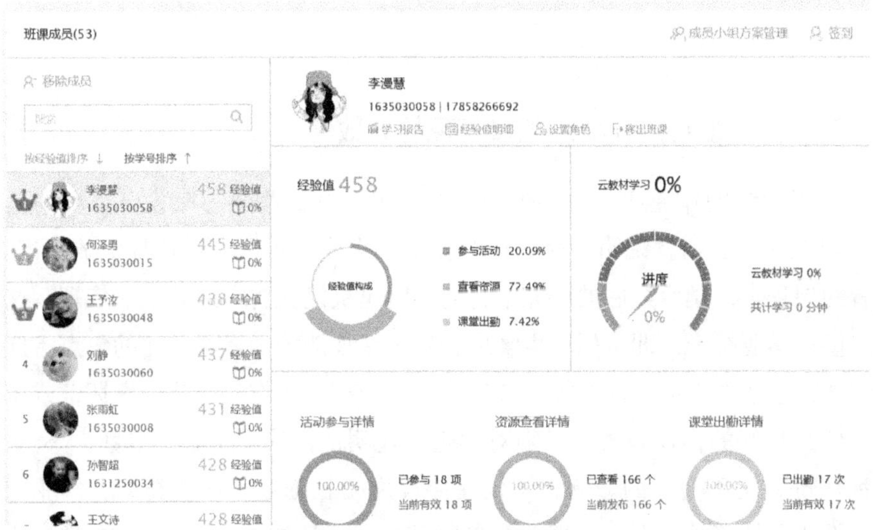

图 7-22

图 7-23

二、关于最终的作业或项目表现的分数

关于最终的作业或项目的分数，对于平常的课程学习来说，重要的是要教师在开课之初就说明最后的作业类型、作业比重以及作业评级的标准。笔者的课程中，学生最后的研究报告的质量是决定报告等级的唯一依据，这种时候，学业标准，即希望学生掌握的知识、技能等是需要关注的焦点，这种时候，学生的态度、动机等不应作为参考依据。而作业质量的好坏，或者说，什么是好的作业表现，必须对学生表述明白，让学生心中有数，不然，这种评价就是不公平的。笔者不仅在课程之初就陈述了作业类型、作业比重、作业样例等重要事项，要学生有个明确的努力方向，而且，也在教学的全过程中不断出示作业样例，或讨论学生的表现和作业样例的关系，从而，在教学过程中通过评价标准、评价目标等关键要素引领学生的学习。最后的作业比例将占到 60% 的比例，而且主要由教师做出判断。

虽然，最后的作业等级判定主要是由教师做出的，但笔者会比较关注学生的自我评价能力的建构，在最后的作业等级上也会让学生以某种形式参与进来。比如，笔者会让学生自陈自己或自己小组的报告等级，并陈述理由，并提出，如果学生给出的等级和教师给出的等级相差较大，说明学生是没有领悟学习要求的，将会影响学生最后的等级，教师有权力调整。但学生的判断不直接体现在最后的等级评定中，只是一种参与和参照，这样就保证了教师在做出最后判断时的一致性。

第八章

评价实践的反思

本章提供了学生关于学生对自己的表现进行自评的实践，以及学生对于课程实施效果的反思。

第一节　关于学生表现自评的问题

在对评价实践进行反思的环节，我想首先谈一谈对学生自评的问题。在当下的评价话语下，学生和同伴的参与被认为是非常重要的维度，但自我评价和同伴评价这样的学生自评的有效性一直受到质疑。通过本课程带领同学们亲自实践，可以看出如下几个方法可以比较好的保障自评的效果：第一，教师应给出不同层次作品的样例；第二，教师应进行实际评价的示范和讲解；第三，所有的学生自评都应该是公开的；第四，学生的自评最好不要涉及高利害的事情。

任务：请给出你自己自评的研究报告等级，并简要说明自己报告的优点和缺点。

表 8–1　研究报告等级

姓名	文本内容
王晓涵	我给自己的报告打的分数是 8 分，首先在我看过很多同学的报告之后我确实觉得自己的报告不是最优秀的，但是我也是很认真地完成了这份报告，其次我觉得自己报告的框架结构都很完整，条理也很清楚，尤其是评价标准和数据统计是花了很多时间的，最后是不足，我认为自己报告还不完善的地方主要是评价结论，还缺少一些专业性的、有分析性和深度的总结
唐明利	等级是良好，优点是框架脉络比较清晰，评价标准也是查阅相关资料整理出来的，是花了心思的；缺点是评价结论还是没有很深入的，用老师的话说就是还没有跳出来
孙智超	我觉得我的评价报告能评良好，首先老师要的东西基本都有，内容比较完整。评价和研究写的是一个内容，对研究报告我花了很多时间所以在评价报告上花的时间就很少，在写报告的期间我发现在做分析数据的时候要结合评价标准，而关于职业倦怠自身的已有经验不够，之后又查了很多文献。但是在文献解读方面我觉得还不够，目前还没有能力“嚼碎”再“吐出来”，这方面的能力还有待加强

续 表

姓名	文本内容
林紫嫣	我认为我的报告可以打良好。原因如下：第一，不是对报告不自信，而是在看了这么多同学的报告之后我认为我和那些完成度高质量又好的同学还是存在一定的差距，还有提升的空间。第二，我的报告虽然有借鉴，但是基本框架还是在的，在此期间的数据收集、分析都是自己实打实做出来的，没有偷懒。第三，我认为我的分析没有特别透彻，看了其余同学的报告，她们的分析很透彻，结论都有自己的建议，我的建议虽然有，但是没有很多不是很透彻。如上综合来看，我认为我的报告可以拿到良好
金舒婷	我给我自己的研究报告评为 B 等级，首先在做这份报告时，我态度端正，认真地去完成，融入了自己的想法思考；其次在做报告的时候我也严格遵循老师的框架，条理清晰，在有部分借鉴的基础上进行思考，明确自己对环境创设的评价标准并做出自己对于环境创设的一份评价表，当然也存在着不足，我认为对于这份报告我挖掘的不够深，思考的比较浅层
黄佳丽	我认为我的报告可以在 B 档 优点：1. 有清晰的框架，评价标准较为合理。2. 通过两个月的实习，实践调查，对评价标准进行不断完善，然后得出评价结论，花了一定的时间，而且这个评价结果有助于实践中，还是有一定价值的。 缺点：评价的标准不够简洁，还可以细分一些标准，结论的层次较浅
曹丽娜	我认为我的评价报告等级可在 B。首先我觉得我的报告整体框架都有，比较符合老师的要求，内容也比较清楚而是属实，是我在实习中进行持续观察获得的，同时也做了各类表格进行分析，也是付出了努力的。但是我认为我的报告也存在一定缺点，在分享课中看了其他优秀的报告时，我发现我所关注、研究的点还是有点浅的，还可以思考得更有深度
刘志鹏	我认为我的研究报告等级为良好，我的报告总体框架还是比较清晰和明确的，我也充分考虑到了评价工具中各个要素的合理性，态度也比较认真。但选取的评价内容不够新颖，不能深入地进行研究
张佳慧	我觉得自己可以得到 B，因为我的研究报告的优点一是在于能够明确自己想研究的对象及内容，在实习期间不断观察记录，通过老师的讲解以及自己参考各种资料撰写出一份较为完整的报告，二是态度认真，观点框架明晰，并且努力思考研究结果和对策。 但本报告距离 A 级还是有一些地方需要加强学习和提升，比如在语句、格式等细节上存在一些问题，并且最大的问题是我没有真正地理解评价，即使做了报告但感觉还是停留在表面，没有走进这门课的本质，或许还需要更多的学习和探索

续　表

姓名	文本内容
冯行华	我给自己评的分数是8分。 优点：首先，我做的是关于小班常规管理方面的报告，生活活动是我对于小班年龄段比较好奇的一方面，同时这个评价比较贴合幼儿的生活，容易观察。另外，我的评价报告条理清晰，有自己的标准。按照研究工具收集数据，保证真实。在分析数据时，定期结论。做这份评价报告的过程是循序渐进的，态度认真。 缺点：内容还不够严谨，停在表面，我可以在这基础上往深层次挖掘
张雨虹	A（9分） 优点： 态度认真（通过实习两个月的实地调查评价，观察比较全面；查阅了不少资料；在老师讲评后进行修改）；条理清晰（有自己的框架） 缺点： 评价结果和结论还有些混淆
徐波	我给我自己的评价报告为B档。给自己的报告评B，不是因为自己的报告有多么不好，而是因为我发现和一些同学做的存在着一定的差距 优点：1. 思路清晰，框架清楚，从评价标准到出结果结论整个过程下来比较顺畅，完成之后感觉自己的能力得到了提升。2. 我态度很认真，有关报告的持续观察一直渗透在实习的两个月里。3. 结论能够根据观察的具体问题来提出。 缺点：1. 报告选题不够新颖，做的是美工区材料投放，比较老。2. 结果分析里对于问题提的比较多。优点比较少
张子翼	我的研究报告应该是良，因为认真去做了对幼儿园室内环境的评价，但是能力有限，做得不够优秀 优点：有切实的照片支持，每个地方都是我认真拍过照，查阅资料分析的。框架还算清楚，每个部分都分析到了 缺点：没有文献支持，更多是自己分析，自己想的。评价不够深入，只是流于表面，没有仔细深挖下去。没有与原教师沟通，可能对一些设计上有误解，不够客观
王姝雅	等级是A 理由：1. 报告中的标准，我是以另外一门作业中的文献综述为基础的，通过看了那么多的文献，总结概括出我的标准框架，并且我还绞尽脑汁让标准中每个条目名称对称起来 2. 报告中的每个图表分析都有老师说到的要点，先有个数据，再有个稍微概括性的结论，在最后有个总结性的结论 3. 报告中的评价结论，我通过评价结果分析，将结论分为优点和缺点，再进行分点阐述，最后根据里面的缺点提出相应的建议

续　表

姓名	文本内容
张娇艳	我觉得我的报告应该是 B，虽然可能比不上有些同学，写得不是很精致，但是这份报告结构是完整的，自己也为报告熬过夜，资料图片什么的也是自己观察分析了的，表格的每条标准是删选过的，比分也均衡，不足就是可能评价的角度太宏观了，也不够全面，可能人家做得好的方面被我理所当然地忽视掉了，没有放到评价标准里，标准还是比较主观的，然后在评价建议方面也比较零散，只针对个别问题，没有总体性的评价
俞欣晨	我认为我应该在 A 档，在这个评价报告中，我有做的很烦的时候，隔天放松后又继续写了，完成这个评价报告就像是完成一件作品一样，非常开心，很为自己骄傲，就冲这个也应该给自己最好的自评 优点：1. 框架比较清晰，统一。2. 后期我又重新调整了一些内容，让这个报告更加清楚。3. 结论处很花心思 缺点：访谈部分应该问一些更深入的问题去了解老师的观点
何泽男	我觉得我的研究报告是良好等级，我的报告条理清晰，有框架有内容有自己的思考在内，并且报告是自己一日一夜写出来的，有自己的辛苦劳动我觉得自己应该值得这个良好。但是我的报告为什么不能打优秀是因为我的报告里面研究的内容还是过于浅显，没有一些更深入的观点在其中，整份报告只能说是中规中矩
万思聪	我给我的报告等级为良好。因为我觉得这篇报告框架都有，内容还算比较充实，前面的评价分数和结论也清楚明了，但是结论写得不够到位。 对于这门课的看法：我觉得学习了这门课才知道，评价是较主观的客观，是带有自己看法的有标准的评价
潘铭涛	等级：良好 优点：1. 思路清晰，框架完整。2. 内容充实。 缺点：1. 数据处理烦琐，工具选择不当。2. 结论比较浅显
江宝云	我觉得我的评价报告是良好 优点：1. 前期准备比较好，认真花了较长时间去完成了这份报告。2. 整个报告条理还是比较清晰的，看了其他人的文献是没有类似的评价标准这个框架的，完全是自己概括总结出来的 缺点：评价结果中访谈过程没有很好记录下来，我直接呈现了我整理以后的东西。得出的结论可能还不够深入，也需要再进行概括总结
董佳璐	我认为我的研究报告等级为良好，毕竟这也是自己辛辛苦苦花了很多心力写出来的 优点：1. 基本架构都有了。该有的内容都有了。2. 内容较完整，分析方面比较全，而且仔细 缺点：1. 研究的内容是浅层的，没有深入。2. 切入研究的主题没有新意，是很多人已经研究过的。3. 对于最后的建议，提的不是很实用

续　表

姓名	文本内容
缪雯星	我给自己的报告打得是8分，我认为自己的报告可以达到B。我的报告是关于班级美工区活动的评价的，整体框架还是比较清晰的，一步一步按照要求做下来，应包括的内容基本都有。而且我的报告是关于班级美工区的，我在实习期间也经过了不断的观察和思考，最终得出这个结果的，是比较符合我们班情况的，还是比较认真的。但还是存在一些不足的地方，我没有参考具体的文献，显得不够正式，而且对结果的分析可能不够深入。总体来说，我认为我的报告能达到良好
吴晓蓓	我觉得我的报告应该能得B 优点： 1. 我的评价方法主要是观察法和分析法，总的来说也是贯穿了很长一段时间，也有时刻留意教室里面的环境，通过照片的形式记录下来，从而进行分析。 2. 在实习中，自己也多次参与到班级墙面创设中，对于整个的创设自己也深有体会，所以评价起来会更实际 缺点： 1. 还不够全面，后来细想有一些细小的墙面没能留意到 2. 我主要采用了观察分析法，评价结果可能主观性会强一些，如果能采用一些访谈的方法，和老师聊一聊这个创设的过程会更好
胡燕楠	B 优点：从三个方面在评价幼儿的空间概念能力，框架比较清晰，从得到的数据中能比较清晰的得到一些结论，也从侧面反映了我们班孩子在空间概念上的整体水平。 缺点：有一些地方还是缺乏严谨性，不够科学、客观。结论比较显浅，应该要挖掘更深的东西
楼珂	我认为我的报告应该是良好; 优点：首先对于这个报告，我查阅了大量的资料文献，报告有一定的框架，条理清楚。在过程中也花了很多心思，对每个幼儿进行测试并将数据分析出来。 缺点：在报告收尾环节有些不足，结论不够有条理
胡超男	我觉得我的报告可以打8分，首先这个报告的内容我是在实习以后看到了我们班孩子很多不一样的行为之后关注到的我认为比较重要而且值得去评价的内容，即幼儿对问题的解决能力的评价，报告是通过查看一些资料，以及蓝墨云，上学姐们之前的作业，以及我在平时实习的观察总结得出的。但是文献方面没有引用，所以这一点报告的结构上还不够完整，这也是我觉得自己只是良好的原因。但是其他环节我认为我的报告是完整的，并且对于标准我也是一改再改的，在具体写报告时就会发现标准的设定是十分关键的一步。总之我认为我的报告当的起8分

续 表

姓名	文本内容
章诗雨	良好。因为我感觉我的报告框架还是比较清楚的，把评价的内容分成四大块，然后四大块内容分支出许多的小内容，然后根据框架，一步步评价。然后再根据标准给自己班级的情况打分，总结，给出结论，再提出自己的一点点意见。不好的地方可能是对于前人优秀的意见和评价吸收的比较少
龚瑶绮	我认为我的评价报告应该是 A 优点： 1. 我报告研究的内容是安全教育，然后也是通过实习的两个月不断的观察，慢慢地写出这一份报告。虽然一开始觉得自己不能够完成，但是一步步下来，感觉自己也是很厉害的 2. 这份报告的模板我参考了上一届学姐的，同时我也在知网上参考了相关的文献。条理还是比较清晰的，也具有研究的价值 缺点： 评价结论方面可能挖掘地不够透彻
应梦倩	我认为我的报告可以上 A 档。第一，是我的态度，第一次上交的报告格式可能不太清晰，听了其他同学的报告和老师的建议，我进行了二次修改，报告格式清晰。第二，我认为自己的报告框架是完整的，我在完成报告的过程中，我感觉自己还是挺厉害的，能够独自完成报告，虽然过程也有所纠结。第三，我的评价结果以及建议有自己的思考，比较完整 缺点：评价主题可能过大，只能挑选几个点，无法评价到每一个点，不够具体
唐芷萌	我认为我的报告等级应该是 B，优缺点如下： 优点：1. 首先这个报告是自己独立完成的，完成作业的态度较为良好 2. 其次报告的框架完整、清晰，观点明确 缺点：细节问题存在不足，对于报告的思考能力还有待提高
黄倩	我给自己的报告打了 8 分，B 等级 我研究的是小班幼儿社会交往情况的评价。首先我确定了评价题目，这是个宏观的课题。之后我查阅了相关文献，从同伴关系、师幼关系和亲社会行为三方面进行评价。采用观察法，尽心制作了 7 个表格，整理结果，思考得出结论。而且我的评价报告能形成框架，条理清晰 当然还有不足的地方，我觉得自己评价的课题过于宏观，主要用观察法观察幼儿，这些会导致评价的不够细致深入。但经过这次研究，我更加熟悉怎么做评价研究，以后做研究会再接再厉，耐心细致勤思考
董佳楠	我觉得我的报告能在 B 档。优点：首先报告完完全全是自己做的，也花了很长时间进行观察研究，是付出了一定的努力的。其次，我的报告调理框架清晰。评价标准借鉴他人的研究，比较有条理。最后，关于这个评价我也发表展现了自己的想法。缺点：对于研究的报告中结论分析的不够透彻

续　表

姓名	文本内容
谢奇巧	我觉得等级应该是 B。虽然我给自己打的是 7 分，因为我认为 7 分也是在 B 档 优点：我觉得自己的报告也是有一个基本的框架，是按照一步一步的要求来做的。并且我给出的标准是在参考别的学者的研究的基础上、经过自己的思考和衡量而制定出来的。所得到的结果是自己参考我所得到的标准得到的 缺点：在评价的过程中，也渐渐地发现自己的评价标准的一些问题，但是不知道如何修改。评价结果和评价结论没有很明确的区分，所得到的一些评价结论不够严谨
薛文怡	我评价报告的自评等级是 B，我的报告内容是幼儿园的班级创设。该报告框架和条理还是比较清晰的，评价的结果也是依据我制定的评价标准，一点一点对应着进行分析，总结出优缺点。但是评价结论的部分，可能分析的不够深入、透彻
黄梦雅	我给我的报告良好，优点：框架严谨、条理清晰，评价的标准也相对客观，并且有自己的思想，关于评价结论我也是仔仔细细、一点一滴写出来的，自己的态度端正。缺点：自己的思想还不够深刻，对于整个评价的结论还不够有深度、透彻
梁心怡	B 优点：完成报告的态度认真，报告的数据、表格以及分析都是从实习中实地落实的，具有真实性和针对性 缺点：有些方面没有涉及，可能存在一些细节问题
卢俏妮	B 完成态度认真整个过程真实记录 还有一些地方没有囊括到，对细节的把握和处理不到位
张佳玲	我给自己评了 8 分。 优点：这份报告做的是美工区材料的内容，在实习期间我是认真观察过本班美工区材料投放的，并且在写报告的过程中，我的框架是比较完整的，也参考了不少文献，修改了很多次，总之态度是很端正的 缺点：感觉自己的报告结论不够详细严谨，在分析的时候没有挖掘深层次的原因
包如意	等级：B 优点：框架还是有的，也有些自己的思想， 缺点：虽然做这个报告花了蛮长时间的，但是经过上次课堂分享，觉得自己和好的同学之间还是存在差距的，虽然之后又经过了二次修改，但觉得自己还是达不到那个高度，总觉得在表达自己观点的时候语言不够专业 在做报告的时候也是遇到了一些困难和疑惑，因为我是作为调查者，而在调查的过程中我又要进行带班，又要时刻关注幼儿的冲突行为并进行记录，有的时候感觉做起来有些困难

续 表

姓名	文本内容
王佳依	我觉得我至少是良好，我的报告基于上学期的实习，我发现我们班里比较重视美工区角，包括这学期的实习，老师会在每周一用练习的纸给每个幼儿进行涂色和剪纸的练习。因此我在这门课中进行了关于美工区角材料投放的研究。在开始前我从网上看了不少研究，并且把学姐们的作业全都看了，才开始定框架进行调查。在写报告过程中我也存在困惑，美工区材料投放比较杂，不好分类，涉及的面很广。有时候评价结果里的话和结论里的话会比较模糊，一个词语要斟酌放在这里合不合适。在评价结果中我想要弄出一个一个的数据表格来，但是思前想后还是觉得直接讲比较合适
许胡沁	我认为我的报告可得 A。我评价的内容是中班美工区材料投放。 优点：1. 我对美工区材料投放的评价是从材料本身和投放方式两个层面进行，涉及面更加广 2. 我为这个评价阅读了很多相关文献和书籍，报告条理清晰 3. 我为评价做了较为详细的计划，并一步步落实 缺点：1. 评价工具还是有较强的主观性，不够严谨 2. 语言表述上可能存在赘述
王文诗	9 分 框架条理清晰；有真实的数据；对结论有深入的分析，而不只是在表层 这次报告我从构思到实践到撰写，一点点地将它完成。在完成的那一刻，我是无比的激动我竟然能够自己写出一份报告了。虽然一些地方还是欠缺，但我觉得我已经做到最好了
张哲宇	我觉得我的报告能得 B，首先，我花了很多时间去观察；其次也查了很多的资料，问了老师很多问题。但是，也存在一定的问题，我评价的是幼儿的常规，在八周的时间里很多幼儿的常规都发生了变化，由什么都不会到什么都会，这给评价带来很大困扰。经过思考后，我决定从幼儿的自主性入手，看他们的常规表现好是不是教师提醒的。最后，我的评价分析能力有限，无法得出影响幼儿常规的深层次的影响因素
王予汝	优秀 优点： 1. 主观原因——自信。2. 框架前后统一、清晰。3. 结论部分花了心思 缺点： 1. 选取的点有点小，不利于框架复杂化。2. 研究结论部分还可以陈述得更加完善
陈哲宇	自评等级为 B 原因： 1. 写报告过程中查找了较多的相关参考资料 2. 在写的过程中也参考学姐的框架，条理比较清楚 3. 缺点是报告内容比较粗浅，自己的想法还不够深入，数据收集还欠缺

续　表

姓名	文本内容
童航	良好 优点：这份报告有理论基础，还有实际数据，结合区域环境创设还有班级指导的知识深入的分析加上用心的结论，对于研究的对象有利用价值 缺点：见过更加优秀的之后，觉得自己还可以更好
余小青	我给自己评了8分，B。我自己非常认真地对待这次的评价作业，虽然大框架参考了别人的评价报告，但是内容都是自己独立完成的。一开始很苦恼，不知道要评价什么，后来突然看到有这么一个类似的标题，脑子一亮，就它了，在实习过程中，我也拍了很多照片，做了很多考察 优点：框架结构清晰有序，评价明确，评价标准也很科学。缺点：不够好。因为都是自己写的，可能用词用句没那么高的文学素养
靳梦南	我认为我的评价报告等级应该是良好。 优点：在整个评价报告的撰写过程中，我是比较认真的，也查阅了一些相关的资料，认真地看过学姐学长们的作业，整个报告的条理和框架都还是比较清晰的。其次，在评价的过程中，我进行了实际观察，并且这种观察是贯穿在两个月的实习时间里的，评价标准是我自己经过推敲产生的，报告的完成并不是一蹴而就的 缺点：在评价框架的确定以及评价的过程中，我发现这个框架（评价指标）和我的预期是有些出入的。因此导致我整个评价体系不是完全严密，一些评价标准比较模糊，没有一个很明确的量化界限，所以我在做具体的评价的时候就很难去给出更客观的等级和结果
马艳	B 首先，我的评价报告框架清晰、有内容。而且经过上个星期同学的分享，我对自己的评价报告做了修改，我相信经过修改的报告可以得到良好 缺点：我的评价报告虽然框架清晰，但是，评价方法采用的是观察法，现在觉得自己如果加上访谈法会更好，不止是对于这门课，而是对于自己做的评价内容会了解得更多
姜艳萍	我认为我的报告结构可以，分析的是常规培养，范围较大，可能有很多点没有分析全面，研究理论需要完善，但是做地还是比较认真的，访谈观察都做到了，但是访谈内容可能在报告中并没有完全体现
李漫慧	我认为我的报告等级为A 优点：条理清晰，框架合理，既有思考又有实践，真正做到了实践与理论相结合。在整个过程中，也非常认真，脚踏实地。我的报告本身质量也比较好，既有技术，又有思想 缺点：初次写相关报告，还有很多地方的思考和表达不深入、精确。研究的样本为实习班级的孩子们，样本不够大

续　表

姓名	文本内容
刘静	我觉得我的报告至少在 B 以上。首先，本报告主题的确立经过了些波折，在实习前我已经确立了“在集体活动中的师幼互动”，但因为在实习第一周见习时我发现我实习的班级幼儿进美工区的次数是少之又少，那我很想知道为什么他们不喜欢去，于是我把自己的调查方向改为了“美工区材料投放的现状”。通过两个月的调查，我对自己的疑问有了解答，然后把自己的调查结果通过报告呈现出来。在过程中很多次怀疑自己是不是不应该改主题，但最终还是认真努力完成了，不管结果怎么样，自己努力做了
钱蕾英	我觉得我的报告等级可以达到 B 优点：在写报告之前，在网上参考了较多的文献和评价标准，写的过程中也是按照老师的标准一步一步写下来，基本框架还是挺完整的。在实习期间，我也花了较多的时间进行观察，每天早上进行户外活动时我都会拿着笔记本进行相关的记录 缺点：评价中只有一个评价表，我觉得可以对数据做一些处理，做一些图表，这样看起来比较清晰明了

第二节　关于课程实施效果的反思

通过发起学生对《幼儿园教育评价》课程内容和评价方式的评价任务，可以看出虽然限于时间短，学生基础较弱，特别是数据统计能力和文献整理能力较弱的前提下，但通过在实践活动中开展课程学习，同学们还是认为通过这种“在做中学”的方式还是真正地理解了评价的概念，锻炼了评价的能力。

任务：请谈一下你对这门课的内容体系、评价方式。

表 8–2　学生对课程实施的评价

姓名	文本内容
王晓涵	我一开始对这节课是有些迷茫的，觉得很专业，授课内容也有些枯燥，发生转变的话是“最美女生”的评选活动，我突然发现这种评价活动我是能够参与其中并且好像也没有那么深奥，甚至还挺有趣的。虽然在上课过程还是存在一些听不懂或者容易走神的情况，但是随着我兴趣点的增加和老师的不断互动，我觉得自己和这门课的距离被逐渐拉近，在系统地完成了评价报告之后我发现自己其实真的从这门课中收获了很多

续　表

姓名	文本内容
唐明利	我觉得这门课让我觉得评价这个东西其实是挺片面的，带着自己的主观臆断，所以很难真实确切的评价一个东西的好坏。最大的感受是我自己的眼光甚至是我的心变得更宽容了，我好像能接受更多和我不一样的看法与观点了，不会为一些分歧而争吵，反而更多的是接受——接受不一样的观点，不一样的标准
孙智超	评价这门课内容体系清楚明朗，但这个如何框架的建立需要自己有较深的学识和见解，这门课给我最大的启迪就是要学会学和广泛的学。我个人很喜欢这门课的评价方式，东西在平时完成了，期末的压力就少了很多，就可以早点放假
林紫嫣	对这门课我起初是迷迷糊糊的，不知道学了这门课我能收获什么，当从第一次评价“最美女生”开始，知道了评价框架、评价标准的重要性，接着评选“最美女生”活动屡屡出现，一次又一次的改进，也让我明白了框架、标准的精确，需要花功夫、花心思去完成。直到后来自己完成了个人作业，明白了评价这门课，学到了评价的框架制定、标准制定等等，受益颇多
金舒婷	刚开始的时候我只是觉得这门课的考核方式很特别，在完成作业的过程中我深刻的体会到了这样形式的考核反而让我们更容易掌握知识点，单纯的理论考试同学们或许只是拼命地死记硬背，考完过后相信大部分的同学都将知识点遗忘。而通过实践观察，一步一步做出属于自己的一份评价报告能够让我们学到的知识点一个一个地落实并掌握，相信这样的形式同学们在长时间后也能够牢记于心，内化成自己的东西，我觉得老师这样的考核形式对学生很有帮助
黄佳丽	我觉得这门课是带有研究层次的课程，我知道了什么是评价以及如何评价：确定评价标准和目的，通过一定评价标准来评价，得出比较客观的结论，再根据结论去应用。它能够让我们主动去思考我为什么要评价，怎么去评价，评价的结果该如何应用，我觉得在今后的学习中会很有帮助
曹丽娜	我认为这门课如果只是听一听会很难掌握，所以一开始听理论这一块也比较困难，但后来自写评价表的时候稍微有了一些概念，以及后期评价报告一步步成形，我是在借鉴和尝试摸索中逐渐知道这门课的大致内容
刘志鹏	一开始我对这门课也是很迷茫无知的，不知道讲的是什么内容，自己也没有什么兴趣。但从选16“最美女生”开始，我慢慢觉得这门课还是有它的乐趣所在的。我通过看学长学姐的评价报告和书上的一些内容，我逐渐懂得了如何完整得去写一份评价报告，虽然我写的不怎么好，但我至少懂得了一些套路，学到了一些东西
张佳慧	1. 内容体系方面我觉得老师安排得很合理，并且能够根据具体情况、学生掌握程度及时调整。 2. 评价方式上也掌握了很多，能够根据具体的问题和对象设定相应的评价方式，用相对客观和理性的角度去评价

续　表

姓名	文本内容
冯行华	1. 在内容体系方面，老师一步一步带我们认识了评价这门课的内容。老师明确每节课要教给我们什么，评价这门课是比较难的，老师在上课过程中不但有专业的知识，还结合了“评选最美女生”这个例子带我们制定评价工具，使维度和标准的概念慢慢深入人心。老师还给我们看了很多优秀的论文，课堂形式多样，学习的过程是开心的，有助于我们理解这门课。 2. 在评价方式方面，由自评和老师评价这两方面组成，这是其他课没有的，给了我们自我认定的空间
张雨虹	这门课理论与实际相结合，让我知道了评价报告的框架和结构，体会了如何去写一份评价报告，知道了评价需要有整体性思维，还需要注重细节。 通过蓝墨云班课进行了充分的师生互动，让学生能够在课堂上表达自己的观点和看法等，可能是我们在其他课上所没有的
徐波	内容体系：首先，我对这门课的认识经历了一个从模糊到清晰的过程。一开始的时候对于这门课讲什么内容真的不清楚，但随着最美女生评选和课上一些二维评价标准的建构，我对于这门课有了一定的了解，再到期末独自完成报告，更是让我对如何进行评价有了一个清楚的认识，在文字撰写和系统性的思维上都有所提升。其次，我很喜欢写报告这种考核方式。因为是在期末之前完成的，能和期末考错开时间，减轻了期末的压力。 评价方式：自我评价的方式，能让自己对自己所做的报告有一个清楚的认识，能够意识到自己存在的不足，并及时改进
张子翼	事实上，以前一直觉得评价是客观而公正的，但是学了这门课我才真正感受到评价具有主观性，每个人都有自己的想法，或许客观就是很多的主观汇聚而成的，但是不同的声音，也不能说它就是错的，虽然做不到绝对的公正，但是也要做到相对的公正。 学了这门课，我觉得自己不足的地方还有很多，我还是以自身的学识和经验对别人进行评价，有失公允，或许我应该多读点书，提升自己，来获得更开阔的眼界
王姝雅	刚开始听这门课的时候，觉得糊里糊涂的，之后也是一步步地了解，知道要先去看人家的东西，把人家的东西内化成自己的东西，再去自己琢磨。同时这门课的最终考核并不是考试的形式，其实算是用实践的形式进行，这样一来可以真正地一步一步地看到我们将老师教授知识的落实，相比于最后考个书本内容来说，这样子的模式更有利于我们深入学习，而不是单纯地背背书
张娇艳	内容分块明确，评价的流程很系统明晰，评价方法多样，评价的标准也多样，从一定程度来说是建立在评价者的主观之上的

续　表

姓名	文本内容
俞欣晨	内容体系：评价要先有一套评价标准，只有这样你才能让别人觉得比较客观，能够让别人信服。 评价方式：我认为用评价报告这个方式来评价我们学习的情况是非常好的，知识只有掌握了才能融会贯通的运用，运用时遇到困难就知道自己不足在哪，再去看相应的资料会更有效
何泽男	这门课的内容说是话其实讲的就是怎么做报告，在做报告的时候要注意哪些内容。课堂内容是很扎实的，但是有一些晦涩难懂，不仅仅是要听更要听后去做，才会真正掌握。这门课的评价方式是我第一次见，以前的一些考察课到最后肯定也是要考试或者说有一个检测环节，但是这门课虽然是一门考察课，但我感觉好像大学真的应该是这样子的，老师讲方法，学生在实习中实践掌握，然后这个成果就是学生对老师的作业
万思聪	我觉得这门课是一门比较严谨的课，从论文的结构到具体评价的标准、工具等都是严谨的，不是随意的，标准的设定、评价工具的选择每个人都不尽相同
潘铭涛	这门课记得最牢的是评价的流程，通过这门课论证了一个观点——实际操作得来具体经验的方法是最有效的。完成报告后会发现书上的知识早已悄悄渗透
江宝云	这门课给我的最大感受就是评价结果是相对而言的。评价标准会直接影响到评价结果。只要评价标准变一变结果可能是完全相反的。我很喜欢这样的授课方式，老师每节课都尽可能让我们参与进来，而不是他一个人一直说。讲理论时我们就是听而没有理解，不会实践。学习理论的同时加上实践，会帮助我们去更好理解巩固
董佳璐	我认为这门课的内容体系比较全面，但就是太全面了会让人不知道从哪里入手。老师通过课程教授，把这门课简化了，让我们更容易接受。这门课的评价方式是比较好的，自评能看出一个人对自己作业的态度和认识，再加上老师的评分算是比较公平的，但再加上班内互评也不错，可以看到别人不同的看法
缪雯星	我一开始对这门课其实是云里雾里的，后来在自己完成报告的时候，就看了一些资料、学姐的东西，再看看上课时的笔记，才慢慢有所了解，我能深刻地感受到知识经过了实践，才能更好地转化为自己的东西。所以我对这门课的这种授课方式还是很认可的，给到了我大量的时间去完成这份作业，期末就不用再花时间和精力了

续 表

姓名	文本内容
吴晓蓓	这么课算是一门比较实用的课，因为评价其实不论是在生活中还是在学术中都必不可少，如果没有学这门课的话，我们的评价可能更多的是主观的，自己想怎么评就怎么评，而且没有任何的专业性可言，但在学完这门课以后，我知道了，我们的评价其实也可以看起来像专家一样专业，首先评价最重要的是要有一个评价标准，然后一步一步跟着大框架走，就能有一个客观又实在的评价结果，因此我觉得这门课还是很实用的。而且，我发现，其实很多时候，实践练习是很重要的，本来单纯听老师授课，我不是很懂究竟要怎么写，但是在自己实践以后，我就有了很清晰的想法。而且，我觉得这门课的考试形式也是很棒的，如果这门课像其他科一样出一张试卷来考我，我可能就是背书，完全为了应付考试而学习，一个暑假回来什么都不会记得了，但现在不一样，做一份作业学到的远比考一场试学到的多
胡燕楠	评价带有自己的主观性，在大框架下又有很多的小框架，一点一点的从收集到的东西中得出结论。这门课也比较新颖，我才知道原来还可以这样评价，使我认识到之前我的评价有多不合理，从不同的角度可以得到不同的东西，也让评价更加的客观公正，但又很难做到真正的客观公正。上课的模式也比较新颖，每节课都有清晰的定位，设计合理，为我们了解如何评价打下坚实的基础
楼珂	通过这门课，我认为我学到了很多；来实现的从一开始的茫然到后来能做出一份完整的报告，都是通过一节一节课的学习；通过这门课学到了写报告应该有的框架，有了框架以后应该怎么去填充。对于评价的方式也知道了首先要确立一个评价的标准，然后运用评价的工具按照标准进行评价
胡超男	首先我觉得这门课的内容体系很完整、严谨，没学之前可能就是知道评价就是对一个人或事物的简单的观点，学了之后就会发现评价是一个很完整严谨的体系，它有很多重要的环节，特别是评价标准，也了解了评价有很多比较专业的方式。老师也通过教学合一，从一个个小的例子中如评选最美女生、对老师同学的评价中让我们进行练习慢慢地了解评价的内容和方法，我觉得这样的形式很好
章诗雨	内容体系：我觉得这门课的内容体系还是比较清晰的，每节课都有主要的内容，虽然有的时候听不太懂，但是老师不停地强调，到最后多多少少都能理解明白一些 评价方式：评价方式还是比较通俗易懂的，通过选美女这种比较有趣的方式告知我们评价不是简简单单的好与不好，应该拿出一定的依据，根据评价的内容框架进行评价。也就是这样一个方式让我们清楚地知道评价指定的标准

续　表

姓名	文本内容
龚瑶绮	内容体系：我觉得老师对于评价的知识是非常深入的，老师将书本中的知识与自己的观点相结合，更加清楚直观的告诉我们什么是评价以及如何做评价。 评价方式：人人都可以做评价，评价需要标准，需要研究，它并没有我以前想象的那么客观，那么唯一。评价的角度不同，评价结果就会不同
应梦倩	学了教育评价这门课，颠覆了我的世界观。以前对某些东西的评价真是的单纯依靠自己的第一感觉，做了报告后发现有了评价标准，第一感觉可能真不是那么准。不过，学习了这么多课，有了评价标准，能让我进行了更加深入的思考，而非停留在表面，具体却说不出所以然
唐芷萌	内容体系：我很喜欢这种上课模式，以蓝墨云班课为载体，进行一些评价性的小活动——最美女生的评选，很接地气，让我们近距离接触评价，应该先确定评价项目、评价标准，再运用评价方法得出结论，提出建议 评价方式：对于评价方式我更喜欢的是观察法，观察法较为直观明确
黄倩	通过教育评价这门课，我学会了怎样写评价报告，评价报告分为评价目的、评价内容、评价方法、评价结果、评价结论与建议，通过实习写评价作业这样的考察方式，我把理论进一步内化，在思考中改进评价，使得我的评价有理有据
董佳楠	刚开始接触这门课的时候我很迷茫。什么都听不懂。但是小翠老师通过“最美女生”的评选与美女标准框架的制定让我知道了我们要怎么来评价，也渐渐地明白了评价的意义
谢奇巧	1. 在上这门课之前我认为评价是很简单的，但是没想到是需要一个完整的评价体系，通过一步步的评价过程，才能得到一个既客观又主观的结果。这让我自己有了一个整体的思考过程。我以前以为这些评价标准的制定是很客观的，是专家、学者这些人搞出来的，我们就按照他们给出的标准来评价即可。但是在做了这个报告以后，我发现，其实这些标准是带有主观性的 2. 之前很多课要交的作业都是最后一下子交上去，但是这门课的作业是分成好几个阶段，在这个阶段里，会有不同的想法，最后呈现的报告是自己在前面几个阶段的基础上产生的，而不是一下子出来的
薛文怡	没有接触过教育评价的人，会觉得评价好像都是专家的事情，而接触了这门课，发现其实每个人都能做评价，但是做评价不是一件容易的事情，需要先有评价的框架，在框架的基础上填充内容，再根据这个评价的标准，去实际中一一对应，进行评价、分析，并从评价结果中提炼出结论，深入总结。只有自己亲身操作体验，才知道评价的过程是怎样的

续 表

姓名	文本内容
黄梦雅	我认为这门课是我上过的最难忘的课，也从来没有见过的作业形式。这个作业是我第一次自己写评价和研究报告，自己做好评价标准并且自己给标准打分和结论分析。虽然有点稚嫩但是深刻地体会到了做评价和做研究的艰难
梁心怡	《幼儿园教育评价》这门课，书本上的内容比较晦涩难懂，语言有点官方，但内容体系分块比较清晰，上课的形式比较丰富，师生互动多，使我们更好地理解知识，评价方式比较多样化
卢俏妮	内容体系合理有序评价方式多样完善
张佳玲	首先，这门课的内容我觉得对我们来说非常的有帮助而且比较直观，评价就是要先有框架，然后去收集资料再分析，最后得出自己的结论，需要一步一个脚印做出来。而且我非常喜欢这门课的最后的评价方式，因为不但期末的时候比较轻松，不用死记硬背，而且做一份报告的方式可以让我收获到很多东西
包如意	这门课给我的感受就是评价是要在系统地、科学地和全面地搜集、整理、处理和分析信息的基础上进行，而不是只凭自己的主观想象就可以完成的
王佳依	我觉得这门课对我们学生来说，帮助很大，最后以写一个报告的形式，很好地把理论和实践相结合，这样同学对这门课的掌握会更加的扎实，而不是纸上谈兵。对于评价我原来并不清楚，觉得就是很主观的，大概就是我觉得这个东西怎样怎样的，上了课才知道，原来要设计框架，要有结果结论，是主观与客观相结合的产物
许胡沁	我对这门课最大的感受有两点。第一是我认识到了评价是一个把自己的观点量化、条理化的过程，让别人清楚地知道你的评价标准。第二，谢谢这门课的作业，让我有机会能和小朋友有很多的接触。说心里话，从前我不是特别喜欢小朋友，但是通过两个月“迫于无奈”的密切接触，我反而开始愿意主动和小朋友打交道
王文诗	这门课感觉学了很有用，知道了怎么写报告，对以后都有很大的帮助。老师一点一点地带我们理解，让我们去实践，在完成自己报告的那一刹那，真的很开心
张哲宇	我觉得这节课的内容挺丰富的，框架体系也比较清楚；评价方式我也比较认可。通过这门课我改变了很多的看法，我一开始认为评价是很主观的，就是自己的看法，但是上过这节课写过报告之后，我看问题的角度更加深入，不只有表面的看法

续　表

姓名	文本内容
王予汝	对这门课的感受： 1. 了解了评价的过程，是主观和客观的统一 2. 佐证了以前看到的一句话：不了解，不发言。所以，任何评价的基础都应该是深入全面的实际调查（经过这节课以后，应该也不太敢在网上随便评论了） 3. 无论做评价，还是做研究报告，都应该要尽可能专业。如何更加专业，就要不断向前辈学习
陈哲宇	这门课让我了解了评价不是单纯的、主观的对一件事物的判断，而是在一些比较严谨的标准下得出的。在最后写报告的过程中，其实是将之前学过的内容进行回顾、应用，其实是对知识的提升，也更能加深印象
童航	内容体系：评价过程不是目的，真正的目的应该是通过评价过程得出评价结果，通过评价结果为现状提出更好的建议，通过这些建议让原来的更好。老师的PPT以及口头解释远比书本上的知识更让人容易接受，每次云班课上的的课后思考可以帮助我及时反思，及时解决心中的疑虑，通过最后的考核方式，让我掌握的知识更多了，学会了如何评价
余小青	评价就像造房子，有自己的框架，然后砌砖、装修，一步一步好像是有套路可寻，但又需要工程师有自己的想法，自己实际操作
靳梦南	这门课是很重要的。评价这件事其实在生活里并不少见，但要真正地落实到框架、标准、结果上去又是很难的。上完这节课会觉得评价是个很微妙的事情，不是绝对主观，也不是绝对客观，是一种两端之间的平衡状态。而如何去平衡，大概就是这门课让我感觉最值得思考的地方了吧
马艳	通过这门课我知道了如何进行研究，当我在看别人的东西的时候，以前只会看一两篇文章，但是现在我去看更多人的东西。当你想更深入地了解一件事情的时候，不如自己做一个评价，做完评价后得到的东西比你只是观察或者通过看别人的研究结果多得多；而当我在看别人的东西的时候
姜艳萍	像评价、研究报告这种课，我觉得是比较枯燥复杂的，老师会想办法让我们尽可能明白怎样去评价，怎样去写报告。比如通过一个“最美女生”评比既有趣同时又让我们初步了解到评价的标准。我觉得以报告的形式作为考试，花费的心思、精力远远比笔试来得更珍贵。蓝墨云的课堂组方式也是比较新颖的，可以和同学们互动，同学之间相互评价。学习之后同学直接有了更多接触的机会，就会让人印象更加深刻，更加清楚自己学习了什么
李漫慧	这门课的授课方式是很新颖的，也是我认为最有效的。我们都是应试教育走出来的孩子，考了很多试，到头来我却发现真正会的其实真的不多。在这门课上我可以感觉到自己的思想在流动，而且变得丰富、深刻起来。这样的授课方式是我认为能帮助我们学到最多的东西

续　表

姓名	文本内容
刘静	首先，这是一种全新的课堂方式，我很喜欢这种模式，因为这是我觉得这是可以让我们真正去思考的课堂，我们会把自己的想法，自己的疑惑，自己的观点等等表达出来，让我们真正做到学与思相结合，真正学到了实实在在的东西。当自己做出来后，很有成就感
钱蕾英	评价最重要的就是评价标准，就好像我们的地基，如果标准不恰当，不合理，后面的评价肯定不完美。这门课刚开始接触时我是很迷茫的，完全听不懂，还很容易把研究方法混淆，我很感谢老师开启评选最美女生这个活动，通过这个活动我才渐渐开始入门，知道评价标准，而且在实习中进行运用，这对我帮助特别大

结语

本书以两条线索呈现了“在评价实践中学做实践”的整体架构，一条线索是评价活动的理论逻辑，对什么是评价素养、教育评价的基本问题有哪些、熟悉哪些评价的理论模式、如何确定评价问题和提出评价评价目的、如何细化评价内容和制定评价标准、如何选择评价方法和得出评价结果、如何提出评价结论和给出评价建议、如何进行评价实践的反思进行了阐述。另一条线索是如何让师范生在“做中学”，方法是边参与各项评价实践边习得评价实践相关的各项知识，掌握相关的各项技能，并最终涵养出一定的评价素养。崔允漷教授说：“教师不仅要学会教学，更应学会评价。从某种程度上讲，不会评价的教师一定上不上好课的。”[1]本书虽然算不上专精的评价理论的著作，但应该称得上是帮助师范生学会实践的帮手。

① 崔允漷．是时候建立课堂评价学了 [N]. 中国教育报，2019-5-6.

附录：部分学生的评价报告

关于小班幼儿生活自理能力的评价

幼儿期是儿童生活自理能力和良好生活习惯初步养成的关键期，培养幼儿的生活自理能力对其个性的发展和未来的成长具有重要的意义。《幼儿园教育指导纲要》在健康领域中明确提出：幼儿要养成良好的生活、卫生习惯，有基本的自理能力。从小培养幼儿初步的生活自理能力，能为幼儿良好的个性心理品质和今后的学习、生活打下坚实的基础。生活能力的培养贯穿在幼儿园的整个阶段，而抓好小班生活自理能力的培养具有更重要的意义。本次在临海市大洋中心幼儿园第一分园进行了为期八周的教育实习，针对小三班的幼儿的生活自理能力进行了观察记录和系统的分析评价。

一、评价目的

1. 了解小三班整体幼儿在生活自理能力方面的发展水平。

2. 根据评价结果，提出相应的建议，促进幼儿良好生活卫生习惯的养成。

二、评价内容

本研究的评价内容具体表现为评价标准中的项目和要点。

表附 –1　小班幼儿生活自理能力研究评价表

评价项目	评价要点	等级（分数）				
		完全不	很少	有时	经常	每次
进餐	1. 吃饭时能保持安静					
	2. 能在半小时左右完成进餐					
	3. 吃饭时不撒饭、不剩饭					
	4. 不挑食					
盥洗	1. 饭前便后有洗手的习惯					
	2. 洗手后能用自己毛巾擦干					
	3. 洗手洗脸时不弄湿衣袖，不玩水					
如厕	1. 能用语言表示大小便的需要					
	2. 大小便后能整理好衣服					
	3. 大便后会自己擦屁股					

续 表

评价项目	评价要点	等级（分数）				
		完全不	很少	有时	经常	每次
午睡	1. 能在成人的提醒下按时午睡和起床					
	2. 能用正确姿势入睡					
	3. 能独立、安静地入睡					
穿衣	1. 会正确穿脱衣服					
	2. 能区分衣服、袜子的正反					
	3. 睡前能收拾整理自己的衣服鞋子					

三、评价方法

观察法：进行信息的采集，即通过本人在实习期间的一日活动时间观察小班幼儿在生活自理方面的能力并进行记录。

评价主体：笔者本人。

四、评价结果

表附 -2　评价结果

评价项目	评价要点	等级（分数）				
		完全不	很少	有时	经常	每次
进餐	1. 吃饭时能保持安静		33%	48%	21%	
	2. 能在半小时左右完成进餐	7%	14%		57%	22%
	3. 吃饭时不撒饭、不剩饭	38%	17%	45%		
	4. 不挑食		34%	42%	24%	
盥洗	1. 饭前便后有洗手的习惯				36%	64%
	2. 洗手后能用自己毛巾擦干				22%	78%
	3. 洗手洗脸时不弄湿衣袖，不玩水		10%	32%	58%	
如厕	1. 能用语言表示大小便的需要			14%	86%	
	2. 大小便后能整理好衣服		18%	46%	36%	
	3. 大便后会自己擦屁股	32%	46%	22%		
午睡	1. 能在成人的提醒下按时午睡和起床			28%	72%	
	2. 能用正确姿势入睡		18%	47%	35%	
	3. 能独立、安静地入睡	25%	40%	35%		

续　表

评价项目	评价要点	等级（分数）				
		完全不	很少	有时	经常	每次
穿衣	1. 会正确穿脱衣服		24%	48%	28%	
	2. 能区分衣服、袜子的正反		40%	32%	28%	
	3. 睡前能收拾整理自己的衣服鞋子		18%	35%	47%	

通过以上的评价结果汇总表格可发现：

（一）进餐

在进餐方面，有 33% 的幼儿在吃饭时很少能保持安静，有 48% 的幼儿有时能保持安静，有 12% 的幼儿经常能保持安静；有 7% 的幼儿不能在半小时之内完成进餐，有 14% 的幼儿很少能在半小时之内完成进餐，有 57% 的幼儿经常能在半小时之内完成进餐，有 22% 的幼儿总是能在半小时之内完成进餐；有 38% 的幼儿在吃饭时不能做到不撒饭、不剩饭，有 17% 的幼儿在吃饭时很少能做到不撒饭、不剩饭，有 45% 的幼儿有时能做到不撒饭、不剩饭；有 34% 的幼儿很少能做到不挑食，有 42% 的幼儿有时能做到不挑食，有 24% 的幼儿经常能做到不挑食。

（二）盥洗

在盥洗方面，有 36% 的幼儿经常能做到饭前便后洗手，有 64% 的幼儿每次都能做到饭前便后洗手；有 22% 的幼儿经常能在洗完手后用自己的毛巾擦干，有 78% 的幼儿每次都能在洗完手后用自己的毛巾擦干；有 10% 的幼儿很少能做到在洗手时不弄湿衣袖、不玩水，有 32% 的幼儿有时能做到在洗手时不弄湿衣袖、不玩水，有 58% 的幼儿经常能做到在洗手时不弄湿衣袖、不玩水。

（三）如厕

在如厕方面，有 14% 的幼儿有时能用语言表达大小便的需要，有 86% 的幼儿经常用语言表示大小便的需要；有 18% 的幼儿很少能在大小便后整理好衣服，有 46% 的幼儿有时能在大小便后整理好衣服，有 36% 的幼儿经常能在大小便后整理好衣服；有 32% 的幼儿不能做到在大便后自己擦屁股，有 46% 的幼儿很少能做到在大便后自己擦屁股，有 22% 的幼儿有时能做到在大便后自己擦屁股。

(四) 午睡

在午睡方面，有28%的幼儿有时能在成人的提醒下按时午睡和起床，有72%的幼儿经常能在成人的提醒下按时午睡和起床；有18%的幼儿很少能用正确姿势入睡，有47%的幼儿有时能用正确姿势入睡，有35%的幼儿经常能用正确姿势入睡；有25%的幼儿完全不能做到独立、安静地午睡，有40%的幼儿很少能做到独立、安静地午睡，有35%的幼儿有时能独立、安静地午睡。

(五) 穿衣

在穿衣方面，有24%的幼儿很少能正确地穿脱衣服，有48%的幼儿有时能正确地穿脱衣服，有28%的幼儿经常能正确地穿脱衣服；有40%的幼儿很少能区分衣服、袜子的正反，有32%的幼儿有时能区分衣服、袜子的正反，有28%的幼儿经常能区分衣服、袜子的正反；有18%的幼儿很少能睡前收拾整理自己的衣服鞋子，有35%的幼儿有时能睡前收拾整理自己的衣服鞋子，有47%的幼儿经常能睡前收拾整理自己的衣服鞋子。

五、结论与建议

(一) 评价结论

从整体上来看我班幼儿的生活自理能力基本现状是良好的，但也存在着许多问题。大部分幼儿的生活自理能力还是不错的，有个别幼儿能力格外出色，但有小部分幼儿的生活自理能力较差，需要格外注意。

1. 吃饭方面大部分幼儿都能独立进餐，不过挑食和剩饭方面有部分幼儿还是有些不足。

2. 盥洗方面，由于小三班的常规做得还不错，几乎所有幼儿都有饭前便后洗手的习惯，只是部分幼儿还是需要提醒，还有小部分幼儿喜欢在洗手时玩水。

3. 如厕方面大部分幼儿都能用语言表达自己想要大小便的需要并能整理好衣服，但是较多幼儿还不会便后擦屁股。

4. 午睡方面大部分幼儿都能在成人和音乐的提醒下睡觉和起床，只是部分幼儿入睡较为困难，需要一些时间才能安静入睡。

5. 穿衣方面普通的外套大部分幼儿都能独立穿脱，但是需要扣扣子的衣服有接近一半幼儿都没有掌握，在区分鞋子正反方面有超过一半的幼儿不能正确区分鞋子的正反。大部分幼儿都有睡前整理好衣服和鞋子的习惯，这是从入园起就在培养的常规。

(二) 评价建议

关于评价建议我主要从教师素养方面、幼儿园管理方面以及家庭方面提出了相关策略。

1. 提高教师素养

幼儿园一日活动是培养幼儿生活自理能力的主渠道、主阵地，而一日生活是进行生活自理的最佳时间。教师在园时要深入了解幼儿身心特点，重视幼儿内在因素来提高幼儿生活自理能力；制定小班幼儿生活自理能力的计划，提出明确的规则；另外教师还应充分利用家访、家长来园的机会，加强与幼儿家长的沟通，了解幼儿在家的行为表现、习惯养成，以便教师在幼儿园进行针对性的教育引导锻炼。

2. 加强幼儿园管理

幼儿园要承担起指导家庭教育的功能。一方面充分利用家长学校，以提高家长自身素质，树立家长言传身教的观念；另一方面，应充分发挥家园联系栏及时让家长了解幼儿一日生活，以及需要配合的方面，进而营造健康、向上、有利于幼儿独立养成的良好环境。我个人比较赞同课堂教学渗透常规、生活自理能力各方面的教育。把生活自理能力培养有机的渗透到课堂教学、生活的各个环节之中。使幼儿在学习知识的同时，潜移默化地受到熏陶、影响。同时在幼儿园内创设相应的环境。如在区角、走廊、休息室等，幼儿经常活动的地方张贴一些幼儿自己的吃饭、喝水、如厕、午睡等图片，让幼儿置身于良好的环境之中。

3. 重视家庭教育

营造适合幼儿生活自理能力发展的家庭环境对培养幼儿生活自理能力有很大的帮助。现在许多家庭教育对幼儿生活自理能力教育方面相对薄弱。有的幼儿父母忙于工作，平时衣食住行由爷爷奶奶照顾，而爷爷奶奶只知道在物质上给予他们很好的照顾，让他们吃好穿暖，而在精神方面什么都顺着他们，缺乏对孩子的教育和指导，也使他们养成了许多不良的习惯。家长是孩子的第一位老师，他们的言行举止都会在孩子的心中留下深深的烙印，因此家长更需要以身作则。只有家庭中的每一个成员素质提高了，孩子们才能潜移默化地受其影响，养成良好的生活习惯。

小班幼儿园常规教育情况的评价——临海古城中心幼儿园豆豆2班为例

引言

《幼儿园教育指导纲要》指出："建立良好的常规，减少不必要的管理行为，逐步培养幼儿的自律。"幼儿园常规可以使幼儿生活具有合理的节奏，既能使神经系统得到有益的调节，促进身体健康，又能使幼儿积极愉快地参加各种活动，从而受到更全面的教育，还有利于培养幼儿自我服务的能力，为今后的生活和学习奠定良好的基础。

一、评价目的

常规对幼儿园及幼儿的意义如此之重大，因此，了解当前幼儿园常规教育的现状、方法、影响因素，探讨如何通过积极的行为促进幼儿习得行为规范和对规则的内化，是值得研究的一个问题。

二、评价内容

对幼儿常规教育情况的评价我主要分为了三方面：常规教育的现状；常规教育的方法；常规教育的影响因素。

(一) 常规的现状：对现状的标准我主要是参考了文献《3—6 岁儿童学习与发展指南》中针对幼儿成长的规律，对小班幼儿在园的一日生活的培养的目标定为：幼儿在提醒下能够按时睡觉和起床，能坚持午睡；能够在教师有序引导下做到不偏食、不挑食；喜欢吃瓜果、蔬菜等新鲜食品；愿意饮用白开水，不贪喝饮料；不用脏手揉眼睛，连续看电视等不超过 15 分钟；在提醒下，每天早晚刷牙、饭前便后洗手；在帮助下能自己穿脱衣服或鞋袜。根据文献内容整理了五条评价标准。

(二) 常规教育的方法：这里的方法主要评价的是教师的教育方法。常规教育的方法种类多样，查阅相关文献资料后我主要将其分为榜样示范法，情景游戏法，故事引导法，奖励机制法，语言提示法五个方面进行评价。

(三) 常规教育的影响因素：常规教育受多方面的因素影响，我主要分五方面进行评价：重视管理规范，轻视个体差异；重视安全，限制幼儿行为；教师面对压力产生倦怠，失去耐心；家园合作契合度，是否协调一致；幼儿自身年龄、气质特点。

三、评价方法

(一) 评价对象：本次评价对象主要是临海古城中心幼儿园豆豆 2 班的孩子，幼儿总人数为 32 个。

(二) 评价方法：文献研究法。查阅了大量的有关幼儿园班级常规教育的文献，建立评价标准。本研究的主要观察方法是非参与式观察法，观察时主要记录带班教师在幼儿一日生活中的常规教育事件和教育方式，最后汇总出每位教师使用的每种常规教育方法，分析其常规教育的影响因素。

四、评价结果

表附 -3　豆豆 2 班常规教育情况评价表

古城中心幼儿园豆豆 2 班幼儿常规教育评价表						
评价内容	评价指标	等级				
		1	2	3	4	5
常规的现状	1. 在成人提醒下，按时睡觉和起床，并能坚持午睡				√	
	2. 在成人引导下，不偏食、挑食，喜欢吃瓜果、蔬菜等新鲜食品	√				
	3. 愿意饮用白开水，不贪喝饮料				√	
	4. 在提醒下，每天坚持早晚刷牙、饭前便后洗手	√				
	5. 在帮助下能自己穿脱衣服或鞋袜					√
常规教育的方法	1. 榜样示范法：建立明确清晰的准则，教师言行一致				√	
	2. 情景游戏法：在游戏中落实常规		√			
	3. 故事引导法：利用绘本故事和图画讲解落实常规		√			
	4. 奖励机制法：给予表现好的幼儿小红花奖励					√
	5. 语言提示法：言语上的提醒与提示				√	
常规教育的影响因素	1. 重视管理规范，轻视个体差异				√	
	2. 重视安全，限制幼儿行为	√				
	3. 教师面对压力产生倦怠，失去耐心				√	
	4. 家园合作契合度，是否协调一致				√	
	5. 幼儿自身年龄、气质特点	√				

备注：表中 1—5 表示层次逐渐增加，等级越高越好。

(一) 常规的现状

常规的现状平均等级为3，其中在成人引导下，不偏食、挑食，喜欢吃瓜果、蔬菜等新鲜食品和在提醒下，每天坚持早晚刷牙、饭前便后洗手两方面的常规落实不是很到位。豆豆2班的孩子在老师的引导下，还是不愿意吃饭，挑食的情况严重；饭前便后如果没有老师的监督与提醒就会忘了洗手，卫生习惯较差。

(二) 常规教育的方法

常规教育的方法平均等级为3.4，其中情景游戏法和故事引导法在豆豆2班的使用频率不高。此外，教师会亲自示范讲解常规，如：洗手，刷牙等；豆豆2班教师会使用奖励小红花来激励常规的培养；在用餐后收拾自己的餐桌方面会使用语言等提示，如：小眼睛看老师，小嘴巴闭牢，小椅子转过来，小手放在大腿上。

(三) 常规教育的影响因素

由评价结果可知，重视安全，限制幼儿行为和幼儿自身年龄、气质特点等级较低都为1级。一方面是受安全因素的影响，教师会考虑到幼儿的安全问题而限制幼儿的一些行为。另一方面是受幼儿自身年龄、气质特点的影响，小班年龄幼儿的注意力仍以无意注意为主、记忆以机械记忆为主、模仿力强，第一反抗期的出现、自主性增强等年龄特点都会影响常规教育的培养。家园合作契合度较高，如：教师会提前在微信群通知家长教幼儿在家学习穿脱衣物，为穿衣大赛做准备。

五、结论及建议

(一) 结论

1. 小班幼儿的常规现状处于中等水平，落实不都到位。

2. 小班幼儿的常规教育的方法较多样，但是其游戏法和故事引导法的使用频率不高，成果不明显。

3. 小班幼儿的常规教育的影响因素主要与教师的管理方式有关，家园合作方面契合度比较高。

(二) 建议

1. 制定合理的幼儿园常规。通过在幼儿园两个月的观察发现，许多常规都是幼儿园制定的，教师在制定生活常规管理内容时要避免过多过细，要根据幼儿身心发展状况制定合理、灵活的内容和要求，避免对孩子进行“军事化”统一管理。如 3—4 岁幼儿注意力持续时间大约三四分钟，喜欢鲜艳、有声的事物，因此在安排活动时要注意时间分配和物品选择。教师应当根据本班幼儿的发展水平适时调整，在重视管理规范的同时重视个体差异。

2. 采用多元化的常规教育方法，幼儿园小班的幼儿都很喜欢听故事，教师可以将常规教育过程中出现的问题，利用给幼儿讲故事的时候把常规要求灌输给幼儿，也可以将班级的常规创作成各种朗朗上口的儿歌，故事和儿歌对幼儿常规培养能够起到潜移默化的作用。例如，针对饭桌上撒饭粒的情况，可以给幼儿讲解《大公鸡和漏嘴巴》和《农民伯伯种粮食》的故事，让故事感染幼儿，使幼儿明白爱惜粮食的道理，促进幼儿养成良好的个人生活习惯，也可以教幼儿朗朗上口的《进餐礼仪歌》。针对幼儿不会洗手的问题，教师可以引导幼儿一边说着《洗手歌》，一边洗手。幼儿说一遍儿歌，就加强一下正确洗手的意识，在不知不觉中，幼儿就会形成良好的洗手习惯，从而解决常规教育中比较薄弱的地方。

3. 创设良好的班级环境，我们在布置教室和幼儿园园区自然环境时，应考虑到环境要富有儿童趣味、欣赏价值和教育意义等要素，标记就是一种直观的视觉符号，可以让孩子在较短的时间理解和执行。如：幼儿园每个班的墙面可以创设“谁对谁不对”“谁的小手最能干”等有关幼儿常规培养的内容；还可以在厕所粘贴“小肚子藏起来”的图片，可暗示小朋友上完厕所后把衣服穿好；在洗手池边粘贴夸张的细菌漫画来时刻提醒幼儿要把手洗干净。在桌面上粘贴大嘴巴，让幼儿把不爱吃的饭菜有选择的放进大嘴巴。此外还要投放适合孩子发展的材料。

关于幼儿园小班活动区环境创设情况的评价
——以机关幼儿园大洋分园小三班为例

《幼儿园教育指导纲要》中指出："环境是重要的教育资源，应通过环境的创设和利用，有效地促进幼儿的发展。"由此可以看出环境对于幼儿的重要性，幼儿的身心发展不仅受教师教学的影响，也受幼儿园环境潜移默化的熏陶。幼儿园应为幼儿创设良好的环境，满足幼儿多方面发展的需要，使他们在快乐中获得有益于身心发展的经验。笔者将从幼儿园活动区环境创设这一方面，对临海机关幼儿园大洋分园的小三班的活动区环境创设进行评价。

一、评价目的

(一) 了解机关幼儿园大洋分园小三班的活动区环创风格水平。

(二) 呈现班级活动区环境创设的现状并提出相应建议。

二、评价内容

(一) 评价项目

对幼儿园小班活动区环境创设情况我主要分四个方面进行评价，分别为：空间环境、材料投放、区域种类和区域标示。其中空间环境又分为物质环境与心理环境。

1. 空间环境：对空间环境的评价在物质方面主要从空间布局、安全性、色彩适宜性等角度评价，在心理方面主要从幼儿参与度和教师指导两个角度评价。

2. 材料投放：对材料投放的评价主要从层次性、安全性、多样性、趣味性、及时性以及材料管理方面进行评价。

3. 区域种类：对区域种类的评价主要从范围的广度、数量、功能及选择这些方面来评价。

区域标示：对区域标示的评价主要从造型、图文比例、意义这几方面来评价。

(二) 评价标准

根据大部分学者对班级活动区环境创设的研究，结合其他的班级活动区环境评价标准，我制定了以下量表就幼儿园小三班活动区环境创设进行评价统计。

表附 -4 临海市大洋机关幼儿园小三班活动区环境创设调查评价表

评价内容		评价指标	评价等级					备注
			1	2	3	4	5	
空间环境	物质环境	1. 活动空间充足，不拥挤						
		2. 室内采光较好，通风，空气新鲜，温度适宜						
		3. 房间维护状态较好，无安全隐患，装修适当						
		4. 空间结构布局合理，有明显的区域划分，区域之间有适当的“封闭性”，动静分离。						
		5. 整体环境色彩协调，室内环境优美，儿童化，符合幼儿年龄特点						
	心理环境	1. 以幼儿为主体，有宽松自由的氛围						
		2. 教师提供适当的心理关怀，善于倾听鼓励						
游戏材料投放		1.材料投放具有层次性（考虑到不同幼儿的发展水平）						
		2. 材料清洁卫生，无毒无害，具有安全性						
		3. 材料丰富多样						
		4. 材料具有趣味性，吸引幼儿						
		5. 能够根据幼儿需要经常变更材料						
		6. 材料分类存放，且存放方式便于幼儿独立取放，有适宜的标签标记						
区域种类		1. 区域的种类是否涵盖了幼儿全面发展的多项内容						
		2. 区域的选择是否符合各年龄段幼儿的需要和发展目标						
		3. 区域的数量是否满足全班幼儿同时活动						
		4. 区域的功能是否支持幼儿新经验的建立和多种能力的发展						
区域标示		1. 标示的整体造型是否鲜明、生动有趣、吸引幼儿的关注						
		2. 图文比例是否恰当，突出区域的主要功能						
		3. 标示符号的暗示和引导意义是否直观、简洁，易于幼儿理解和操作，帮助幼儿有序的活动并形成良好的习惯						

（注释：此表格评价为等级制度方式，等级 5 最高，依次递减。）

三、评价方法

在本次针对机关幼儿园大洋分园小三班的活动区环境创设的评价中，我运用了结构化的观察法，设计了辅助观察的评价表作为观察工具。

四、评价结果

表附 -5　评价结果

评价内容		评价指标	评价等级					备注
			1	2	3	4	5	
空间环境	物质环境	1. 活动空间充足，不拥挤			√			整体环境空间较小，建构区略显拥挤，应该布局再大一点，给幼儿足够的空间创造与想象。
		2. 室内采光较好，通风，空气新鲜，温度适宜					√	
空间环境	物质环境	3. 房间维护状态较好，无安全隐患，装修适当					√	
		4. 空间结构布局合理，有明显的区域划分，区域之间有适当的“封闭性”，动静分离					√	
		5. 整体环境色彩协调，室内环境美化，儿童化，符合幼儿年龄特点			√			在主题环境创设方面色调柔和舒缓，但是儿童化的体现不够突出，主要是从成人视角出发。
	心理环境	1. 以幼儿为主体，有宽松自由的氛围				√		
		2. 教师提供适当的心理关怀，善于倾听鼓励					√	

续　表

评价内容	评价指标	评价等级					备注
		1	2	3	4	5	
小计	总分35分	30分					
游戏材料投放	1. 材料投放具有层次性（考虑到不同幼儿的发展水平）			√			在活动区的材料投放层次性不够明显，材料的操作难度偏低。
	2. 材料清洁卫生，无毒无害，具有安全性					√	
	3. 材料丰富多样					√	
	4. 材料具有趣味性，吸引幼儿					√	
	5. 能够根据幼儿需要经常变更材料					√	
	6. 材料分类存放，且存放方式便于幼儿独立取放，有适宜的标签标记					√	
小计	总分30分	28分					
区域种类	1. 区域的种类是否涵盖了幼儿全面发展的多项内容					√	
	2. 区域的选择是否符合各年龄段幼儿的需要和发展目标					√	
	3. 区域的数量是否满足全班幼儿同时活动				√		本班有6个区角，每个区角的空间有限，无法容纳全班幼儿。
	4. 区域的功能是否支持幼儿新经验的建立和多种能力的发展					√	

续 表

评价内容	评价指标	评价等级					备注
		1	2	3	4	5	
小计	总分 20 分	19 分					
区域标示	1. 标示的整体造型是否鲜明、生动有趣、吸引幼儿的关注					√	
	2. 图文比例是否恰当，突出区域的主要功能				√		
	3. 标示符号的暗示和引导意义是否直观、简洁，易于幼儿理解和操作，帮助幼儿有序的活动并形成良好的习惯					√	
小计	总分 15 分	14 分					
总分	100 分	得分 91 分					

（注释：此表格评价为等级制度方式，等级 5 最高，依次递减。总分 60 分以下为不及格，60—70 为合格，71—80 为中等，81—90 为良好，91—100 为优秀）

表附 -6　评价结果

评价项目	空间环境	游戏材料投放	区域种类	区域标示
得分	30	28	19	14
总分	35	30	20	15
百分比	86%	94%	95%	93%

本次表格满分为 100 分，本班班级环创评价得分为 91 分，属于优秀水平。其中在空间环境、游戏材料投放、区域种类、区域标示这四大项目中，各个项目的百分比均在 85% 以上，与我的评价标准符合度较高。其中区域种类百分比最高为 95%，空间环境百分比最低为 86%。在这四大项目中没有一项得到满分，说明在该班的环境创设中仍存在些许不足。

五、评价结论

我认为该班的环境创设总体上是不错的，但是存在的问题也很关键。

(一) 空间环境

1. 优点

在本班环境创设以幼儿为主体，有意识地突出童趣化，使幼儿乐于接纳并能与之融为一体，其中教室内桌椅床柜等家具的儿童化尺寸、温馨怡然的室内装修色调（本班以紫色调和白色调为主）以及活泼可爱的室内陈设造型等环境设计，都体现出幼儿的审美特点和需求。

整体环境布局合理、适宜，遵循动静分开、有机组合、大小有别原则，考虑采光取水因素；活动区之间界限分明，多以立体界限分隔，运用柜子、架子或其他物体隔离的方式划分不同区域，形成半封闭式空间。同时在教室里设置展示栏和作品角，用以展示幼儿的美工作品，同时这些作品张贴或摆放的高度要与幼儿水平视线高度一致，这样的布局幼儿可以随时欣赏自己的作品，带给幼儿满足感和自豪感，提高幼儿对美工活动的兴趣。

2. 不足

在建构区应不放置桌椅，教师可以在地面上铺上各式地毯或地垫，这样不仅可以使空间更宽敞，还可以避免幼儿将积木搭到桌椅下。在空间的利用安排上太过于紧凑，虽然区域很丰富，但是影响到了孩子的作息生活。

(二) 游戏材料投放

1. 优点

投放的材料都是无毒无害的且没有尖锐物体，能够保证幼儿的健康和安全。活动区投放的材料丰富多样，种类适宜、数量合理，例如在实习期我观察到本班在美工区投放了许多不同大小、形状、材质的辅助材料，吸引幼儿的兴趣，支持幼儿的艺术创作。在实习期间，我发现本班的区角投放材料会根据教育目标及时作出调整，让幼儿对区域活动始终保持兴趣。将活动材料分类存放，配上标签，便于幼儿拿放、分类归置，有利于培养幼儿良好的行为习惯。

2. 不足

区角材料的投放缺乏层次性，材料投放过于简单，没有考虑到不同幼儿的需要，很多幼儿都说“这个也太简单了，我早就会了”，缺乏具有一定难度的材料。对材料的利用不够经济环保，教师可以尝试做得更好。

（三）区域种类

1. 优点

在本班共设置了6个区角，分别为图书角、益智区、美工区、建构区、娃娃家以及自然角。区域的种类涵盖了幼儿全面发展的多项内容，符合3—4岁幼儿的需要和发展目标，促进幼儿全面发展。

2. 不足

区域的数量无法满足全班幼儿同时活动，本身教室空间不大，设置的区角过多，导致部分区角空间过小，同伴交往之间冲突增多会影响幼儿的游戏水平和互动质量。

（四）区域标示

1. 优点

在本班的活动区设置了进区规则以及在活动材料收纳盒上贴上了标示，同时标示符号的暗示和引导直观、简洁，易于幼儿理解和操作，能帮助幼儿有序的活动并形成良好的习惯。

2. 不足

标示的图文比例与小班幼儿不太符合，文字过多。

六、评价建议

1. 教师在设置区角时应合理考虑区角数量，保证区角的空间大小合理，让幼儿有足够的空间去创造。

2. 在制定区域规则时，教师可以邀请幼儿一起参与，共同制作，这样设计出来的区域标示符合幼儿的年龄特点，同时简单美观便于幼儿理解。

3. 由于每个幼儿间存在个体差异性，因此教师在区域投放材料时要考虑层次性，同种材料提供不同难度的操作方法。

4. 在投放区域材料时，教师也可以适当地增加废旧材料的投入比例，增加材料的环保可利用性。

关于幼儿园班级教育环境创设的评价

《幼儿园教育指导纲要（试行）》提出：“环境是重要的教育资源，应通过环境的创设和利用，有效促进幼儿的发展。”幼儿认知和思维的发展是基于所接触到的，直观感受的事物而发展的，借助一定的环境，能够促进其抽象思维的发展。同时，幼儿从其学习环境中获得的早期经验对其动作、智力、语言、社会性、审美各方面的发展及后继学习的发展都有重要影响，幼儿教育在一定程度上就是环境的创造。《幼儿园工作规程》中也明确指出："创设与教育相适应的环境，为幼儿提供活动和表现能力的机会和条件。"而班级是幼儿日常生活和学习的所在地，班级环境创设既为幼儿积极参与活动提供了有利场所，又为幼儿的成长创造了非常有利的条件。由此可见，班级环境创设是幼儿活动和成长不可忽视的因素。那么班级环境创设是否真正有利于幼儿学习与发展呢？带着疑问，我进行了调查与评价。

一、评价目的

环境是孩子的第三位老师，它能够潜移默化地影响孩子的发展。活动区、墙面、家园联系栏以及整体的环境是幼儿经常接触到的，对幼儿的品德形成和行为模式起着暗示作用。笔者通过对临海市大洋机关幼儿园小（二）班班级环境的创设实地观察和了解，分析探讨了其班级环境创设的现状及存在的问题，并提出了适当的改进方法，为实践幼儿园环境创设提供帮助。

一、评价内容

（一）评价项目

本研究评价班级教育环境创设情况，主要包括整体环境、区域环境、主题墙面、家园联系栏这四个内容。

（二）评价标准

表附 -7　幼儿园班级教育环境创设评价表

评价项目	评价标准	等级（分数）					备注
		5	4	3	2	1	
整体环境	1. 悬挂吊饰安全美观、有趣味性和一定的教育价值						
	2 色彩协调，室内环境美化、净化、儿童化						
整体环境	3. 合理利用班级有效空间，符合本班幼儿年龄发展特点						
	4. 自然角物种丰富，动植物生长良好，便于幼儿照顾、观察						

续 表

评价项目	评价标准	等级（分数）					备注
		5	4	3	2	1	
小计							
区域环境	1. 提供与区域计划相符合的操作材料且数量充足						
	2. 区域规则图设计新颖，易被幼儿理解						
	3. 区域材料投放体现出层次性、操作性、有效性和趣味性						
区域环境	4. 区域设置符合小班年龄特点，且布局合理，动静分离						
小计							
主题墙面	1. 蕴含教育价值，拓宽幼儿对当前主题内容的视野						
	2. 根据幼儿园课程的进度和季节的变化及时调整、更换						
	3. 幼儿参与主题创设，与墙面产生对话、互动						
	4. 内容选择突出主题，作品呈现方式多样，符合本班教育目标与内容						
小计							
家园联系栏	1. 家园共育栏特色鲜明，设计美观合理，标题醒目						
	2. 内容全面，及时更新（如：周计划、教学内容、温馨提示等）						
	3. 富有新意，能与家长形成互动，互动内容多样						
	4. 格式正确、布局合理、字迹工整清晰、无错别字						
小计							
总分							

（注释：此表格评价为等级（分数）评价模式，等级5为最高等级，依次递减。总分为80分，总分<=48为不合格，>48且<=56为合格，>56且<=64为中等，>64且<=72为良好，>72为优秀。）

二、评价方法

（一）评价方法

本研究通过结构式观察法，在自然情况下对小二班的整体环境创设、活动区环境创设、家园联系栏环境创设以及主题墙面环境创设进行观察，并用表格记录。根据评价标准从总体上对小二班环境创设进行分析，再从区域环境、主题墙面、家园联系栏这四个局部的环境进行分析，探究其存在的优点和不足之处，总结并提出相关建议。

(二) 评价主体：本人

三、评价结果

表附 –8　幼儿园班级教育环境创设评价表

评价项目	评价标准	等级（分数）5	4	3	2	1	备注
整体环境	1. 悬挂吊饰安全美观、有趣味性和一定的教育价值		√				吊饰以线条和方形纸盒为主，没有太大的趣味性。
	2 色彩协调，室内环境美化、净化、儿童化	√					
	3. 合理利用班级有效空间，符合本班幼儿年龄发展特点	√					
	4. 自然角物种丰富，动植物生长良好，便于幼儿照顾、观察		√				缺少生长的小动物。
小计		18					
区域环境	1. 提供与区域计划相符合的操作材料且数量充足		√				有些区域材料能够按照主题计划投放材料，但是有些区域材料长期不跟换。
区域环境	2. 区域规则图设计新颖，易被幼儿理解		√				缺少进区牌。
	3. 区域材料投放体现出层次性、操作性、有效性和趣味性		√				
	4. 区域设置符合小班年龄特点，且布局合理，动静分离		√				图书角在娃娃家旁边，建构区面积较小。
小计		16					
主题墙面	1. 蕴含教育价值，拓宽幼儿对当前主题内容的视野			√			墙面没有除了这个主题之外的延伸内容，很多都是幼儿参与活动过程性的展示。
	2. 根据幼儿园课程的进度和季节的变化及时调整、更换		√				

续 表

评价项目	评价标准	等级（分数）					备注
		5	4	3	2	1	
主题墙面	3. 幼儿参与主题创设，与墙面产生对话、互动			√			一般以教师创设主题墙为主，幼儿很少参与。
	4. 内容选择突出主题，作品呈现方式多样，符合本班教育目标与内容		√				一般都是以手绘、平贴的方式。
小计		14					
家园联系栏	1. 家园共育栏特色鲜明，设计美观合理，标题醒目	√					
	2. 内容全面，更新及时（如：周计划、教学内容、温馨提示等）		√				缺少育儿经验的分享。
	3. 富有新意，能与家长形成互动，互动内容多样		√				
	4. 格式正确、布局合理、字迹工整清晰、无错别字	√					
小计		18					
总分		66					

（注释：此表格评价为等级（分数）评价模式，等级 5 为最高等级，依次递减。总分为 80 分，总分 <=48 为不合格，>48 且 <=56 为合格，>56 且 <=64 为中等，>64 且 <=72 为良好，>72 为优秀。）

依据评价表所得评价结果：

表附 -9　小（二）班班级教育环境创设评价结果表

评价项目	整体环境	区域环境	主题墙面	家园联系栏	总分
评价得分	18	16	14	18	66

评价结果表明：

由评价表可知，每一个评价项目总分为 20 分，共 80。小（二）班总分为 66 分，班级教育环境创设情况良好。其中，整体环境和家园联系栏分数较高，都为 18 分；区域环境排在第二位，为 16 分；主题墙面分数的分最低，为 14 分。说明小（二）班的环境创设总体来说是良好的，在整体环境和家园联系栏方面比较好，但也还是存在一些问题，特别是在区域环境创设和主题墙面环境创设方面。笔者通过观察，对评价项目逐个分析，结果如下：

（一）整体环境的评价

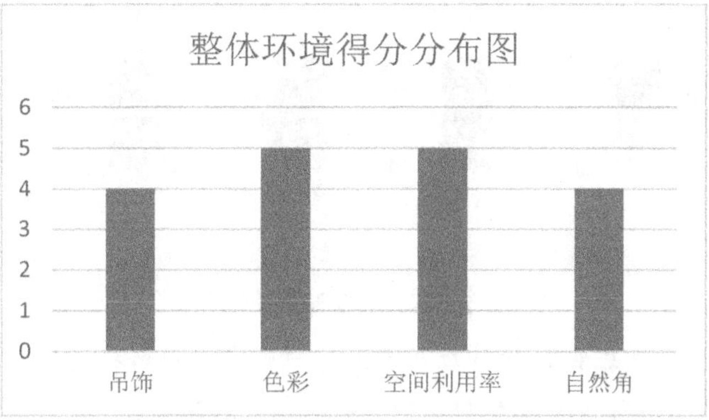

图附 –1　整体环境得分分布图

由图可知，该班整体环境中色彩和空间利用率都为 5 分，吊饰和自然角得分各为 4 分。这说明该班级色彩比例协调，空间利用率高，但是在吊饰和自然角创设方面所含教育价值有所欠缺。

分析小结：

1. 优点

该班级环境创设的风格主要以自然风为主，采用了大量的原木色进行创设，带给人一种清新自然，美观舒适的视觉感受。在理念上与幼儿园“乐创”教育目标相一致，环境创设既有与课程相关的主题性，又有与幼儿兴趣有关的生成主题。以幼儿为主体，体现出环境与课程互生的一种理念。

2. 存在的问题

教师会因为花费很大力气去布置，导致吊饰可能因更换不方便，长期不变。自然角幼儿参与性不强，且缺少小动物，不利于幼儿全面观察。

（二）区域环境的评价

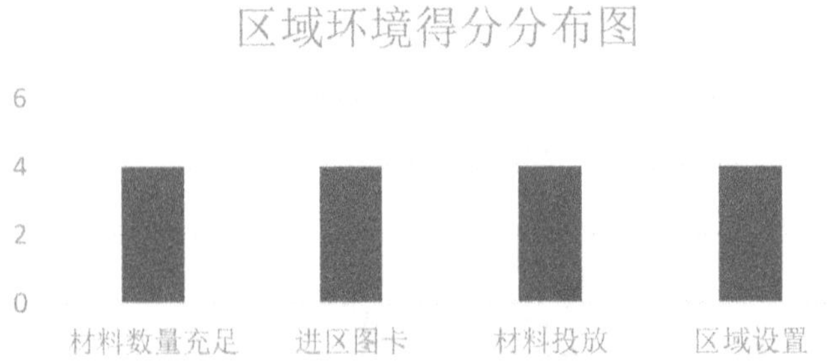

图附 -2　区域环境得分分布图

由图可知，该班级在材料数量、进区规则卡、材料投放遵循的原则和区域设置方面创设情况总体较好，但还是存在一些问题。

分析小结：

1. 优点

（1）活动区分为益智区、科学区等7个区域，且遵循了大小有别的原则，例如将娃娃家、美工区设置得较大，益智区以安静活动为主，设置得较小，有效促进了幼儿在身体、语言、认知、社会和品德、美感等方面的发展。

（2）各区域之间有明确的界限，利用合理。大多用低矮的柜子隔开，呈半封闭式，且这些柜子既是幼儿的抽屉，又是作品展示区，有效利用了班级资源。且每个活动区都有规则的制定，包括进区人数、进区的注意事项。制作的材料用的是班级里的主材料纸箱，同时将形状设置成机器人的形状，契合小班本学期“机器人”的生成主题。

（3）在材料投放上，材料选择较适宜，具有层次性、操作性、安全性、启发性、针对性，且新旧材料相结合，幼儿能对材料产生互动，产生探索欲望，有助于其全面的发展。

2. 存在的问题

（1）区域布局存在一些问题，有些区域没有遵循动静结合、有机组合的规律，例如将阅读区设置在娃娃家旁边，幼儿阅读会受到一些影响，又如建构区的面积较小，不能让更多的幼儿参与到搭建中。

（2）区域没有进区卡，有些幼儿早上进来的时候会考虑很久才坐到一个区域中，而且有些区域人数也会超出规定范围。

(3) 材料投放缺少一定的层次性。有些区域没有考虑幼儿之间的个体差异性，无法让每个孩子都能在其中找到适合其能力和经验的材料。例如在益智区的串珠活动，提供的是大小和材质一样的珠子，这样有些幼儿的能力可能无法得到提升。

(三) 主题墙面的评价

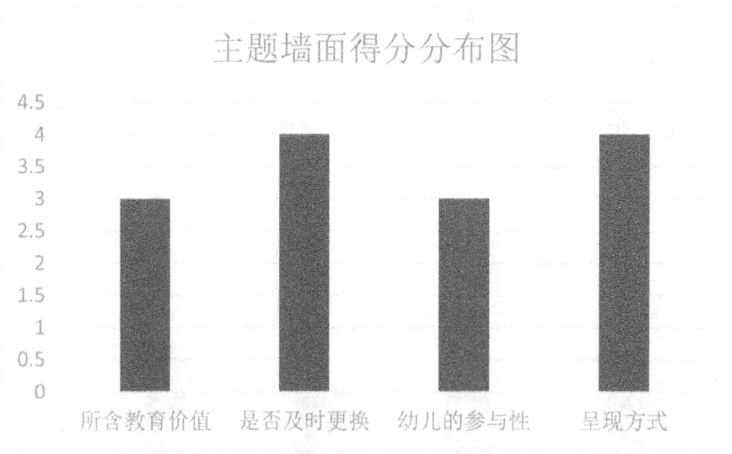

图附 –3　主题墙面得分分布图

由图可知，该班主题墙面在所蕴含的教育价值、幼儿的参与性方面得分较低，各仅为 3 分，在主题墙面是否及时更换以及作品呈现方式上创设较好，各得 4 分。

分析小结：

1. 优点

(1) 该班主题墙饰与整体环境的色调相一致，主题突出，设计以图文结合的形式在牛皮纸上呈现。

(2) 运用较多的是手绘的技法。基础课程的主题与生成课程的主题并存，并能够根据教学主题的变化及时更换，主题墙饰的展现较为合理。

(3) 装饰性墙饰用了布料、纸杯、纸板等多种材料。例如在图书角的小窗帘，给图书角营造了一种安静、温馨的氛围。

2. 存在的问题

（1）很少有互动墙饰设计，互动墙饰设计是让幼儿参与墙饰材料的准备和制作的过程，由师生互动共同完成的一种墙饰设置形式。而该班主题墙饰的设置很少有幼儿自己动手参与的机会，一般是教师将幼儿的美术作品放到主题墙上。虽然幼儿过程性的记录也体现出了以幼儿为主体的环境创设，但是并没有真正的以满足幼儿发展的需要为目的。

（2）装饰手法运用较少，画面构图较少，并没有很多的装饰造型，没有带给幼儿很强烈的视觉体验。

（3）主题墙饰能够按主题进行变更，但是区域内的墙饰很少有变化。

（四）家园联系栏的评价

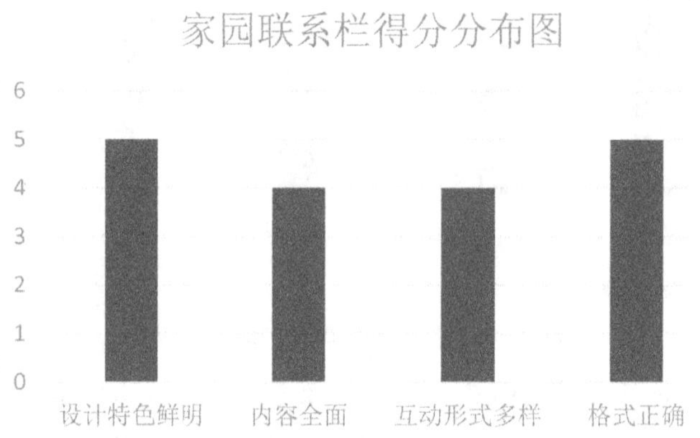

图附 -4　家园联系栏得分分布图

由图可知，家园联系栏的创设在设计特色、书写格式方面情况较好，在内容设置和与家长的互动方面创设效果不佳。

分析小结：

1. 优点

（1）从小班幼儿的年龄特点出发，3—4 岁幼儿情绪的自我调节能力逐渐提高，但也存在不稳定的现象，创设一个温馨舒适的家园联系栏，有助于幼儿情绪情感的发展。因此，联系栏颜色以原木色这种暖色调为主，用房子的形状装饰，简洁明快，给人一种家的感觉，在适应幼儿身心发展规律的同时，在一定程度上更能吸引家长的注意力。

（2）以幼儿为主体，在家园联系栏中体现幼儿的学习成果，放置孩子们制作的作品，既能为联系栏增加趣味性、生动性，同时也使孩子参与环境创设，遵循了幼儿参与性的原则。

2. 存在的问题

缺少对育儿经验的分享，可能因为时间原因或者并不清楚留言板的作用，家长也很少在留言板上留言，家园联系栏没有真正发挥沟通功能。

三、建议

（一）对整体环境的建议

可以配合节日的主题教育进行吊饰的更换。例如在中秋节挂上灯笼，在国庆节挂上国旗，使空间环境具有动态性，幼儿通过环境的刺激接受节日的一些知识，在无形中促进幼儿的学习能力。

（二）对区域环境的建议

1. 在不改变原有布局的情况下，可以增加建构区的面积以及材料，教师要引导幼儿在地面上搭建，并根据材料搭建多种主题。

2. 可以增加进区卡，让幼儿有自主选择的机会，也避免了幼儿拥挤到一个区域中。

3. 材料投放要实现幼儿的“最近发展区”，并考虑到不同差异的幼儿。活动区的材料往往是刚投放时幼儿比较感兴趣，而且有不同的层次，但玩一段时间之后，幼儿的兴趣会大大降低，为了唤起幼儿的好奇心，老师需要花足够的时间去思考材料的创设和运用，提升或降低材料的难度，让幼儿在操作中思考，在探索中不断发现，寻找答案。

（三）对主题墙面的建议

1. 加强互动墙面的设计。教师和幼儿可以共同商讨墙面主题，调动幼儿参与制作的积极性，比如说在美工区制作大树，教师可以在墙面上制作出树干，请幼儿自主选择材料去填充。从幼儿的心理特点出发，选择合适的互动主题进行设计。

2. 增加装饰手法与材料的运用。色彩明快、造型夸张的形象是幼儿最易接受和喜爱的视觉符号，教师可以选取各种材料进行构图，例如在午睡室的墙面上，可以利用平面剪贴的方法在墙上贴上月亮星星的造型，更能给幼儿创设一种安静的氛围。

3. 其他区域的墙饰能够根据主题的变化引申出相应的子主题，拓宽幼儿的视野。同时，注重小墙饰的作用，可以在窗户上面贴上墙饰，潜移默化地影响孩子。

(四) 对家园联系栏的建议

家园联系栏是反映班级管理的一面镜子，也是家园合作的有效载体。在环境创设时也十分重要。整体设计应美观大方，科学合理，版式简洁，避免过度花哨。可增加相关育儿知识方面的内容，并能倾听家长的意见，优化栏目设置，了解家长的需要、问题和疑惑，作为下次育儿知识经验分享的主题来源。

大班幼儿在区域游戏中合作行为的评价报告

合作是贯穿一个人成长与发展始终的极其重要的行为，且幼儿期是个体形成各种社会性品质以及心智发展的重要时期，是否具备良好的合作意识及能力将决定儿童能否顺利融入团体与社会。而旨在进行开放性教育的区域活动便能为幼儿提供更多的活动空间和交往氛围，在幼儿大班教育教学工作中具有重要地位，让孩子们在和谐的环境中和其他幼儿进行交流交往，在这样的氛围中逐步开展合作，在各种合作活动中提高认识，感悟成功的积极情感。

由此而言，在区域活动中加强大班幼儿的合作能力是当前幼儿教育的重要工作之一。因此，对大班幼儿区域游戏中合作行为进行评价是十分必要的，一定程度上推动着幼儿的发展。

一、评价目的

1. 通过了解实验幼儿园大二班幼儿在区域游戏中合作行为的情况，反映出目前幼儿园大班幼儿在区域游戏中合作行为的基本现状。

2. 通过调查，找出并阐明影响幼儿合作行为的因素。

3. 通过对调查结果进行分析，了解帮助幼儿在区域游戏中能正确合作的科学干预策略。

二、评价内容

1. 评价项目

教师对于大班幼儿在区域游戏中合作行为

2. 评价标准

根据大部分学者的研究，幼儿的合作水平和合作性质极大的影响幼儿区域活动中合作行为的情况。据此，特制定以下量表，在一周内对大二班5个区域中幼儿的合作行为分别从合作水平和合作性质角度进行统计评价。

表附 -10　大班幼儿在区域游戏中合作行为的评价量表

评价内容	评价指标	表现						备注
		美工区	建构区	益智区	科学区	阅读区	小厨房	
合作水平	0级合作水平：无合作行为，不能主动合作，也不接受被动合作，自己做自己的事情							
	Ⅰ级合作水平：在别人主动帮助或老师要求的情况下，被动接受合作，但不积极配合，有时参加，但不太愿意交流和沟通							
	Ⅱ级合作水平：在别人的主动帮助下，被动接受合作，并能积极配合，接受指导和帮助，最终完成任务							
	Ⅲ级合作水平：当自己无法完成任务时，主动寻求帮助，在与其他小朋友的共同协助下完成任务							
	Ⅳ级合作水平：主动帮助有困难的小朋友，为另一个或几个同伴提供指导和帮助							
	Ⅴ级合作水平：同伴协作，同伴之间地位平等，通过讨论、商议，分享彼此不成熟的想法，最终找到最佳办法并实施							
合作性质	消极合作行为：在整个游戏过程中不愿意与他人合作，即使被动接受合作，也不积极配合，也不愿意沟通和交流，被动性和消极性较强							
	中性合作行为：在别人主动帮助或主动寻求帮助的情况下，与他人合作，并能积极配合协同完成任务，协助性和配合性较强。							
	积极合作行为：愿意相互帮助、积极配合，同伴之间通过讨论、商议，共同完成任务，积极性和主动性较强							

三、评价方法

1. 评价范围

以幼儿区域游戏为背景，就幼儿的合作水平和合作性质进行评价

2. 评价对象

临海实验幼儿园大二班全体幼儿

3. 评价方法

本研究主要采用观察法。研究者在自然情境下对大二班幼儿在区域活动中发生的交往行为进行观察和记录。在观察了整个行为过程之后，研究者就刚才发生的行为，分析幼儿的行为动机和表现。除此之外，观察者基本上没有干预活动。最后，对所记录的观察结果进行整理及思考。

四、评价结果

下面我将从两个方面来呈现我的研究结果。

(一) 大班幼儿在区域游戏中的合作行为

1. 区域游戏中幼儿的合作水平分析

本评价采用时间取样观察法对大二班幼儿的合作水平进行分析，对幼儿在不同区域中的合作水平进行观察和统计，具体情况见表附 -11 和图附 -5。

表附 -11　幼儿在不同区域游戏中的合作水平评价表

合作水平区域	美工区	建构区	益智区	科学区	阅读区	小厨房
0 级合作水平	1	0	0	0	0	0
Ⅰ级合作水平	0	0	1	1	0	0
Ⅱ级合作水平	1	2	3	4	1	3
Ⅲ级合作水平	3	7	6	8	3	5
Ⅳ级合作水平	3	5	8	9	4	3
Ⅴ级合作水平	0	3	2	2	0	1

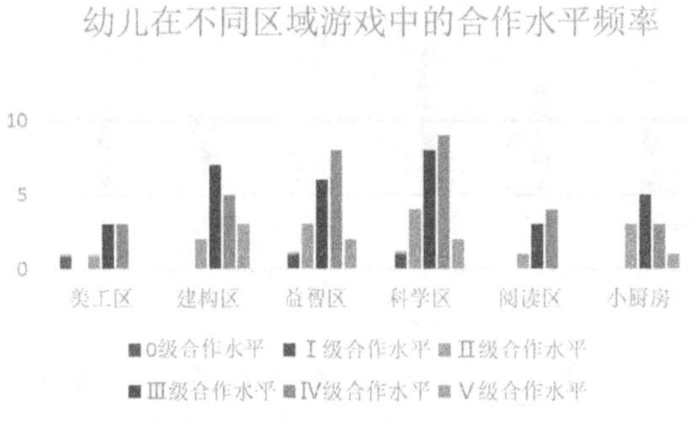

图附 -5　幼儿在不同区域游戏中的合作水平频率图

在区域游戏中，大班幼儿合作行为发生最多的是在科学区，其次是益智区和建构区，美工区、阅读区、小厨房发生的合作行为相对来说较少。且Ⅲ级合作水平（当自己无法完成任务时，主动寻求帮助，在与其他小朋友的共同协助下完成任务）和Ⅳ级合作水平（主动帮助有困难的小朋友，为另一个或几个同伴提供指导和帮助）发生的频率较高，而0级合作水平（无合作行为，不能主动合作，也不接受被动合作，自己做自己的事情）和Ⅰ级合作水平（在别人主动帮助或老师要求的情况下，被动接受合作，但不积极配合，有时参加，但不太愿意交流和沟通）相对来说发生的频率较低。

研究结果表明，在科学区、益智区和建构区，幼儿的合作行为较多且合作水平较高，而阅读区、美工区幼儿的合作行为较少且合作水平较低。

2. 区域游戏中幼儿的合作性质分析

在合作水平状况的分析基础上，本研究进一步对大班幼儿在不同区域中的合作性质进行分析。

表附－12　幼儿在不同区域游戏中的合作性质评价表

合作水平区域	美工区	建构区	益智区	科学区	阅读区	小厨房
消极合作行为	1	0	0	0	0	0
中性合作行为	5	8	9	10	3	6
积极合作行为	0	4	3	3	1	2

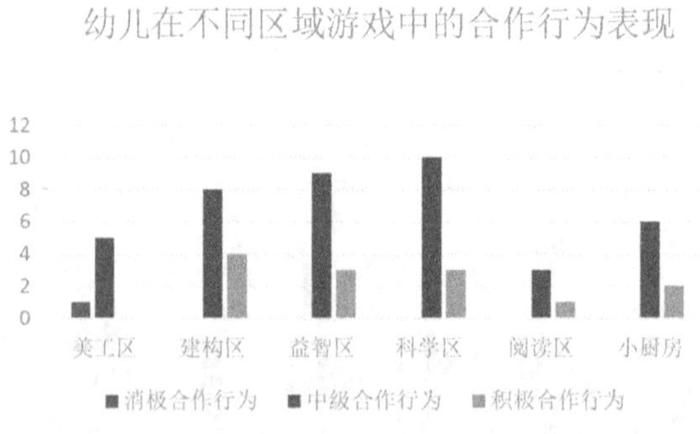

图附－6　幼儿在不同区域游戏中的合作行为表现图

幼儿在区域游戏中主要表现为中级合作行为，即在别人主动帮助或主动寻求帮助的情况下，与他人合作，并能积极配合协同完成任务，协助性和配合性较强。总体表现为中级合作行为＞积极合作行为＞消极合作行为。

研究结果表明，总体而言，幼儿在不同区域游戏中的中级合作行为表现的最多，幼儿会主动寻求帮助或需要别人帮助时与他人合作，有一定的合作意识和合作能力。

(二) 大班幼儿在区域游戏中的合作行为存在的问题分析

1. 合作的性别问题：女孩高于男孩，同性多于异性。

通过以上对不同性别大班幼儿合作水平和合作性质的分析，可以发现，女孩的合作水平高于男孩。此外，通过观察还可以发现，在建构的过程中同性之间的合作次数多于异性之间的合作。

2. 合作水平问题：高水平合作不多。

通过以上的研究结果，可以发现，大班幼儿之间低水平的合作不多，基本都能较为积极主动地开展合作活动，但高水平合作也不多，并不能较好地与同伴在沟通、商议后找到最佳办法，形成合作。

3. 合作意识问题：先完成自任务，再合作。

通过观察，本研究发现，在游戏过程中，特别是一开始，幼儿的合作意识并不高，都是先完成自己的任务，然后再选择与其他幼儿进行合作。

4. 告状问题：经常发生告状。

在幼儿区域游戏时，经常会有幼儿向老师告状。根据皮亚杰的理论，在幼儿5岁前，对社会规则没有多少意识，而在5～10岁之间，儿童开始把权威人物指定的规则视为神圣的，不可更变的。因此，在大班阶段，儿童会根据受到幼儿园规则的影响，逐渐形成自己心目中的规则，而这一规则一旦遭到破坏，就会产生告状行为，只是一种常见的、不可避免的现象。虽然在告状的过程中，儿童逐渐习得了规则，习得了什么样的是“好孩子”，但前提是教师的积极引导

五、结论与建议

(一) 研究结论

通过对大班幼儿在区域游戏中的合作行为进行统计和分析，现对大班幼儿在建构性游戏中的合作特点归纳如下：

1. 在大班幼儿合作水平方面，不论在哪个区域，大班幼儿发生低水平合作行为的次数较少，合作的主动性和积极性较好。

2. 大班幼儿合作性质方面，在任何一个区域，大班幼儿发生积极合作行为的次数相对较多，协作性和配合性较好。

3. 从合作行为的性别角度看，女孩的合作水平高于男孩，女孩更容易在区域游戏中发生积极的合作行为，表现好于男孩。

4. 在区域游戏中，主要存在以下四个方面的问题：(1) 合作的性别问题：女孩高于男孩，同性多于异性；(2) 合作水平问题：高水平合作不多；(3) 合作意识问题：先完成自己任务，再合作；(4) 告状问题：经常发生告状。

(二) 教育建议

1. 针对幼儿特点，有效培养孩子的合作意识。

大班幼儿身心发展特点各不相同，游戏时孩子们的心情也不同，教师应结合这方面的特点进行因材施教。

2. 结合教材内容，注重幼儿合作能力的培养。

区域游戏中，教师要善于结合幼儿教材，将合作能力培养渗透其中，强化幼儿合作能力的养成教育。

3. 结合教学实际，创设合作能力培养环境。

在幼儿大班区域游戏中培养幼儿的合作能力，需要老师进行必要的指导，创设以此相吻合的和谐环境。

大班幼儿加减运算能力的现状与影响因素研究

摘要：加减能力是个体数学认知结构中最为核心的能力之一。本课题通过测验法，运用实物操作题、口头应用题和算式题三种不同试题，考察 100 名大班幼儿的加减运算能力的现状与影响因素。结果表明，大班幼儿加法运算能力强于减法；解决实物操作题的能力高于其他两种；拥有一定的运算策略，但运算策略选择保守；大班幼儿的加减运算能力受到性别、运算策略、其他数学能力、不同任务呈现方式、数学任务中的教具及园外数学辅导的影响。

关键词：大班幼儿、加减运算能力、现状、影响因素

引言

《义务教育数学课程标准（2011 版）》指出："运算能力主要是指能够根据法则和运算规律正确地进行运算的能力。"在幼儿园数学教育中，加减运算占据着非常重要的地位。它既是儿童数学认知能力的重要组成部分之一，也是儿童深入掌握数学知识系统以及解决日常数学问题的基础能力之一。1922 年，桑代克发表了《运算心理学》，至此开始，运算的一系列研究受到了教育学界和心理学界的持续关注。2001 年，《幼儿园教育指导纲要》颁布，其中指出了要引导幼儿建构初步的数概念，并学习用简单的数学方法解决简单问题，而加减运算能力就是用于解决简单问题的重要手段。

一、研究基础

通过查阅各类关于儿童加减运算能力的研究，发现学者们将热点聚焦于以下三个方面。第一，儿童加减运算能力的发展；第二，儿童加减运算策略的发展；第三，儿童加减运算能力的培养。对这些已有研究进行剖析反思，确定将研究重点置于加减运算能力现状与影响因素上。

（一）儿童加减运算能力的相关研究

1. 儿童加减运算能力的发展

在这一项研究中，中外学者都将运算能力发展的研究重点，放在探究

儿童加减运算能力的年龄发展规律与特点上。方勤华在《对皮亚杰认知发展理论及其对数学教学的启示》中指出，儿童认知发展过程被分为几个具有质的差异的连续阶段，幼儿期儿童会明显表现出前运算阶段特性，但同时会有着向下一个具体运算阶段发展的倾向。[1] 薛楚雪在《对儿童加减法运算能力发展》中表明，儿童从 3 岁就开始学习加减运算了，经历了两个阶段，第一阶段体现的是具体形象思维，需要依靠具体实物进行判断，第二阶段依靠的是抽象的概念，是一种抽象逻辑思维。[2] 以上是中国学者基于外国研究理论上的总结，而中国学者自身也有对儿童运算能力发展进行了大量研究。林崇德在《学龄前儿童数概念与运算能力发展》中指出，儿童数运算能力的形成具有明显的年龄特点，不同年龄阶段进行不同形式的数运算；并且表明了学前儿童运算能力发展拥有两个关键期，要把握抓住关键期。[3] 陈思曼、王春燕对幼儿数学能力发展现状进行了考察，研究发现，中班和大班幼儿在数学运算能力发展结果中存在显著差异，大班幼儿得分显著高于中班幼儿。[4] 赵振国对 3—6 岁儿童数感发展进行了调查，数据显示在加减总数、比较总数和数与物体对应总数这个三个部分小班到中班期间变化较为明显。[5]

综上，从教育学和心理学角度进行研究的学者在对儿童加减运算能力的研究上，都体现出来了年龄发展差异这一主要特点。国外的学者以皮亚杰的认知发展理论为研究基础，探究了儿童在不同年龄阶段与思维水平发展相对应的发展规律。中国早期学者有部分也依照了国外的研究特色，与思维联系起来，例如林崇德就将 7 岁儿童在形成数概念和发展运算能力中的思维活动表现划分出四个等级。而中国现代的研究学者在研究儿童加减运算时，不仅仅是将认知发展理论作为指导思想进行研究分析，而是以研究数据为主要的分析依据，做大量的实验测试研究，在实践中根据不同年龄阶段儿童的各项数学能力水平，演算出年龄发展差异规律，是用真实数据验证理论的真实性。

2. 儿童加减运算策略的发展

儿童加减运算策略是影响儿童计算能力发展的重要因素，反映了儿童的思维过程及解决问题的水平。国外学者从研究运算策略来探究儿童运算能力的发展。沃建中等人在 5—7 岁儿童加法策略的发展特点的研究中提到 Siegler 推翻了认为儿童是通过使用某种策略来解决加法问题的想法，探索研究了儿童策略使用的多样性，并将儿童解决运算问题时使用的策略进行精细划分，再将策略选择和发现机制分为四种模式。[6] 上述是国外学者对于儿童运算策略的研究，而中国近现代学者也对儿童运算策略的发展做了大量研究。陈英和对幼儿加减法运算中的策略发展特点进行了探究，发现随着年龄的增长，儿童运算中使用的策略开始由模仿、交换向内化、相反数策略转化，并且在不同年龄下使用相同策略的频率也在变化。[7] 沃建中在《5—7 岁儿童加法策略的发展特点》的研究结果中发现，儿童解决加法运算的策略是多样的，但是伴随着儿童年龄的增长，不同策略的使用比例出现了差异，使用提取策略的比例明显上升，使用数数策略的比例逐渐减少。[6] 刘颂对儿童早期加法策略发展进行了调查，他总结出儿童早期加法策略发展的两个显著特点，第一，儿童解决加法问题时会大致出现 5 种基本策略，这 5 种基本策略在加法运算的初期会由低水平向高水平发展；第二，儿童所使用策略的频率呈波浪式前进。[8]

综上，国外学者在对儿童加减运算策略发展的研究上要早于中国学者，并且他们在对儿童加减运算策略发展研究进行反复推敲，不断地推翻旧思维，建立新思路，将儿童使用的策略进行精细化划分，为后续国内外学者的研究奠定了基础。而中国学者通过探索实践，总结发现的儿童加减运算策略的类型与 Siegler 提出的儿童解决运算问题时使用的四种策略类型：提取策略、数数策略、分解策略、手指策略大致吻合，并在其基础上有了不同的细化。同时中国学者的研究也总结了儿童加减运算策略发展的规律性特征，包括不同策略的规律性发展和儿童使用策略的规律性发展，为后续的策略培养提供了理论支持。

3. 儿童加减运算能力的培养

研究表明幼儿期是儿童数学能力发展的重要时期，其中 2 岁半左右是幼儿计算能力发展的关键期，5 岁左右是幼儿掌握概念，并进行抽象运算的关键期。林崇德在《学龄前儿童数概念与运算能力发展》中指出，儿童的运算能力具有年龄特点，要根据其年龄阶段特点进行运算能力培养。[3] 刘颂在儿童早期加法策略发展及其教育启示中强调我们可以在数学活动中引入并开展策略方面的内容。第一，观察与了解儿童计算策略的表现与特点。第二，适时适度指导儿童计算策略的运用。第三，创设儿童表达与交流计算策略的机会。[8] 许晓晖、庞丽娟、陶沙在研究不同任务呈现方式下幼儿加减能力的发展中，根据研究结果提出了一些儿童加减运算能力的教育启示，其中主要的一点是，在我国幼儿园的加减运算教学中，计算策略没有得到正确的认识与应有的重视，提倡要促进幼儿数概念的发展和运用运算解决数学问题能力的培养。[9]

综上，可见对于儿童加减运算能力的培养取决于儿童加减运算能力的年龄发展规律和加减计算策略上。早期研究中提出要根据不同年龄阶段特点进行数学能力培养，近年来学者发现了计算策略的重要性，开始强调把计算策略纳入培养内容中。所以上述研究给予教育者的启示是：在培养儿童加减运算能力时，既要根据不同年龄阶段特点选择适宜的教学方式与活动方式，也要将加减运算的策略植入教学活动中，包括观察策略与指导策略两个环节。

（二）儿童加减运算能力的研究反思

从已有的相关文献中可以看出，儿童加减运算能力的发展与儿童思维水平的发展相适应，都遵循从感知动作到具体形象再到抽象符号的顺序。已有的研究中对于儿童加减法运算策略的发展也很重视，他们发现运算结果可以判断儿童运算能力的高低，同时运算策略也能够反映儿童运算能力水平，甚至对比于运算结果，运算策略可以更好更准确地体现出儿童运算的思维过程，可以更客观地评价儿童的认知发展水平。根据这一系列的研究结果，在结果分析的基础上思考对儿童加减运算能力的培养，注重对儿童加减运算能力的年龄发展规律与运算策略的培养，将两者有机地结合起来以发挥更大地效应。

结合已有的文献发现，在儿童加减运算能力的研究历程中，大部分学者关注的是运算能力发展过程中的特点、运算策略的发展以及运算能力的培养。而关于儿童加减运算能力的影响因素的研究非常少，大多数学者在研究运算能力发展和策略时会略带一点对影响因素的研究，说明了年龄特点和策略会影响幼儿的加减运算能力，可对于其他因素的研究较少。因此，有必要对影响儿童加减运算能力的影响因素进行深入研究，通过对大班幼儿加减运算能力的现状分析来探究其影响因素。

二、研究方法

(一) 研究对象

在临海市机关幼儿园大洋分园中，选取大班年级段的5个班级，在样本班级中每班随机抽取20位幼儿，男女比例为1：1，共计100位幼儿。

表附 –13　问卷对象班级信息

班级	人数（人）	比例（%）
大一班	20	20%
大二班	20	20%
大三班	20	20%
大四班	20	20%
大五班	20	20%
人数总计	100	100%

表 附 –14　问卷对象性别信息

性别	人数（人）	比例（%）
男	50	50%
女	50	50%
人数总计	100	100%

(二) 研究方法

研究主要采用了测查方法，在测查过程中具体采用了测验法、观察法和访谈法。

1. 测验法：给每位幼儿做测试题，包括实物操作题、口头应用题、算式题。

表附 –15　测试项

	实物操作题	口头应用题	算式题
加法	4	4	6
减法	4	4	6

2. 观察法：观察并记录幼儿做测试时使用的策略。

3. 访谈法：询问幼儿是否在幼儿园外参与的数学辅导，包括园外学校的辅导和家庭辅导。

三、研究结果

通过数据分析将研究结果分为三大点，第一点关于大班幼儿加减运算能力的现状；第二点关于大班幼儿加减运算能力的内部影响因素，包括性别、不同运算策略、其他数学能力；第三点关于大班幼儿加减运算能力的外部影响因素，包括不同任务呈现方式、数学任务中的教具、园外数学辅导参与度。

（一）大班幼儿加减运算能力的现状

1. 加法与减法的运算成绩差异

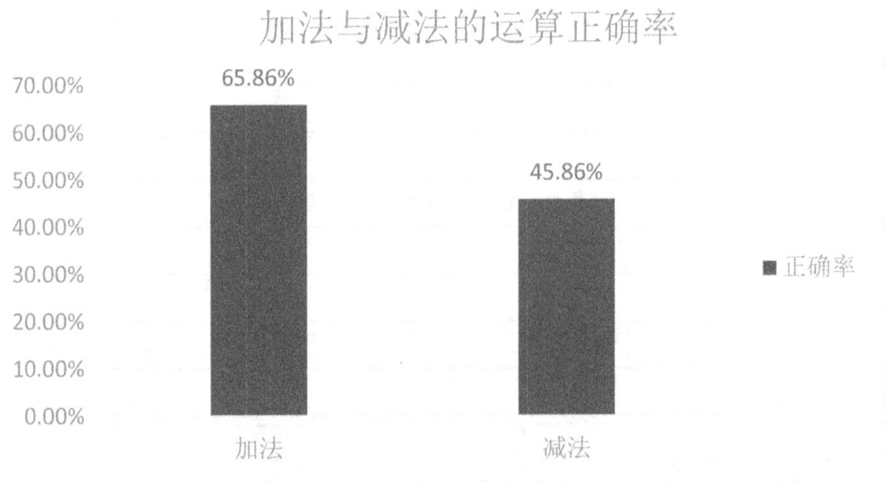

图附 –7　加法与减法的运算正确率

对加法与减法运算的各自正确题数进行统计，结果发现：加法运算的正确率为 65.86%，减法运算的正确率为 45.86%，即加法运算的正确率高于减法运算的正确率，并且减法运算的正确率没有到达及格线。说明现阶段，大班幼儿对加法运算的掌握程度较好，而减法运算的掌握程度还不是很理想。

2. 加减法下不同类型试题的成绩差异

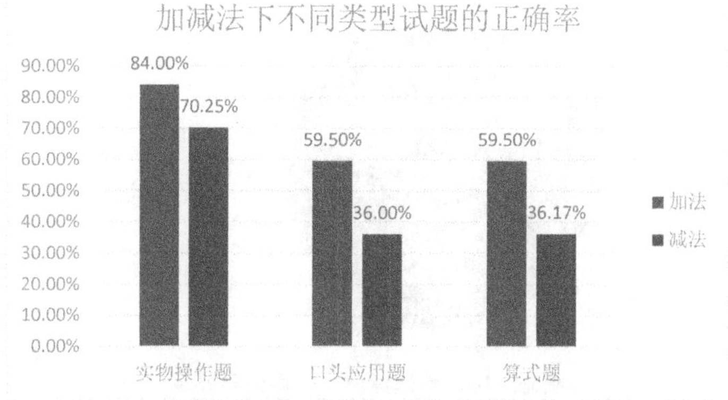

图附 -8　加减法下不同类型试题的正确率

对实物操作题、口头应用题、算式题分别在加法和减法中的正确率进行统计分析，结果发现：在加法运算下，实物操作题的正确率为 84.00%，口头应用题为 59.50%，算式题为 59.50%；在减法运算下，实物操作题的正确率为 70.25%，口头应用题为 36.00%，算式题为 36.17%。可见即使是不同类型的试题，加法运算的正确率还是远高于减法运算，同时不论是在加法运算中还是在减法运算中，正确率的排序都为：实物操作题 > 口头应用题 > 算式题。说明现阶段，大班幼儿已基本掌握了用实物操作来解决数学问题的技能，但是抽象的数概念形成的数学问题，大班幼儿还没有办法很好地解决。

3. 加减法下运算策略使用频率的差异

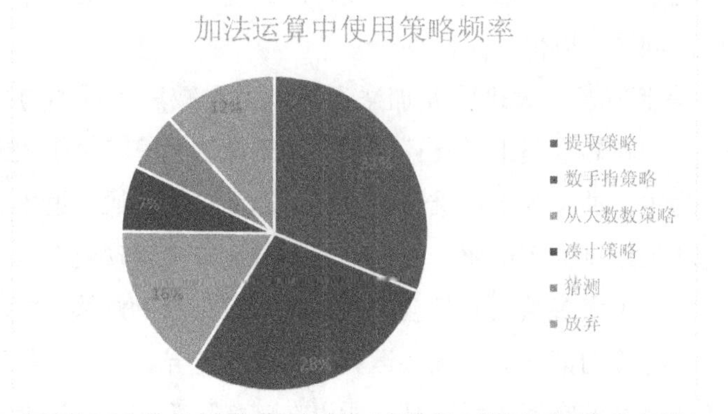

图附 -9　加法运算中使用策略频率

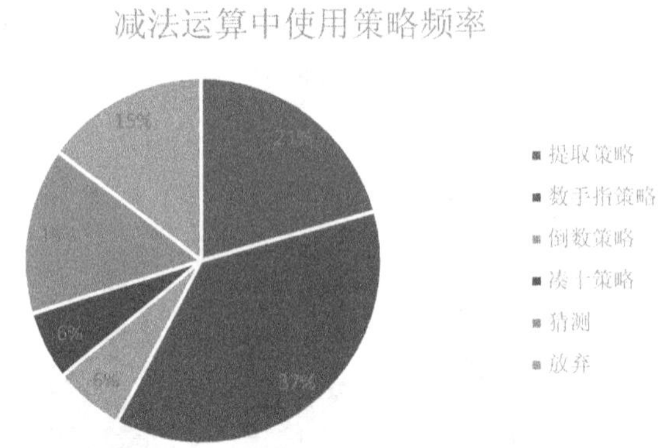

图附 –10　减法运算中使用策略频率

在加法运算和减法运算下，使用的不同策略频率进行统计，结果发现：在加法运算中，提取策略使用频率为 31%，数手指策略为 28%，从大数数策略为 16%，凑十策略为 7%；在减法运算中，提取策略使用频率为 21%，数手指策略为 37%，倒数策略为 6%，凑十策略为 6%。由此可见，大班幼儿在解决加减运算问题时，绝大多数都能使用策略，但是加法运算下的策略与减法运算下的策略类型有所不同，在加法运算中出现了减法运算中没有的大数数策略，减法运算中出现了加法运算中没有的倒数策略；同时相同策略在不同运算下的使用频率也不同，加法运算中提取策略使用较多，减法运算中数手指策略使用较多。由数据分析可说明大班幼儿大致掌握了加减运算的多种策略，小部分幼儿能根据运算类型选取适宜的策略。对于大班幼儿来说，减法运算的难度要远大于加法运算的难度，因此他们会选择自身掌握时间最长的策略来解决问题，以保证正确率。

小结：综上所述，大班幼儿加法运算能力和减法运算能力之间存在差距，加法运算的整体掌握水平及正确率会高于减法运算。由于大班幼儿以具体形象思维为主，抽象逻辑思维开始发展，因而在实物操作题中，有具体实物的形象会增加运算的正确率，而在抽象的数运算中表现就会较弱。加法运算和减法运算中绝大多数幼儿都会选择使用策略来帮助解答，同时在策略的选择上，加法运算的策略会和减法运算策略有所差异，但是差异不明显。由于幼儿对减法运算的掌握水平不高，所以在减法运算中，会选择较为保守的策略。

(二) 大班幼儿加减运算能力的内部影响因素

1. 性别对幼儿的加减运算正确率的影响

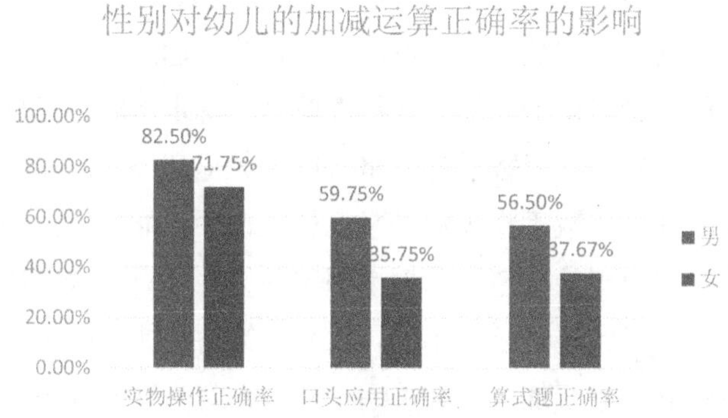

图附 –11　性别对幼儿的加减运算正确率的影响

对男孩和女孩在不同类型试题下的正确率进行统计，结果发现：男孩的实物操作正确率为82.50%，口头应用为59.75%，算式题为56.50%；女孩的实物操作正确率为71.75%，口头应用为35.75%，算式题为37.67%。比较后可知，男孩加减运算的整体正确率高于女孩，并且不同类型试题的正确率都明显示高于女孩。其中男孩和女孩在实物操作题中的正确率差距较小，口头应用题和算式题中的止确率差距较大。说明男孩的加减运算能力的发展比女孩好，同时男孩对于抽象的数学性问题解决能力比女孩强。

2. 不同运算策略对幼儿的加减运算正确率的影响

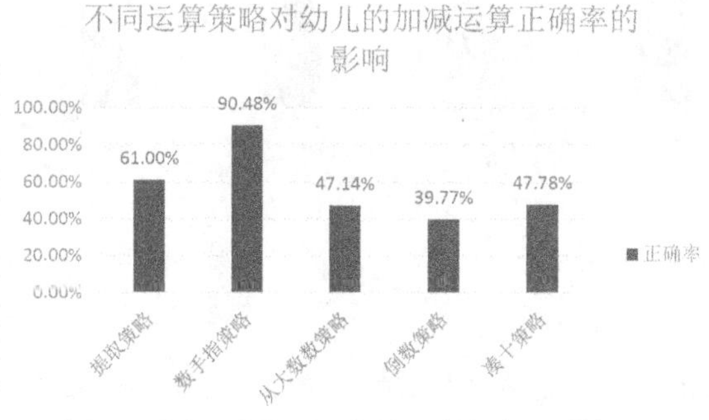

图附 –12　不同运算策略对幼儿的加减运算正确率的影响

对使用不同运算策略所致的运算结果正确率进行统计，结果发现：使用提取策略的正确率为61.00%，使用数手指策略的正确率为90.48%，使用大数数策略的正确率为47.14%，使用倒数策略的正确率为39.77%，使用凑十策略的正确率为47.78%。可见不同策略对儿童加减运算的正确率有着或多或少的影响，其中使用数手指策略所致的正确率远远高于其他策略，使用倒数策略所致的正确率最低，使用大数数策略和凑十策略的正确率相近。说明在加减运算中，幼儿使用数手指策略可以大大提高运算的正确率，同时也可以说明大班幼儿对于数手指策略的掌握较好，并且能在不同的情境中灵活使用，而倒数策略由于幼儿整体掌握水平不高，并且只适合于减法运算，使用的范围缩小了，导致整体正确率低。大数数策略的使用范围只在加法运算中，而凑十策略既可用于加法，又可用于减法，表明这两种策略虽然正确率相近，但是大班幼儿对于大数数策略的掌握能力比凑十策略更好，运算中使用从大数数策略的正确率会比凑十策略高。从分析中可发现，当大班幼儿选择掌握水平较好的运算策略会大大提高运算的正确率。

3. 其他数学能力对幼儿的加减运算正确率的影响

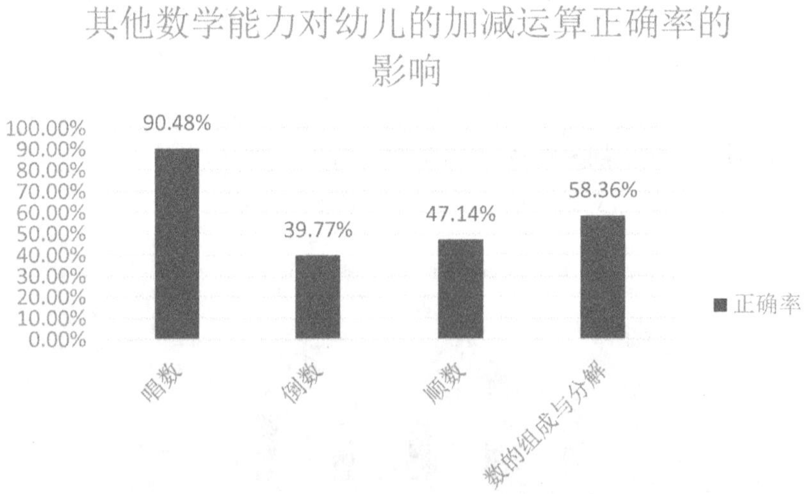

图附-13　其他数学能力对幼儿的加减运算正确率的影响

对唱数、倒数、顺数、数的组成与分解这些数学能力所致的运算结果正确率进行整合统计，结果发现：唱数能力所致的正确率为90.48%，倒数所致的正确率为 39.77%，顺数所致的正确率为 47.14%，数的组成与分解所致的正确率为 58.36%。其中唱数、倒数、顺数，可统一称为计数能力，可见计数能力对幼儿加减运算正确率的影响极大，在计数能力中，唱数能力对运算正确率的影响远远大于其他两种能力。说明大班幼儿计数能力的发展比数的组成与分解能力的发展要好得多。在加减运算中，采取用计数能力来帮助解决问题可以大幅度提高运算的准确性。同时在选择不同的计数能力时，选择较为熟悉流畅地唱数会帮助提高正确率。

小结：综上所述，大班幼儿的加减运算能力受到幼儿本身内在因素的多重影响。可能由于男孩的抽象逻辑性思维发展较好，所以男孩在抽象性问题上会表现得更为出色。在进行加减运算的过程中，幼儿对于策略和其他数学能力的选择都会对结果产生影响，选择幼儿较为熟悉且掌握较好的策略和数学能力可以大大提高运算结果的正确率。

(三) 大班幼儿加减运算能力的外部影响因素

1. 不同任务呈现方式对幼儿的加减运算正确率的影响

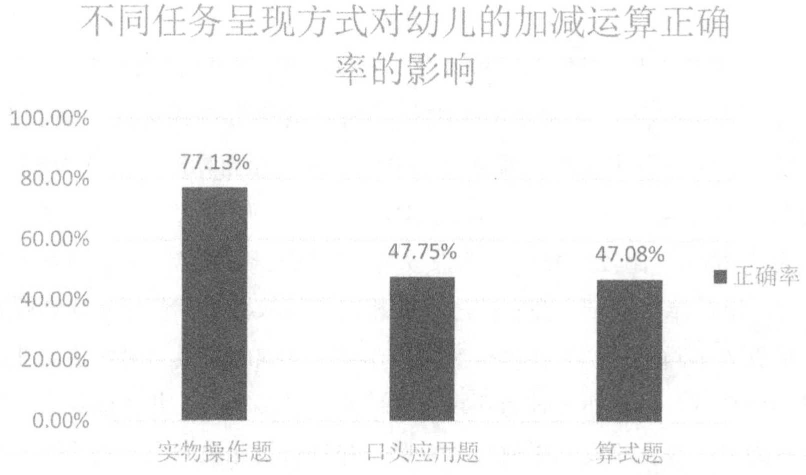

图附 –14　不同任务呈现方式对幼儿的加减运算正确率的影响

对实物操作题、口头应用题、算式题在加减运算中的正确率进行统计分析，结果发现：实物操作题的正确率为 77.13%，口头应用题为 47.75%，算式题为 47.08%。可见实物操作题的正确率最高，口头应用题和算式题的正确率接近，没有较大差距。说明大班幼儿在进行加减运算的过程中，具体且形象的物体能够更好地帮助幼儿提高运算的准确性，虽然口头应用相比于算式题没有那么枯燥，多了一种情境性，但是很大程度上需要幼儿自己想象物体情境，缺乏可操作性，不能很好地提高正确率。

2. 数学任务中的教具对幼儿的加减运算正确率的影响

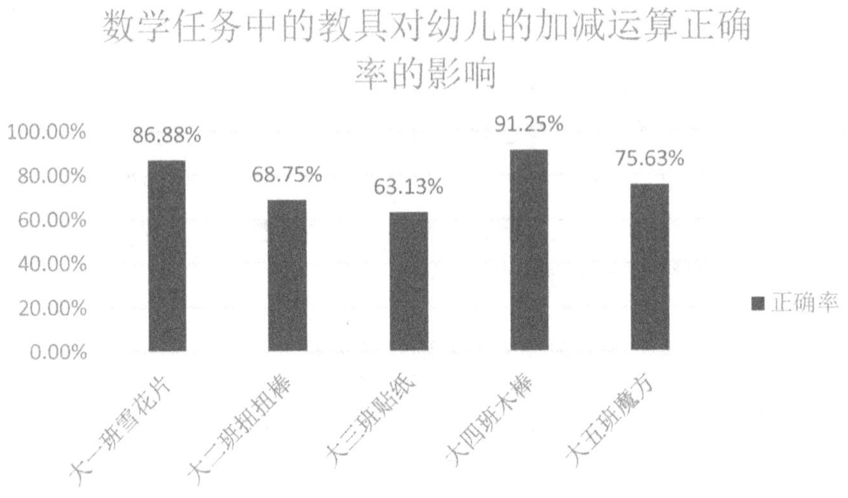

图 附 -15　数学任务中的教具对幼儿的加减运算正确率的影响

在实物操作题中，对使用不同教具所致的运算结果正确率进行统计，结果发现：使用雪花片的正确率为 86.88%，使用扭扭棒的正确率为 68.75%，使用贴纸的正确率为 63.13%，使用木棒的正确率为 91.25%，使用魔方的正确率为 75.63%。比较后发现：五种教具所致的正确率排列为木棒 > 雪花片 > 魔方 > 扭扭棒 > 贴纸，在相同题目和相同作答人数下，使用木棒能够较大提高运算的正确率。说明在进行实物操作时，选取的教具会对大班幼儿运算结果产生影响，教具如果较为新颖有趣，就会过多吸引幼儿的注意力，导致运算正确率不高，相反如果教具比较单一并且对幼儿没有很大的吸引力，就会让幼儿专注于运算上，正确率会有所提高。

3. 园外数学辅导参与度对幼儿加减运算正确率的影响

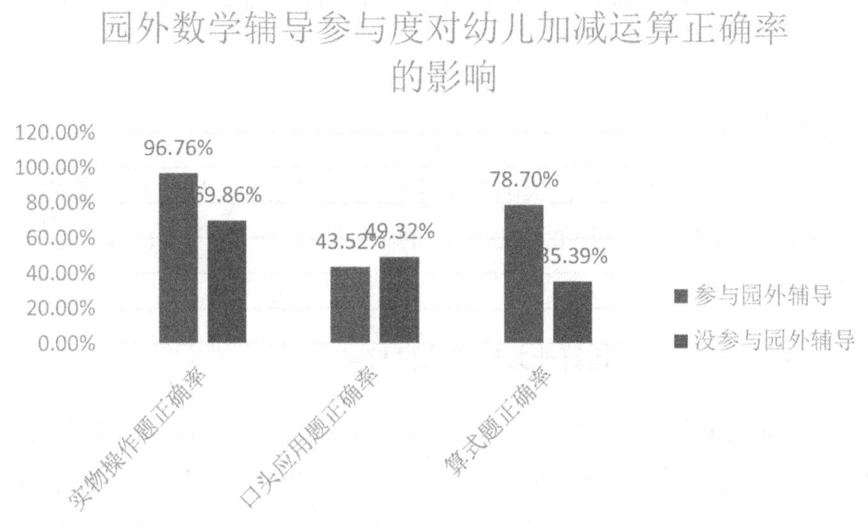

图附 –16　园外数学辅导参与度对幼儿加减运算正确率的影响

在每位幼儿结束测验后，对幼儿进行询问是否参加了园外数学辅导，将参加过园外辅导的幼儿与没参加过园外辅导的幼儿的各类试题正确率进行统计分析，结果发现：参与园外辅导的幼儿在实物操作题上的正确率为 96.76%，在口头应用题上的正确率为 43.52%，在算式题上的正确率为 78.70%；没参与园外辅导的幼儿在实物操作题上的正确率为 69.86%，在口头应用题上的正确率为 49.32%，在算式题上的正确率为 35.39%。可见参与过园外辅导的幼儿在实物操作题和算式题上的正确率远远高于没参与过园外辅导的幼儿，但是在口头应用题上，没参与园外辅导的幼儿略高于参与园外辅导的幼儿。说明园外数学辅导可让幼儿实物操作的能力发展，对抽象的数学运算能力有所提高，大大增加了他们实物操作题和算式题的准确性。但是园外数学辅导似乎更多注重的是幼儿单一数字运算能力的培养，对于应用类的加减运算没有进行合理辅导。

小结：综上所述，大班幼儿的加减运算能力受到外部环境因素的影响。教师在数学教育环境下，根据大班幼儿具体形象思维的发展特性，选取实物操作法可以提高幼儿运算的准确性，同时选取的操作教具不能过于独特新奇，因为过于新奇会分散幼儿的注意导致运算失误。大班幼儿正处于幼小衔接阶段，家长会开始关注数学的小学化，开始注重培养幼儿抽象数学运算的能力，可以有效地提高运算的正确率，但是同时需要注意应用型运算的培养。

四、研究结论

根据上述的研究结果，从中得出了以下研究结论，分别从大班幼儿加减运算能力现状的优与劣和大班幼儿加减运算能力影响因素的积极性与消极性这两方面进行阐述。

(一) 大班幼儿加减运算能力现状的优与劣

1. 大班幼儿加法运算能力明显较强，相对的减法运算能力有待提高。

加法运算运用的是顺向思维，减法运算运用的是逆向思维。绝大多数大班幼儿对于五以内和十以内的加法运算已掌握较好，能够较为熟练和准确地进行运算。但是对于减法运算，大部分停留在五以内的运算上，只有小部分可以进行十以内的减法运算。可见大班幼儿需要进行培养其逆向思维的发展，使得减法运算能力与加法运算能力持平。

2. 大班幼儿能较好地解决实物操作型运算，相对的，解决抽象型与应用型运算的能力有待发展。

实物操作型运算的特点是幼儿可以通过动作来帮助运算，大班幼儿已经能较好地解决实物操作型运算，意味着大班幼儿的思维发展水平正处于具体运算阶段，并开始向抽象运算发展，那么抽象型与应用型的运算在现阶段的表现就会较弱，需要教师与家长协助引导其发展。

3. 大班幼儿已掌握一定的加减运算策略，相对的在运算策略选择的保守性上有待改善。

使用一定的加减运算策略可以提高运算的速度与准确性，大班幼儿已经掌握了一定数量的运算策略，例如提取策略、数手指策略、从大数数策略、凑十策略、倒数策略等。不同的策略在不同的运算下都有不同程度的提高作用，但是幼儿在选择策略时，会选择自己掌握较好的策略，例如数手指策略，这个策略对于幼儿的能力要求比较低，大班幼儿基本上都可以进行正确率极高的数手指策略运算。可长期下去，对于其他运算策略的使用率就会越来越少，且渐渐淡化其他运算策略，到最后会出现运算策略运用水平停滞不前的情况。

(二) 大班幼儿加减运算能力影响因素的积极性与消极性

1. 男孩对抽象的数学性问题解决能力较强，相对的女孩在数学抽象性发展上有待增强。

大班幼儿在加减运算能力上显示出明显的性别差异。数学是一门逻辑性和概念性很强的学科，一般来说男孩大脑中负责逻辑思维的区域要比女孩发达，因而在概念性较强的抽象数学中，男孩会发挥得更为出色，女孩就会略显逊色。但是并不是女孩的数学运算能力就不好，在直接的算术运算上的能力会远远高于抽象性算术运算，因而女孩的抽象性思维需要加强培养。

2. 使用能力水平较低的运算策略可以提高运算的准确性，但不利于能力水平较高的运算策略的发展。

在一系列数学运算策略中，大班幼儿对于数手指策略的掌握较好，并且能在不同的情境中灵活使用，所以这个策略在不同题型和情境下都可以很好地保证运算的正确率。可是数手指策略是一种能力水平较低的运算策略，只需要幼儿能够掌握点数和唱数能力就可以进行所有类型的加减运算，那么长期依赖于这种低水平的运算策略，会产生保守性，不去尝试其他运算策略，对幼儿运算的长期发展不利。

3. 运算中配合使用计数能力可以提高运算的准确性，但不利于数的组成与分解能力的发展。

对于大班幼儿来说，点数，唱数，顺数这些计数能力已经熟练掌握了。由于幼儿还不能直接进行加减运算，所以借助已熟练掌握的计数能力，可以帮助幼儿在进行加减运算时提高正确率。但是用计数能力配合运算只是符合大班幼儿现阶段的发展特点，幼儿最终还是需要达到可以直接进行加减运算的水平，那么就需要幼儿进一步学习数的组成与分解，来进一步提高运算能力，不能只停留在配合使用计数能力阶段。

4. 具体可操作性实物可以提高运算的准确性，但不利于幼儿思维的想象性和抽象性的发展。

实物操作型运算可以让幼儿直接接触具体可操作的物体，应用型运算需要幼儿想象情境，提取关键数字进行运算，而口算题这类的抽象型运算直接出示数字与符号，脱离情境和实物直接进行数概念运算。这三种类型的题目对应着三种发展水平，第一种比较符合大班幼儿年龄阶段特点，能够一定程度上保证运算的准确性，第二种和第三种略高于现阶段大班幼儿的能力发展水平，根据维果斯基的最近发展区理论，要考虑幼儿可能的发展水平，为幼儿提供可发展其思维想象性和抽象性的平台，而不是停留在幼儿已发展较好的水平上。

5. 教具的简洁性可以提高幼儿运算的专注度和准确度，但可能会造成幼儿对运算失去兴趣。

在加减运算类数学活动中，幼儿的注意力会受到呈现教具的特点影响，较为新颖奇特的教具会吸引幼儿的注意力，一定程度上会分散幼儿对运算本身的专注度。那么使用的教具单一一些，可以减少吸引幼儿注意力的因素，但枯燥的教具很有可能会让幼儿对加减运算活动失去兴趣，失去主动性，这对于运算能力长期发展不利。

6. 园外的数学辅导可以提高抽象数学运算的准确性，但需要注意应用型运算的发展。

大班幼儿正处于幼小衔接阶段，虽然幼儿园内没有出现小学化现象，但是会有不少家长将孩子送去园外辅导。在园外辅导中，家长会格外注重数学的辅导，就会出现数学的小学化，这些接受过园外数学辅导的幼儿在抽象数学运算上的能力水平会高于没有接受过辅导的幼儿。但是这些园外数学辅导似乎更多注重地是幼儿单一数字运算能力的培养，即抽象数概念的运算，而对于应用型的加减运算没有进行系统性的培养，出现了发展不全面的特点。

五、建议

(一) 提高幼儿解决减法运算、抽象型与应用型运算的能力

减法运算的逆向性思维、抽象型运算的抽象性思维和应用型运算的想象性思维都对幼儿运算思维的发展有实质性的帮助，可以让幼儿在运算思维上更丰富，从而能更好地解决不同类型的运算，提高运算的准确率。

（二）运用语言来引导幼儿的运算

教师的语言性引导包括让幼儿在运算前思考如何选择更适宜的运算策略，大班幼儿有着自己的独立性，有独立的学习方式。那么教师在指导的时候最好是能通过语言提醒，既让幼儿有了自我思考的空间，保证学习的独立性，同时也可以很好地引导幼儿有目的地思考选择更适合试题的运算策略，以提高运算准确率与效率。语言性引导还包括引导幼儿多使用数的组成与分解能力，多使用数的组成与分解能力对幼儿的运算能力发展有帮助，数运算实质上就是一种数的组成与分解，幼儿能够高效地使用数的组成与分解能力时，就意味着他的运算水平已经达到较高水平了。

（三）正确对待男女之间的能力差距，因材施教

男孩和女孩之间原本就存在差异，但是这种差异并不能成为教师差别对待的理由。教师更多地需要理解差异，帮助女孩去发展抽象性思维，同时也要发现女孩和男孩身上的闪光点，多表扬多鼓励。

（四）教师要协调好幼儿参与运算的兴趣与注意力的关系

大班幼儿的注意力持续时间比小班和中班有所延长，但是注意时间的延长，并不意味注意力可以坚持在一件幼儿不感兴趣的事情上。所以如果要让幼儿在运算中保持注意力集中，不能单一地使用木棒类简单教具，这会让数学活动越来越无趣，导致幼儿失去兴趣。教师可以在使用有趣教具的同时，通过语言提醒或者规则设定的方式让幼儿既有兴趣又保持高度注意。

（五）加强家园合作，给予家长正确的培养运算的方法

由于大班孩子即将面临进入小学，所以家长对于幼儿的数学能力产生担忧，害怕进入小学后不能跟上步伐。那么幼儿园教师就需要多和家长沟通，了解家长的顾虑，同时告知家长应该怎么培养幼儿的运算能力，让幼儿能够全面发展。

参考文献

[1] 方勤华．皮亚杰认知发展理论及其对数学教学的启示 [J]. 周口师范学院学报，2009，26(5)：154-156.

[2] 薛楚雪 .5—6 岁儿童计数能力与加减法运算能力的发展状况及关系研究 [D]. 天津师范大学，2017.

[3] 林崇德．学龄前儿童数概念与运算能力发展 [J]. 北京师范大学学报，1980(2)：67-77.

[4] 陈思曼、王春燕．幼儿数学能力发展现状与影响因素研究 [J]. 陕西学前师范学院学报，2019，35(1)：99-106.

[5] 赵振国 .3—6 岁儿童数感发展的研究 [J]. 心理发展与教育，2008 (4)：8-12.

[6] 沃建中，李峰，陈尚宝 .5—7 岁儿童加法策略的发展特点 [J]. 心理发展与教育，2002(4)：26-30.

[7] 陈英和、李琳、尹称心．幼儿加减法运算中的策略发展特点 [J]. 心理科学，2006(3)：532-535.

[8] 刘颂．儿童早期加法策略发展及其教育启示 [J]. 学前教育研究，2007 (3)：10-14.

[9] 许晓晖、庞丽娟、陶沙等．不同任务呈现方式下幼儿加减能力的发展 [J]. 学前教育研究，2008(8)：26-29.

附录

加减法运算能力测查工具

一、加法题

(一) 实物操作题 (具体呈现的实物根据每班的具体材料为准)

1. 你有 1 个雪花片，我又给你 4 个雪花片，那你现在一共有多少个雪花片？

2. 你有 2 个扭扭棒，我有 3 个扭扭棒，那我们一共有多少扭扭棒？

3. 我得了 7 朵小红花，你得了 3 朵小红花，那我们两一共得了多少小红花？

4. 你有 5 本书了，我再奖励你 4 本书，那你一共有多少本书？

(二) 口头应用题

1. 路边本来就有 2 棵树，后来又种了 1 棵树，那一共有几棵树了？

2. 公园里原来有 3 只燕子，再飞来 2 只燕子，公园现在有多少只燕子？

3. 爸爸买来了 6 个梨，妈妈买来了 4 个梨，爸爸妈妈一共买了多少个梨？

4. 草坪上有 3 只蝴蝶，一会又飞来了 5 只蝴蝶，现在草坪上一共有多少只蝴蝶？

(三) 算式题

1+2=	2+3=	4+1=
3+4=	5+4=	7+2=

二、减法题

(四) 实物操作题（具体呈现的实物根据每班的具体材料为准）

1. 你本来有 5 个雪花片，我拿走了 2 个雪花片，那你现在还剩下多少个雪花片？

2. 我有 4 个扭扭棒，送给你 3 个扭扭棒，我还剩下多少个扭扭棒？

3. 你有 7 朵小红花，分了我 3 朵小红花，那你还剩下多少朵小红花？

4. 我有 10 本书了，送给你 4 本书，那我还剩下多少本书？

(一) 口头应用题

1. 我有 3 颗糖，吃掉了 1 颗，还剩下多少颗糖？

2. 公园里原来有 5 棵树，砍掉了 2 棵，那公园里还剩下多少棵树？

3. 爸爸买了 10 个苹果，你吃掉了 3 个，还剩下多少个苹果？

4. 停车场本来停着 9 辆车，开走了 6 辆，还剩下多少辆车？

(二) 算式题

5-2=　4-3=　3-2=

9-7=　10-3=　7-4=

三、计分方法

实物操作题和口头应用题答对一题记 1 分，答错一题记 0 分。

算式题每做对一个算式题记 1 分，做错一个算式题得 0 分。

四、指导语

(一) 实物操作题

测验开始时，教师告诉幼儿："今天我们来做一些数学游戏，在你们面前有很多的物品，一会我会根据这些物品给你出数学小问题，你们可以用不同的方法解决这个数学小问题。"测试过程中如果没有发现幼儿使用的策略，便可以追问幼儿："你是怎么知道的？具体是怎么想的？"

(二) 口头应用题

在测验过程中，不呈现实物，让幼儿作答。教师告诉幼儿："刚刚我们啊可以看着我们的物品来数一数解决我们的问题，那现在我把东西都拿走了，你们还能解决我新出的数学小问题了吗？"测试过程中教师观察幼儿行为，如果没有发现幼儿使用的策略，便可以追问幼儿："你是怎么知道的？具体是怎么想的？"

(三) 算式题

在测试过程中通过呈现算式卡片，让幼儿作答。教师告诉幼儿："你们真的很厉害，居然解决了我的数学难题，那我就要出更有挑战性的问题了。"测试过程中教师观察幼儿行为，如果没有发现幼儿使用的策略，便可以追问幼儿："你是怎么知道的？具体是怎么想的？"

基于家庭教育视角的幼小衔接现状与对策的调查

摘要：本次研究我们主要采用了问卷调查法，对家长眼中的幼小衔接做了调查，主要从“家庭经济地位、家长对幼小衔接的认识、家长的教养方式和家庭教育环境”四个方面入手调查，通过调查，我们发现，现在大部分家庭经济状况与地位良好，家长对幼小衔接有一定的认识，但还存在一定的认识误区，另外，家长有支持幼小衔接的意识，但是由于种种原因，对于幼小衔接工作的参与度较低。为此，我们小组提出了一些改善建议。

关键字：幼小衔接、家长

引言

“幼小衔接”是一个世界性的热点教育问题，国内也越来越重视这个问题的研究和实践。2012 年颁布的《3—6 岁儿童学习与发展指南》强调，要“抓好幼小衔接，积极探索幼儿园和小学的双向衔接。”2016 年《幼儿园工作规程》指出：“幼儿园和小学应当密切联系，互相配合，注意两个阶段教育的相互衔接。”2016 年全国第五个学前教育宣传月的主题是“幼小协同，科学衔接”，又进一步强调“幼儿园要指导家长为幼儿做好生活常规、学习品质、社会交往等方面的入学准备，宣传提前学习、片面准备的危害。”在幼小衔接的过程中家长也应发挥一定的作用，其中家长对幼小衔接的认识、参与程度、了解途径等都对幼儿顺利进行幼小衔接具有重要作用。我们大二期间曾在幼儿园实习，观察到幼小衔接一系列活动，有些还存在着问题，因此我们对幼小衔接的研究产生了一定的兴趣。

一、研究基础

(一) 幼小衔接的研究现状

1. 幼小衔接的内涵

岳亚平说：“幼小衔接是存在于幼儿园和小学这两个教育阶段的衔接，是指依据过渡期学前儿童身心发展的特点，借助有效的方法与途径，从体、智、德、美各方面做好基础性的准备工作，以此使学前儿童尽快适应小学生活得到保障，并奠定良好的可持续发展的基础。”芦苇说：“幼小衔接有广义和狭义两种，狭义的就是指幼儿园大班向小学一年级过渡的时间，广义的幼小衔接是指学校、家庭、社会三方一体的围绕幼儿的认知、情感、习惯等智力与非智力双重因素而进行的一种相互的、持久的联系过程。”刘海红等认为：狭义的幼小衔接指在大班时期，各类教育机构、家庭等为了让儿童适应小学教育，所做的入学准备和入小学后所做的入学指导；广义的幼小衔接指幼儿园大班和小学一年级的衔接也包括整个幼儿阶段与学龄前期的衔接。

尽管对幼小衔接的内涵不同人有不同的理解，但共同点就是狭义化的理解幼小衔接，仅仅认为幼小衔接是幼儿园教育和小学教育两方面的简单衔接。其实，幼小衔接是隶属基础教育系统的，它要想顺利的衔接是需要社会、学校、家长等多方面的共同努力的。所以，应该更广泛和全面地认识幼小衔接的内涵。

2. 家庭对幼小衔接的影响研究

孙蕾通过对幼儿园大班幼儿及父母的测评和系统考查得出结论，发现父母的年龄、文化程度、职业及父母的特长都对幼儿进入小学前的准备产生影响。肖树娟就幼儿在数学学习的准备方面进行研究，通过比较不同经济水平的家庭，得出的结论是经济水平较高家庭的幼儿通常比经济水平较低家庭的幼儿在数学方面的准备要优秀。通过对流动儿童幼小衔接的相关问题进行考察分析，刘德永得出结论，就幼儿的入学前的状态来说，一般家庭幼儿比流动家庭幼儿的状态水平要高。其中，父母是否为幼儿的入学做提前的准备、父亲角色能否多跟幼儿游戏、幼儿在家中能看多少书、母亲在家中陪幼儿的时间等这些因素跟幼儿幼小衔接的水平的高低有关。

这些研究者对家庭的不同影响因素进行了研究，都影射了家庭教育对幼儿幼小衔接的重要性，如家长对幼小衔接的认识、参与程度、了解途径。从家庭教育的角度来看，由于幼儿的成长环境大多是与家庭生活息息相关的，因此家庭对幼小衔接的教育和个体又有着潜移默化的影响，我们要重视家庭在幼小衔接中的积极作用。

3. 幼儿园与小学对幼小衔接的影响研究

2001年，教育部颁布实施《幼儿园教育指导纲要（试行）》其中明确规定了幼儿园应与小学相互衔接。陈景凡认为在教学方面，幼儿园教师与小学教师应定期组织研讨活动，共同研究儿童心理状况，商讨适当的教学方法。

柴赛飞通过使用文献法和个案研究法两种方法相结合的研究方法，对幼小间数学课程衔接的现状展开研究，并且在目标、内容、组织与实施，评价等五个方面提出了非常有益的课程衔接理念。

综上研究，研究者都认为幼儿园和小学的双向沟通对幼小衔接有积极作用，并提出了相关的课程衔接理念，但主要研究维度多集中在课程目标、内容、组织与实施、评价等方面。因此，我国幼小衔接在研究维度、研究领域、研究方法方面要多样化，延伸化，以此来科学地促进幼小课程衔接，同时还需要将这些理念在实践中应用。

（二）幼小衔接的研究反思

通过以上关于幼小衔接国内文献的梳理，可以看出幼小衔接一直是教育领域长期关注的重点教育问题。在幼小衔接的内涵、家庭对幼小衔接的影响、幼儿园与小学对幼小衔接的影响这些方面，专家学者们进行了大量的研究。由此可见，幼小衔接对个体的成长有着关键性的作用。但在众多的研究中仍然存在着不足之处，主要集中在以下方面：第一，国内关于幼小衔接的研究正处于探索阶段，对幼小衔接的内涵把握需要再扩展；第二，对家庭环境及家长对幼小衔接的影响的研究也较薄弱，对家庭教育方面的深入考察还有待加强。第三，幼儿园与小学对幼小衔接的影响研究，还有待扩展和深入。目前，关于家庭教育研究较少，特别是当下家庭中幼小衔接教育问题，对这个问题的研究更具有实用与研究价值。

通过对实习幼儿园以及小学低年级基于家庭教育视角的幼小衔接现状与对策的调查研究，了解家庭教育对幼小衔接的影响因素，根据反映出的问题进行分析并提出相应的对策，促使幼小衔接在家庭教育方面更好地落实，为幼儿进入小学做好充分的准备。

二、研究方法

本次研究采取的研究方法是“问卷调查法”：

（一）研究对象

表附 -13　问卷对象基本信息

对象	人数（人）
家长	260

（二）研究工具

问卷调查法是用书面形式间接搜集研究材料的一种调查手段。它最大优点是能突破时空限制，在广阔范围内，对众多调查对象同时进行调查。因此综合考虑后，本次调查使用问卷调查法。以小组成员本次实习的两个幼儿园的大班家长为调查主体，采用随机抽样的方法选取调查对象。这样做可以在短时间内调查研究很多对象，可以对获得的资料进行量化处理，节省时间。

问卷由 16 个问题组成。问卷内容根据调查的目的要求分为多选题、单选题和开放题，从而达到更全面、更真实的效果。

表附 -14　关于基于家庭教育视角的幼小衔接现状与对策的调查问卷框架

调查内容	题号
家庭社会经济地位	1、2、3、4
家长对幼小衔接的认识	5、6、7、8、9
家长的教养方式	10、11、12、13、14
家庭学习环境	15、16

三、研究结果

小组成员在两个幼儿园实习，共 13 个大班，通过班级老师同时向他们各班的 20 位家长发放了家长调查问卷，共 260 份。两天后，共收回 225 份家长问卷。将从以下四方面呈现本次研究结果。

(一) 家庭社会经济地位

1. 家长的学历

表附 –15　家长的学历

研究内容	问卷标题	具体选项指标	选项所选人数	所占百分比
家长的学历	家长的学历	A. 高中以下	28	12.4%
		B. 高中、专科	119	52.9%
		C. 本科、研究生	72	32%
		D. 博士生以上	6	2.7%

可知，孩子家长的学历在高中以下的人数比例占 12.4%；在高中、专科的人数比例占 52.9%；在本科、研究生的人数比例占 32%；在博士生以上的人数占 2.7%。可见，在高中及以上的占比为 87.6%，高中以下学历的家长占比为 12.4%，这说明大多数家长的学历水平较高。

2. 家长的职业

表附 –16　家长的职业

研究内容	问卷标题	具体选项指标	选项所选人数	所占百分比
家长的职业	家长的职业	A. 无业	31	13.8%
		B. 事业单位	87	38.7%
		C. 企业单位	24	10.6%
		D. 其他	83	36.9%

可知，孩子家长无业的占比为 13.8%；事业单位的人数占比为 38.7%；企业单位的人数占比为 10.6%；其他职业占比为 36.9%。可见，有职业的家长的占比为 86.2%，这说明大多数家长都有稳定的工作。

3. 家长的收入

表附 –17　家长的收入

研究内容	问卷标题	具体选项指标	选项所选人数	所占百分比
家长的收入	家庭月收入状况	A.5000 以下	2	0.9%
家长的收入	家庭月收入状况	B.5000—8000	19	8.4%
		C.8000—10000	87	38.7%
		D.10000 以上	117	52%

可知，孩子家庭月收入在 5000 以下的占比为 0.9%；月收入 5000—8000 的占比为 8.4%；月收入在 8000—10000 的占比 38.7%；月收入在 10000 以上的占比为 52%。由此可见，孩子家庭的月收入在 8000 以上的占比为 90.7%，在 8000 以下的占比为 9.3%。这说明大多数家长都有稳定的收入。

(二) 家长对幼小衔接的认识

1. 家长对幼儿园与小学的差别的认识

表附 –18　家长对幼儿园与小学的差别的认识

研究内容	问卷标题	具体选项指标	选项所选人数	所占百分比
家长对幼儿园与小学的差别的认识	您认为幼儿园与小学的区别是什么	A. 幼儿园教养并重，小学以教为主	72	32%
		B. 幼儿园以游戏为主，小学以课堂教学为主	122	54.2%
		C. 都是学习知识，无明显区别	31	13.8%

可知，有 54.2% 的家长认为幼儿园以游戏为主，小学以课堂教学为主；有 32% 的家长认为幼儿园教养并重，小学以教为主；有 13.8% 的幼儿家长认为幼儿园和小学都是学习知识，无明显区别；可见，86.2% 的家长认为幼儿园与小学是有区别的。这说明大多数家长认为幼儿园与小学是有区别的，而只有少数家长对幼儿园与小学的区别有正确的认识。

2. 幼小衔接的必要性

表附 –19　幼小衔接的必要性 1

研究内容	问卷标题	具体选项指标	选项所选人数	所占百分比
幼小衔接的必要性	您是否愿意和孩子一起参加幼小衔接的活动	A. 非常渴望参加	138	61.3%
		B. 能配合参加	74	32.9%
		C. 参不参加无所谓	12	5.4%
		D. 不参加	1	0.4%

可知，有 61.3% 的家长非常渴望参加幼小衔接活动；能配合参加的家长占 32.9%；参不参加无所谓的占 5.4%；不参加的占比为 0.4%；可见，94.2% 家长对于孩子的幼小衔接是重视的，但能配合幼小衔接活动的只有少部分家长。

表附 –20　幼小衔接的必要性 2

研究内容	问卷标题	具体选项指标	选项所选人数	所占百分比
幼小衔接的必要性	您认为参加幼小衔接工作的讲座活动是否有意义	A. 非常有意义	63	28%
		B. 有意义	109	48.4%
		C. 无所谓	47	20.9%
		D. 没必要	6	2.7%

可知，有 28% 的家长认为参加幼小衔接工作的讲座是非常有意义的，有 48.4% 的家长认为参加幼小衔接工作的讲座是有意义的，有 20.9% 的家长认为参加幼小衔接工作的讲座是无所谓的；有 2.7% 认为是没必要的。数据表明，76.4% 的家长都认为参加幼小衔接工作的讲座是有意义的。

3. 幼小衔接的教育主体

表附 -21　幼小衔接的教育主体

研究内容	问卷标题	具体选项指标	选项所选人数	所占百分比
幼小衔接的教育主体	您认为幼小衔接工作应该由谁完成	A. 幼儿园	81	36%
幼小衔接的教育主体	您认为幼小衔接工作应该由谁完成	B. 园外教育机构	97	43.1%
		C. 家长	19	8.4%
		D. 小学	12	5.3%
		E. 多方共同的责任	16	7.2%

可知，有 36% 的家长认为，幼小衔接工作应该由幼儿园完成；有 43.1% 的家长认为应该由园外培训机构完成；有 8.4% 的家长认为家长是幼小衔接的主体；有 5.3% 认为应该由小学完成；7.2% 的家长认为幼小衔接工作应该是多方共同的责任；结果显示，84.4% 的家长认为幼小衔接工作应该由不同的教育机构完成，这说明大多数家长对幼小衔接教育主体的认识不明确。

4. 幼小衔接的内容

表附 -22　幼小衔接的内容

研究内容	问卷标题	具体选项指标	选项所选人数	所占百分比
幼小衔接的内容	您觉得孩子在幼小衔接中最需要培养什么方面	A. 良好习惯养成	43	19.1%
		B. 自理能力培养	33	14.7%
		C. 健康的身体	21	9.3%
		D. 小学知识的积累	128	56.9%

可知，有 19.1% 的家长认为孩子在幼小衔接中最需要培养的是良好习惯；有 14.7% 认为最需要培养的是自理能力；有 9.3% 的家长认为最需要有健康的身体；有 56.9% 的家长认为孩子在幼小衔接中最需要培养的是小学知识。由此可见，认为孩子在幼小衔接中最需要培养的是小学知识的家长占比最多，这说明大多数家长认为孩子幼小衔接的内容应该是小学的知识。

(三) 家长的教养方式

1. 孩子的主要照料人

表附 -23 孩子的主要照料人

研究内容	问卷标题	具体选项指标	选项所选人数	所占百分比
孩子的主要照料人	孩子主要照料人是谁	A. 父母	9.5	42.2%
		B. 祖辈	114	50.7%
		C. 保姆	3	1.3%
		D. 亲戚朋友	13	5.8%

可知，孩子的主要照料人父母占比为 42.2%；主要照料人是祖辈的占 50.7%；主要照料人是保姆的占 1.3%；主要照料人是亲戚朋友的占 5.8%。数据显示，非父母即祖辈、保姆、亲戚朋友三者之和占比为 57.8%，这说明有一半多的孩子的主要照料人不是父母。

2. 与孩子的相处时间

表附 -24 与孩子相处的时间

研究内容	问卷标题	具体选项指标	选项所选人数	所占百分比
与孩子相处的时间	您平均每天陪伴孩子的时间多长	A.5h 以上	37	16.4%
		B.3—5h	58	25.8%
		C.1—3h	76	33.8%
		D.1h 以下	54	24%

可知，家长每天陪伴孩子时间 1h 以下的人数占比为 24%，每天平均陪孩子 1—3h 的占比为 33.8%；每天陪伴孩子 3—5h 的占比为 25.8%；陪伴孩子 5h 以上的占比为 16.4%。数据显示，家长每天陪孩子 3h 以下的占 57.8%，每天陪伴孩子 3h 以上的占 42.2%，这说明大部分家长与孩子相处的时间不是很多。

表附 -25 空闲在家时会陪孩子做什么

研究内容	问卷标题	具体选项指标	选项所选人数	所占百分比
与孩子相处的时间	您空闲在家时会陪孩子做什么	A. 陪孩子专注的做他 / 她有兴趣的事	20	8.9%
		B. 陪孩子锻炼身体，让他 / 她帮忙做些力所能及的事。	35	15.6%
		C. 要求孩子锻炼做口算	91	40.4%
		D. 教孩子学拼音，写汉字	79	35.1%

可知，家长会在空闲时陪孩子做感兴趣的事的人数占比为 8.9%；在空闲时间会陪孩子锻炼身体，让他帮忙做些力所能及的事的占 15.6%；要求孩子锻炼口算的占 40.4%；教孩子学拼音，写汉字的占 35.1%。数据显示，家长在空闲时间会教孩子学习小学知识占 75.5%，这说明家长在与孩子相处的时间里非常注重小学知识的练习。

3. 对孩子的要求

表附 -26 对孩子的要求

研究内容	问卷标题	具体选项指标	选项所选人数	所占百分比
对孩子的要求	您认为在孩子幼小衔接阶段要做到什么	A. 提升基本能力，将来能适应小学生活	116	51.6%
		B. 有学习的兴趣	21	9.3%
		C. 提前学习小学知识	77	34.2%
		D. 无明确要求，再多玩一个暑假	11	4.9%

可知，家长认为孩子在幼小衔接阶段应该做的是提升基本能力，将来能适应小学生活的占 51.6%；认为要培养孩子学习兴趣的占 9.3%；认为要提前学习小学知识的占 34.2%，没有明确要求，再多玩一个暑假的占 4.9%。数据表明，60.9% 的家长认为在幼小衔接阶段应该提升孩子的生活能力与学习兴趣，但 39.1% 的家长对幼儿幼小衔接阶段的要求不合理。

4. 亲子关系

表附 –27　亲子关系

研究内容	问卷标题	具体选项指标	选项所选人数	所占百分比
亲子关系	您对孩子充满信心，感到满意	A. 总是	23	10.2%
		B. 经常	195	86.7%
		C. 偶尔	7	3.1%
		D. 从不	0	0%

可知，总是对孩子充满信心感到满意的占 10.2%，经常对孩子充满信心感到满意的占 86.7%；偶尔对孩子充满信心感到满意的占 3.1%。由此可见，常常对孩子充满信心，感到满意的家长占 96.9%，这说明很大部分父母对孩子认可，亲子关系良好。

（四）家庭学习环境

1. 精神环境

表附 –28　精神环境

研究内容	问卷标题	具体选项指标	选项所选人数	所占百分比
精神环境	您觉得您可以为孩子做什么	A. 陪孩子阅读等，培养学习习惯	31	13.8%
		B. 适宜的学习环境（如安静的环境、小书桌）	81	36%
		C. 让孩子尽情玩，享受快乐的童年	61	27.1%
		D. 要求孩子做口算，读拼音	52	23.1%

可知，家长在幼小衔接阶段，可以陪孩子阅读等，培养学习习惯的占 13.8%；可以为孩子创设适宜的学习环境（如安静的环境、小书桌）占 36%；会让孩子尽情玩，享受快乐的童年的占 27.1%；要求孩子做口算，读拼音的占 23.1%，后两者占比总为 50.2%，这说明有一半的家长为幼儿创设的精神环境不恰当，过紧或者过于放松。

2. 物质环境

表附 -29　物质环境

研究内容	问卷标题	具体选项指标	选项所选人数	所占百分比
物质环境	在幼小衔接阶段您觉得要给孩子准备些什么物品	A. 锻炼智力的玩具	19	8.4%
		B. 运动用品	13	5.8%
		C. 必要的学习用具	114	50.7%
		D. 小学课本	79	35.1%

可知，在幼小衔接阶段会为孩子准备锻炼智力的玩具的家长占 8.4%；会为孩子准备运动用品的家长占比为 5.8%；会为孩子准备必要的学习用具的占 50.7%，会给孩子准备小学课本的有 35.1%。这说明会为孩子准备必要的学习用具的家长占大多数，但还是有一部分的家长为孩子创设的物质环境比较单一。

三、研究结论

以下将从四方面作出研究结论。

（一）家庭社会经济地位

1. 家长的学历水平较高

大部分幼儿的家长基本都是 80 后、90 后，而这两个时代出生的人相对于 60 后、70 后有了更优越的生活条件，他们的家长除了能保障他们的温饱以外，也基本都有能力供孩子上学。因此，现在大部分幼儿的父母学历水平都普遍较高。

2. 大部分家长都有稳定的工作

从研究结果可以看出，大部分幼儿家长都有一个稳定的工作，从这一点也可以看出，大部分的幼儿都是有一个较为良好稳定的家庭生活环境，这也为他们的学习和成长提供了一定的基础条件。

3. 大多数家庭有稳定的收入，且家庭经济水平较高。

从研究结果可以看出，大多数家庭有稳定的收入，且家庭经济水平较高。家长的收入高，可以给孩子提供良好的经济支持，孩子如果需要一些学习方面的东西家长也能更好地给予支持。而且，大部分家长是愿意为孩子花必要的钱的，给孩子提供一个较为优越的环境，有利于孩子更好地学习与成长。

（二）家长对幼小衔接的认识

1. 家长对幼儿园与小学的差别的认识

从调查结果显示来看，基本上家长都知道幼儿园和小学是有差别的，但对于差别究竟是怎么样的，只有少数家长能有正确的认识。很多家长对幼儿园存在认知误区，觉得孩子在幼儿园是以玩为主，并不需要学习什么，小学才须学知识，孩子到了小学自然会学到东西，却不知道，其实幼儿阶段是幼儿学习的启蒙阶段，虽说不需要学习太多的专业理论知识，但还是需要学习掌握很多的必要本领，幼儿园重视教养并重，让幼儿在游戏中学习，而并非毫无目的的瞎玩。幼儿想要更好地适应小学生活，就应该在幼儿阶段打下一个良好的基础。

2. 幼小衔接的必要性

结果显示，大部分的家长都认为幼小衔接是有必要的，也都渴望能和孩子一起参加幼小衔接活动，而且觉得参加一些幼小衔接工作的讲座是有意义的。但是，由于很多原因，可能是家长工作原因等，能积极配合完成幼小衔接工作的家长并不多，大部分还只是停留在有良好的意识阶段，而没能很好地参与介入幼小衔接实践工作。

3. 幼小衔接教育的主体

从调查结果来看，大多数的家长对于幼小衔接教育的主体认识是不明确的，大部分家长都认为幼小衔接工作是由幼儿园和一些其他的教育机构来完成的，因此，我们可以看到，很多家长都带孩子上各种学前班，以为，这就做好了幼小衔接工作，殊不知，其实幼小衔接应该是一项多方共同合作完成的工作。其中，家长的作用是不容小觑的。

4. 幼小衔接的内容

从调查结果来看，现在大部分的家长，都认为幼小衔接的重点内容是教幼儿提前掌握一些小学知识，从而使幼儿更好更快地适应小学生活。殊不知，幼小衔接工作中学习知识是次要的，主要的是要让幼儿适应小学的生活习惯。

（三）家长的教养方式

1. 孩子的主要照料人大多不是父母

在一半幼儿中主要照料人都是祖辈，在幼儿的教育上会出现很多不良的影响，影响幼儿的幼小衔接。多数祖辈家长常有一种因自己年轻时生活和工作条件所限没有给予子女很好的照顾的想法，而把更多的“爱”补偿到孙辈身上这种想法容易造成溺爱，导致“祖辈惯”的现象产生。祖辈家长对孙辈疼爱过度，处处迁就孩子，容易造成孩子任性、依赖性强和生活自理能力低下。还有一些祖辈家长因过度疼爱孩子而“护短”，致使孩子的弱点长期得不到矫正，影响幼小衔接中幼儿的生活卫生等良好习惯的养成。

2. 与孩子的相处时间过短

从研究结果中可以看出，家长平时陪伴孩子的时间比较少，有将近一半多的家长只有每天三小时以下的陪同，有些家长因为工作原因不能陪伴会影响孩子的一些能力发展。另外家长陪伴的时间少会有愧疚心理，可能会在平时更加溺爱孩子，也不利于其一些自理能力、社会性的发展。另外，家长空闲在家时，比较注重孩子的小学知识学习，很少意识到在这个幼小衔接的关键期可以锻炼孩子的学习品质、社会交往能力和环境适应能力。

3. 存在家长对幼儿的要求不合理现象

从研究结果中看出，仍有一部分家长对孩子这一阶段的要求不合理。有些家长认为孩子应该多学习一些小学知识，能够在小学学习时轻松一些。还有一些家长对孩子比较溺爱或是没有认识到幼小衔接的重要性，对孩子没有明确要求，这两者都是不太合理的，不利于孩子的长期发展。

4. 亲子关系普遍良好

亲子关系是儿童健康成长的重要的因素，作为一种血缘关系，天然的骨肉相连使亲子双方产生紧密联系，毕竟血浓于水，而良好的亲子关系，对幼儿个体的心身健康十分重要，特别对幼儿个体的人格形成与发展有着重要的影响。有一个良好的亲子关系，幼儿与父母之间会有一个良好的互动，这样有利于家长引导幼儿为幼小衔接做好准备。

(四) 家庭学习环境

1. 不良的精神环境

从研究结果中可以看出，有一半的家长不能为孩子创设良好的精神环境，他们有些是过于溺爱孩子，置孩子于过于宽松的氛围，这样的精神环境不利于培养兴趣、增加孩子学习的积极性。有些家长过于严苛，无形中形成了紧张的学习气氛，给孩子安排的学习强度过高，对孩子的要求太高，整个教育规划完全超出了孩子的承受能力，没有按照孩子自身的特点进行安排，会逐渐磨灭孩子的学习兴趣。良好的家庭氛围，可使儿童活泼、开朗、大方、好学、诚实、谦逊、合群、求知好奇；相反，不良的家庭氛围，则会使孩子胆怯、自私、嫉妒、孤独、懒惰、行为放任、不讲礼貌。

2. 物质环境创设单一

占一定比例的家长，在幼儿的幼小衔接环节为幼儿准备了小学的课本，重视幼儿在幼小衔接这一阶段知识的学习，而忽略了幼儿身体健康方面，以及其他的一些兴趣，导致幼小衔接的物质环境比较单一。幼小衔接，不仅仅是为幼儿迈入小学的课堂做准备，同时也是为幼儿的生活作息、学习习惯等的一个准备。因此也要为幼儿提供必要的户外体育锻炼的条件以及良好的生活环境，让幼儿养成适宜小学生活的作息习惯等。在幼儿自主的时间，还应尊重幼儿的兴趣，为幼儿提供给适宜的既能放松又能开发学习兴趣，培养注意力的材料。

五、研究建议

以下将从四方面给出幼小衔接的建议。

(一) 家庭社会经济地位

1. 家长要学会利用好良好的经济条件

大部分的家庭都有一个良好的经济条件，这其实是一个比较大的优势，家长应该利用好这个优势，有选择性地为幼儿创设一个良好的学习与生活的环境。同时，家长要学会为幼儿选择一些良好的资源，并且配合好老师和幼儿园的工作，为幼小衔接工作打下良好的基础。

(二) 家长对幼小衔接的认识

1. 家长应合理安排好时间，积极配合幼小衔接工作

家长是孩子最好的老师，家长不仅是孩子的抚养者，更是学生日常接触最多的老师，父母的行为习惯直接影响孩子的行为习惯，言传身教正是如此。很多家长错误地认为孩子在学校的学习生活应该完全由学校以及老师负责，但却不知家长的角色是老师不可替代的，家长对于孩子的影响明显会多过于老师。因此，家长在幼小衔接工作中是十分重要的角色，家长要合理安排好工作和时间，多与孩子沟通交流，积极配合老师、幼儿园等更好地进行幼小衔接工作。

2. 家长正确认识幼小衔接，防止过分小学化

幼小衔接不应该是单纯地教授幼儿小学知识，更多的关注点应该放在幼儿园与小学生活方式的差别上，幼儿园实行保教并重，而小学则以教学为主，教师较少的关注个别幼儿，因此，家长要配合老师，关注幼儿自身的特点，根据孩子的水平进行特别关注，防止幼小衔接教育过分“小学化”，更多的将注意力集中在学习习惯和行为习惯养成上，实现从幼儿园到小学的平稳过渡。

(三) 家庭教养方式

1. 家长多陪伴并正确引导幼儿

家庭是孩子的第一所学校，父母是孩子的第一任老师。部分家长由于工作繁忙，精力有限，很少关注到幼儿幼小衔接期间的发展变化，有些家长过分依赖常识教育，反对限制孩子，一味地鼓励孩子张扬个性，没有帮助孩子从小形成良好的规则意识，使孩子以自我为中心，不会与同伴交往，这样也不利于孩子在小学的发展。对于家庭教育来说，家长作为孩子的启蒙老师，要突破以往的教育观念，站在孩子的角度，积极鼓励、支持孩子多多参与学校集体活动，树立信心，坚持不懈，培养良好的学习习惯和行为习惯。

同时，家长积极与学校联合，落实学校的幼小衔接教育策略，帮助孩子顺利实现过渡。

2. 家长要明确幼小衔接的目的

有些家长的关注点往往是孩子学会了写字、拼音，算术，关心的是自己的孩子是否聪明，甚至有些家长在幼儿入学前已经将小学一年级的课本内容全部教给幼儿。他们认为入学前应该让幼儿学会读和写，学会做数学题，这种只重视知识积累，而忽视孩子兴趣的激发和能力的持续培养的行为，很大程度上影响了孩子健康成长。家长的这种要求，无形中对幼儿产生消极影响，无法形成家园合力、家校合力，导致幼儿在入学后出现了各种不良的习惯。家长应明确教育的目的，不是将幼儿培养成为机器人，而是让他们能够增强适应环境能力的自主性。若家长及早帮助幼儿建立起良好的习惯，培养学习的兴趣，那么他们就能够及时在新环境中调整自己的心态。同时，小学教育是幼儿迈上社会化台阶的重要一步。幼儿如果能够建立起良好的学习习惯和行为习惯，就会更好的熟悉社会的基本规律，适应社会的发展变化和要求，学会与不同的人相处，更好地与其他人进行沟通，这对幼儿的身心发展大有裨益，大大提升了幼儿的社会化水平。

（四）家庭环境

1. 家长要营造轻松的学习氛围

家长应该根据孩子的年龄发展特点用孩子喜欢的方式在家营造轻松温暖的学习氛围，教育环境是重要的教育资源，良好的教育环境能够帮助教育达到事半功倍的效果。在幼小衔接习惯养成教育中，可以通过构建优良的教育环境，利用环境的力量，潜移默化的影响孩子的行为习惯。同时，孩子注意力容易分散，自我控制能力较差，家长要用心为孩子营造一个固定的、安静的学习环境，这样有利于孩子形成条件反射，进入这个地方就知道该读书、写作业了。

2. 家长要提供适宜的学习用品

在为孩子准备抽屉或书架时，要以方便孩子自行整理为原则。为孩子准备桌椅时，要以适合孩子的身高为原则，放置的位置应让光线从左侧射入，桌子的高度以能让孩子的双臂自然摆放在桌面、双臂和双肩都不感觉到高架或低垂为宜。椅子的高度以能让孩子的双脚自然平放在地面为宜。为孩子准备台灯时亮度要适中，最好是巧至瓦的白炽灯，光线不要直射孩子的眼睛。为孩子准备必需的文具如实用的双肩背书包、笔袋、铅笔、橡皮、作业本等时，以安全、实用为宜，不要太花哨，以免孩子学习时分散注意力。家长应向孩子说明各种学习用具的用途和正确使用方法。

参考文献

[1] American Association for Higher Education, AAHE.9 principles of good practice for assessing student learning[R]. AAHE Assessment Forum, July 25, 1996.

[2] American Federation of Teachers, National Council on Measurement in Education, and National Education Association. Standards for teacher competence in educational assessment of students[J]. Educational Measurement: Issues and Practice (4) .

[3] Assessment Reform Group. Assessment for Learning: 10 principles[R]. University of Cambridge, 2002.

[4] Bezia, T. L.R.& Coleman, B.K. Classroom Assessment Literacy: Evaluating Pre-Service Teachers[J]. The Researcher, 2015(1) .

[5] Black, P., Willam, D. Inside the Black Box: Raising Standards through Classroom Assessment[R]. King' s College , 1998.

[6] Chunshou Lan, Shengyu Fan. Developing classroom-based language assessment literacy for in-service EFL teachers: the gaps[J].Studies in Educational Evaluation, 2019(61) .

[7] Chad M. Gotch, Cristen McLean. Teacher outcomes from a statewide initiative to build assessment literacy[J]. Studies in Educational Evaluation, 2019(62) .

[8] Norman L. Webb. Assessment Literacy in a Standards-Based Urban Education Setting[R].A paper presented at the American Educational Research Association Annual Meeting in New Orleans, , 2002.

[9] Popham, W.J. Why assessment illiteracy is professional suicide？ [J]. Educational Leadership, 2004(1).

[10] Pryor, D.J., Crossouard, B. A Sociocultural Theorization of Formative Assessment [R]. Paper presented for the Sociocultural Theory in Educational Research and Practice Conference, University of Manchester, 2005.

[11] Rita Berry. Assessment for Learning[M]. Hong Kong University Press, 2008.

[12] Stiggins, R.J. Assessment literacy[J]. Phi Delta Kappan, 1991(3).

[13] Stuart R. Kahl, Peter Hofman, Sara Bryant. Assessment Literacy Standards and Performance Measures for Teacher Candidates and Practicing Teachers. Prepared for the Council for the Accreditation of Educator Preparation (CAEP), 2012(8).

[14] Shavelson, R. J. On the Integration of Formative Assessment in Teaching and Learning with Implications for Teacher Education[R]. Paper prepared for the Stanford Education Assessment Laboratory and the University of Hawaii Curriculum Research and Development Group, 2006.

[15] Stiggins, R.J. Assessment literacy for the 21st century[J]. Phi Delta Kappan, 1995, 77(3): 238-245.

[16] William Battistone, Tom Buckmiller, Randal Peters. Assessing Assessment Literacy: Are new teachers prepared to assume jobs in school districts engaging in grading and assessment reform efforts[J].Studies in Educational Evaluation, 2019(62): 10-17.

[17] 岳亚平 . 学前教育原理 [M]. 北京：高等教育出版社，2014.

[18] 芦苇，等 . 学前教育学 [M]. 北京：中国人民大学出版社，2015.

[19] 刘海红，王宇，王瑾 . 基于不同理论视角下的幼小衔接研究探析 [J]. 新课程研究（下旬刊），2015(03).

[20] 孙蕾 . 家庭环境对儿童入学准备的影响 [D]. 博士学位论文，东北师范大学，2007.

[21] 肖树娟，冯晓霞，成丽媛等 . 不同社会经济地位家庭儿童的入学数学准备状况比较 [J]. 学前教育研究，2009(3).

[22] 刘德永 . 流动儿童的入学准备状况及其风险因素的研究——以上海市为例 [D]. 硕士学位论文，华东理工大学，2012.

[23] 陈景凡 . 刍议新课程背景下幼儿教师新教学智慧的生成 [J]. 黑龙江教育学院报，2009(2).

[24] 柴赛飞 . 幼儿园与小学数学课程衔接的个案研究 [D]. 西南师范大学硕士学位论文，2005.

[25] 冯翠典 . 科学课堂中考评与教学融合的模型研究 [M]. 上海：华东师范大学出版社，2019.

[26] 宁业勤 . 教育评价实践研究 [M]. 杭州：浙江工商大学出版社，2016.

[27] 刘本固 . 教育评价学概论 [M]. 长春：东北师范大学出版社，1988：13.

[28] 胡惠闵，郭良菁 . 幼儿园教育评价 [M]. 上海：华东师范大学出版社，2009.

[29] 刘志军 . 课堂评价论 [M]. 桂林：广西师范大学出版社，2002.

[30] 刘五驹 . 实用教育评价理论与技术 [M]. 苏州：苏州大学出版社，2009.

[31] (美)]Peter W.Airasian 著 . 徐士强等译 . 课堂评估：理论与实践 [M]. 上海：华东师范大学出版社，2008.

[32] 饶玲 . 课程与教学论 [M]. 北京：中国时代经济出版社，2004.

[33] 王少非 . 促进学习的课堂评价 [M]. 上海：华东师范大学出版社，2018.

[34] 王景英 . 教育评价 [M]. 北京：中央广播电视大学出版社，2004：48-56.

[35] 田慧生 . 课堂评价理论与实践 [M]. 阿图什：克孜勒苏柯尔克孜文出版社；乌鲁木齐：新疆青少年出版社，2009.

[36] 罗生全 . 小学课程设计与评价 [M]. 重庆：西南师范大学出版社，2017.

[37] 单志燕 . 如何进行教育评价 [M]. 北京：华语教学出版社，2007.
[38] (日) 吉田辰雄编著，天益等译 . 教育评价的理论与实践 [M]. 北京：春秋出版社，1989.
[39] 崔允漷，夏雪梅 . 教—学—评一致性：意义与含义 [J]. 中小学管理，2013(01) .
[40] 崔允漷 . 促进学习：学业评价的新范式 [J]. 教育科学研究，2010(3) .
[41] 崔允漷 . 亟须培养教师的评价素养 [N]. 中国教师报，2018-9-12(002) .
[42] 崔允漷 . 是时候建立课堂评价学了 [N]. 中国教育报，2019-5-6(010) .
[43] 陈君 . 论有效教学评价的实践策略 [J]. 教育教学论坛，2019(6) .
[44] 冯翠典，张雨强 . 苏格兰促进学习的评价模式述评 [J]. 全球教育展望，2009，38(11) .
[45] 冯翠典，高凌飚 . 从“形成性评价”到“为了学习的考评” [J]. 教育学报，2010，6(4) .
[46] 冯翠典，高凌飚 . 促进学生理解的评价——威金斯的理解力评价观及启示 [J]. 教育测量与评价，2009(7) .
[47] 冯翠典 .“以证据为中心”的教育评价设计模式简介 [J]. 上海教育科研，2012(8) .
[48] 冯翠典，高凌飚 . 从哪里来，到何处去——从术语变化的角度探寻教育评价的变革之路 [J]. 考试研究，2011(3) .
[49] 冯翠典，高凌飚 . 现状与反思：SOLO 分类法国内应用研究十年 [J]. 教育测量与评价，2009(11) .
[50] 冯翠典，高凌飚 . 为了学习的考评（AFL）：中小学教育评价的新视野 [J]. 教育测量与评价，2010(10) .
[51] 冯翠典，朱卫平 . 基于课程的评价：教师课程能力的支撑点 [J]. 当代教育科学，2015(4) .
[52] 冯翠典 . 实施素养为本的评价：基于学习结果层级模型 [J]. 教育测量与评价，2017(6) .

[53] 冯翠典 . 教学与评价的关系变革：学习理论的视角 [J]. 台州学院学报，2015，37(1)．

[54] 冯翠典 . 课堂评价公平性：研究背景与进展 [J]. 当代教育科学，2015(18)．

[55] 冯翠典 . 促进学习理念背景下对 NRC 评价观及评价模型的发展研究 [J]. 教育测量与评价，2012(11)．

[56] 高凌飚 . 过程性评价的理念与功能 [J]. 华南师范大学学报 (社会科学版)，2004(6)．

[57] 高凌飚，钟媚 . 过程性评价：概念、范围和实施 [J]. 上海教育科研，2005(9)．

[58] 高凌飚 . 注重过程性评价对学习的促进作用 [J]. 中国教育报，2013(9)．

[59] 高凌飚，黄邵斌 . 教学中的非正式评价 [J]. 学科教育，2004，25(2)．

[60] 高凌飚 . 评价改革与观念的更新 [J]. 考试研究，2011(2)．

[61] 高凌飚，甘国臻 . 中国内地教师的考评观：类型、特点与启示 [J]. 教育学报，2011(1)．

[62] 米云林，陈明英，熊文俊，任志恒 . 教师教学评价素养的现状与对策 [J]. 教育科学论坛，2016(11)．

[63] 马笑岩 . 近十年美国职前教师教育质量评价模式评析 [J]. 外国中小学教育，2019(6)．

[64] 南纪稳 . 教师评价素养的现状、问题与提升策略 [J]. 教师教育论坛，2016(6)．

[65] 王少非 . 我国教育评价素养现状及归因分析 [J]. 当代教育科学，2008(12)．

[66] 王少非 . 教育评价范式转换中的教师评价素养框架 [J]. 教师教育研究，2009(2)．

[67] 王少非，朱伟强 . 课堂评价的认知功能及其实现 [J]. 当代教育科学，2014(20)．

[68] 王少非 . 教师评价素养的现状、框架及发展建议 [J]. 人民教育，

2008(8).

[69] 王少非.课堂评价需要什么样的公平性 [J] 教育发展研究，2014(24).

[70] 王少非，周文叶.课堂评价需要什么样的信度 [J].教育发展研究，2014(8).

[71] 王少非.课堂需要什么样的评价 [J].当代教育科学，2015(18).

[72] 王少非.论高质量的课堂评价：来自效度理论的启示 [J].课程·教材·教法，2014(7).

[73] 盛慧晓，王少非.评价的课程意蕴：兼论课堂评价的隐性课程属性 [J].教育发展研究，2015(20).

[74] 王萍，高凌飚."教育评价"概念变化溯源 [J].华南师范大学学报(社会科学版)，2009(4).

[75] 吴维宁，高凌飚.学业评价模式的初步研究 [J].华南师范大学学报(社会科学版)，2005(6).

[76] 郑东辉.教师评价素养提升建议 [J].人民教育，2017(15-16).

[77] 位涛.教学评价的基础性维度：基于赫尔巴特"教育性教学"的成人指向 [J].中国教育学刊，2019(6).

[78] 赵雪晶.基于教学过程的教师评价素养提升策略研究 [J].上海课程教学研究，2016(4).

[79] 赵婷婷，杨翊.大学生学习结果评价：五种思维能力测试的对比分析 [J].中国高教研究，2017(3).

[80] 钟媚，高凌飚.评估准则：一种有效的课堂学习评价工具 [J].全球教育展望，2006(3).

[81] 钟启泉.锻造每个教师的评价素养 [N].中国教育报，2017-5-18(007).

[82] 周文叶.学生表现性评价研究 [D].华东师范大学博士论文，2009.

[83] 周文叶.促进深度学习的表现性评价研究与实践 [J].全球教育展望，2019(10).

[84] 周吉群.发展性学生评价实施策略与难点突破 [J].教育科学论坛，2019(8).

[85] 朱伟强，崔允漷 . 基于标准的课程设计：开发表现性评价 [J]. 全球教育展望，2007(10) .